Von David Charney
ist außerdem als Heyne-Taschenbuch erschienen

Sensei, der Meister des Schwerts · Band 01/7631

DAVID CHARNEY

SENSEI

Der Triumph der Shogun

Roman

Deutsche Erstausgabe

WILHELM HEYNE VERLAG
MÜNCHEN

HEYNE ALLGEMEINE REIHE
Nr. 01/6879

Titel der englischen Originalausgabe
SENSEI
Deutsche Übersetzung von Werner Rehbock

4. Auflage

Copyright © David Charney 1983
Copyright © der deutschen Übersetzung 1987
by Wilhelm Heyne Verlag GmbH & Co. KG, München
Printed in Germany 1988
Umschlaggestaltung: Atelier Ingrid Schütz, München
Gesamtherstellung: Presse-Druck Augsburg

ISBN 3-453-00294-6

*Für Louise,
die mir den Weg
gewiesen hat*

PROLOG

In der Stunde des Hasen — also um sechs Uhr morgens —, am zehnten Tag des vierten Monats des Jahres 1149 erreichte eine von vier Männern getragene Sänfte den Fuß des Berges, der hinter dem Tempel von Seiken-ji in der Nähe der am Meer gelegenen Stadt Okitsu aufragt.

Die Umrisse der hohen Kiefern, sie säumten die vom steten Regen aufgeweichte Straße, waren im Licht des frühen Morgens nur schemenhaft zu erkennen. Bei jedem Schritt spritzte das Wasser unter den steinharten Schwielen an den Füßen der Männer auf. Nasse Lendenschurze klatschten an die Beinmuskeln. Das Keuchen der Träger verschmolz mit dem Trommeln des Regens und dem Stampfen der Füße.

Ein letztes Stöhnen drang aus der Sänfte, und die Träger rollten mit den Augen und beschleunigten ihr Tempo. Ein Blitz zuckte nieder, gefolgt von Donner, der durch das Tal zu ihrer Linken rollte und vom Berg Satta zurückgeworfen wurde. Das Stöhnen aus der Sänfte steigerte sich zu Schmerzensschreien, unterbrochen von Befehlen an die Männer, sich noch mehr zu beeilen.

Einer der Träger stolperte, fing sich jedoch sofort wieder. Blitz und Donner folgten immer schneller aufeinander, und der Regen prasselte immer heftiger auf die Menschen, die Bäume, die Straße und die Sänfte nieder.

Im Dämmerlicht tauchte ein eisenbewehrtes Tor auf. Zwischen den beiden Tortürmen befand sich ein mit reichen Schnitzereien verzierter Wehrgang. Zu beiden Seiten verschwand die rohverputzte Steinmauer in der Dunkelheit des Waldes. Den eingeschnitzten Schriftzeichen über dem Tor war zu entnehmen, daß dies die Burg Okitsu war, der Wohnsitz des Tadamori-Clans.

Einer der Träger stieß ein dumpfes Grunzen aus; es war zu anstrengend zu sprechen. Ein Wachsoldat öffnete das Tor und trat hinaus, die Hand am Schwertgriff. Er warf einen Blick in die Sänfte. Die Farbe wich aus seinem Gesicht. »Schnell!« rief er. »Bringt sie zum Haus!«

Ungelenk lief er den Trägern voraus, um den Dienern im Haus Bescheid zu geben. Er hatte seinen Umhang mit einer Hand gerafft, um zu verhindern, daß der Saum im Schmutz schleifte. Wäre nicht sein ängstlicher Gesichtsausdruck gewesen, so hätte seine Erscheinung zum Lachen gereizt. Die Frau in der Sänfte! Es würde den Wachsoldaten das Leben kosten, wenn ihr irgend etwas passierte, solange er für die Sänfte und ihre Insassen verantwortlich war. Er stolperte die Stufen zum Haupteingang der Burg hinauf und öffnete fieberhaft die Riegel, die die Eingangstür versperrten.

»Fürst Fumio!« Seine Stimme klang vor Aufregung fast wie die einer Frau. »Fürst Fumio, die Fürstin Masaka ist da.« Seine Worte wurden vom Donner und von den Schmerzensschreien, die aus der Sänfte drangen, fast übertönt.

Innerhalb von Sekunden wimmelte es von Menschen, die von Raum zu Raum eilten. Vor den Trägern wurden Türen aufgeschoben.

»Hier herein, schnell.« Die Stimme war gewohnt, Befehle zu geben. Fürst Tadamori-no-Fumio wies die Träger, die auf der Schwelle gewartet hatten, mit einer Handbewegung an, die Sänfte ins Innere des Hauses zu bringen.

Vorsichtig setzten sie sie ab. Fumio schob den Vorhang beiseite und sah seine Cousine, die sich vor Schmerzen wand, während ihre Dienerin ihre Hand hielt und beruhigend auf sie einsprach. Ohne seinen Blick abzuwenden, winkte Fumio einem Diener. »Bezahl die Träger. Bezahl sie gut«, sagte er und bedeutete den Trägern und den Bediensteten, zusammen mit der Dienerin seiner Cousine den Raum zu verlassen.

Fürstin Masaka war halb verborgen unter einer Decke, die ihren hoch aufgewölbten Leib bedeckte. Trotz des wegen der Wehen schmerzverzerrten Gesichtes war zu erkennen, daß sie eine schöne Frau war. Die weiten Ärmel ihres pflaumenfarbenen Kimonos betonten ihre schlanken Arme, und obwohl von der Schminke auf ihrem Gesicht nicht mehr viel zu sehen war, hätte sie mit den sanft geschwungenen Brauen über ihren mandelförmigen Augen, mit ihrer kleinen Nase und ihrem runden Kinn in jeder Gruppe edler Damen die Aufmerksamkeit auf sich gezogen. Ihr wie zu einem schwarzen Wasserfall nach hinten gekämmtes Haar war in Unordnung geraten, aber auch mit aufgelöstem Haar war sie eine königliche Erscheinung.

In Fürst Fumios Augen war es ein Fehler gewesen, eine so junge und unerfahrene Frau an den Hof in Kioto gehen zu lassen, aber sie hatte seinen klugen Rat in den Wind geschlagen. Und dies war nun dabei herausgekommen. Zweifellos hatten sie ihre Güte und ihr Vertrauen, die sie so oft an den Tag legte, in diese unglückliche Situation gebracht.

»Warum hast du so lange gezögert, liebe Cousine?« flüsterte er, während er sie vorsichtig auf eine saubere Decke legte.

Ihr Gesicht war schmerzverzerrt. »Laß mich sterben. Es war verrückt von mir, hierher zu kommen.«

»Nein, nein.« Er strich ihr eine schweißnasse Haarsträhne aus dem Gesicht. »Du hast recht getan. Ich bin froh, daß du gekommen bist.«

Ihr Körper verkrampfte sich, und Schweißperlen traten auf ihr bleiches Gesicht. Es kam! Jetzt, nach all diesen beschwerlichen Monaten. Wie oft hatte sie sich gewünscht, tot zu sein! Wie sehr hatte sie die Geburt dieses ungewollten Kindes gefürchtet! Dem Buddha sei Dank, daß sie diese letzte Zuflucht besaß. Fumio hatte recht gehabt — sie hätte nicht in die Hauptstadt gehen sollen. Nicht allein der körperliche Schmerz, den ihr die Wehen bereiteten, ließ sie aufschluchzen.

Fürst Fumio hielt ihre Hand. Er rief nach der Bäuerin, die als Hebamme diente. Sie hielt sich schon mit weichen Baumwolltüchern und einer großen Schüssel mit heißem Wasser hinter einem Wandschirm bereit.

»Wer ist der Vater, Masaka? Sag mir seinen Namen, und ich werde ihn töten.«

»Nein, Fumio, bitte.« Sie biß sich auf die Lippe. »Es gibt keinen Vater. Ich habe das Kind im Traum empfangen. Es ist ein göttliches Geschenk von Amaterasu!«

Fumio glaubte ihr nicht. Er ließ Masakas Hand los und erhob sich. Die Hebamme eilte herbei, und Fumio setzte sich hinter den Wandschirm. Er senkte den Kopf und dachte über Masakas Worte nach. Er war kein gläubiger Mensch, aber ... Verwirrt lauschte er dem Donner und dem Regen, der auf die Dächer der Burg niederprasselte. Konnte das sein? Unmöglich! Sie hielt ihn wohl für einen Dummkopf, wenn sie meinte, er werde diesem Ammenmärchen Glauben schenken. Und doch ..., sie waren zusammen aufgewachsen. Sie war die Tochter des Bruders seines Vaters und hatte ein Recht auf Zuflucht in dieser Burg. Er würde ihre Geschichte glauben müssen, ob sie nun stimmte oder nicht. Eine andere Möglichkeit gab es nicht, obwohl ihm unbegreiflich war, warum sie sich weigerte, den Namen des Vaters zu nennen. Konnte es sein, daß er ein Mann aus dem gewöhnlichen Volk war, den sie schützen wollte? Alles in allem wollte Fumio lieber glauben, daß dieses Kind ein göttliches Geschenk war. Seine Hand suchte den Griff seines Schwertes. Wehe dem, der in dieser Burg am Wort von Fürstin Masaka oder Fürst Fumio zweifelte!

In diesem Augenblick ertönte vor dem Rollen des Donners der Schrei des neugeborenen Kindes. »Es ist ein Junge!« rief die Hebamme. »Seht nur! Er sieht aus wie ein Engel.«

Fumio trat hinter dem Wandschirm hervor. Masaka lag reglos und blaß auf der Decke. Ein stolzes, erleichtertes Lächeln spielte um ihre Mundwinkel. Die Hebamme hielt das Kind hoch. Donner krachte, und hinter den hölzernen Gittern der Fenster zuckten Blitze nieder. Das Kind heulte wie die Geister der Ahnen.

Hinweis:
Worterklärungen japanischer Ausdrücke am Ende des Bandes, S. 378

TEIL EINS

1

Isao beugte sich über seine kärgliche Portion Reisbrei und runzelte unglücklich die Stirn. »Wir können nicht länger warten«, sagte er und stellte die Schale auf den gestampften Erdboden seiner Hütte. »Zieh die Kinder an. Wir müssen gehen.«

Shinobu rang die Hände. »Was soll nur aus uns werden?« rief sie und stellte ihre Schale beiseite. »Gibt es denn keine Möglichkeit, unsere Schulden zu bezahlen, damit wir hier bleiben können? Unser Haus ist zwar ärmlich, aber es ist alles, was wir haben.«

Isao hatte sich bereits seinen fadenscheinigen Umhang über den mageren Körper geworfen. »Sei nicht töricht, Frau. Wir haben lange genug darüber gesprochen. Wenn du den morgigen Tag noch erleben willst, dann beeil dich und mach die Kinder fertig.«

Die beiden Kinder saßen in einer Ecke der strohgedeckten Hütte auf einem Bett aus dünnen Decken. Die Tränen liefen ihnen über ihre puppenhaften Gesichter. Der Junge, Mutsu, war erst vier Jahre alt, das Mädchen, Akika, war fünf. Sie verstanden nicht, warum sie zu einem Frühstück, das diesen Namen kaum verdiente, aus dem Schlaf gerissen worden waren.

Isao und Shinobu waren selbst fast noch Kinder. Mit fünfzehn Jahren hatten sie geheiratet, und während der letzten sechs Jahre hatten sie sich bemüht, aus ihrem kleinen Stück Land genug für sich, ihre Kinder und die Steuereintreiber von Fürst Chikara, ihrem Herrn, herauszuholen. Für Bauern wie Isao bot das hügelige Land und das Klima keine guten Bedingungen; die warme Jahreszeit war kurz, und es gab oft Regenstürme, Taifune und Erdbeben.

Im Frühling verwandelten sich kleine Rinnsale in tosende Sturzbäche, die die Saat mit sich rissen und die zarten Keimlinge ertränkten. Und immer wieder brachte der Sommer Dürren, die das vertrocknen ließen, was der Regen übriggelassen hatte.

Bis letztes Jahr waren sie mit ihrem Reis und ihrem Getreide ausgekommen, aber dann war Shinobus Vater krank geworden, und Isao hatte den Heiler mit Getreide bezahlt. Trotz aller Bemühungen war der alte Mann gestorben, aber da hatten sie schon alles ausgegeben, und es war nichts mehr übrig für die Steuereintreiber.

Morgen würde Fürst Chikaras Verwalter kommen, um den Anteil, den sein Herr an der Ernte beanspruchte, mitzunehmen. Und für Zahlungsunfähigkeit gab es keine Entschuldigung! Shinobus Hände zitterten, als sie den Kindern ihre Umhänge um die Schultern legte. Ihr rundes Gesicht sah aus wie eine tragische Maske.

»Ich habe immer noch Hunger«, jammerte Mutsu.

»Ich auch«, sagte Akika.

Shinobu gab jedem von ihnen die Hälfte ihrer spärlichen Mahlzeit und sah mit Tränen in den Augen zu, wie sich die Kinder den Brei mit den Eßstäbchen in den Mund schoben. Hungrig verschlangen sie den letzten Bissen.

»Beeilt euch, oder das war das letzte Essen, das ihr auf dieser Welt gegessen habt«, sagte Isao. Sein spitzes Gesicht mit den hervortretenden Backenknochen und den tiefliegenden Augen ließ sein wahres Alter nicht erkennen. Die Sorgen und die Mühsal der letzten Jahre hatten aus ihm schon mit einundzwanzig einen alten Mann gemacht. Sein Gewand hatte keine Ärmel, so daß man seine von blauen Adern und sehnigen Muskeln durchzogenen Arme sehen konnte. Das sorglose Lächeln der Jugend war verschwunden, und an seine Stelle waren Falten getreten, die die schwere Arbeit, die Unzufriedenheit und die Erschöpfung hinterlassen hatten.

»Kommt, Kinder«, sagte Shinobu. »Wir müssen jetzt gehen.«

»Kann ich meine Puppe mitnehmen, Mama?« fragte Akika.

»Ja, aber beeil dich«, antwortete sie. Sie wandte sich Isao zu, der besorgt unter dem Stück Stoff hervorspähte, das als Tür diente. »Wir kommen schon. Wir kommen schon«, sagte sie beruhigend.

Isao hielt den Vorhang beiseite und schob Shinobu und die Kinder hinaus.

»Wir hätten gestern schon gehen sollen«, sagte er nervös und holte zischend Luft. »Ich war verrückt, mich von dir überreden zu lassen, noch einen Tag zu bleiben.«

»Es war ein ungünstiger Tag. Es wäre unklug gewesen zu gehen, solange die Zeichen gegen uns waren.«

»Hoffentlich hast du recht. Wenn dein Priester uns jetzt nicht helfen kann, sind wir wirklich verloren, ganz gleich, ob der Tag ungünstig ist oder nicht.«

Shinobu eilte den Weg hinunter auf den Wald zu. Sie war überzeugt, daß ihr Rat richtig gewesen war. Wenn sie ihre Reise an einem unheilvollen Tag angetreten hätten, wäre die Familie dem Untergang geweiht gewesen.

»Der Priester wird uns helfen«, sagte sie über ihre Schulter. »Er ist ein guter Mann. Wie oft hat er uns schon erzählt, daß er die Landbesitzer haßt, die uns so schlecht behandeln. Er wird uns helfen. Ich bin ganz sicher.«

Trotz der Morgensonne, die auf ihr *cho* — drei Äcker — bebauten Landes fiel, war es im Wald dunkel und kühl. Nur einzelne Sonnenstrahlen erreichten den Boden. Knorrige Wurzeln und dichtes Unterholz erschwerten das Fortkommen, und immer wieder mußte Isao umkehren und ein Hindernis umgehen, wobei er die Kinder oft auf seinen Rücken nahm.

»Bist du sicher, daß wir in die richtige Richtung gehen?« fragt Shinobu zögernd, als sie sich wieder einmal einen Weg um einen gestürzten Baum herum bahnen mußten.

»Überlaß das mir. Wir werden auf die Straße stoßen, die zur Burg Okitsu führt, und ihr den Berg hinab folgen, bis wir am Tempel sind. Wenn du recht hast und der Priester uns erwartet, werden wir dort sicher sein.«

»Amida Buddha wird uns beschützen«, sagte Shinobu und nahm ihre Kinder an die Hand.

Erst am späten Nachmittag erreichte die Familie die Straße in der Nähe des Südtors der Burg. Im Schutz des Waldrandes arbeiteten sie sich den Berg hinab vor. Es waren zwei Meilen vom Burgtor bis zum Seiken-ji-Tempel. Als sie näher kamen, konnten sie sein rotes Ziegeldach über den Wipfeln der Kiefern sehen. Der Vorhof war von Pflanzen überwuchert, die Mauern des Tempels waren dunkel und verwittert — und doch erschien er der hungrigen, verängstigten Familie wie das Westliche Paradies. Wenn Arbeitstrupps sich auf der Straße näherten, schob Isao seine Frau und seine Kinder in den Wald, wo sie warteten, bis die Straße wieder frei war.

Um die Stunde des Vogels — gegen sechs Uhr — kam das Tor des Tempels in Sicht.

»Wir müssen warten, bis es dunkel ist«, sagte Isao. Auf seiner Stirn pochte eine Ader.

»Die Kinder sind hungrig«, klagte Shinobu. »Wir müssen sie hineinbringen und ihnen etwas zu essen geben.«

»Wir alle sind hungrig. Aber wenn wir den morgigen Tag erleben wollen, müssen wir uns beherrschen. Wenn wir weit weg von hier und vor Fürst Chikaras Männern sicher sind, können wir essen und schlafen und lachen. Bis dahin müssen wir stark sein.«

Er hob die Kinder auf, drückte sie an sich und rieb seine eingefallenen Wangen an ihren Gesichtern. »Sie verstehen das, Shinobu. Sie wissen, daß wir sie lieben und daß wir das alles für sie auf uns nehmen.«

»Du bist klug, Isao. Wir versuchen, tapfer zu sein und deinem Beispiel zu folgen. Wenn ich nur nicht all unsere Vorräte dem Heiler gegeben hätte! Dann wäre alles anders gekommen. Das alles ist nur meine Schuld.«

»Nein, Frau. Wir haben gemeinsam beschlossen, alles zu tun, um deinem Vater zu helfen. Es hat keinen Sinn, das nun zu bereuen. Was geschehen ist, ist geschehen. Wir wollen warten, bis es dunkel ist.« Er wendete sein Gesicht ab, damit Shinobu es nicht sehen konnte. Keine Reue — das war leicht gesagt. Aber in seinem Herzen war Kälte — und eine böse Vorahnung. Würden sie den morgigen Tag noch erleben?

2

Während Isao, Shinobu und ihre Kinder sich zitternd im Wald verbargen, rumpelte ein Ochsenkarren auf seinem Weg den Berg hinauf vorbei. Der hohe Aufbau bestand aus Bambusgeflecht, das mit vergoldeten Blättern verziert war. Im Wagen saß nur ein einziger Passagier, der den Wald durch die Vorhänge, mit denen die Rückseite des Gefährts verhängt war, mit gleichgültigen Augen betrachtete. Der Anblick langweilte ihn.

Tadamori-no-Yoshi befühlte seinen Haarknoten, lehnte sich zurück und entspannte sich, während er sich mit einem parfümierten Fächer Kühlung zufächelte. Jetzt, nachdem er auf seiner Reise von der kaiserlichen Stadt Kioto über zweihundert Meilen auf holprigen, steinigen Straßen zurückgelegt hatte, war er fast zu Hause. Es wäre bequemer gewesen, zu Pferd oder in einer Sänfte zu reisen, aber diese Beförderungsmittel waren unter der Würde eines jungen Edelmannes, der aus der Hauptstadt zurückkehrte, um bei der unerfreulichen Heirat seiner Lieblingscousine zugegen zu sein. Bei dem Gedanken an diese Heirat runzelte er unwillig die Stirn, um sie gleich darauf mit einer bewußten Anstrengung wieder zu glätten. Es wäre unziemlich, wenn sich in der weißen Schminke auf seinem Gesicht Falten bildeten. Er setzte sich anders hin, damit sein magentarotes Gewand mit dem blaßroten Blumenmuster und sein zartrosafarbener Unterkimono nicht zerknittert wurden. Sorgfältig strich er über den Stoff, wo er die Außenseite des Karrens berührt hatte, und rief sich ein angenehmeres Thema ins Gedächtnis zurück: Er dachte an seinen letzten Besuch in Okitsu und an die Tage, die er damals, vor drei Jahren, mit seiner Cousine Nami verbracht hatte.

Was für eine schöne Zeit war das gewesen! Der sechzehnjährige Yoshi hatte gerade drei Jahre in Kioto verbracht, und Nami war vierzehn gewesen, eine aufblühende Schönheit. Die beiden hatten den ganzen Sommer gemeinsam verbracht. Yoshis ältere Vettern und die Erwachsenen waren mit ihren eigenen Angelegenheiten beschäftigt gewesen und hatten die beiden sich selbst überlassen.

Sie hatten sich die Zeit mit Plaudereien vertrieben. Zunächst waren beide steif und verlegen gewesen, aber nach und nach hatten sie sich einander geöffnet wie Wisterienblüten nach einem Frühlingsregen. Nachdem Yoshi von seinen Abenteuern in der konfuzianischen Schule erzählt und Nami aus beliebten Romanen vorgelesen hatte, waren sie dazu übergegangen, einander zarte Gedichte zu schreiben, in denen sich Naivität und langsam erwachende Sinnlichkeit mischten. Nach den wichtigtuerischen Schilderungen seiner kleinen Erfolge in Wettstreiten, bei denen es darum ging, wer der Beste im Erkennen von Parfüms und Vortragen von Gedichten war, hatte Yoshi ihr seine persönlichen Zweifel und Unsicherheiten gebeichtet, während Nami ihre Romane und Gedichte beiseite legte und ihm erzählte, was sie in ihr Kopfkissenbuch geschrieben hatte — in jenes Tagebuch, dem ein Mädchen seine intimsten Gedanken anvertraute.

Weder Yoshis noch Namis Bekenntnisse enthielten irgend etwas von großer Bedeutung. Während seiner ersten drei Jahre in Kioto hatte Yoshi sich seinen Studien gewidmet und sich bemüht, die Anerkennung der Höflinge in seiner Umgebung zu erlangen. »Es schmerzt mich so, wenn sie sich über mich lustig machen«, erzählte er Nami. »Ist es meine Schuld, daß ich erst so spät an den Hof gekommen bin? Als ich zum erstenmal nach Kioto kam, war ich schon dreizehn. Die meisten anderen Jungen sind dort geboren. Ich bin der einzige, der älter war als zehn oder elf, als er in die Hauptstadt kam. Wenn ich doch nur ...«

»Aber Yoshi, du darfst dir nicht zu viele Gedanken machen. Ich finde dich sehr gebildet und erfahren. Du sprichst die Sprache des Hofes. Niemand würde auf die Idee kommen, daß du erst seit drei Jahren dort bist.« Sie hatte ihre kleine Hand beschwichtigend auf seinen Ärmel gelegt. Er war bei der Berührung erschauert, wollte sich aber nicht beruhigen lassen.

»Nein«, hatte er gesagt. »Für sie bin ich nur ein Tölpel vom Lande. Ich gebe mir solche Mühe, aber sie nehmen mich nicht für voll. Wettstreite zu gewinnen und sich nach der neuesten Mode zu kleiden, ist nicht genug. Ich tue alles, was von mir erwartet wird, aber für sie ist das nicht genug. Warum besitzt mein Onkel nicht mehr Einfluß bei Hofe? Warum mußte ich bei meinem Eintritt in die konfuzianische Schule der älteste Schüler sein?«

»Aber du bist doch erst sechzehn, Yoshi. Jemand, der so alt und so gebildet ist wie du, sollte sich nicht zurückgesetzt fühlen. Du mußt ihnen mehr Zeit lassen. Ehe du dich dessen versiehst, wirst du zu ihnen gehören.« Wieder berührte sie ihn, und wieder überlief ihn ein Schauer.

»Ich wollte, es wäre so. Jedenfalls tut es mir gut, daß wir so offen miteinander sprechen können. Ich habe das noch nie jemandem erzählt, und es erleichtert mich, daß ich meine Geheimnisse mit dir teilen kann.« Und tatsächlich hatte sich Yoshi, seit er Okitsu verlassen hatte, um sich in in die Hauptstadt zu begeben, nicht so ausgeglichen gefühlt. Er hatte sich entspannen und die Fassade gelangweilter Weltgewandtheit, die er gewöhnlich zur Schau trug, ablegen können.

»Gefällt dir die Art, wie mein Haar fällt?« Nami hatte das Thema gewechselt und ihrerseits auf ein Geständnis zugesteuert.

»Es ist wunderschön. Ich kenne keine, die feineres Haar hätte als du.«

»Aber ist dir nicht aufgefallen, daß Yuriko, die Tochter des Kochs, längeres Haar hat?«

»Es mag länger sein, aber nicht so glänzend, so fein.«

»Ach, Yoshi. Ich werde so furchtbar neidisch, wenn ich ihr Haar sehe. Es ist länger als meins, und ich hasse mich, weil ich neidisch bin, und ich hasse sie, weil sie längere Haare hat. Findest du es etwa abscheulich, daß ich neidisch bin?«

»Wie könnte ich so etwas nur denken?«

»Ach, Yoshi, du machst dich über mich lustig. Ich habe dir gerade eine schreckliche Sünde gebeichtet — Neid! Und du machst dich über mich lustig. Das ist nicht nett von dir.« Nami hatte mit dem Fuß aufgestampft und Yoshi ärgerlich angesehen.

»Bitte verzeih mir, Nami. Ich wollte mich nicht über dich lustig machen. Ich weiß, daß du mir ein Geheimnis anvertraut hast, und ich bewundere deine Ehrlichkeit. Du hast keinen Grund, neidisch zu sein. Dein Haar ist viel schöner als Yurikos.« Und Yoshi hatte zaghaft seine Hand ausgestreckt und auf ihren Arm gelegt.

Für einen Außenstehenden wären Namis Bekenntnisse äußerst langweilig gewesen, aber in Yoshis Augen gaben sie die innersten Gedanken seiner Cousine preis, und er hatte sich danach gesehnt, Nami in seine Arme zu nehmen und ihr seine Liebe zu gestehen.

Nami, die ohne gleichaltrige Freundinnen aufgewachsen war, hatte ihre Wirkung auf Yoshi ausprobiert, indem sie ihn zum Ziel ihres Charmes und ihrer Wunschträume gemacht hatte. Kurz gesagt: Sie hatte ihn schamlos ausgenutzt.

Dieser verliebte Sommer war der schönste in Yoshis Leben gewesen, und er war davon überzeugt, daß er Nami für immer lieben werde.

Yoshi bewegte seinen Fächer träge hin und her, während er an die schlanken jungen Arme und die glatte elfenbeinfarbene Haut seiner Cousine dachte. Wie herrlich, wie wunderbar sie doch war!

Wie überrascht würde sie sein, wenn sie sah, wie weltgewandt er geworden war. Drei Jahre lang hatte er Gelegenheit gehabt, seine Bildung zu vertiefen. Seine teuren Kleider würden sie sicher sehr beeindrucken, und dies nicht nur wegen ihrer Kostbarkeit, sondern auch wegen ihrer fein aufeinander abgestimmten Farben und Muster. Und auch seine Ausdrucksweise, seine Umgangsformen und seine Beherrschung der Dichtkunst würden ihre Wirkung auf sie gewiß nicht verfehlen. Trotz des verfeinerten Lebens, das er in Kioto führte, war Yoshi noch immer in seine Cousine verliebt. Er hatte es als selbstverständlich angesehen, daß er eines Tages ... Nein, er hatte sich nicht erklärt, aber hatte immer darauf vertraut, daß Nami auf ihn warten würde. Wenn Nami ihn jetzt sah, würde sie ihn ebensosehr lieben wie er sie. Sie würden Gedichte, Geständnisse und schließlich Liebesschwüre austauschen. Das Lächeln, das um seine Mundwinkel spielte, erstarb ...

Natürlich war das unmöglich. Er gab sich wieder einmal Träumen hin. Nami würde bald heiraten, und sie würde umgeben sein von Familienangehörigen und Freunden.

Nach seinen schönen Tagträumen empfand er die unbarmherzige Realität als fast ebenso schmerzhaft wie den Schreck, der ihm in die Glieder gefahren war, als er die Nachricht von Namis bevorstehender Heirat mit einem mächtigen Nachbarn erhalten hatte. Eifersucht und Enttäuschung hatten ihn beinah die Selbstbeherrschung verlieren lassen, auf die er soviel Zeit und Mühe verwendet hatte. Insgesamt sechs Jahre hatte er in der konfuzianischen Schule und am Hof der Taira-Herrscher verbracht. Das Wichtigste, was er dort, am Hof, gelernt hatte, war, sich immer ein gleichmütiges Äußeres zu bewahren. Und so hatte er, nachdem er die Nachricht von der Hochzeit erhalten hatte, beschlossen, sich nichts anmerken zu lassen und seine Gefühle zu verbergen. Mit langsamen Bewegungen wedelte er sich mit dem parfümierten Fächer Luft zu und zwang sich, nicht an die Hochzeitszeremonie zu denken, die in einigen Tagen stattfinden würde.

Yoshis Gedanken wendeten sich einer unangenehmen Begegnung zu, die ihm in Kürze bevorstand. Zweifellos würde sich Namis Bruder Ietaka ebenfalls in der Burg aufhalten. Wie sollte er sich nur Ietaka gegenüber verhalten? Ietaka war ein ungehobelter Bursche, und Yoshi hatte nie verstehen können, warum so viele Leute ihn mochten. Er dachte nur an die Politik, an die Bauern und an alle möglichen Dinge, mit denen ein Höfling nichts zu tun haben wollte. Ietaka wohnte in Kioto, nicht weit von Yoshi entfernt, aber sie vermieden jeden Umgang miteinander. Während Yoshi eifrig darauf bedacht war, in der Welt des Hofes aufzugehen, benahm sich Ietaka — nach Yoshis Meinung — völlig asozial und weigerte sich, die Bedeutung guter Manieren einzusehen. Yoshi war überzeugt, daß die Ursachen für sein aufreizendes Benehmen in den unglücklichen Erfahrungen lagen, die Ietaka in seiner Kindheit gemacht hatte. Mit elf Jahren war er von Banditen entführt und einem Gefolgsmann der Taira als Sklave verkauft worden. Sechs Jahre lang, bis zu seinem siebzehnten Lebensjahr, hatte er auf den auf einer Insel gelegenen Liegenschaften dieses Mannes gearbeitet. Die Familie hatte ihn aufgegeben, aber wie durch ein Wunder war es ihm gelungen zu entkommen und ein Jahr vor Yoshis letztem Besuch in Okitsu dorthin zurückzukehren. Während Yoshi und Nami ihre »ewige Liebe« entdeckten, war Ietaka Onkel Fumio auf die Nerven gegangen.

Ietaka hatte einen tiefen Haß auf die Männer am Hof der Taira und alle, die sie unterstützten, entwickelt. Er hielt Yoshi für einen verantwortungslosen Schmarotzer, und Yoshi wußte das. »Ach was«, dachte Yoshi. Er mochte ein Schmarotzer sein, aber er war ein getreuer Gefolgsmann seiner göttlichen Majestät, des Kaisers von Japan, und das war es, worauf es ankam.

Yoshi verbannte die Gedanken an Ietaka aus seinem Bewußtsein. Er würde auch andere wiedersehen: seine Mutter, Fürstin Masaka, seinen Onkel, Fürst Fumio, die er beide liebte und verehrte. Und seinen Vetter Sanemoto, der für ihn immer wie ein älterer Bruder gewesen war. Und auch ihren Nachbarn Fürst Chikara, Namis Bräutigam. Was war mit ihm? Er war ein älterer Mann, der in dem Ruf stand, eigenwillig und diszipliniert zu sein. Ein Samurai, den man zu achten hatte... Aber Yoshi verspürte ein Brennen bei dem Gedanken, daß seine kostbare Nami die Frau eines Landedelmannes werden sollte.

»Yoshi-san.« Der Ruf, mit dem der Kutscher das Rumpeln der beiden eisenbeschlagenen Räder übertönte, riß Yoshi aus seinen Träumereien. »In einer Stunde werden wir die Burg erreichen.«

Die holprige Straße ließ den Kopf des Kutschers auf und nieder hüpfen. Er öffnete den Mund zu einem zahnlosen Lächeln.

Yoshi war zu sehr in Gedanken versunken, um sich darüber zu wundern, wie der Mann es fertigbrachte, nach dieser dreiwöchigen, mühseligen Reise noch zu lächeln. Am liebsten hätte er seinem Unmut über die Eintönigkeit und die Strapazen dieser Reise Luft gemacht. Aber er beherrschte sich — sein Stolz zwang ihn, Gleiches mit Gleichem zu vergelten. Durch die Öffnung an der Vorderseite des Wagens warf er dem Kutscher einen Blick zu und sagte mit unbewegtem Gesicht: »Ich bedanke mich für die bequeme und angenehme Reise.«

Obwohl der Mann auf dem harten, hölzernen Kutschbock nur einen Lendenschurz trug, dachte Yoshi keinen Augenblick daran, daß seine Reise im Vergleich mit der des Kutschers tatsächlich nicht unbequem gewesen war: Das Innere des Wagens war mit Kissen und Strohmatten ausgestattet, und ein Dach schützte ihn vor der Hitze der Frühlingssonne und dem Regen, der die Mühsalen der langen Reise noch vergrößert hatte.

Yoshi bereitete sich auf seinen Empfang vor. Er trug noch ein wenig weißen Puder und etwas Rouge auf sein Gesicht auf, kämmte sein langes Haar und schwärzte noch einmal seine Zähne, um sicher zu sein, daß kein weißer Zahnschmelz zu sehen war. Sie waren nur noch einige Minuten von Onkel Fumios *shoen* — seinem Landsitz — entfernt. Yoshi rutschte unruhig auf seinem Sitz hin und her und versuchte, einen Blick auf den zehntausend *cho* umfassenden Besitz zu erhaschen, auf dem er aufgewachsen war. Der Wald zu beiden Seiten der Straße war jedoch zu dicht. Manchmal glaubte er, zwischen den Bäumen ein terrassenförmiges Reisfeld zu sehen, aber immer mußte er feststellen, daß er sich getäuscht hatte. Er würde das *shoen* selbst aufsuchen müssen, um zu sehen, wie hier in jahrelanger Arbeit eine Imitation der chinesischen Reisfelder entstanden war.

Der Ochsenkarren machte am Tor halt, und der Wachsoldat überprüfte den Kutscher und seinen Passagier. Yoshi warf einen letzten Blick zurück, wo weiter unten am Berg, über eine Meile entfernt, der Seiken-ji Tempel über den Wipfeln der Kiefern zu sehen war. Hinter dem Tempel konnte er den blaßgelben Strand und das blaue Wasser der Suruga-Bucht erkennen, an der die Stadt Okitsu lag. Obwohl er sich bemühte, gleichgültig zu bleiben, war Yoshi nach dreijähriger Abwesenheit von diesem Anblick überwältigt.

Schließlich gab sich der Wachsoldat zufrieden und ließ den Wagen über den großen, in den Boden eingelassenen Balken rollen, der die beiden Tortürme miteinander verband. Die Burg Okitsu brauchte den Vergleich mit keiner anderen in Japan zu scheuen. Yoshis Onkel hatte bei ihrem Bau an nichts gespart. Das Hauptgebäude erhob sich drei Stockwerke hoch auf einem steinernen Fundament und hatte lediglich einen — leicht zu verteidigenden — Eingang. Runde, rotlackierte Säulen stützten weitausladende Dächer, deren Giebel nach chinesischer Art aufwärts gebogen waren. Jedes Stockwerk war von dem darunterliegenden zurückgesetzt. Geschnitzte und bemalte Balken vereinigten sich zu roten und goldenen Spitzen, die dem ganzen Bauwerk Leichtigkeit verliehen. Diesem Eindruck widersprachen die schweren Fensterläden aus Holz, mit denen die beiden oberen Stockwerke ausgestattet waren. Im Falle eines Angriffs konnten diese Läden zweihundert Bogenschützen Deckung bieten. Yoshi wußte, daß sie in der heißen Jahreszeit durch leichte Sichtblenden aus Bambus ersetzt oder ganz entfernt wurden, um Harmonie zwischen dem Inneren des Gebäudes und den Gärten herzustellen, die es umgaben.

Die Burg stand auf einem Plateau in der Nähe des Berggipfels. Hinter dem Hauptgebäude befanden sich kleinere Nebengebäude, die durch überdachte Gänge miteinander verbunden waren. Ein Gang führte zu dem Haus, das Yoshis Mutter, Fürstin Masaka, gehörte, und in dem die Köche, Gärtner, Diener und Dienerinnen wohnten. Auch die Küchen- und Vorratsräume waren durch kurze Korridore miteinander verbunden.

Es war eine großzügige, beeindruckende Anlage, die sich hinter den Befestigungsmauern erhob, solide gebaut und gut bewacht von den tausend Samurai in Fürst Fumios Diensten.

Der Wagen hielt am Südportal. Behende wie ein Bergaffe kletterte der Kutscher von seinem Kutschbock und spannte den staubigen Ochsen aus. Er öffnete die Tür an der Vorderseite des Wagens und hängte eine Leiter ein, damit Yoshi auf würdevolle Weise aussteigen konnte.

Oben auf der Treppe stand Fürst Fumio. Er trug eine *hakama*, hatte einen Arm in die Seite gestemmt und den anderen zum Gruß erhoben. Er war groß und kräftig gebaut, und aus den Falten in seinem Gesicht sprach Lebenserfahrung. Fürst Fumio war auf unauffällige Weise attraktiv, wenn seine Erscheinung auch verriet, daß mit ihm nicht zu spaßen war. Sein schütteres Haar war straff zurückgekämmt und zu einem Knoten auf seinem Hinterkopf zusammengebunden. Seinem Geschmack entsprechend kleidete er sich schlicht. Fumio war offensichtlich froh über die Ankunft seines Neffen.

Ietaka stand neben ihm. Er war fast so groß wie sein Onkel, aber stämmiger, und sein Gesicht war nicht so scharf geschnitten wie das des Fürsten. Es war eher rund, mit einer stumpfen Nase und einem breiten Mund, der gern zu lächeln schien. In Okitsu jedoch zog Ietaka seine Mundwinkel ständig nach unten, um anzudeuten, wie sehr ihm diese

Umgebung mißfiel. Nur sein breites, energisches Kinn ließ auf Charakterstärke schließen.

Einen Augenblick lang verfinsterte sich Yoshis Gesicht. Aber jedes Schlechte wird durch ein Gutes ausgeglichen: Hinter Ietaka stand dessen Schwester Nami, und neben ihr sah Yoshi seine Mutter. Sein Ärger darüber, von Ietaka begrüßt zu werden, schwand dahin, und er begann zu lächeln. Er freute sich, seine Mutter zu sehen — aber daß Nami ebenfalls da war, empfand er als besonderes Glück. Aus dem mageren Mädchen mit den romantischen Sehnsüchten war eine schöne junge Frau geworden. Sie war klein, mit zierlichen Händen und Füßen, und ihre Haut wirkte so zerbrechlich und gleichzeitig so fest wie Porzellan. Die kurze Nase mit den muschelförmigen Nasenlöchern über einem kleinen roten Mund teilte das Gesicht in perfekter Symmetrie. Ihre mandelförmigen Augen lächelten Yoshi unsicher zu.

Yoshis Lächeln erstarrte, als ihm der Verlust, der ihm bevorstand, bewußt wurde. Mit bestürzender Plötzlichkeit verwandelte sich die Freude darüber, daß er Nami wiedersah, in ein Gefühl schmerzhafter Leere. Sie sah unendlich viel schöner aus, als er sie in Erinnerung hatte. Seine Knie gaben nach, und seine Hände zitterten, als er sie betrachtete. Er wußte, daß er sich eigentlich über ihr Glück freuen sollte — sie würde einen reichen und mächtigen Mann heiraten —, aber der Gedanke, daß sie einem anderen gehören sollte, war fast nicht zu ertragen. Er mußte sich anstrengen, sich die Eifersucht nicht anmerken zu lassen, die ihn überkam, als er begriff, daß sie für ihn für immer verloren war. Nun denn — *shigata ga nai* — was geschehen mußte, würde geschehen.

Die Dämmerung senkte sich herab, und Yoshi verbarg seinen Kummer. Sein weißes Gesicht war glatt und ausdruckslos, und er bewegte seinen Fächer mit geziemender Würde hin und her als er die Stufen hinaufstieg, um seine Familie zu begrüßen.

3

»Jetzt«, sagte Isao. »Schnell! Über die Straße, bevor uns irgend jemand sieht!«

Die Sonne versank hinter dem Berg, und im Kiefernwald wurde es dunkler. Während Yoshi die Stufen zum Portal der Burg Okitsu hinaufschritt, überquerte Iaso mit seiner Frau und seinen Kindern eilig die Straße und half ihnen über die weiße Mauer, die den Seiken-ji-Tempel umgab. Sie hasteten über den mit Kies bestreuten Hof zum Tempelgebäude. Mit einer Handbewegung bedeutete Isao ihnen, sich unter der Veranda zu verstecken, während er sich auf die Suche nach Genkai, dem Priester, machte.

Leise klopfte er an die verwitterte Tür, die zum Schlafraum des Priesters führte.

Stille.

Wieder klopfte er. Während er wartete, schien die Zeit stillzustehen. Gerade als er schon sicher war, daß niemand da war, wurde der Riegel zurückgeschoben. Trotz seiner Angst ging es Isao durch den Kopf, wie traurig es war, daß selbst die Tempel abgeschlossen werden mußten, um den Räubern, die die Provinz heimsuchten, keine Gelegenheit zum Diebstahl zu geben.

Die Tür öffnete sich. Im Licht einer kleinen Öllampe erkannte Isao den Priester. Genkai trug ein grobes gelbes Gewand. Er war sehr groß, schlank und sehnig. Er hatte eine hohe Stirn, und an den Schläfen zeigten sich kleine blaue Adern. Zwischen den eingefallenen Wangen sprang die Nase kühn vor, und die Lippen über dem eckigen Kinn waren voll und verrieten Sensibilität. Obwohl er viel älter zu sein schien als Isao, waren die beiden Männer fast gleich alt. Das Öllämpchen gab nur wenig Licht, und die Augen des Priesters lagen im Schatten. Selbst in diesem Zwielicht strahlte er Ruhe aus, und das gab dem Bauern neuen Mut.

Die Stimme des Priesters war tief und sanft. »Was kann ich für Euch tun?« fragte er mit schlichter Würde.

Isao warf sich auf den Boden und preßte seine Stirn auf

die Dielen. »Wir fürchten um unser Leben«, stammelte er. »Meine Familie wartet draußen. Darf ich sie hereinbringen? Sie haben Angst im Dunkeln.«

»*Isogi* — beeilt euch! Kommt herein! Möge der Buddha euren Weg erleuchten.«

Isao rutschte auf den Knien zur Tür. Mit gedämpfter Stimme rief er Shinobu und die Kinder herein.

»Shinobu?« Der Priester kannte sie als eine der Frauen, die regelmäßig den Tempel aufsuchten. Er liebte die frommen Arbeiter und Bauern und ihre Frauen, die es trotz ihrer Mühsalen fertigbrachten, ihre religiösen Pflichten zu erfüllen. Ein Gefühl der Wärme stieg in ihm auf. Dies war der Grund, warum er Priester geworden war: die Möglichkeit, anderen den Weg zu jener Geborgenheit, jenem Frieden zu weisen, den er unter dem Schutz des Buddha gefunden hatte.

Genkai hatte die Segnungen der Religion erst vor einigen Jahren entdeckt. Seine bedingungslose Hingabe hatte ihn in der Hierarchie der Priester von Seiken-ji rasch aufsteigen lassen. Trotz seiner Jugend lebte er im ständigen Bewußtsein der göttlichen Gnade und war sich immer bewußt, daß das Auge Gottes auf ihm ruhte. Er sprach mit der volltönenden Stimme des überzeugten Gläubigen, und zwar nicht, um seine Zuhörer zu beeindrucken, sondern weil ihm dies half, die spirituelle Verbindung mit jenem Frieden und jener Sanftmut aufrechtzuerhalten, die in der Welt, die ihn umgab, fehlte. Aus seiner Intonation sprach die Überzeugung, daß seine Worte im Einklang mit der Lehre des Amida Buddha standen.

Genkai entstammte einer adligen Familie. In seiner Kindheit war er von Dienern umgeben gewesen, und er hatte gelernt, die Menschen zu lieben, die für geringen Lohn und ohne ein Wort der Anerkennung für ihre Herren sorgten. Und diese Liebe war noch gewachsen, obwohl seine Alters- und Standesgenossen dies mißbilligten und sich sogar darüber lustig machten. Daß ein Angehöriger des Landadels für niedere Bauern selbstlose Liebe empfand, stellte in den

Augen seiner Familie und seiner Freunde die Grundlagen der Gesellschaft in Frage. Aber Genkai hatte so viel Eigensinnigkeit geerbt, daß es ihm leichtfiel, weltliche Freuden aufzugeben und die Strenge des priesterlichen Lebens auf sich zu nehmen.

Mit liebevoller, leiser Stimme beruhigte Genkai die Flüchtlinge. »Warum seid ihr zu dieser ungewöhnlichen Stunde auf diese ungewöhnliche Art zum Haus Gottes gekommen?«

Shinobu fiel neben Isao auf die Knie. »Bitte helft uns!« rief sie. »Wir haben niemand sonst, an den wir uns wenden können. Immer habt Ihr eure Stimme gegen die unnachgiebige Härte des *daimyo* erhoben. Und jetzt ist es der Zorn des *daimyo*, der uns von unserem Heim vertrieben hat. Wir brauchen Hilfe ... einen Ort, an dem wir uns verstecken können ... Ich habe meinem Mann gesagt, wir würden hier sicher sein.«

»Der Amida Buddha gewährt allen Zuflucht, die seinen Namen anrufen. Aber sagt mir: Was habt ihr getan, daß man euch vertrieben hat?« Genkais leise Stimme hob und senkte sich in einem Singsang.

»Wir haben unseren Reis dem Heiler gegeben, der Shinobus Vater gesund machen sollte«, sagte Isao, ohne sein Gesicht vom Boden zu erheben. Dann sah er auf und stöhnte. »Wir haben nichts mehr, mit dem wir unsere Steuern bezahlen könnten. Wenn Fürst Chikaras Samurai uns finden, werden sie uns töten.«

»Schon wieder Fürst Chikara«, sagte der Priester, und seine Stimme wurde lauter. »Er achtet weder Gott noch die Menschen.« Mit einer Handbewegung hieß er die vor ihm Knienden aufstehen. »Wie seid ihr hergekommen?« fragte er. »Hat euch irgend jemand gesehen?«

»Wir sind gelaufen, seit heute früh. Wir haben den Weg über den Berg genommen. Niemand hat uns gesehen. Die Kinder, Mutsu und Akika, können nicht mehr. Wir flehen Euch an, uns zu helfen. Können wir hier bleiben, bis sie nicht mehr nach uns suchen?«

»Ihr steht unter dem Schutz von Amida Nyorai, und an diesem Ort befindet ihr euch im Licht der unendlichen Gnade Gottes. Wenn ihr ihn um Hilfe und um Erlösung bittet, wird er euch in sein Himmelreich einlassen. Ich sehe, daß ihr arme Leute seid, und daß ihr in der Welt der Menschen Schmerzen und Leiden zu erdulden hattet. Hier werdet ihr den Frieden und die Sicherheit finden, wie sie nur die Götter gewähren können.« Genkais Stimme hob und senkte sich und erfüllte die Flüchtlinge mit einer tranceartigen Ruhe. »Folgt mir. Im Seiken-ji-Tempel werdet ihr vor den Fährnissen der Welt sicher sein.« Genkai hob beruhigend die Hand, die Handfläche nach außen gerichtet. Es war die Geste, die den Segen und den Schutz des Buddhas verhieß. Das Licht des Öllämpchens hinter ihm warf einen Strahlenkranz um seinen kahlgeschorenen Kopf. Für die Flüchtlinge war dies ein Zeichen des allmächtigen Schutzes der Götter.

Genkai nahm die Lampe und hielt sie hoch, damit sie den Weg beleuchtete. Er führte die Familie einen langen Gang entlang, der von seinem Zimmer zum Hauptgebäude des Tempels führte. Nach dreißig Schritten standen sie vor einer scheinbar massiven Wand. Genkai schob die geschnitzte Wandverkleidung beiseite, hinter der eine geheime Kammer lag.

»Hier könnt ihr bleiben, bis man nicht mehr nach euch sucht. Ihr dürft kein Licht machen, und die Kinder müssen sich still verhalten. Sobald ich Gelegenheit dazu habe, werde ich euch Wasser und etwas zu essen bringen«, sagte er ernst.

»Möge der Segen Amida Buddhas immer über Euch sein«, sagte Isao, während er mit Shinobu und den Kindern die dunkle Kammer betrat.

Als Genkai die Wandverkleidung vor die Öffnung schob, sagte Akika: »Ich habe meine Puppe verloren.«

»Weine nicht. Wir werden dir eine neue machen, wenn wir in Sicherheit sind«, sagte Shinobu und nahm das Kind in ihre Arme, um es zu trösten.

4

Vor Fürst Chikaras Burg sangen die Vögel, und eine kühle Brise strich durch die Zweige der Bäume. Drinnen, im großen Saal, war es dunkel und still. Umgeben von chinesischen Gemälden und kostbaren Vasen saß Chikara auf einem Podium und hörte sich den Bericht eines Hauptmanns seiner Samurai an.

»Als wir ankamen, waren sie verschwunden, Herr.«

»Und wo sind sie jetzt? Ein Bauer und seine Familie können ja nicht spurlos verschwinden. Schickt mehr Männer aus. Befragt die Bauern in der Gegend. Wenn wir diese Leute nicht bestrafen, wird es auf unserem Land bald niemanden mehr geben, der die Gesetze beachtet.«

Für die Bauern, die die Grundlagen seines Reichtums erwirtschafteten, hatte Chikara nur Verachtung übrig. Er war einer der vielen Vettern von Taira Kiyomori, des neuen Großkanzlers, und ein typischer Vertreter jener Landadligen, die ihre Ländereien mit strenger Hand verwalteten und dabei reich geworden waren. Die Regierung hatte ihm, als Belohnung für die auf Feldzügen bewiesene Tapferkeit, ein Lehen und einen Titel verliehen. Chikara war zwar in die Provinz geschickt worden, damit er sich um seine Ländereien kümmere, aber er war entschlossen, als überaus reicher Mann in die Hauptstadt zurückzukehren. Sein *shoen* sollte das mächtigste im östlichen Teil des Landes werden! Sein Ruf als tapferer Krieger und seine gute Verwaltung hatten Tausende freier Bauern angezogen. Er hatte den kleinen Landsitz in eine Burg verwandelt und unterhielt eine Armee, die, ohne Widerstand fürchten zu müssen, dafür sorgte, daß seine Anweisungen befolgt wurden.

Er starrte den Samurai an, der mit gesenktem Kopf vor ihm kniete und von seinem Herren nicht mehr sehen konnte als dessen Füße.

»Fürst Chikara«, sagte der Samurai leise, »wir glauben zu wissen, wo sie sich versteckt haben, aber wir wagen es nicht, dort zu suchen.«

Fürst Chikara lehnte sich auf seine mit Einlegearbeiten verzierte Armstütze. Mit seiner Hakennase und seinen schwarzen Augen sah er aus wie ein Raubvogel. Und wie ein Raubvogel zischte er: »Ihr sagt, ihr wagt nicht, dort zu suchen? Auf meinem Land gibt es keinen Ort, in den meine Männer nicht eindringen könnten, um dem Gesetz Geltung zu verschaffen. Ich werde mich später noch mit Euch befassen, Shigeru. Nun sagt mir, wo sie sind.«

Shigeru preßte seine Stirn auf den polierten Holzboden und murmelte etwas Unverständliches.

»Sprecht lauter«, fuhr Chikara ihn wütend an.

»Wir glauben, daß sie sich im Seiken-ji-Tempel verbergen«, murmelte der Samurai.

»Diese Mönche haben sich schon oft genug in meine Angelegenheiten eingemischt. Diesmal sind sie zu weit gegangen. Ich habe ihnen gesagt, ich würde ein Exempel statuieren, und ich bin entschlossen, dieses Versprechen einzuhalten. Nehmt Euch ein paar Männer von meiner Wache, geht zum Tempel und holt diese Leute heraus. Der Gerechtigkeit muß Genüge getan werden.«

»Ja, Herr.«

»Über Eure Strafe werde ich später nachdenken«, fügte Chikara hinzu.

»Ja, Herr«, sagte der Samurai und rutschte auf den Knien rückwärts hinaus.

Chikara war wieder allein in dem großen Raum. Er atmete tief ein und schloß die Augen, um sich zu beruhigen. Das Leben einer Bauernfamilie war zu unbedeutend, um ihn aus der Fassung zu bringen.

Nach einer Minute wandte er sich seiner neuesten Erwerbung zu, einem bemalten Wandschirm. Wie viele andere Heian-Fürsten sammelte Chikara chinesische Kunstobjekte und war ein großer Bewunderer der chinesischen Kultur. Bald hatte er die Bauernfamilie vergessen und war tief in die Betrachtung des Bildes versunken, das der Künstler mit meisterlichem Pinselstrich geschaffen hatte.

5

Am Morgen nach seiner Ankunft in Okitsu saß Yoshi mit gekreuzten Beinen auf der Veranda, von der aus man einen Blick auf den Berg Satta hatte. Nach den Maßstäben, die bei Hof galten, sah Yoshi, ein hochgewachsener, schlanker junger Mann, gut aus. Heute morgen trug er ein hellgrünes Gewand über einem pfirsichfarbenen Unterkimono. Für einen Mann aus Okitsu waren das sanfte Farben. Seine schwächlichen Arme und seine langen, zarten Finger verstärkten das Weibliche seiner Erscheinung, wie sie das höfische Schönheitsideal des 12. Jahrhunderts forderte. Wie viele seines Standes schwärzte er seine Zähne, um anderen den unschönen Anblick der »Grabsteine des Mundes« zu ersparen, und puderte sich das Gesicht weiß, so daß es einen maskenartigen, gelangweilten Ausdruck bekam. Leider war er durch seine Jugend häufig starken Gefühlen ausgeliefert, die seine Versuche, sich ein gleichgültiges Äußeres zu bewahren, zunichte machten. Mit seinem Fächer und seinem gezierten Benehmen versuchte er jene Höflinge zu kopieren, die er bewunderte. Trotz seines äußeren Erscheinungsbildes hegte er keine Zweifel an seiner Männlichkeit, hatte er doch schon mit mehreren Hofdamen intime Beziehungen unterhalten. Diese Art von beiläufigem Sex am Hofe war für ihn jedoch etwas ganz anderes als die Leidenschaft, die er für Nami empfand. In seinen Augen hatten Sex und romantische Liebe nicht unbedingt irgend etwas gemeinsam.

Als Yoshi den Duft der Kiefern und der ersten Frühlingsblüten wahrnahm, beschloß er, ein Gedicht zu schreiben, um diesen Augenblick zu feiern. Er benetzte einen flachen Stein mit einigen Tropfen Wasser und rieb seinen Tuschestift darüber, bis das Wasser sich verdickte und schwarz wurde. Er tauchte seinen Pinsel in die Tusche und begann zu schreiben:

»Der Kiefernzweig bebt ...«

Er zögerte, seine Gedanken schweiften ab. Vielleicht

lag es an der Luft, vielleicht aber auch an der Tatsache, daß er wieder zu Hause war. Seine Hand hielt über dem Papier inne, während er über seine Position als unehelicher Sohn von Fürstin Masaka nachdachte.

Onkel Fumio war gütig und großzügig, und obwohl Illegitimität keinen Makel darstellte, hätte Yoshi gern gewußt, wer sein Vater war. Oft versuchte er, ihn sich vorzustellen, und dann träumte er von einem alles überstrahlenden Helden, einem Samurai-Fürsten, der sehr sensibel, sehr charmant und sehr stark war. Vielleicht waren diese Tagträume eine Folge davon, daß Yoshi auf väterliche Liebe hatte verzichten müssen. Fumio hatte versucht, den Platz des Vaters einzunehmen, und hatte Yoshi viel Zeit gewidmet. Yoshi war ihm dankbar für die Liebe und Führung, aber seinen richtigen Vater konnte Fürst Fumio nicht ersetzen. Es war zwar beruhigend zu wissen, daß seine Mutter ebenfalls in der Burg wohnte, aber während er heranwuchs, bekam er sie nur selten zu sehen. Sie lebte sehr zurückgezogen im Nordflügel. Da Fumio Witwer war, hatte sie die Pflichten der Hausherrin übernommen. Sie war die Gebieterin über den nördlichen oder Dienstboten-Flügel, und in ihrer Eigenschaft als »Frau des Nordens« war sie vollkommen davon in Anspruch genommen, sich um ihre Zofen, Diener, Köche und Aufseher und um die Haushaltsangelegenheiten der Burg zu kümmern. Mit Ausnahme eines gelegentlichen Besuches im Schrein von Ise hielt sie sich — wie es einer Frau in ihrer Position zukam — meist in ihren privaten Gemächern auf.

Yoshi hatte von den angeblich wunderbaren Umständen seiner Zeugung gehört. Obwohl Onkel Fumio vorgab, die Geschichte zu glauben, flüsterten die Bauern in der Umgebung sich zu, daß Fumio selbst Yoshis Vater sei. Yoshi seufzte. Immer wenn er an seinen Onkel dachte, fielen ihm die grausamen Schicksalsschläge ein, die ihn getroffen hatten. Kurz nach seiner Rückkehr aus dem Feldzug, der Fürst Fumio ein Lehen und einen Titel eingebracht hatte, war eine Reihe von Katastrophen über ihn hereingebrochen. Zuerst hatte seine Frau ein totes Kind geboren und war dabei selbst gestorben. Dann, sechs Monate später, war sein Haus von einem jener Erdbeben, die das Land immer wieder erschütterten, zerstört und seine Lieblingskurtisane getötet worden.

Seit jenem Tag hatte Fumio jeden Umgang mit Frauen vermieden. Er hatte seine Burg in ihrem heutigen Umfang wieder aufgebaut und begnügte sich damit, für die Nichten und Neffen, die Nachkommen seiner glücklicheren Verwandten, den reichen Onkel zu spielen.

Bevor Yoshi nach Kioto gegangen war, hatte Fumio ihn in den männlichen Künsten — Jagd, Bogenschießen und Schwertkunst — unterrichtet und ihn dazu angehalten, die Gesellschaft, der er angehörte, nie in Frage zu stellen. Alle Macht lag beim Kaiser. Gewisse Stände waren von Natur aus vor anderen bevorzugt. Yoshi war der Neffe eines *daimyo* — eines Mannes, der absolute Macht über zehntausend *cho* besaß und der unangefochtene Herrscher seines Lehens war. Wer auch immer sein Vater gewesen war — Yoshi war in jeder Hinsicht ein Edelmann und versuchte, seinen eigenen Vorstellungen von dem, was von einem Edelmann erwartet wurde, gerecht zu werden.

Yoshi legte den Stiel des Pinsels an die Lippen, ließ seinen Blick über den Garten schweifen und dachte über die sechs Jahre in der kaiserlichen Hauptstadt nach, diese herrlichen Jahre, die er hauptsächlich damit zugebracht hatte, Kalligraphie, Dichtkunst, Malerei und Tanz zu studieren.

Ein leises Hüsteln riß ihn aus seinen Gedanken. Hinter ihm standen Ietaka und Nami. »Was für eine wunderschöne Kalligraphie«, sagte Nami und reckte ihren Hals, um über Yoshis Schulter zu sehen. Ein Friedensangebot.

Yoshi legte den Pinsel nieder, nahm seinen Fächer in die Hand und lud sie ein, sich zu ihm zu setzen. Nami trug einen Seidenkimono mit einem himmelblauen Muster auf pflaumenfarbigem Grund. Ihr hüftlanges Haar war mit edelsteinbesetzten Spangen geschmückt und wurde auf dem Rücken von einer steifen Schleife aus Seidenstoff zusammengehalten. Bei ihrem Anblick klopfte Yoshis Herz schneller.

»Danke, Nami. Es freut mich, das aus deinem Mund zu hören«, sagte er steif und unterdrückte die Gefühle, die ihn zu überwältigen drohten. Unter dem Puder und dem Rouge röteten sich seine Wangen. Er mußte seine Gefühle verbergen. Es war zu spät, um an Namis Schicksal noch etwas zu ändern, und wenn er ihr seine Liebe gestand, würde er ihr nur Schmerzen bereiten. »Es tut mir leid, daß ich zu müde war, um gestern abend über deine Hochzeit zu sprechen. Aber jetzt haben wir den ganzen Morgen Zeit, Nami, und du kannst mir von deinem zukünftigen Mann und der geplanten Hochzeitsfeier erzählen«, sagte er mit gezwungener Herzlichkeit.

Eheschließungen unter Adligen folgten einer bestimmten Tradition. Der zukünftige Bräutigam besuchte »heimlich« die für ihn bestimmte Frau und blieb bis zum Morgengrauen. Wenn alles gutging, überbrachte ein Bote am folgenden Morgen ein Liebesgedicht. Um das Glück der Frau zum Ausdruck zu bringen, überhäufte ihre Familie den Boten mit Geschenken.

Auch die zweite Nacht verbrachte der Bräutigam »heimlich« bei seiner Braut. Obwohl ihre Familie dies sehr wohl wußte, wurde kein Wort darüber verloren.

Bald darauf buk die Familie der Frau Reiskuchen, die dem Bräutigam in die Gemächer seiner Frau gebracht wurden, und von diesem Augenblick an galt die Ehe als vollzogen. Es folgte ein Brief, in dem der Vater oder Vormund der Braut sein Einverständnis mit der Eheschließung erklärte, und einige Tage später wurde das Hochzeitsfest gefeiert. Hierbei vollzog ein Priester ein Reinigungsritual, und das Brautpaar tauschte mit Reiswein gefüllte Schalen und sagte einen Segensspruch. Damit war die Ehe in jeder Hinsicht rechtmäßig geschlossen.

Zwei Drittel der vorgeschriebenen Prozedur hatte Nami bereits hinter sich. Freudestrahlend rief sie aus: »Ach, Yoshi, ich bin so glücklich. Fürst Chikara ist ein freundlicher und geduldiger Bräutigam. Er hat mich diese Woche zweimal besucht. Und nach unserer ersten Nacht hat er mir ein wunderschönes Morgen-Gedicht geschickt. Er ist so stark und männlich ... Was kann ich mehr verlangen? In den nächsten Tagen werden wir die Hochzeit feiern.«

Namis Begeisterung gab Yoshi einen Stich. Bekümmert sah er zu Ietaka und bemerkte, daß der breitschultrige Mann ebenfalls nicht sehr glücklich über die bevorstehende Ehe seiner Schwester schien. Yoshi beherrschte sich. Hinter seiner Maske aus Puder wurde sein Gesicht ausdruckslos. »Ich bin froh, daß ich es geschafft habe, rechtzeitig hier zu sein. Es tut mir leid, daß ich dich nicht mehr sehen werde, wenn du dann verheiratet bist«, sagte er und strich mit einer Geste, die nonchalant wirken sollte, über sein Haar.

»Keine Angst, Yoshi. Ich habe nicht vor, in Fürst Chikaras Burg das Leben einer Sklavin zu führen. Ich bin keine altmodische Frau. Ich werde niemals so im Haushalt aufgehen wie deine Mutter.«

Ietaka lächelte zum erstenmal. »Vertrau meiner Schwester«, sagte er. »Sie wird sich niemals dem Druck der reaktionären Taira-Gesellschaft beugen.«

Yoshi war verärgert über diese unangebrachte politische Bemerkung, aber er sagte: »Ich hoffe, daß du recht behältst. Es würde mich traurig machen, wenn unsere langjährige Freundschaft nun zu Ende gehen sollte.« Er ordnete sein grünes Gewand, fächelte sich mit einer trägen Handbewegung Luft zu und lenkte von dem unangenehmen Thema ab. »Aber es fehlt ja einer«, sagte er. »Wo ist mein Vetter Sanemoto? Ich habe ihn gestern abend nicht gesehen, und als ich Onkel Fumio nach ihm fragte, wich er mir aus. Ist irgend etwas nicht in Ordnung?«

Ietaka rutschte unbehaglich hin und her und sah seine Schwester an. »Erzähl du es ihm«, forderte er sie auf. »Wenn ich ihm sage, was ich davon halte, wird er meinen, ich hätte Vorurteile.«

Nami seufzte. »Onkel Fumio möchte nicht über Sanemoto sprechen, weil seine Entscheidung ihn so verletzt hat. Vor über zwei Jahren hat unser Vetter, trotz der Vorhaltungen unseres Onkels, den Namen Genkai angenommen und ist ein Priester im Seiken-ji geworden.«

»Sanemoto? Genkai...? Ein Priester?« Yoshi wedelte aufgeregt mit dem Fächer. »Das kann ich nicht glauben!« Yoshis Verwirrung war verständlich. Er kannte Sanemoto seit frühester Kindheit; viele Jahre lang waren sie wie Brüder gewesen.

Sanemoto hatte bald nach seiner Geburt die Eltern verloren. Seine Mutter — die älteste Schwester von Fürst Fumio — und sein Vater — ein kleiner kaiserlicher Beamter — waren auf dem Weg zu einer Regierungsbehörde in der Provinz Kai von umherstreifenden Banditen ermordet worden. Nur das Kind und die alte, halbblinde Amme wurden verschont, als die Räuber die Reisegruppe niedermachten und ausraubten.

Die treu ergebene Amme schleppte sich mit dem Kind in ihren Armen fast vierzig Meilen weit bis zum Tor der Burg Okitsu, wo sie erschöpft zusammenbrach.

Das war im Herbst des Jahres 1147 gewesen, zwei Jahre vor Yoshis Geburt. Fürst Fumio adoptierte das Kind und liebte es von Anfang an wie seinen eigenen Sohn. So kam es, daß Yoshi von dem Augenblick an, als er schreiend das Licht der Welt erblickte, zusammen mit dem etwas älteren Sanemoto aufwuchs. Sie waren so unterschiedlich wie Kinder nur sein können, und trotzdem standen sie sich näher als Geschwister.

Da er keine Eltern hatte, die ihn im Zaum hielten, war Sanemoto ein wildes Kind, das gegen alle Autoritäten aufbegehrte. Yoshi dagegen war immer bereit, sich wie ein Chamäleon anzupassen und sich so zu verhalten, wie man es von ihm erwartete. Yoshi war immer gehorsam gewesen, um seiner Mutter und seinem Onkel Freude zu machen. Sanemoto war rebellisch — er suchte etwas, an das er glauben konnte, etwas, das höher stand als sein Onkel und der Kaiser.

Yoshi sah zu Sanemoto auf. Er war verärgert und eifersüchtig, als Sanemoto immer mehr Zeit mit den Kindern der Bediensteten verbrachte. Seine Freundschaft mit diesen Kindern hinderte Sanemoto jedoch nicht daran, den jüngeren Yoshi zu gemeinsamen Streichen zu verleiten; immer wieder ärgerten sie die Bediensteten und die Wachsoldaten. Mit seinem Widerspruchsgeist und seinen Streichen überspielte Sanemoto seine Unsicherheit, und Yoshi hatte nie herausgefunden, was sich hinter seinem lachenden Mund und seinen blitzenden Augen verbarg. Yoshi hatte schon als Kind danach gestrebt, die Erwartungen seiner Umgebung zu erfüllen. Er besaß keine Neigung zum Tiefsinn und war von Äußerlichkeiten leicht zu beeindrucken. Seine geistigen Aktivitäten erschöpften sich in Tagträumen von seinem unbekannten Vater und in Fantasien, in denen er ein Amt am kaiserlichen Hof erhielt. Wie sollte er verstehen, daß Sanemotos Rebellion in Wirklichkeit eine Suche nach einem tieferen Sinn und einer höheren Autorität war?

So war es kein Wunder, daß Yoshi über Sanemotos Entschluß, sich den Kopf zu rasieren und den Namen Genkai anzunehmen, überrascht war.

Yoshi schüttelte den Kopf. »Er hat sich nie für Religion interessiert«, sagte er. »Ein Priester! Was ist nur über ihn gekommen?«

»Seine Einstellung hat sich geändert«, sagte Nami. »Nach deinem letzten Besuch war Sanemoto noch rastloser als je zuvor. Er war wie gehetzt, bis er die Mönche von Seiken-ji kennenlernte. Nachdem er sich zu Buddha bekannt hatte, war er ein anderer Mensch. Er wurde ruhig, friedlich und ausgeglichen. Bald darauf entsagte er der Welt und begann, flammende Reden gegen die Landbesitzer zu halten. Er sagte den Bauern, vor Buddha seien alle Menschen gleich.«

»Aber diesen Unsinn glaubt Sanemoto doch wohl nicht!« Yoshi war wirklich schockiert. Sein Fächer bewegte sich rasch hin und her. Niemand seines Standes erwog auch nur einen Moment lang ernsthaft den Gedanken, daß die Menschen gleich seien.

»Ich glaube, daß seine Sicht der Dinge einiges für sich hat«, unterbrach Ietaka ihn gereizt. »An deiner Stelle würde ich sie nicht ohne weiteres abtun!«

»Ich kann nicht glauben, daß er so offen gegen unsere Überzeugungen predigt. Was du sagst, ist Verrat an unserem Kaiser. Er kann nicht an diese Lügen glauben — nicht als Sanemoto und nicht als Genkai.« Yoshi schüttelte ungläubig den Kopf und setzte hinzu: »In was für einer seltsamen, unberechenbaren Welt leben wir.«

Ietaka musterte Yoshi kühl. »Die Welt ist berechenbarer als die Leute, die in ihr leben«, sagte er. »Es stimmt — als Kind zeigte Genkai kein Interesse für Religion, aber er liebte die Menschen in seiner Umgebung. Er kümmerte sich selbst um die *esemono* — die niedersten der Arbeiter. Im Gegensatz zu dir hatte er einen wißbegierigen Geist, der ihn davon abhielt, alles Dumme, das man ihm erzählte, zu übernehmen. Die große Veränderung fand kurz nach deinem letzten Besuch statt, als einer seiner Streiche übel ausging. Er war eines Nachts mit dem Sohn des Gärtners in die Küche eingedrungen, weil er dachte, es würde lustig sein, die Gewürze in die falschen Töpfe zu füllen.« Ietaka hielt inne und lächelte schief. »Unglücklicherweise wurden sie von der Wache bemerkt. Der Soldat rief sie an, und bei dem Versuch, sich aus dem Staub zu machen, fiel der Sohn des Gärtners durch eine Papierbespannung vom Balkon des zweiten Stockwerks. Er brach sich das Bein an zwei Stellen.

Zur Strafe befahl man Sanemoto, sich um den Verletzten zu kümmern, bis er ganz wiederhergestellt war. Onkel Fumio dachte, dies werde Sanemoto lehren, was Demut und Verantwortungsbewußtsein ist. Das gelang ihm besser, als er erwartet hatte. Du weißt, daß Sanemoto immer großes Verständnis für die Probleme der einfachen Leute hatte. Sein Leben in der Familie des Gärtners rief die Liebe für sie in ihm wach, und so kam es, daß er sich ihnen näher fühlte als seiner eigenen Familie.« Ietaka sah Yoshi und Nami traurig an. Auch er hatte die Wärme eines echten Familienlebens nie kennengelernt. Er seufzte und fuhr fort: »Was er sah, war ein Zusammengehörigkeitsgefühl, das er in seiner Beziehung zu Onkel Fumio nie empfunden hatte. So sehr unser Onkel sich auch bemühte — und er hat Sanemoto mehr geliebt als jeden anderen von uns —, er konnte ihm doch nicht jenes Gefühl geben, nach dem Sanemoto sich so sehnte: das Gefühl der Zugehörigkeit zu einer Familie. Damals hatte Sanemoto die Religion noch nicht entdeckt. Er war bekümmert und wußte nicht, wie er seiner Verwirrung Herr werden sollte. Er fragte sich, warum gute Menschen zu niederen Arbeiten gezwungen wurden, während andere — die dies oft nicht verdient hatten — in müßiger Untätigkeit leben durften. Sanemoto hatte ein Bewußtsein entwickelt, das man bei Leuten unseres Standes nur selten findet.«

Bei dieser für Ietaka so typischen Bemerkung fuhr Yoshi auf und öffnete den Mund, um ihn zu unterbrechen. Mit einer Handbewegung bedeutete Ietaka ihm zu schweigen. Als er fortfuhr, klang seine Stimme nachdenklich: »Vielleicht war es mein Einfluß, der ihn im Tempel Rat suchen ließ. Wie auch immer — er begann, jeden Tag dorthin zu gehen, auf der Suche nach der Wahrheit und dem Sinn des Lebens. Als die Priester seine natürliche Zuneigung zu den armen Bauern und Händlern entdeckten, sagten sie ihm, es sei seine Mission, ihnen zu einem besseren Leben zu verhelfen. Ich verstehe seine Gefühle, und ich respektiere die Tatsache, daß er einen schwierigen Weg gewählt hat. Ich liebe ihn, und mir bricht das Herz bei dem Gedanken an das, was er zu erleiden haben wird, wenn er sich weiterhin gegen die Macht des Kaisers stellt. Er ist so naiv zu glauben, daß Macht und Moral Hand in Hand gehen.«

Yoshi wollte gerade sagen, daß Macht sich tatsächlich von der Moral ableitete, aber bevor er den Mund öffnen konnte, bemerkte Nami leise: »Sanemoto ist Priester geworden, weil er nach dem Guten suchte..., und was immer wir sagen oder tun — nichts wird ihn von seinem Weg abbringen.«

Yoshi schnalzte mit der Zunge. »Verrückt!« rief er. »Verrückt!« Und er unterstrich seine Worte mit einem Kopfschütteln.

6

Genau in diesem Augenblick schüttelte auch Genkai den Kopf. »Nein«, sagte er ruhig, »hier ist kein Bauer. Ich fordere Euch auf, sofort zu gehen. Dies ist ein Tempel Buddhas. Ihr und Eure Soldaten habt kein Recht, ihn zu betreten.«

»Es tut mir leid, Priester. Mein Herr hat mir befohlen, den Tempel zu durchsuchen, und das werde ich tun.« Die Lippen des Samurai waren nur ein dünner Strich, und seine Stimme war kalt.

»Nicht, solange ich Euch daran hindern kann.« Genkai reckte das Kinn vor. Er richtete seine Augen auf einen weit entfernten Punkt, um seine wachsende Wut zu verbergen.

»Packt ihn!« Shigeru gab zwei seiner Soldaten einen Wink. Sie sprangen vor. Einer bog Genkais Arm auf den Rücken, so daß er auf die Knie fiel, während der andere ihm die Füße fesselte. Auf dem kahlgeschorenen Kopf des Priesters glänzten Schweißperlen, und an seinen Schläfen traten pochend die Adern hervor. »Das dürft ihr nicht«, stieß er schließlich hervor. »Dies ist der Tempel Buddhas. Es ist verboten ...«

»Knebelt ihn«, befahl Shigeru.

Er ließ seine Männer die Wohnräume des Tempels durchsuchen. Sie marschierten durch die Gänge, sahen in jeden Raum und stießen dabei den Priester vor sich her. Die Holztäfelung, hinter der sich die Geheimkammer verbarg, würdigten sie keines Blickes. Im Hauptraum des Tempels, wo drei große bronzene Buddhastatuen auf einem Podium standen, suchten sie jeden Winkel ab. Ihre Wut wurde mit jeder Minute größer. Ein wertvoller Wandschirm zerbrach, ein Bild wurde heruntergerissen, eine Schiebetür zersplitterte. Sie fanden keine Spur der Flüchtlinge.

Shigeru war außer sich vor Wut. Chikaras Drohungen und Befehle klangen ihm noch in den Ohren, und er wagte es nicht, ohne den Kopf des Bauern zurückzukehren.

»Es ist völlig egal, was wir hier tun«, fuhr er Genkai an. »Wenn die Götter jetzt schon zornig auf uns sind, werden sie nicht noch zorniger werden. Ich will den Bauern, und ich werde alle Mittel anwenden, um ihn zu finden. Man hat uns gesagt, daß seine Frau ihn hierher geführt hat, und Ihr werdet uns verraten, wo sie sind, oder Ihr werdet sterben.«

Er hielt die Spitze seines Dolches in die Flamme des Öllämpchens. »Wo sind sie versteckt?« fragte er und näherte seine Hand mit der Waffe Genkais Augen.

Genkai würgte an seinem Knebel.

Shigeru ließ das Messer sinken. Er wandte sich an einen seiner Männer. »Nehmt ihm den Knebel ab!« befahl er. Als der Knebel entfernt war, brachte er sein Gesicht dicht an das Genkais. »Was habt Ihr uns zu sagen?« fragte er.

»Daß Ihr zehntausend Generationen lang verdammt sein werdet. Ihr, Euer Fürst Chikara und all Eure Helfer. Verdammt, verdammt, verdammt!« schrie Genkai, der vor Wut rot angelaufen war.

»Knebelt ihn wieder. Diesmal wird er die Klinge zu spüren bekommen, bevor wir ihm den Knebel abnehmen.« Wieder hielt er die Spitze des Dolches in die Flamme.

»Shigeru! Ich habe etwas gefunden«, rief einer der Samurai vom Gang her.

»Was ist es?« fragte Shigeru.

»Eine Kinderpuppe, hier in der Ecke.«

»Schnell! Nehmt alles auseinander. Reißt die Wandtäfelung herunter. Sie müssen irgendwo dort sein.«

Die Samurai gingen mit System vor. Sie warfen Wandschirme um, rissen Läden ab und klopften an die Täfelung. Innerhalb weniger Minuten hatten sie die Geheimkammer gefunden und die vier Flüchtlinge ans Licht gezerrt. Isao wurde von zwei der stämmigen Krieger mühelos überwältigt. Sie zwangen ihn vor Shigeru in die Knie. Ein anderer Samurai hatte Shinobu am Arm gepackt, die keinen Widerstand leistete. Sie hatte ihre weinenden Kinder an die Brust gedrückt und versuchte, sie zu beruhigen. Einer der Männer riß ihr die Kinder aus den Armen und zwang sie, vor Shigeru niederzuknien.

»Nehmt dem Priester den Knebel ab«, befahl Shigeru.

»Nach Recht und Gesetz solltet Ihr dieselbe Strafe erleiden wie diese Verbrecher«, fuhr er, zu Genkai gewandt, fort. »Ich habe jedoch keine diesbezüglichen Befehle. Ihr werdet daher lediglich Zeuge der Strafe sein, die Fürst Chikara verhängt hat, und vielleicht ist Euch das eine Lehre. Selbst Priester stehen nicht über dem Gesetz.«

Genkai hatte seine Beherrschung wiedergefunden. Er bat Shigeru, ihn mit den Gefangenen sprechen zu lassen. Shigeru nickte kalt. Genkai sprach mit der Familie ein buddhistisches Gebet, das ihr einen Platz im Westlichen Paradies sichern würde. Darauf beugten sie ergeben die Köpfe, und vor Genkais schreckgeweiteten Augen zog Shigeru sein Langschwert und enthauptete sie mit zwei blitzartigen Streichen.

Einen Augenblick lang war Genkai fassungslos. Er schüttelte traurig den Kopf, denn er wußte, daß seine nächste Bitte sinnlos war.

»Verschont die Kinder«, sagte er. »Ich werde für sie sorgen. Ihr dürft sie nicht bestrafen. Es sind doch nur unschuldige Kinder. Überlaßt sie der Obhut des Tempels.«

»Es muß ein Exempel statuiert werden, Priester. Bringt sie her.« Shigerus Gesicht war gleichgültig. Er hatte einen klaren Befehl erhalten. Das Flehen des Priesters stieß auf taube Ohren.

Die weinenden Kinder wurden vor ihn gebracht und festgehalten, und wieder fuhr das Schwert im schimmernden Bogen durch die Luft. Einmal ... und noch einmal. Die kleinen Körper fielen neben denen ihrer Eltern zu Boden.

»Merkt Euch das gut, Priester«, sagte Shigeru und

wischte die Schneide seines Schwertes an dem Kleid des enthaupteten Mädchens ab.

»Ich bemitleide Euch und Euren Herrn!« rief Genkai. »Für diese Entweihung des Tempels und den Mord an diesen unschuldigen Menschen werdet Ihr ewig büßen. Bevor Ihr sterbt, werdet Ihr teuer für diese Tat bezahlen.« Der Tempel hallte wider vom Fluch des Priesters. Genkai starrte den Samurai wütend an. Diese entmenschten Soldaten hatten das Fundament seines Glaubens untergraben. Der Tempel war heilig, und die Priester von Seiken-ji hatten den Armen und Heimatlosen seit alters her Asyl gewähren dürfen. Darüber hinaus hatte Genkai der Familie persönlich zugesichert, es werde ihr hier nichts geschehen, und der Buddha hatte nicht verhindert, daß dieses Versprechen gebrochen wurde.

Obwohl er wußte, daß das sinnlos war, richtete sich Genkais Zorn gegen die Samurai. Auch sie waren Opfer, ebenso wie dieser Bauer und seine Familie; auch sie konnten am Ablauf der Ereignisse nichts ändern. Nur ihr Herr war verantwortlich. Der widerwärtige Chikara!

»Laßt ihn gefesselt«, sagte Shigeru, den der Ausbruch des schmächtigen Mannes doch beeindruckt hatte. »Die anderen Priester werden ihn losbinden. Nehmt die Köpfe mit, damit sie anderen zur Abschreckung dienen.« Er wandte sich an Genkai. »Ihr könnt Euch glücklich schätzen, daß Ihr Euren Kopf behalten habt.«

Die Köpfe wurden in das Gewand eingewickelt, das man Shinobu ausgezogen hatte, und die Samurei verließen den Tempel, ohne einen Blick zurückzuwerfen. Als sie außer Sicht waren, begann Genkai in hilfloser Wut und Verzweiflung an seinen Fesseln zu zerren.

7

Kurz nachdem Yoshi seinen Nachmittagstee auf der Veranda getrunken hatte, setzte sich Fumio zu ihm. Irgend etwas bereitete ihm offensichtlich Sorgen. Ietaka, der ihm folgte, stand der Zorn ins Gesicht geschrieben.

»Zum Teufel, warum hat er das getan?« Fumio biß sich verärgert auf die Lippen.

»Man muß mit Chikara reden«, sagte Ietaka mit belegter Stimme.

Yoshi sah neugierig vom einen zum anderen. »Was ist geschehen?« fragte er und bewegte seinen Fächer lässig hin und her.

»Es geht um Namis zukünftigen Bräutigam!« rief Fumio. »Seine Samurais haben eine Bauernfamilie getötet, weil sie die Steuern nicht zahlen konnte.«

»Bauern? Aber worin besteht dann das Problem?« Yoshi riß seine schmalen, dunklen Augen in übertriebenem Erstaunen weit auf.

»Die Tat fand in Genkais Tempel statt, nachdem man ihn gefesselt hatte. Obwohl ich seine Überzeugungen nicht teile, ist er doch mein angenommener Sohn und hat eine bessere Behandlung verdient. Der Bauer hatte sich mit seinen Kindern in Seiken-ji versteckt. Man bedenke: Er hatte in einem heiligen Bezirk Zuflucht gesucht! Genkai hätte ihn nie einlassen dürfen, und Chikaras Männer hätten die Bauernfamilie ohne die Erlaubnis der Mönche nicht verfolgen dürfen. Sie haben ihre Befugnisse überschritten. Der Tempel befindet sich auf meinem Land, und daher hätte auch ich vorher befragt werden müssen.« Fumio zuckte die Schultern und sah zum Himmel auf, als wolle er die Götter um Verzeihung bitten. »Was soll ich jetzt tun?«

Yoshis Herz tat einen Sprung. Das war die Gelegenheit, Namis Hochzeit zu verhindern. Einige wohlgesetzte Worte würden ausreichen, um Fumio gegen Chikara aufzubringen. Nein — das Spinnen von Intrigen, mit dem Ziel, einen eigenen Nutzen daraus zu ziehen, war eine Kunst, die er bei

Hofe gesehen hatte, aber das entsprach nicht Yoshis Charakter. Scheu, zurückhaltend, schwach mochte er sein, aber er würde nicht lügen oder gegen seine Überzeugungen handeln, um einen Vorteil für sich herauszuschlagen, und er war tatsächlich davon überzeugt, daß Chikara richtig gehandelt hatte. »Vergiß die ganze Sache«, riet er seinem Onkel. »Es war Chikaras Recht, sie zu töten, und ihr Fehler, sich im Tempel zu verbergen.« Yoshi erhob sich und ordnete sein Gewand. Mit seiner zierlichen Hand strich er eine unsichtbare Falte glatt.

»Ja, ich glaube, du hast recht.« Fumio entspannte sich.

»Nein! Yoshi hat unrecht«, widersprach Ietaka mit bebender Stimme. »Die Samurai hatten kein Recht, in den Tempel einzudringen. Und doch hat Chikara ihnen den Befehl dazu gegeben. Kein Wunder, daß seine Bauern ihn hassen und fürchten. Er ist eine der Stützen der Taira-Despoten, und er hat mit voller Absicht so gehandelt. Wenn selbst die Tempel nicht vor seinen Übergriffen sicher sind, ist unser Land zum Untergang verurteilt.« Er wandte sich Yoshi zu. »Du bist Genkais Vetter und Freund. Kannst du dir vorstellen, wie er sich gefühlt haben muß? Ich weine um ihn ebensosehr wie um die Opfer dieses gräßlichen Verbrechens. Im Haus Gottes muß ein Priester geachtet werden.«

»Ietaka, dein Haß und dein Mißtrauen gegen die Taira-Familie trüben dein Urteilsvermögen. Denk daran, daß Onkel Fumio es sich nicht leisten kann, Fürst Chikara zu brüskieren. Er ist ein Nachbar, der bald eng mit unserer Familie verbunden sein wird.« Während er den Mann verteidigte, der der Grund seiner Eifersucht war, blieb Yoshis weißes Gesicht völlig unbewegt. »Chikara hat kein wirkliches Unrecht begangen. Gewiß, seine Samurei waren übereifrig. Aber das ist kein Verbrechen.«

Wie die meisten seiner Altersgenossen in Kioto hatte auch Yoshi nie Kontakt zu Bauern gehabt. Obwohl er fand, daß er sich in seinem Umgang mit anderen offen und fair verhielt, gehörten Bauern in seinen Augen nicht automatisch zur menschlichen Rasse. Bei Hofe bezeichnete man die

Menschen der niedersten Klasse — wenn man sich überhaupt mit ihnen befaßte — als *esemono*. Ietaka war in seiner Zeit als Sklave mit den *esemono* zusammengekommen, und Genkai hatte sie auf dem *shoen* kennengelernt, aber die sechs Jahre, die er am Hof in Kioto verbracht hatte, bestimmten Yoshis Denken so stark, daß ihre Mühsale ihm gleichgültig waren — ihm fehlte jedes Verständnis dafür. Andererseits war Chikara, obwohl er ihn dafür haßte, daß er ihm Nami wegnehmen würde, ein Nachbar und ein Samurai, der als Soldat und als ehemaliger Berater am kaiserlichen Hof Ruhm erworben hatte.

Fumio sagte: »Yoshi spricht mit einer Weisheit, die seinen Jahren weit voraus ist. Ich glaube, daß sein Rat gut ist.«

Ietaka wollte gerade etwas erwidern, als ein Diener einen Besucher ankündigte. Genkai trat auf die Veranda. Sein gelbes Priestergewand raschelte, er blickte starr geradeaus, auf seinem kahlen Kopf schimmerten Schweißperlen. Er sah weder Yoshi noch Ietaka an, als er das Wort an Fumio richtete.

»Hast du es schon gehört?« fragte er. »Was für eine schändliche, unmenschliche Tat! Eine ganze Familie ermordet! Sie haben mich gefesselt und gezwungen mitanzusehen, wie sie geköpft wurden. Und weswegen? Wegen einer Handvoll Reis!« Er sah an seinen beiden Vettern vorbei, deren Anwesenheit er noch immer nicht bemerkt zu haben schien. »Diese bestialische Tat ist eine Beleidigung Buddhas. Du mußt etwas gegen Chikara unternehmen«, sagte er.

Wieder sah Fumio gequält zum Himmel auf. »Und was soll ich deiner Meinung nach tun? Es tut mir leid, daß man dich so schlecht behandelt hat, aber Fürst Chikaras Vorgehen war korrekt. Wir sind uns einig: Entweder man verschafft dem Gesetz Geltung, oder es herrscht Anarchie.«

»Yoshi! Ietaka!« Genkai wendete sich an seine Vettern. »Verzeiht, daß ich euch nicht gleich begrüßt habe. Ihr habt die Neuigkeiten gehört. Stimmt ihr mir zu, daß man Chikara sofort zur Rede stellen muß? Unsere Nami soll diesen Mann innerhalb einer Woche heiraten! Er ist ein Teufel aus der Unterwelt Yomi, und wir müssen uns im Namen Buddhas zusammentun, um ihn von weiteren Schandtaten abzuhalten. Falls Onkel Fumio sich weigert, etwas zu unternehmen, werdet ihr mich dann unterstützen, wenn ich von ihm eine Entschuldigung und die Zusage verlange, seine Samurai in Zukunft besser im Zaum zu halten?« sagte Genkai erregt.

»Genkai, bitte ... unser Onkel hat recht. Chikara wollte nur dem Gesetz Geltung verschaffen.« Yoshis Ton war beschwichtigend, aber die schnellen Bewegungen seines Fächers verrieten seine Aufregung.

»Ich bin nicht dieser Meinung«, fiel Ietaka ihm ins Wort. »Es gibt Dinge, die schwerer wiegen als die Gesetze der Regierung. Chikara hat den Tempel Buddhas und die Familie seiner zukünftigen Frau zu achten. Er hatte kein Recht, ohne unsere Erlaubnis etwas zu unternehmen.«

»Du vergißt eines: Fürst Chikara hat sich das Recht, auf seinem *shoen* die kaiserlichen Gesetze durchzusetzen, bereits vor unserer Geburt erworben.« Yoshis Verärgerung nahm zu. Er hätte wissen sollen, daß Ietaka zu Genkai halten würde. Was konnte man von einem Mann schon anderes erwarten, für den alles, was von der Obrigkeit kam, nur der Versuch war, das Volk zu unterdrücken? Aber warum war Genkai so unnachgiebig? Obwohl er Priester war, hätte er doch einsehen müssen, daß man auch der Religion keinen Eingriff in die gesellschaftlichen Regeln erlauben durfte. Und warum gab Genkais selbstgerechtes Auftreten Yoshi — seinem teuersten Freund — das Gefühl, schuldig zu sein? Plötzlich wurde Yoshi klar, warum Fumio Schwierigkeiten mit Genkai hatte. Ein solcher religiöser Eifer hätte jeden normalen Menschen gestört.

»Seine Männer haben unmenschlich gehandelt, und das werde ich ihm sagen«, erklärte Genkai mit aufreizender Gelassenheit. Ietaka nickte zustimmend.

»Genkai, du magst ein Priester sein, aber deine Worte

sind die eines Toren. Du wirst ihm nichts sagen — um Namis und deiner selbst willen.« Yoshi spitzte ärgerlich den Mund, und sein Fächer bewegte sich zu schnell. Er hielt inne, um durchzuatmen und fuhr besänftigend fort: »Wir sind von Kindheit an Freunde. Bitte hör auf mich. Nur ein Verrückter würde es wagen, einen Samurai-Fürsten zu beleidigen.«

Ietaka mußte widerwillig zugeben, daß Vorsicht angebracht war. Zusammen mit Yoshi und Fumio versuchte er, Genkai davon zu überzeugen, daß eine offene Auseinandersetzung vermieden werden mußte. Schließlich nahmen sie Genkai das Versprechen ab, nichts zu tun, bevor er die Konsequenzen nicht reiflich bedacht hatte; sie waren sich sicher, daß Genkai bei näherer Überlegung die Sinnlosigkeit einer Konfrontation einsehen würde.

Insgeheim war Genkai jedoch nach wie vor entschlossen, Chikara zur Rede zu stellen. Das Recht und Buddha waren auf seiner Seite, aber um eine Verstimmung zu vermeiden, ließ er seine Absicht nicht erkennen.

Er hatte so wenig Zeit für seine Familie. Ietaka hatte er letzte Woche noch gesehen, aber Yoshi ... War das wirklich schon drei Jahre her? In seinem Leben hatte sich so vieles verändert — seit Yoshis letztem Besuch schien eine Ewigkeit vergangen zu sein. Yoshi war kaum wiederzuerkennen: Aus dem kleinen Jungen war ein gutaussehender junger Höfling geworden. Genkai bemerkte die zarten Farben von Yoshis Kleidung und den unvermeidlichen Fächer. Das war eine oberflächliche Veränderung, und Genkai war sicher, daß Yoshi tief innen immer noch derselbe, zu Streichen aufgelegte Junge war. Wie unfair war es, seinen Vetter mit seinen Problemen zu belasten. Er würde versuchen, es wiedergutzumachen. Genkai legte sein priesterliches Gebaren ab, das ihm so sehr zur zweiten Natur geworden war, und verwandelte sich wieder in einen unbefangenen jungen Mann. Yoshi klappte seinen Fächer zu, und selbst der große, ernste Ietaka entspannte sich. Schon bald tauschten sie lachend Erinnerungen an ihre Kindheit aus, und es war, als hätten sie die Burg Okitsu nie verlassen. Der kaiserliche Hof, Buddha und Fürst Chikara waren vergessen, als sie ihre kindlichen Streiche noch einmal erlebten.

Fürst Fumio ließ seinen Blick stolz vom einen zum anderen wandern. So hatte er die Jungen in Erinnerung: draufgängerisch, guter Dinge und immer zu Späßen aufgelegt — und nicht als Höflinge, Störenfriede oder buddhistische Priester.

Nach einer Stunde zog Fumio sich höflich zurück, damit die Vettern ungestört in ihren Erinnerungen schwelgen konnten.

Nach außen hin war Yoshi glücklich — es war gut, wieder mit seinen Vettern zu reden —, aber im Herzen empfand er einen melancholischen Schmerz. Wehmut, eine Sehnsucht nach den Tagen seiner unbeschwerten Jugend, nach seiner unschuldigen, nunmehr aber hoffnungslosen Liebe zu Nami ... Was es auch war — es erfüllte ihn mit dem Gefühl der Unsicherheit und mit Angst vor der Zukunft.

8

Am nächsten Tag stand Fürst Fumio zeitig auf und ritt aus. Er mußte nachdenken, und das konnte er am besten, wenn er auf einem Pferd saß. Er fand den würzigen Geruch der Pferdeäpfel am Weg ebenso angenehm wie Yoshi den Duft der Blumen und Kiefernnadeln am Tag zuvor. Fürst Fumio war ein unbeugsamer, aufrechter Mann, den das Schlachtenglück in den Adelsstand erhoben hatte, aber was seine Fähigkeiten betraf, so gab er sich keinen Illusionen hin. Mit siebenundvierzig Jahren war er noch so stark und so mutig wie jeder seiner Samurai, aber es mangelte ihm an Takt und diplomatischem Geschick. Wie sollte er das Problem, das durch Genkai entstanden war, lösen? Sein angenommener Sohn hatte die ihm zugedachte Karriere in den Diensten des Kaisers ausgeschlagen ... und für was? Für den Traum von einer Welt, die es nicht gab.

Es war Fumio nicht möglich, die Lauterkeit von Genkais Entscheidung zu akzeptieren. Die Stärke seines Glaubens mochte andere überzeugen, aber Fumio hatte das Gefühl, trotz der Priesterrobe noch immer den fröhlichen, sorglosen Jungen von früher vor sich zu haben.

Für Religion hatte Fumio kaum Interesse. Ein Mann war dazu da, dem Kaiser zu dienen und zu kämpfen, zu essen und Frauen zu lieben — und zwar in dieser Reihenfolge. Aber als Genkai sein Gelübde in der sich ausbreitenden Sekte der Amida-Buddhisten ablegte, beunruhigte Fumio nicht so sehr dessen Entschluß, Priester zu werden, als vielmehr seine Entscheidung für diese bestimmte Sekte. Wenn er unbedingt Priester werden wollte, hätte er dann nicht in den Tendai-Orden eintreten können? Die Tendais waren Krieger und besaßen politische, militärische und wirtschaftliche Macht. Dies hatte ihnen den Respekt der Aristokratie und des Militärs eingebracht. Fumio hätte es wohl nichts ausgemacht, wenn Genkai ein Tendai-Priester geworden wäre — es war die wachsende Popularität der Amida-Sekte bei den unteren Klassen, die Fürst Fumio störte. Er stand dieser Bewegung mißtrauisch gegenüber und glaubte, daß Genkai, als einer ihrer Priester, praktisch zur Revolution aufrief und seine Energien damit verschwendete, den Bauern die Religion näherzubringen, indem er ihnen sagte, sie könnten in das Paradies einziehen, wenn sie nur immer wieder eine simple Formel aufsagten: *Namu Amida Butsu* — ich nehme meine Zuflucht zu Amida Buddha. Dies war nur ein weiteres Zeichen dafür, daß die Gesetzlosigkeit um sich griff und das Ende der Welt näherrückte. Diese Glaubensdoktrin erzeugte Unzufriedenheit und Unruhe unter den Arbeitern und Bauern und zerstörte die Disziplin, auf die sich die Gesellschaft gründete. Man versprach den Bauern das Nirvana, und als nächstes weigerten sie sich, ihre Steuern zu bezahlen. Und das hatte nun zum Tod dieses unglückseligen Bauern und seiner Familie geführt.

Diesem Problem sah sich Fumio gegenüber. Was konnte er tun? Bald würde Fürst Chikara zur Familie gehören. Fumio und Chikara hatten in ihrer Jugend an denselben Feldzügen teilgenommen, und Fumio dachte gern an viele ihrer gemeinsamen Erlebnisse zurück. Chikara war ein offener, aufrichtiger Mann gewesen, bis er vor etwa zwanzig Jahren ein Jahr am Hof des Kaisers verbracht hatte. Die Palastintrigen hatten ihn fasziniert und ihn gelehrt, wie man zu Macht kommen konnte. Er war einflußreicher und — wie Fumio fand — verschlagener geworden.

Fumio mußte sich entscheiden, welchen Standpunkt er zu dieser Beleidigung Genkais und der Tötung der Bauernfamilie, die auf seinem Land stattgefunden hatte, einnehmen sollte. Yoshi hatte ihn klug beraten, und selbst Ietaka war der Meinung gewesen, daß Vorsicht angebracht sei. Es war beklagenswert, daß dieses Problem zu einem so ungünstigen Augenblick aufgetaucht war.

Während er diese Überlegungen anstellte, hatte Fumio den Berg umrundet und näherte sich dem Tor seiner Burg. Er sah, daß Chikara und sein jüngerer Bruder Kagasuke dort gerade dabei waren, von ihren Pferden zu steigen.

Fumio hatte seinen Entschluß gefaßt. Chikara würde behandelt werden, wie es einem geehrten Gast zukam. Was geschehen war, war geschehen! Als er auf seine Gäste zuritt, hatte er dennoch das Gefühl, eine Katastrophe stehe bevor. Wo war Genkai?

Chikara trug ein blaues und goldenes Festgewand. Sein volles Haar war straff zurückgekämmt und unter einem schwarzen *eboshi* zusammengebunden, was seine große, schlanke Erscheinung und das Falkenartige seines Gesichtes noch unterstrich. Das dunkelblaue Obergewand steckte in einer rockartigen *hakama*. Selbst die weite Jacke konnte nicht verbergen, daß er überaus kräftig war. Sein Bruder Kagasuke, der nicht viel älter war als Yoshi, war muskulös und neigte zur Dickleibigkeit. Er hatte ein verdrießliches, aufgedunsenes Gesicht und begleitete Chikara überall hin. Chikara begrüßte Fumio mit einer lässigen Handbewegung. »Ich hoffe, wir sind nicht zu früh, Fürst Fumio. Ich war ungeduldig, Euch und Eure Nichte zu sehen«, sagte er.

Fumio stieg von seinem Pferd und übergab die Zügel einem Diener. »Willkommen, Fürst Chikara«, sagte er mit einer Verbeugung. »Tretet ein.« Als Gastgeber hatte Fumio das Gefühl, der Wirt einer Schenke zu sein, und das gefiel ihm überhaupt nicht. Er verbeugte sich noch einmal und fragte seine Gäste: »Nach dem Ritt wollt Ihr Euch gewiß zunächst erfrischen.«

»Ja, ein paar heiße Handtücher und eine Schale Sake wären angenehm. Danach können wir über die Hochzeitsfeier sprechen.«

Er gab Kagasuke einen Wink, sich um die Pferde zu kümmern, und betrat das Gebäude vor seinem Gastgeber.

Fumio und Chikara bemerkten nicht, daß Yoshi, Ietaka und Genkai auf einer Seitenveranda unter einem ausladenden Giebel saßen.

»Warum sind sie heute hergekommen?« fragte Yoshi seinen Vetter Ietaka.

»Sie wollen die Einzelheiten der Hochzeit besprechen. Wenn zwei *shoen* miteinander verbunden werden, gibt es immer einiges zu regeln.«

»Ich hatte gehofft, er sei gekommen, um sich für das Verhalten seiner Samurai im Tempel zu entschuldigen«, sagte Genkai steif.

»Ich bin zwar jünger als du, aber ich habe am Hof Erfahrungen in diesen Dingen gesammelt, und ich will dir einen guten Rat geben«, sagte Yoshi gespreizt. »Vergiß die ganze Angelegenheit! Wenn du Rache willst, wirst du enttäuscht werden. Chikara ist zu mächtig.« Er klappte mit einer schnellen Handbewegung seinen Fächer zu, um seinen Worten Nachdruck zu verleihen.

Genkai starrte Yoshi an. »Ich soll die Angelegenheit vergessen? Niemals! Chikara war im Unrecht — er muß sich bei mir entschuldigen und beim ewigen Buddha schwören, daß sich so etwas nie wiederholen wird. Ich weiß, daß die Familie des Bauern vom Rad des Lebens befreit ist.« Er sah auf zum Himmel, als stehe er mit göttlichen Mächten in Verbindung. »Sie befindet sich an einem sicheren, glücklicheren Ort, weit entfernt von den Mühsalen dieses Lebens. Aber ich denke an die Zukunft ...« Er sah seine Vettern an und beugte sich zu ihnen. »Ich denke an das Schicksal, das andere Bauern erwartet, die sich eine kleine Übertretung zuschulden kommen lassen ... Und ich denke an Chikara und seine Aussichten, die Erlösung und das ewige Leben zu gewinnen.«

Bei diesen Worten fuhr selbst Ietaka auf. »Erlösung!« rief er. »Auch wenn er schon mein Schwager wäre, würde ich ihn zur Unterwelt verdammen, wenn ich könnte. Dieser Mann verdient keine Erlösung. Ich habe dir zwar geraten, vorsichtig zu sein, aber das soll nicht heißen, daß Chikara mit einer Entschuldigung und einem Versprechen davonkommen soll. Er muß bestraft werden. Er ist ein typischer Vertreter der brutalen, gedankenlosen Taira-Fürsten, die unser Land beherrschen.«

»Pst!« fuhr Yoshi ihn warnend an. »Was du sagst, ist Verrat. Wenn Genkai eine Entschuldigung verlangt, ist das schon gefährlich genug. Man soll das Schicksal nicht herausfordern.«

Ietaka verlor seine Beherrschung. Er sprang auf und herrschte Yoshi an: »Du bist ein hohler, aufgeblasener Schmarotzer! Du bist weniger wert als die *esemono*, die du verachtest! Eines Tages wirst du feststellen, was für ein Dummkopf du bist.«

»Dummkopf?« fragte Yoshi mit erhobener Stimme, und Genkai mußte zwischen die Vettern treten, um Handgreiflichkeiten zu verhindern. Die Situation wurde gerettet und die Auseinandersetzung unterbrochen, als die Schiebetür sich öffnete. Fürst Chikara und Fürst Fumio, gefolgt von Kagasuke, betraten die Veranda.

Yoshi mußte, so wütend er war, feststellen, daß Chikara eine beeindruckende Erscheinung war. In Größe und Statur waren sie sich ebenbürtig, aber aus Chikaras Auftreten sprach Selbstsicherheit, Macht und eine gewisse Arroganz. In den zarten Farben seines Gewandes und mit einem stark geschminkten Gesicht fühlte Yoshi sich plötzlich dumm und schwach. Die Haut an seinem Nacken straffte sich — eine primitive Reaktion auf die Angst, die er empfand.

Chikara verbeugte sich höflich. »Wir möchten uns verabschieden. Ich hoffe, ihr werdet mir die Ehre Eurer Anwesenheit bei der Reiskuchen-Zeremonie, die in einigen Tagen stattfinden soll, erweisen.«

Yoshi und Ietaka erwiderten die Verbeugung, Genkai dagegen blieb aufrecht stehen. Er hatte sein eckiges Kinn leicht vorgestreckt. »Darf ich Euch kurz unter vier Augen sprechen?« fragte er kühl.

»Ich werde bald ein Mitglied Eurer Familie sein. Ich bin sicher, daß es nichts gibt, was wir nicht offen besprechen könnten.« Chikara verzog seinen Mund zu einem schmalen Lächeln, das allen Anwesenden außer Genkai einen Schauder über den Rücken jagte.

»Ich möchte meinen Onkel nicht in Verlegenheit bringen«, sagte Genkai.

Chikara sah Fumio an. Er hatte eine Augenbraue fragend hochgezogen. »Soll dieses Gespräch hier oder unter vier Augen stattfinden?« fragte er.

Auf Fumios Oberlippe erschienen kleine Schweißperlen. Er nickte, zum Zeichen, daß sie das Gespräch fortführen sollten. Sein Blick mahnte Genkai zur Vorsicht.

Trotz seines drohenden Gesichtsausdrucks wollte Chikara seine bevorstehende Heirat mit Nami nicht aufs Spiel setzen. Die Ehe mußte geschlossen werden! Er konnte den Gedanken, sie zu verlieren, nicht ertragen. Er war von Nami besessen, seit er sie zum erstenmal mit vierzehn Jahren auf dem *shoen* des Tadamori-Clans gesehen hatte. In dieser Hinsicht unterschied er sich nicht von Yoshi, aber im Gegensatz zu ihm war er ein reifer Mann, der es gewohnt war, seiner Umgebung seinen Willen aufzuzwingen. Daß ein älterer Mann um ein junges Mädchen warb, war nichts Ungewöhnliches. Chikara sah in dem Altersunterschied kein Hindernis, aber in einer Frage, in der es um seine Zukunft ging, wollte er, so attraktiv er Nami auch fand, nichts überstürzen. Er unterschätzte sie nicht und hatte sie zwei Jahre lang beobachtet und das Für und Wider abgewogen, bevor er mit Fumio über die Heirat und die daraus resultierende Verbindung ihrer beiden *shoens* sprach. Zunächst hatte er nur an die politischen Vorteile gedacht, die ihm diese Ausweitung seiner Macht einbringen würde. Aber als Nami heranwuchs, begann er in ihr Qualitäten zu sehen, die ihm sogar noch wertvoller erschienen als die Vergrößerung seines Besitzes. Sie verfügte über Intelligenz und Raffinesse — man brauchte sich ja nur anzusehen, wie sie Fumio manipulierte! Das war ein unschätzbares Talent. In seinen Träumen war sie die Frau, die ihm zur Macht verhelfen würde. Sie war die Frau, die er brauchte, um in die Hauptstadt zurückzukehren. Und eine weitere Eigenschaft trat im Lauf der Zeit zutage: Sie war eine überwältigend schöne Frau. Seine Leidenschaft für das Sammeln von Kunstwerken konzentrierte sich auf Nami. Sie würde seine großartigste Erwerbung sein. Diese Frau, die kaum mehr war als ein Kind, beherrschte seine Gefühle und Gedanken, und er würde sich mit keiner anderen zufriedengeben.

Chikara hoffte, daß Genkai sich angesichts der Anwesenheit von Fumio und den anderen zurückhalten würde. »Was Ihr mir zu sagen habt, mag Euren Onkel in Verlegenheit bringen, mich dagegen wohl kaum«, sagte Chikara. »Ich höre.«

Genkai zögerte. Er sammelte seine Gedanken. »Wie kann ich Euch die Konsequenzen Eurer Taten bewußt machen?« fragte er ernst. »Eure Männer haben, auf Euren Befehl, ein Verbrechen gegen Buddha begangen, als sie in unseren Tempel eindrangen und einen Bauern und seine Familie ermordeten. Obwohl sie es waren, die diese Tat begingen, liegt die Verantwortung dafür letztlich bei Euch. Ich bitte Euch, um Vergebung zu beten, Euch bei mir zu entschuldigen, zu versprechen, daß es nie mehr zu solchen Verbrechen kommen wird und Eure aufrichtige Reue dadurch zu beweisen, daß Ihr für die Entweihung durch Eure Leute eine Wiedergutmachungszahlung an den Tempel leistet. Für eine solche Behandlung von Menschen gibt es vor Gott keine Rechtfertigung.«

Während Genkai sprach, löste sich jedes Wohlwollen, das Chikara dem Priester entgegengebracht haben mochte, in Nichts auf. Dieser Mann war ein gefährlicher Fanatiker. Wer Bauern als menschliche Wesen bezeichnete, rüttelte an den Grundfesten der Gesellschaft, und wer es wagte, Fürst Chikara für seine angeblichen Verbrechen zur Rechenschaft zu ziehen, predigte Revolution. Ein Ehrenmann konnte diese Beleidigung nicht ungestraft hinnehmen, auch wenn das Verhältnis zur Tadamori-Familie dadurch getrübt werden sollte.

Chikara starrte Genkai ins Gesicht. Er war wütend über das sanfte Lächeln, mit dem der Priester ihn zu verhöhnen schien.

»Genug«, sagte er finster. »Ihr fordert Wiedergutmachung ... das ist ein Erpressungsversuch, der mich zornig werden läßt. Ich werde mich nicht entschuldigen. Ich werde keine Versprechungen machen. Und ich werde keine Wiedergutmachung leisten. Meine Männer haben auf meinen Befehl gehandelt, und das Gesetz gibt ihnen recht. Hätte ich Euren Onkel um Erlaubnis fragen und den Verbrechern so Zeit zum Fliehen geben sollen? Nein! Zwar gehört dieses Land Fürst Fumio, aber meine Macht erstreckt sich überallhin, wo meine Leute sich verstecken. Dieser Bauer und seine Familie hatte sich unter meinen Schutz begeben, und sie wußten, welche Bedingungen daran geknüpft sind. Ihre Strafe war die Folge ihres Vergehens.«

Es schmerzte Yoshi zu hören, mit welcher Überheblichkeit Chikara seine Nichtachtung der Privilegien von Fürst Fumio rechtfertigte und Genkais Bitte zurückwies. Genkai befand sich im Unrecht. Aber eine so herablassende, schulmeisterliche Behandlung hatte er nicht verdient. War dies die Art, auf die die beiden *shoen* vereinigt werden sollten?

Yoshis Schultern spannten sich. In Kioto wäre Chikara für sein bäuerliches Verhalten zurechtgewiesen worden, aber Yoshi beherrschte sich. Es war nicht seine Aufgabe, sich einzumischen.

»Priester«, fuhr Chikara mit verächtlicher Stimme fort,

»Ihr habt mich beleidigt. Ihr und Euer Tempel seid mir gleichgültig, aber um Eures Onkels willen bin ich bereit, mich mit einer Entschuldigung zufriedenzugeben — vorausgesetzt, Ihr entschuldigt Euch sogleich!«

Chikara war wütend. Dieser verfluchte Priester mit seiner Sebstgerechtigkeit! Chikara spürte, daß Genkai — der zu verrückt war, die Konsequenzen seiner religiösen Überzeugung zu erkennen — eine Bedrohung seiner Weltordnung darstellte. Und er wurde durch ihn zu etwas getrieben, das er sicher bereuen würde. Aber wie sollte er es vermeiden, ohne sein Gesicht zu verlieren?

Die Spannung wurde immer größer. Es war wie in einem Gewitter, das sich über einem Berg entlädt. Es knisterte zwischen Chikara, der in der Erde verwurzelt war, und Genkai, der in den Wolken schwebte. Yoshi konnte es nicht mehr ertragen mitanzusehen, wie sein geliebter Vetter beleidigt wurde und sein Onkel gezwungen war, hilflos und stumm dabeizustehen. Bevor Genkai sich eine Antwort auf Chikaras überhebliche Forderung überlegt hatte, ergriff Yoshi das Wort.

»Einen Augenblick, Fürst Chikara!« Aufgeregt wedelte der Fächer hin und her. »Noch seid Ihr kein Mitglied der Familie. Solange Ihr Euch in dieser Burg befindet, erwarten wir von Euch Respekt. Eure Worte sind eine Herabwürdigung meiner Familie. Wir sind es nicht gewohnt, auf so grobe Weise beleidigt zu werden. Ich warne Euch, nicht ...«

Chikara unterbrach ihn. Yoshi hatte ihm jenen Vorwand gegeben, den er brauchte, um sein Gesicht zu wahren. »Mich warnen! Du wagst es, mich zu warnen!« Er musterte Yoshi verächtlich. »Genkai ist ein Priester und genießt als solcher einen gewissen Schutz. Du aber bist ein eitler Geck, ein Bastard, dessen Vater man nicht kennt. Du bist weniger als nichts! Hüte deine Zunge, wenn du nicht willst, daß dir der Kopf von den Schultern fällt!«

Seine Worte wirkten wie ein Peitschenhieb. Das Blut wich aus Yoshis Gesicht, so daß es noch weißer wirkte als zuvor. Niemand hatte jemals so mit ihm gesprochen. Eine unbändige Wut überkam ihn. Zuvor hatte er diesen verhaßten Menschen noch, gegen seine eigenen Interessen, verteidigt — und dies war nun der Lohn! Chikara nahm ihm nicht nur Nami weg, sondern erniedrigte ihn auch noch vor seiner Familie. Eitler Geck! Bastard! Er würde diese Beleidigungen nicht hinnehmen. Er machte einen Schritt auf Chikara zu und schlug ihm mit dem Fächer ins Gesicht. In der Stille, die darauf eintrat, hallte das Klatschen des Schlages wider. Der Gesang der Vögel, das Zirpen der Zikaden und das entfernte Rauschen des Ozeans dröhnten plötzlich in Yoshis Ohren.

Chikaras Wange färbte sich rot. Genkais Lächeln war verschwunden, Fürst Fumio war erstarrt, und Ietakas Mund stand vor Schreck offen. Kagasuke hatte sein Schwert halb aus der Scheide gezogen, bevor Chikara ihm mit einer Handbewegung Einhalt gebot.

Auf Chikaras geballten Fäusten traten die Knöchel weiß hervor; seine Augen funkelten schwarz wie Onyx, sein Mund war nur ein dünner Strich. Langsam wich die Farbe aus seinem Gesicht. Als er sprach, klang seine Stimme leise, und gerade darum wirkte sie weit bedrohlicher, als wenn sie laut oder wütend gewesen wäre.

»Du bist kein Mann, aber du bist der Neffe eines Freundes und Nachbarn und beinah mein angeheirateter Verwandter. Daher hätte ich dir alles verziehen, was du zu mir hättest sagen können. Als du mir ins Wort fielst, hast du mich provoziert, und dennoch habe ich nichts unternommen. Selbst als der Priester mir Verbrechen vorwarf, beugte ich den Kopf und versuchte, seine Beleidigungen hinzunehmen.« Er sah Yoshi an. »Aber einen Samurai zu schlagen, ist unverzeihlich. Niemand könnte mir einen Vorwurf machen, wenn ich dich auf der Stelle töten würde.«

Genkai, Ietaka und Fumio erstarrten.

»Pflichterfüllung, Treue und Ehrgefühl sind für mich mein Leben lang von größter Bedeutung gewesen«, fuhr Chikara fort. »Ich kann diese Beleidigung nicht ungestraft hinnehmen.«

Yoshi hatte sich wieder gefaßt. Er wandte sich an den Samurai. »Fürst Chikara, bevor Ihr etwas unternehmt, bedenkt die Folgen. Bis jetzt haben wir noch keinen ernsthaften Streit...«

»Ruhe, Dummkopf!« zischte Chikara. »Du hast genug gesagt.«

Yoshi trat einen Schritt auf ihn zu. Genkai packte ihn am Ärmel. »Mach es nicht noch schlimmer«, sagte er. »Er wird es nicht wagen, dich ernsthaft zu verletzen — er hat bereits genug auf sein Gewissen geladen.« Zu Chikara sagte er: »Wenn Ihr meinem Vetter etwas antut, werdet Ihr das Nirvana nicht erreichen. Ihr werdet die nächsten zehntausend Jahre verdammt sein.«

Chikara beachtete Genkais Warnung nicht. Mit gleichgültiger Stimme sagte er zu Yoshi: »Bevor ich dir eine Lehre erteile, will ich dich daran erinnern, daß dein Leben von den *daimyos* und ihren Samurai abhängt. Wenn wir nicht da wären, um für Recht und Ordnung zu sorgen, würde es zur Rebellion kommen. Die Unruhen im Norden sind ausgebrochen, weil die *daimyos* nicht mit aller Härte dagegen vorgegangen sind. Ich habe zum Nutzen der Allgemeinheit ein Exempel statuiert. Meine Familie ist mächtig, und auf meinem *shoen* herrscht Recht und Gesetz, weil ich mich nicht durch Schwäche und falsch verstandene Menschlichkeit von meinen Pflichten abhalten lasse.« Er holte tief Luft und richtete sich auf. »Genug«, sagte er. »Wenn du kein Schwert hast, wird Kagasuke dir seines leihen.«

Wortlos streckte Yoshi die Hand aus. Kagasuke band Schwert und Schärpe los und übergab ihm beides. Yoshi zog das Schwert aus der Scheide; er ließ es durch die Luft pfeifen, um sein Gewicht und seine Balance zu erproben. Er hatte die Technik des Schwertkampfes von seinem Onkel und später auch in Kioto gelernt, und obwohl er ein Amateur war, kam es ihm in seinem jugendlichen Leichtsinn so vor, als gebe ihm das Schicksal die Chance, Chikara ehrenvoll zu beseitigen und Nami für sich selbst zu beanspruchen.

Ietaka und Fumio waren sprachlos. Ietaka fragte sich, wie Yoshi so ruhig bleiben konnte. Das einzige Zeichen von Nervosität, das er bemerkte, waren die Schweißperlen, die auf Yoshis weißgeschminkter Stirn glänzten, und die mochten auch von der Hitze kommen. Ietaka sah Chikara nach, der zum Portal schritt. Chikara hatte sein Schwert noch nicht gezogen, aber irgend etwas in seinen wilden Bewegungen machte Ietaka nervös. Würde Chikara Genkais Warnung beherzigen und Yoshi schonen?

Yoshi, Ietaka, Fumio und schließlich Genkai und Kagasuke folgten Chikara. Auf einem ebenen, von Kirschbäumen umgebenen Feld, etwa fünfzig Meter von der Burg entfernt, hielten sie an.

Fumio machte ein unbehagliches Gesicht. Für den erfahrenen Schwertkämpfer Chikara war der Junge kein Gegner. Fumio mußte sich beherrschen; er hatte sich immer an den Kodex der Samurai gehalten, und es war ihm unmöglich, jetzt einzugreifen. Seine Gedanken rasten. Gab es keinen Ausweg? Was würde aus der geplanten Vereinigung der beiden Familien werden? Würde die Hochzeit abgesagt werden? Wie konnte er Yoshi vor den Konsequenzen seiner Unbeherrschtheit bewahren? Er wog alle Möglichkeiten ab und kam zu dem Ergebnis, daß es keinen Ausweg gab. Ein Samurai war geschlagen worden, und Yoshi würde bestraft werden.

Genkai stand ernst an Yoshis Seite. Er war der Grund für dieses Duell. Zum erstenmal, seit er sein Gelübde abgelegt hatte, war sein Glaube erschüttert. Buddha hatte den Bauern nicht vor seinem Tod bewahrt, und jetzt konnte sich Genkai nicht darauf verlassen, daß er Yoshi retten würde. Warum hatte er nur darauf bestanden, mit Chikara zu sprechen? Er war dumm gewesen. Seine Vettern hatten recht gehabt: Er hatte keine Entschuldigung erhalten, und durch sein unbedachtes Handeln stand das Leben seiner Vettern auf dem Spiel. Er sah Yoshi an, der scheinbar ruhig neben ihm stand, und Tränen traten ihm in die Augen. Es würde zu einer Tragödie kommen! Chikara würde sich nicht zurückhalten, und Yoshi würde sterben, und alles nur wegen Genkais Unnachgiebigkeit.

Unterdessen betrachtete Ietaka Yoshi mit neuen Augen. Er hatte ihn einen aufgeblasenen Schmarotzer genannt, und doch hatte Yoshi Chikara mutig von Genkai abgelenkt, während er, Ietaka, tatenlos dabeistand. Wie konnte er Yoshi jetzt helfen? Sein einziger Vorteil war seine jugendliche Spannkraft, und das reichte nicht, um Chikara zu widerstehen.

Chikara wandte sich an Yoshi. »Bist du bereit?« fragte er kalt. Das Sonnenlicht glänzte auf seiner Stirn und warf Schatten, die sein Gesicht in eine Teufelsmaske verwandelten.

Yoshi hielt sein Schwert in beiden Händen. Er sah Chikara an und nickte.

Mit einer blitzartigen Bewegung zog Chikara sein Schwert aus der Scheide und führte einen Hieb gegen Yoshis Körpermitte. Seine Reflexe retteten Yoshi das Leben — er wich zurück, und es gelang ihm nur mit Mühe, den Angriff mit seinem Schwert abzuwehren. Chikaras Gesichtsausdruck und die Heftigkeit der Attacke zeigten Yoshi, daß Chikara sich nicht damit zufriedengeben würde, ihm eine Lektion in gutem Benehmen zu erteilen. Er war darauf aus, ihn zu töten.

Die beiden Gegner umkreisten sich wachsam. Wieder griff Chikara an, und wieder wurden seine Schläge nur knapp pariert. Zwei, drei weitere Hiebe, und plötzlich klaffte ein Riß in Yoshis Gewand. Seine Schulter blutete.

Yoshi biß sich auf die Lippen, auf seiner Stirn stand der Schweiß. Offensichtlich war Chikara der bessere Schwertkämpfer.

Ietaka wollte eingreifen. Vielleicht konnte er das Duell stoppen, bevor Yoshi tödlich verwundet wurde. Fumio, der seine Gedanken gelesen hatte, packte ihn am Ärmel und hielt ihn fest. Dies war Yoshis Kampf — wie auch immer er ausgehen mochte.

Yoshi hatte bisher keinen Angriff gemacht, und während

er immer weiter zurückwich, kam Chikaras Schwert mit jedem Schlag näher und drohte, ihn zu verstümmeln. Ihm war klar, daß dies ein Kampf auf Leben und Tod war, den er nicht durch ständiges Zurückweichen gewinnen konnte. Angesichts Chikaras überlegener Schwertführung verschwand sein Selbstvertrauen; er mußte die Initiative ergreifen, bevor es zu spät war.

Sein Entschluß war gefaßt.

Yoshi wich Chikaras Schwert aus und ging mit einem Schrei zum Gegenangriff über.

Zu spät! Er war getäuscht worden! Chikaras erster Hieb war eine Finte gewesen, und als Yoshi zur Seite getreten war, hatte der andere sein Schwert gewendet und mit einem Hieb das Gewand über Yoshis Brust aufgetrennt. Wieder blutete Yoshi. Er sprang zurück und preßte seine linke Hand auf die Wunde. Seine Bewegungen wurden jetzt langsamer; der Blutverlust machte sich bemerkbar. Wieder griff Chikara an. Schwerfällig sprang Yoshi zur Seite. Er war nur einen Meter von Fumio und Ietaka entfernt. Sie konnten den Schweiß riechen, der den Rücken von Yoshis Kimono dunkel färbte und ihm vom Gesicht tropfte. Chikara zielte mit einem Abwärtshieb auf Yoshis Kopf. Yoshi gelang es, ihn zu parieren, aber durch die Wucht des Schlages wurde sein Arm nach unten gerissen und Blut und Schweiß spritzten auf die Danebenstehenden. Yoshi hörte seine eigenen, keuchenden Atemzüge, als er seine letzten Kraftreserven mobilisierte. Er sprang vor, er führte einen Schwerthieb nach dem anderen, er wob ein Muster aus gleißendem Stahl in die Luft, und Chikara mußte zurückweichen. Gegen diesen Angriff schien es keine Verteidigung zu geben. Yoshis Gesicht war vor Anstrengung gerötet, als er seinen Gegner vor sich her trieb.

Jetzt war auch Chikaras Stirn schweißnaß, und sein Atem ging in Stößen. Es gelang ihm kaum, die Schläge zu parieren. Aber schon bald waren Yoshis Kräfte erlahmt; neben Genkai kam er zum Stehen. Er trat einen Schritt zurück und ließ das Schwert sinken. »Chikara«, keuchte er, »genug...«

Einen Augenblick lang waren alle verwirrt. Chikara, der immer noch auf Parieren und Gegenangriff eingestellt war, hörte ihn nicht. Blindlings holte er zu einem Schlag aus. Genkai, der sah, daß Chikara auf Yoshis Kapitulation nicht reagierte, sprang vor und rief: »Halt!« Yoshi wich instinktiv vor Chikaras Hieb, der auf seine Körpermitte gerichtet war, zurück. Genkai befand sich genau zwischen Yoshi und dem Schwert. Der Schlag ließ sich nicht mehr aufhalten — die Klinge fuhr unter Genkais Brustkorb durch seinen Bauch. Blut erschien auf der gelben Mönchsrobe. In ungläubigem Staunen riß Genkai seinen Mund auf, als er seine schreckliche Wunde sah. Er sank auf die Knie und sprach mit letzter Kraft das Sterbegebet: »O Amida Nyorai, dessen Licht über den zehn Teilen der Welt erstrahlt, nimm gnädig alle in deinen Himmel auf, die deinen Namen anrufen.«

Mit einem wilden Schrei stürzte sich Yoshi auf Chikara. Ietaka erwachte aus seiner Erstarrung, packte Yoshis Arme und hielt ihn fest. Tränen rannen über Yoshis Puder und Rouge. Sein langes Haar hing ihm wirr in sein verzerrtes Gesicht. Zum erstenmal in den zweiundzwanzig Jahren seines Lebens hatte er es mit einem Gegner zu tun, den er nicht besiegen konnte. Er hatte sich immer damit gebrüstet, nie die Beherrschung zu verlieren, aber in diesem Augenblick des Schreckens brach er unter dem Druck nie gekannter Gefühle zusammen. Er zitterte vor Wut, er verfluchte Chikara. Welche Folgen seine Worte auch haben mochten, es war ihm gleichgültig.

Fumio kniete neben Genkai. Jede Hilfe kam zu spät — sein Neffe war bereits tot. Mühsam beherrschte er seine Trauer. »Bitte geht jetzt, Fürst Chikara«, sagte er leise.

Obwohl er sich jetzt wieder besser in der Hand hatte, war Chikara fast ebenso erschüttert wie Fumio. In einem einzigen Augenblick war er von einem Samurai, der seine Ehre verteidigte, zum Mörder eines Priesters geworden.

»Es war ein Unfall... ich hatte nicht die Absicht, den Priester zu verletzen«, erklärte er. Seine Stimme wurde hart. »Dies ist nicht der rechte Moment, um die Sache weiter zu verfolgen, aber mit ihm bin ich noch nicht fertig.« Er wies mit dem Kinn auf Yoshi, der Verwünschungen ausstieß und versuchte, sich von Ietaka loszureißen.

Fumio ignorierte seine beiden Neffen. Mit einem kühlen Nicken zu Chikara und Kagasuke sagte er: »Ich verstehe ... Ich brauche Zeit, um die Folgen dieses Vorfalls zu überdenken.«

Als Chikara und sein Bruder gegangen waren, wandte Fumio sich Yoshi zu: »Hör sofort auf!« fuhr er ihn an. »Du hast bereits genug Schaden angerichtet. Wenn du nicht so unbedacht gehandelt hättest, wäre dein Vetter noch am Leben.«

Yoshi ließ sich auf den Boden sinken. Seine Schultern zuckten, und Tränen rannen ihm über das Gesicht. Ietaka hatte einen Arm um ihn gelegt. Ihre Meinungsverschiedenheiten waren vergessen. Yoshi sah ihn an und schluchzte: »Chikara wird dafür bezahlen. Und wie er dafür bezahlen wird!«

Ietaka ging nicht auf Yoshis Weinen ein. »Fasse dich«, sagte er. »Tränen können jetzt auch nichts mehr ändern. Komm mit in die Burg, damit wir deine Wunden behandeln und verbinden können.«

Yoshi schob ihn weg. »Laß mich«, sagte er. »Meine Wunden sind ohne Bedeutung ... Ich will noch eine Weile hier bleiben ...«

Ietaka zuckte die Schultern. Er stand auf und sah Fumio fragend an. Fumio bedeutete ihm, er solle ihm helfen, Genkais Leichnam wegzuschaffen. Gemeinsam trugen sie den toten Priester in die Burg.

Yoshi blieb allein zurück. Immer noch zirpten die Zikaden, immer noch sangen die Vögel, und immer noch rauschte weit entfernt das Meer.

Die Sonne hatte den westlichen Horizont bereits fast erreicht, und es war kühl geworden, als er schließlich aufstand und die Faust gen Himmel reckte. »Ihr habt ihn im Stich gelassen!« schrie er den unsichtbaren Göttern zu.

»Er hatte euch sein Leben verschrieben, und ihr habt ihn im Stich gelassen. Das werde ich nie vergessen. Ich schwöre, Genkais Tod zu rächen!« Er ließ seine Faust sinken. Niedergeschlagen sah er zu Boden. Als die Sonne untergegangen war, erschauerte er. Der Verlust, den er erlitten hatte, war wie eine kalte Hand, die nach seinem Herzen griff.

9

Baumfrösche quakten rhythmisch, und die Schatten des Abends wurden länger. Seit dem Morgen hatte Yoshi nichts gegessen; sein Haß hatte jedes Hungergefühl unterdrückt. Als er zur Burg zurückging kam es ihm vor, als habe er Bleigewichte an den Füßen. Er war nicht mehr derselbe Yoshi, der einige Stunden zuvor »eitler Geck« genannt worden war und nicht hatte sehen wollen, daß diese Beleidigung der Wahrheit entsprach. Der Tod seines Vetters hatte seine geordnete Welt zerstört. Ietaka hatte recht: Macht und Moral waren nicht dasselbe. Im Gegenteil! Yoshi würde nicht mehr der unschuldige Höfling sein, der das Leben eines Schmarotzers lebte und blind war für das Böse, von dem er umgeben war. Jetzt hatte er das Böse kennengelernt, und sein Name war Chikara. Die dünne Schicht aufgeblasener Weltgewandtheit hatte sich angesichts der Ereignisse des Tages in nichts aufgelöst. Sein Haar war wirr, sein Kimono war blutbefleckt und er roch nach Schweiß und Blut. Aber sein Aussehen hätte ihm nicht gleichgültiger sein können als er, von Haß erfüllt, auf das Hauptgebäude der Burg zuging. Er mußte mit seiner Familie sprechen, er mußte erklären, welche Gefühle infolge dieser Tragödie in ihm entstanden waren. Sie konnten zu seinem Untergang führen oder ihm die Augen über sich selbst öffnen. Hatte er Genkais Tod auf dem Gewissen? Ein brennender Schmerz durchfuhr ihn bei diesem Gedanken. Hatte ihn Eifersucht dazu getrieben, Chikara auf so aberwitzige Art herauszufordern? Nein!

Nein! Er durfte Nami nicht die Schuld geben. Sie hatte nichts damit zu tun — diese Sache betraf nur ihn und Chikara. Niemand anderen.

Er fand Fumio, Ietaka und Nami im vorderen Saal. Nami weinte. »Armer Genkai — ich kann es nicht fassen, daß er tot ist. Er war ein so friedfertiger Mensch.« Mit tränenüberströmtem Gesicht sah sie Yoshi an. »Warum mußtest du Chikara schlagen?«

Yoshi wußte keine Antwort. Die Schuld an Genkais Tod und das Wissen, Nami Schmerzen zugefügt zu haben, lasteten zu schwer auf ihm. Nami sah Fumio an und fragte ihn mit bebender Stimme: »Wie kann ich nach dem, was heute nachmittag vorgefallen ist, Fürst Chikara noch heiraten?«

Yoshi hielt den Atem an. Durfte er noch hoffen, daß die Heirat abgesagt würde? Daß Nami doch noch seine Frau werden könnte? Sein Herz schlug schneller. Einen Augenblick lang glaubte er, Grund zur Zuversicht zu haben, und gleichzeitig nahm sein Schuldgefühl zu. Wie gefühllos von ihm, in dieser Situation an seinen persönlichen Vorteil zu denken! Außerdem war seine Hoffnung vergebens.

»Nami, die Hochzeit wird wie geplant stattfinden«, sagte Fumio mit Entschiedenheit. »Ich habe Genkai mehr als geliebt als irgendeinen von euch. Ich hatte ihn als meinen Sohn adoptiert. Dennoch — was er tat, war verrückt. Chikara konnte seinen Schwerthieb nicht mehr aufhalten. Es war ein schrecklicher Unfall, ein Unglück. Nicht weniger, aber auch nicht mehr.«

Yoshis Unterlippe zitterte. »Ich bin für Genkais Tod verantwortlich«, sagte er. »Ich nehme die Schuld auf mich. Aber das ist keine Entschuldigung für Chikara. Er hat uns in eine unhaltbare Situation gebracht. Es gibt keine Rechtfertigung für sein Verhalten. Das war Mord!«

Fumio wies warnend mit dem Finger auf Yoshi. »Chikara ist ein *daimyo*. Du hast selbst gesagt, daß sein Vorgehen in der Angelegenheit mit dem Bauern korrekt war. Er hat kein Unrecht getan — dieser Bauer hatte sich geweigert, die Steuern zu bezahlen, und es war Chikaras Pflicht, ihn zu bestrafen. Du dagegen hattest kein Recht, ihn zu schlagen. Mögen die Götter mir meine Worte verzeihen: Du warst im Unrecht, und du bist schuld an Genkais Tod.«

Fumio war der Ansicht, daß Chikara nach dem Kodex der Samurais, nach den allgemein anerkannten Gesetzen des Landes, nach allen Kriterien, die sich anwenden ließen, kein Unrecht begangen hatte. Yoshi und Genkai waren zu weit gegangen.

Während Fumio sprach, kochte Ietaka innerlich vor Wut. Unvermittelt machte er sich Luft. »Chikara ist es nicht einmal wert, daß man ihn verachtet!« rief er. Er wandte sich an Nami. »Ich war gegen diese Heirat, aber ich habe nichts gesagt, weil ich den Eindruck hatte, daß du glücklich bist. Jetzt kann ich nicht länger schweigen.« Er sah Fumio zornig an. »Wir waren dabei. Wir wissen, daß er Yoshi zu einem Kampf provoziert hat. Hätte Yoshi nicht eingegriffen, dann hätte Chikara Genkai zum Kampf herausgefordert. Das Ergebnis wäre dasselbe gewesen. Es tut ihm nicht leid, daß Genkai tot ist. Dies war die politische Tat eines verzweifelten Mannes. Die Tage der Taira sind gezählt, und er kämpft einen aussichtslosen Kampf gegen die Minamoto. Er wußte, daß er seine Heirat mit Nami aufs Spiel setzte, und doch hat er einen Gegner, der in seinen Augen eine politische Gefahr darstellte, kaltblütig umgebracht.«

»Unsinn!« erwiderte Fumio hitzig. »Du versuchst, in jeder Handlung eine politische Bedeutung zu finden, aber in diesem Fall hast du unrecht. Was heute geschehen ist, hatte nichts mit Politik zu tun. Yoshi hat ihn geschlagen! Das war der Grund für den Zweikampf, und als Samurai konnte Chikara nicht anders darauf reagieren.«

»Aber Onkel — Yoshi war ihm von Anfang an hoffnungslos unterlegen.«

»Dann hätte er Chikara nicht schlagen dürfen. Man stelle sich vor... ein Junge schlägt einen Samurai-Fürsten! Ich bewundere Yoshis Mut, und gleichzeitig beklage ich seine Dummheit.«

»Er tat es, um Genkai zu retten«, sagte Ietaka. »Wenn er nicht sofort eingegriffen hätte, wäre Genkai ein Kampf aufgezwungen worden. Chikara hat Genkai getötet, als Yoshi schon aufgegeben hatte.«

»Und du hast keinen Finger gerührt, um ihn daran zu hindern«, sagte Yoshi anklagend zu Fumio. »Chikara hat mit uns gespielt. Ich nehme die Verantwortung für meine Taten auf mich, aber vergiß nicht, daß es Chikara war, der Genkai getötet hat. Werde ich mir je verzeihen können, daß ich ihn nicht gerächt habe?«

Ja, dachte Yoshi, ich war schwach. Als Genkai zu Boden fiel, da habe ich nur geweint und geflucht. Ich habe es zugelassen, daß Ietaka mich festhielt. Ich habe nichts getan. Wenn ich Genkai wirklich geliebt hätte, wäre es mir gelungen, Ietaka abzuschütteln und Chikara anzugreifen. Wer bin ich? Was bin ich? Bin ich, wie Chikara behauptet hat, weniger als ein Mann? Nie gekannte Zweifel an sich selbst überfielen ihn. Die Selbstzufriedenheit, die er am kaiserlichen Hof entwickelt hatte, bekam tiefe Risse.

»Ich hätte mit ihm sterben sollen«, schloß Yoshi traurig.

»Genkai ist noch nicht begraben, und du sprichst davon, was du hättest tun sollen«, sagte Nami mit brechender Stimme. »Das ist nicht mehr von Bedeutung. Wenn Chikara recht hatte, dann hat er seine Ehre verteidigt, und wir werden heiraten. Wenn er aber unrecht hatte, dann wird er noch heute nacht *seppuku* begehen.«

Wenn Nami davon sprach, daß Chikara sich töten würde, wenn er etwas Unrechtes getan hatte, so geschah es deshalb, weil man allgemein der Meinung war, daß *seppuku* einem Leben in Unehre vorzuziehen sei.

Diese Art der Selbsttötung war im Jahr 1156 entstanden. Der Samurai Minamoto-no-Tametomo war im Verlauf eines kurzen, heftigen Krieges in eine aussichtslose Lage geraten und hatte sich lieber das Leben genommen, als in schmachvolle Gefangenschaft zu geraten. Er hatte das auf eine möglichst schmerzhafte Weise getan, indem er sich nämlich ein Messer so tief in den Bauch stieß, daß es die Nervenstränge an der Wirbelsäule durchtrennte. Tametomos Tod gereichte dem Clan der Minamoto zur Ehre. Seine Tat galt als der letzte Beweis der Heldenhaftigkeit. Innerhalb eines Jahrzehnts war *seppuku* der einzige ehrenhafte Ausweg für einen Samurai geworden, der sich eines Verbrechens schuldig gemacht hatte oder dessen Gefangennahme durch die Feinde unausweichlich war.

Nami fuhr fort: »Nur Chikara selbst weiß, was er tun wird.« Sie hielt inne und wischte sich eine Träne von der Wange. »Was wir sagen, kann ihn nicht beeinflussen.« Sie schüttelte traurig den Kopf. »Es tut mir leid — ich halte es nicht mehr aus. Entschuldigt mich.« Sie raffte ihr Gewand und eilte hinaus.

Als Nami gegangen war, wandte sich Fumio Yoshi zu. Die Worte, die er im Zorn gesagt hatte, taten ihm jetzt leid. Der Schmerz stand Yoshi deutlich ins Gesicht geschrieben. Und schließlich war er ja noch jung und würde den Rest seines Lebens mit dem Gedanken leben müssen, daß er schuld war an Genkais Tod.

»Laß dir ein warmes Bad bereiten und frische Kleider bringen«, sagte er. »Wenn deine Wunden verbunden sind und wenn du dich umgezogen hast, wirst du klarer sehen. Wir werden beim Abendessen alles besprechen.«

Yoshi betrachtete seinen zerrissenen, blutverschmierten Kimono. »Onkel«, sagte er. »Ich werde, auch ohne diese Kleider nie vergessen, was geschehen ist.« Er sah Ietaka an. »Ich muß über vieles nachdenken. Ich werde das Leben, das Genkai mir geschenkt hat, nutzen. Es gibt einige Dinge, die ich in Angriff nehmen muß«, sagte er bedeutungsvoll. Dann wandte er sich wieder an seinen Onkel. »Ja, es gibt einiges zu besprechen«, meinte er tonlos.

Ietaka nahm Yoshis Arm und führte ihn hinaus. Als Fumio allein war, ließ er den Kopf hängen. Tränen rollten über seine rauhen Wangen, Tränen um Genkai und um die vor ihm liegenden langen Jahre ohne die Wärme und Güte seines Adoptivsohnes.

Die Tränen setzten eine Flut von Erinnerungen frei, die

ihn zu überwältigen drohte. Genkai als Junge — groß, gerade, athletisch, alles Eigenschaften, auf die Fumio Wert legte. Und Genkai als Mönch ... der Friede und die Heiterkeit, die zu einem Teil seiner Persönlichkeit geworden waren. Fumios Schultern zuckten. Er war eifersüchtig auf die Hingabe gewesen, die sein Neffe Buddha entgegengebracht hatte. Anstatt sich über Genkais Glück zu freuen, hatte er versucht, ihm seinen Glauben auszureden. Jetzt war es zu spät, um das wiedergutzumachen.

Er unterdrückte die Tränen; ein *daimyo* konnte es sich nicht leisten, Schwächen zu zeigen. Er mußte stark sein. Fumio wischte sich über das Gesicht und brachte seinen Kimono in Ordnung. Es waren praktische Dinge zu entscheiden. Er würde im Interesse der Lebenden handeln. Er mußte das *shoen* und die Familie retten. Wie seinen Kimono brachte er auch sein Gesicht in Ordnung; niemand sollte die wahre Tiefe seiner Gefühle ahnen.

Gegen Ende des Abendessens fragte Yoshi, warum seine Mutter nicht da sei.

»Fürstin Masaka hat sich kurz vor Chikaras Ankunft auf eine Pilgerfahrt nach Ise begeben. Sie wird in einer Woche zurück sein«, sagte Fumio und schob seine leere Reisschale von sich.

»Findest du es nicht merkwürdig, daß sie zu deiner Hochzeit nicht da sein wird, Nami?« fragte Yoshi.

»Ganz und gar nicht«, antwortete Nami. »Deine Mutter geht regelmäßig nach Ise. Sie verläßt den Nordflügel nur, um diese Pilgerfahrten zu unternehmen.«

»Dennoch bin ich überrascht, daß sie bei der Hochzeitszeremonie nicht dabei sein wird«, sagte Yoshi.

»Deine Mutter gehört nicht zu Fürst Chikaras Bewunderern«, sagte Fumio. »Sie vermeidet nach Möglichkeit jeden Kontakt mit ihm. Ich nehme an, diese Pilgerfahrt war eine Ausrede, mit der sie sich die Peinlichkeit ersparen wollte, bei der Reiskuchen-Zeremonie mit Chikara zusammenzutreffen.«

Das Thema Chikara hatte Yoshi während des ganzen Essens beschäftigt. Jetzt, da sein Name gefallen war, sah er keinen Grund zu schweigen oder die traditionellen Grenzen der Höflichkeit einzuhalten. »Ich schließe mich dem Urteil meiner Mutter an. Man sollte Chikara Namis Hand und den Zutritt zu unserer Burg verwehren«, sagte er scharf.

Fumio sah ebenso wenig Grund zur Zurückhaltung wie sein Neffe. In seinen Augen war Yoshi für die tragischen Ereignisse des Tages verantwortlich, und sein Ton schien ihm überaus unangebracht. Ganz gleich, wie sehr Yoshi litt — er hatte kein Recht, so mit seinem Onkel zu reden.

»Hüte deine Zunge, Yoshi! Maße dir nicht an, mir zu sagen, wen ich einladen soll, oder meinen Gästen vorzuschreiben, was sie tun dürfen. Es hat keinen Sinn, sich Chikara zum Feind zu machen. Genkai ist tot, und unüberlegte Taten können ihn nicht wieder zum Leben erwecken. Wir müssen realistisch denken. Eine Verbindung unserer Familien wird einen Zuwachs an Macht und Sicherheit bringen, den keine von beiden aus eigener Kraft erreichen könnte. Ich werde nicht zulassen, daß dein Mangel an Selbstbeherrschung diese Verbindung gefährdet. Zeig, daß du ein Mann bist, indem du anderen Achtung erweist.«

Yoshi antwortete mit einer leidenschaftlichen Anklage gegen Chikara, worauf sein Onkel dessen Handlungsweise aufs neue als die unter diesen Umständen einzig mögliche Reaktion verteidigte.

Ietaka, der die ganze Zeit geschwiegen hatte, unterbrach ihn. »Ich stimme Yoshi zu«, sagte er, »Chikara ist ein typischer Vertreter der anmaßenden Taira-Herrscher.«

Fumio sah ihn verächtlich an. »Ich möchte dich daran erinnern«, sagte er, »daß wir unser Leben und unser Vermögen den Taira verdanken. Was sie am Hof des Kaisers tun, ist ihre Angelegenheit, aber dank ihrer Herrschaft können wir unser *shoen* in Frieden bewirtschaften. Wenn du die Taira beleidigst, beleidigst du deinen eigenen Stand.«

»Aber wir sind nicht so verweichlicht wie sie«, erwiderte Ietaka. »Du bist ein guter und gerechter Herr, du übst deine Herrschaft ehrenvoll aus und besitzt das Vertrauen deiner Untertanen. Die Taira dagegen sitzen am Hof des Kaisers und geben sich sinnlosen Spielen hin, während das Leben der Bevölkerung mit jedem Jahr unerträglicher wird.« Zu Nami gewandt fuhr er fort. »Du schweigst, Schwester, und hast deine Augen niedergeschlagen. Warum verteidigst du Chikara, deinen Herrn, nicht?« Bevor sie antworten konnte fuhr er triumphierend fort: »Weil du weißt, daß er deiner Liebe nicht würdig ist. Wenn deine Eltern hier wären, würden sie darauf bestehen, daß die Heirat abgesagt wird.«

Nami reagierte nicht darauf. Ihr Gesicht war traurig; sie sah nicht auf.

»Laß sie in Ruhe«, sagte Fumio. »Sie ist die einzige von euch, die einen Funken Verstand besitzt. Sie weiß, daß Chikara zurückkehren wird. Er hat das Recht und die Macht, Yoshi zu bestrafen. Wenn er ihn schont, so nur aus Liebe zu Nami.« Er legte seine Hand auf Yoshis Arm. »Sie ist deine einzige Hoffnung«, sagte er warnend.

Yoshi zog seinen Arm zurück. »Ich brauche ihre Hilfe nicht«, sagte er. »Morgen früh werde ich aufbrechen. Ich will euch die Peinlichkeit meiner Anwesenheit ersparen. Wenn Nami Genkais Mörder heiratet, so soll sie es nicht tun müssen, um mich zu schützen.«

»Du kannst nicht reisen, bevor deine Wunden geheilt sind«, sagte Fumio.

»Ich werde ihn begleiten«, sagte Ietaka. »Ich weiß, wie man in der Welt dort draußen überlebt, und Yoshi wird meine Hilfe brauchen. Seine Wunden sehen nicht gefährlich aus — ich werde mich um sie kümmern. Wir werden fort sein, bevor Chikara zurückkehrt, um noch ein Mitglied unserer Familie umzubringen.«

10

Um sechs Uhr morgens wurden Yoshi und Ietaka von den Glocken des Seiken-ji-Tempels geweckt. Yoshi hatte eine unruhige Nacht hinter sich. Hin und her gerissen zwischen Depressionen und Selbstverleugnung hatte er nur wenig geschlafen. Wie hatte er Onkel Fumios Lehren nur so schnell vergessen können? Außer der Achtung vor dem Kaiser und den kaiserlichen Beamten hatte Fumio ihm auch beigebracht, welche Eigenschaften von einem Samurai gefordert wurden: Er mußte auf seine Ehre bedacht sein, er mußte sich Widrigkeiten mutig stellen, und er mußte sich in einer Welt von Männern als Mann erweisen. All dies war unter einer dünnen Schicht gekünstelter Weltgewandtheit begraben worden, einer Schicht, die die Schrecken des gestrigen Tages beseitigt hatten. Yoshi nahm an, daß zwischen Fumios Weltvorstellungen und denen des Hofes immer recht große Unterschiede bestanden hatten, und er verachtete sich, weil er sich so lange denen des Hofes unterworfen hatte.

An diesem Morgen war Yoshis Gesicht nicht geschminkt, und er trug einen schmucklosen braunen Kimono über einem einfachen Untergewand. Auch seinen Fächer hatte er abgelegt, und ohne ihn, ohne Schminke und ohne die zarten Farben seiner Gewänder unterschied er sich in nichts von anderen jungen Männern seiner Zeit. Der stolzierende Höfling war verschwunden, und an seine Stelle war ein schlanker Reisender von unbestimmbarer Herkunft getreten. Sein Gesicht, das nicht mehr unter Puder verborgen war, wirkte sanft und verletzlich, aber aufmerksam und intelligent. Nur tief in seinen Augen deutete etwas darauf hin, daß er erst kürzlich schmerzliche Erfahrungen gemacht hatte.

Die beiden Vettern nahmen eilig ein Frühstück zu sich und packten eine Ersatzgarnitur Kleidung zusammen. Yoshi hatte ausreichend Gold für ihre Reise in seinem *obi* versteckt.

Nebel lag über der Bucht von Suruga als sie, jeder seinen

eigenen Gedanken nachhängend, auf dem Weg, der den Berg hinab führte, aufbrachen. Von dem Augenblick an, in dem er erwacht war, hatte Yoshi an Genkais Tod denken müssen. Immer wieder überkam ihn die Erinnerung an diesen schrecklichen Augenblick und rief ihm seine Schuld aufs neue ins Bewußtsein. Er versuchte, diese Gedanken zu vertreiben, indem er seine Gefühle gegenüber Nami und Chikara analysierte. Vom politischen Standpunkt aus betrachtet, war diese Heirat eine ideale Verbindung: Zwei aneinander angrenzende *shoen* wurden zu einem Familienbesitz vereinigt. Das bedeutete eine Verdoppelung des Landes, der Zahl der Samurai und des Einflusses am Hof des Kaisers. Waren Yoshis selbstsüchtige Überlegungen wichtig genug, um für Onkel Fumio den Verlust der zusätzlichen Sicherheit aufzuwiegen, die eine Verbindung mit dem Haus Chikaras ihm bringen würde? Und Nami — der Gedanke an sie gab ihm einen Stich — behauptete, den älteren Mann zu lieben. Würde es ihr Kummer bereiten, wenn Yoshi seinen Willen durchsetzen und die Heirat abgesagt werden würde? Ja, er konnte verstehen, daß diese Ehe auch aus ihrer Sicht sehr wünschenswert war. Er mußte, auch wenn Chikara ihm verhaßt war, zugeben, daß dieser eine sehr männliche Ausstrahlung besaß. Er war ein Herr, der nach seinen eigenen Maßstäben ein ehrenhaftes Leben führte und dem man für seine Charakterstärke und seine Entschlossenheit, die kaiserlichen Gesetze zu verteidigen, Bewunderung schuldete. Andererseits hatte Chikara Yoshi zwei der liebsten Menschen genommen, und Yoshi würde ihn nie als Mitglied der Familie akzeptieren. Er hatte Rache geschworen, und es gab keinen Weg zurück. Die Zeit würde vergehen. Chikara mochte glauben, daß alles vergessen war, aber Yoshi würde nie vergessen.

Gedankenverloren hatte Yoshi nicht auf die Zeit geachtet. Eine halbe Stunde war vergangen, und sie hatten fast den Fuß des Berges erreicht. Nach einer letzten Biegung der Straße lag der Tempel vor ihnen. Dahinter sah Yoshi Okitsu und die Tokaido-Straße, die sich zwischen dem Berg und dem Meer entlangschlängelte. Die sichelförmige Halbinsel Miho mit ihrem schwarzen Sand und ihren vom Sturm gebeugten Kiefern war durch den Nebel über der Bucht verschwommen zu erkennen.

Der Anblick war atemberaubend.

Am Ufer unterhalb der Stadt waren die Sälzerinnen bereits an der Arbeit. Einige Frauen trugen auf gebeugten Schultern schwere Krüge mit Meerwasser zu den Salzgärten, andere harkten den Sand, um das Salz auszufiltern. Aus riesigen Metallkesseln, in denen das Konzentrat kochte, stieg Dampf auf, der über den Strand trieb und den Nebel noch verstärkte.

Yoshi ließ den Kopf sinken. Ein salziger Geschmack legte sich auf seine Zunge, und der Geruch des Rauchs erinnerte ihn schmerzlich an Genkai und die Tage ihrer unbeschwerten Kindheit. Der Gedanke an den Verlust, den er erlitten hatte, schnürte ihm die Kehle zu. Er konnte es immer noch nicht fassen, daß Genkai tot war.

Am Rande der kleinen Stadt versuchten die beiden Vettern, Träger für den ersten Teil des Weges nach Kioto zu finden. Das billige Angebot eines Ochsenkarrenfahrers lehnten sie ab. Die Vorstellung, im Schneckentempo nach Kioto zurückzukehren, erschien ihnen wenig verführerisch. Eine Sänfte war schneller — sie würden anstatt drei Wochen nur fünf Tage brauchen.

Sie wurden aufgehalten durch das Gefolge eines *daimyo* aus dem Norden, der aus der Hauptstadt zurückkehrte. Scharen von Samurais in leichter Rüstung versperrten die Straße. Hinter ihnen flatterten Banner in der sanften Brise, und Staub wirbelte unter den Hufen der Pferde auf. Der *daimyo* saß, umgeben von seinen Samurai, auf einem großen Hengst; das Pferd war mit einer golden und blau verzierten Panzerung versehen, während der Reiter eine scharlachrote Rüstung und einen goldenen Helm trug. Ihm folgten weitere Samurai mit Bannern, auf denen mit kalligraphischen Schriftzeichen die Siege des Fürsten verzeichnet waren.

Es dauerte zwanzig Minuten, bis die Straße wieder frei war, aber Yoshi und Ietaka schien es, als nehme der Zug kein Ende. Als der Staub sich wieder gelegt hatte, machte Yoshi seinen Vetter auf eine Gruppe von Trägern aufmerksam, die am Straßenrand wartete. Es waren sechs Männer, die sich so ähnlich sahen wie ein Ei dem anderen. Sie waren groß, mit sehnigen Muskeln und schiefen Schultern, und trugen Lendenschurze, die kaum ihre Geschlechtsteile bedeckten. Allesamt waren sie tätowiert: Drachen, Kriegsschiffe, Tiere und Vögel bedeckten Brust und Rücken. Sie scherzten und lachten. Ihre Münder waren fast zahnlos.

Ietaka war mit ihrem Anführer bald einig geworden, und wenige Minuten später saßen sie in der Sänfte. Zwei Träger liefen vor ihr, zwei hinter ihr, und zwei liefen zum Auswechseln neben der Sänfte her. Yoshi mußte sich an einem Seil festhalten, das von der Decke hing, um nicht hinauszufallen. Aber immerhin — sie waren unterwegs.

Der Weg führte in südöstlicher Richtung zur Tokaido-Straße. Das war die große östliche Hauptstraße, die Hauptschlagader der äußeren Provinzen, der dünne Faden, der die östliche Hälfte des Reiches zusammenhielt. Von den Ebenen im Westen — wo eines Tages Tokio entstehen würde — waren es dreihundert Meilen nach Kioto. Vor den beiden Reisenden aus Okitsu lagen noch zweihundert Meilen.

Sie kamen zügig voran und legten nur kurze Pausen an den Poststationen ein, damit die Träger sich abwechseln konnten. Sie übernachteten in Gasthäusern an der Straße, wo die Vettern relativ komfortable Quartiere vorfanden. Am ersten Abend unterhielten sie sich lange, bevor sie sich schlafen legten. Yoshi kannte die Geschichte von Ietakas Flucht von den Taira-Ländereien bisher nur aus Erzählungen anderer; als er sie nun aus erster Hand hörte, war er fasziniert.

Als Ietaka geraubt worden war, war er erst elf Jahre alt gewesen. Er war von seinen Eltern getrennt und hungrig und wurde mit erbarmungslosen Schlägen zu schwerer Arbeit angetrieben, und so hatte das bis dahin verwöhnte

Kind kaum Aussicht gehabt, die ersten Wochen der Gefangenschaft zu überleben. Aber einige andere Sklaven hatten ihn unter Einsatz ihres Lebens beschützt und ihm heimlich von ihren Essensrationen abgegeben, bis er stark genug war, für sich selbst zu sorgen.

Das Leben im Arbeitslager war hart und grausam. Das Gelände war von einem hohen Zaun umgeben, der von bewaffneten Männern bewacht wurde. Trotzdem versuchten manche Sklaven zu flüchten. Nur wenigen gelang es, den Zaun zu überwinden, und diese mußten sich in einem dichten Wald auf einer Insel verstecken, die sechs Meilen vom Festland entfernt war. Noch nie hatte es einer geschafft, die Insel zu verlassen.

Im Lauf der Jahre hatte Ietaka seinen Leidensgenossen immer wieder Trost gespendet, ihnen geholfen und sich um die Kranken gekümmert. Der Verwalter und die Wachen sahen das nicht gern. Es war billiger, neue Sklaven zu kaufen, als die alten am Leben zu erhalten.

Im siebten Monat des Jahres 1164, kurz nach Ietakas siebzehntem Geburtstag, war sein Freund Tezuka gestorben. Er war ein guter Mann gewesen, der seine magere Ration mit den Kranken geteilt und denen geholfen hatte, die zu schwach waren, um für sich selbst zu sorgen. Für Ietaka wog besonders schwer, daß er das erste Jahr seiner Gefangenschaft ohne Tezukas Hilfe wohl kaum überlebt hätte. Als Strafe für eine kleine Übertretung mußte Ietaka den Leichnam zum Begräbnisplatz tragen. Für einen Menschen, der an die Religion des Shintoismus mit ihrer Verehrung von Naturgöttern und ihrem Abscheu vor Tod und Verfall glaubte, war dies die niedrigste Arbeit, die es gab. Sklaven hatten kein Recht auf religiöse Riten; Tezukas Leichnam würde einfach in einen Graben geworfen werden, der als Massengrab diente. Die Tore waren geöffnet worden, und Ietaka, der den Leichnam auf seinen Schultern trug, ging den Wachen auf dem steinigen Pfad, der zu den Hügeln im Inneren der Insel führt, voraus. Je näher sie ihrem Ziel kamen, desto stärker wurde der Leichengestank, der alle anderen Gerüche überdeckte. Schließlich blieben die Wachen zurück, und Ietaka setzte seinen Weg allein fort.

Er spürte das wilde Verlangen nach Freiheit, dem so viele andere ihr Leben geopfert hatten. Er brachte es einfach nicht über sich, Tezuka in den Graben zu werfen, als sei er nur ein Bündel alter Kleider. Tezuka war ein Mensch gewesen und hatte es verdient, unter Beachtung der erforderlichen Riten ins Jenseits entlassen zu werden. Er sollte ein ordentliches Begräbnis erhalten, und danach würde Ietaka nicht in die Sklaverei zurückkehren. Es war besser, bei dem Versuch, die Freiheit zu erlangen, zu sterben.

Ietaka hatte seinen Freund beerdigt, ein Gebet gesprochen und sich unter den verwesenden Leichen in dem Graben verborgen. Der bestialische Gestank hatte die Wachen davon abgehalten, ihn zu suchen. Sie waren sicher gewesen, daß Ietaka nicht würde entkommen können.

Aber sie hatten sich getäuscht. Sein Lebenswille hatte ihm die Kraft gegeben, sich in den Wäldern zu verstecken, von Nüssen, Beeren, und Wurzeln zu leben und sich mit bloßen Händen ein primitives Floß zu bauen. In einer mondlosen Nacht gegen Ende des Monats war er darauf zum Festland geschwommen und der erste Sklave gewesen, dem es gelungen war, aus dem Lager zu fliehen.

Ietaka machte die Taira für die Grausamkeit ihres Verwalters verantwortlich. Seine Erfahrungen hatten in ihm einen tiefen Haß auf die Taira-Herrscher und ihren Hofstaat erzeugt. Daher hatte es Schwierigkeiten gegeben, wenn er seinen Onkel besucht hatte, und dies war auch der Grund gewesen, warum er den herausgeputzten Yoshi automatisch abgelehnt hatte. Seit dem Zweikampf hatte sich Ietakas Meinung jedoch geändert. Je besser er seinen jüngeren Vetter kennenlernte, desto mehr war er davon überzeugt, daß er ihn falsch eingeschätzt hatte. Ob er nun mutig war oder dumm — immerhin hatte Yoshi Chikaras Zorn auf sich gelenkt, um Genkai zu retten. Ietaka begann, in Yoshi Eigenschaften zu erkennen, die unter der Schminke und der teuren Kleidung verborgen gewesen waren: eine tief verwurzelte Anständigkeit, eine Stärke, die ihn die Wundschmerzen ohne Klage ertragen ließ, und einen ruhigen, klaren Verstand, der ihn zu einem aufmerksamen Zuhörer machte.

Auch Yoshis Einstellung hatte sich geändert. Zum erstenmal in seinem Leben dachte er darüber nach, wie andere lebten. Als Ietaka ihm von Heldenmut angesichts unmenschlicher Bedingungen erzählte, erkannte er, daß es bei Menschen, die er bisher als weit unter sich stehend angesehen hatte, oft edle Gesinnung gab. Seine Bewunderung für den starken, tatkräftig und ohne Umschweife handelnden Ietaka wuchs, und er begann, die schmarotzerhaften Höflinge, die bis vor kurzem noch seine Vorbilder gewesen waren, zu verachten. Er schämte sich bei der Erinnerung an die Oberflächlichkeit, die er bei Hofe kultiviert hatte. Wie war es nur möglich, daß sich zwei Vettern, die in derselben Stadt lebten, so unterschiedlich entwickelt hatten?

Seine Erfahrungen als Sklave hatten Ietaka Mitleid und Bescheidenheit gelehrt. Dies waren Gefühle, über die Yoshi noch nie nachgedacht hatte. Aber angesichts der Geschichte, die Ietaka ihm erzählt hatte, angesichts des Todes von Genkai und angesichts seiner heimlichen Liebe für Nami stellte er nun fest, daß auch er Mitgefühl besaß — ein Mitgefühl, das durch das Leben am Hof verkümmert gewesen war.

Die Abende verbrachten die beiden Vettern im Gespräch, und so lernten sie sich immer besser kennen. Tagsüber saßen sie in der Sänfte, wurden so durchgeschüttelt, daß sie sich an den Halteriemen klammern mußten, und hatten nichts weiter zu tun, als die langsam vorbeiziehende Landschaft zu betrachten. Das ständige Rütteln der Sänfte verhinderte, daß Yoshis Wunden heilten. Er verbarg seine Schmerzen vor Ietaka und versuchte, sie zu ignorieren. Schließlich, dachte er bei sich, waren seine Verletzungen nicht ernst.

Ejira, Fuchu, Mariko, Okabe, Fujieda ... die Zahl der Städte, durch die sie kamen, schien kein Ende zu nehmen. Die bezaubernde Aussicht auf Täler, Berge, Wälder und das Meer verlor an Faszination, und Yoshi zog sich in sich selbst zurück und gab sich Gedanken an Nami hin. Er verfluchte sich, weil er Nami über seinem Haß auf Chikara vergessen hatte. Er schloß seine Augen, um sie sich vorzustellen. Er durfte ihr Bild nicht vergessen.

Am fünften Tag überquerte die Sänfte den Fluß Kamo, und kurz darauf standen sie vor den Toren Kiotos. Die Träger setzten sie gleich hinter der Stadtmauer ab. Yoshi und Ietaka waren müde und steif. Sie waren froh, die Reise hinter sich zu haben, und gingen zu Fuß zur Suzaku-Oji.

Die Suzaku-Oji war fast hundert Meter breit, die breiteste und belebteste Straße der Welt. Rechts und links von ihr standen Weiden und bildeten einen grünen Rahmen für ihr reges Leben. Herrschaftliche Sänften, Ochsenkarren und Fußgänger drängten sich vom *rashomon* — dem Südtor, wo Diebe und Bettler ihre Geschäfte ausübten — bis zu den neunfachen Mauern des kaiserlichen Palastes.

Kioto hatte einen rechteckigen Grundriß, der von neun Straßen, die von Norden nach Süden durchnumeriert waren, durchschritten wurde.

Der Duft von Kirschblüten erfüllte die Luft, und das geschäftige Treiben in der großen Stadt gab den beiden das Gefühl, willkommen zu sein. Die Kaufmannshäuser der Straße waren voller Menschen, die Geschäfte abgeschlossen. Von Zeit zu Zeit sah man Gruppen von Bauern, die in die Stadt gekommen waren, um gegen eine Erhöhung der kaiserlichen Steuern zu protestieren. Viele dieser Gruppen waren laut und unruhig. Einheiten der kaiserlichen Polizei ritten durch die Straßen und lösten Ansammlungen auf, die sich, kaum daß die Polizisten weitergeritten waren, aufs neue bildeten. Die Schreine an der Straße waren von Gläubigen umringt, die zu den Shinto-Göttern beteten. Und wie großartig die Häuser waren! Yoshi war, wie immer, auch diesmal wieder beeindruckt von der überwältigenden Größe der Häuser. Viele ragten fünf Stockwerke hoch auf. Gold, silber, rot, blau — die lackierten Dachbalken der bemalten Pavillons, die ganze Blocks einnahmen, leuchteten in allen Farben.

Suzaku-Oji führte drei Meilen weit durch das Zentrum der Hauptstadt. Yoshi und Ietaka schritten nebeneinander auf der breiten Straße und genossen den Lärm und das Gewimmel der langsamen Ochsenkarren und der sich drängenden Fußgänger. Als sie sich dem Nordostteil der Stadt näherten, nahm das Gedränge zu, und die Menge wurde unruhiger. Bauern mit breitkrempigen Strohhüten gingen neben Kaufleuten, die seidene Gewänder trugen, obwohl es ein kaiserliches Dekret gab, nach dem nur Adlige Seide tragen durften. Unter die Bauern und Kaufleute hatten sich Studenten der konfuzianischen Universität gemischt, Söhne von Höflingen und Hofdamen, die den Lebensstil der unteren und mittleren Klassen nachzuahmen versuchten. Dies war eine Phase, die viele Studenten auf dem Weg zur Reife durchliefen.

War es erst einen Monat her, daß Yoshi auf die Universität gegangen war? Er hatte diese politisch orientierten Studenten nie verstanden und sich daher von ihnen ferngehalten. Die modischen Exzesse bei Hofe hatten ihn mehr interessiert. Dennoch kannte Yoshi natürlich die beiden Familien, die um die Vorherrschaft kämpften: die regierende Taira-Familie und die Minamoto-Familie, die dieser die Macht streitig machte. Vor sieben Jahren hatten die Taira die Minamoto in einer Reihe blutiger Schlachten besiegt und Kioto und die Landstriche, die an das Innere Meer grenzten, unter ihre Herrschaft gebracht. Taira Kiyomori, das Oberhaupt der Taira-Sippe und ein entfernter Vetter von Chikara, hatte sich in Kioto niedergelassen und regierte vom kaiserlichen Palast aus. Seine Herrschaft wurde mit jedem Tag despotischer.

Während die Taira-Familie sich in der Hauptstadt mit Pomp umgab, stellte Yoritomo, das neue Oberhaupt der Minamoto, im Osten ein großes Heer auf.

Die Vorstellungen, daß die soziale Ungerechtigkeit beendet würde, wenn die Minamoto wieder an die Macht kämen — ein Gedanke, den diese Familie natürlich nährte —, breitete sich unter Studenten, Bauern und Kaufleuten aus. Yoritomos Männer wurden nicht müde, das Volk aufzuwiegeln, indem sie sich in den Städten unter die Leute mischten und sie zu Protesten gegen die neuen Steuergesetze aufriefen.

Yoshi und Ietaka waren eingekeilt in eine Menge laut schreiender Menschen. Sie blockierten die Nijo Straße drei Häuserblocks weit, vom Palasttor bis zur Suzaku-Oji. Ein Mann, der auf den Stufen eines Gebäudes an einer Straßenecke stand, hielt eine feurige Rede gegen die Steuererhöhungen. Unruhestifter, die meisten von ihnen in Diensten der Minamoto, stachelten die, die neben ihnen standen, auf, indem sie schrien: »*Hai, hai!* Nieder mit den Taira! Sie sind die Ursache unserer Not!«

Die berittene Palastwache griff ein und versuchte, die Menge zu zerstreuen. Am Palasttor herrschte ein solches Gedränge, daß etliche unter den Hufen der Pferde oder den Schwertern der Soldaten fielen. Die Reiter kannten keine Gnade — sie hieben auf die Menschen ein, die schreiend zu entkommen versuchten. Yoshi und Ietaka wurden von der Menge davongetragen.

Die Wachen rückten weiter vor; das Blut, das aus dem Körper eines geköpften Mannes strömte, machte die Straße schlüpfrig; eine Frau, der die Soldaten einen Arm abgeschlagen hatten, schrie so durchdringend, daß Yoshi sie noch zwei Blocks entfernt hören konnte.

»Nach Osten!« rief Ietaka. »Wir müssen sehen, daß wir aus dieser Menge herauskommen, sonst werden wir noch totgetrampelt.« Er versuchte mit aller Kraft, sich einen Weg durch die Menge zu bahnen, die fluchtartig vom Palast wegrannte. Yoshi, der sich an seinem *obi* festhielt, folgte ihm.

Einige Meter vor ihnen, kurz vor einer Kreuzung, stand eine Straßenlaterne, deren breiter steinerner Sockel die Straße in zwei Hälften teilte.

Yoshi stolperte und ließ Ietakas *obi* los. Plötzlich waren sie getrennt — die Menge trug Ietaka an der einen, Yoshi an der anderen Seite der Straßenlaterne vorbei.

»Ietaka!« rief Yoshi. Es war zwecklos. Er mußte sich der immer schneller laufenden Menschenmenge überlassen.

An der Straßenecke vereinten sich die beiden Ströme wieder. Verzweifelt sah sich Yoshi nach Ietaka um. Einige Meter weiter wurden die Schreie lauter: Zwei Palastwachen hatten der Menge durch eine Seitenstraße den Weg abgeschnitten und hieben mit ihren Schwertern auf sie ein. Kurz vor sich erblickte Yoshi Ietaka. Er wollte ihm gerade etwas zurufen, als Ietaka ausrutschte und fast unter die Hufe eines Pferdes fiel.

Der Samurai hob sein Schwert und beugte sich hinab. Mit letzter Kraft warf sich Yoshi vorwärts und packte den Soldaten am Arm. Er fiel aus dem Sattel auf die Straße. Auf seinem Gesicht lag ein Ausdruck von Verwunderung. Sein Schwert landete vor Yoshis Füßen. Ohne nachzudenken hob Yoshi es auf und rammte es dem gestürzten Samurai in die Brust. Er half Ietaka aufzustehen, während die Menge über den verwundeten Samurai hinwegtrampelte.

Ein anderer Samurai hatte gesehen, was geschehen war, und ritt mit einem schrillen Schlachtruf auf Yoshi und Ietaka zu. Mit aller Macht versuchte er, sie einzuholen — sein Schwert hob und senkte sich immer wieder. Aber dennoch kam er in der hysterischen Menge nicht voran. Als er sah, daß er seine Opfer bald aus den Augen verlieren würde, gab er den Wachen am anderen Ende der Straße ein Zeichen. Er zeigte auf Yoshi und schrie etwas. Wahrscheinlich verstanden die anderen ihn nicht, aber es war ihnen klar, was sein Zeichen bedeutete.

Yoshi und Ietaka erstarrten. In einigen Sekunden würde die ganze kaiserliche Palastwache auf ihren Fersen sein. Die Leute, die ihnen am nächsten standen, waren in blinder Panik. Einige schoben sich weiter vorwärts, andere versuchten zurückzuweichen. Die Wachen kamen immer näher.

»Schnell! Weg von dieser Straße! Sie sind hinter dir her!«

Ietaka zog an Yoshis Gewand. »Mir nach — ich weiß, wie wir fliehen können.«

Yoshis Magen verkampfte sich, als ihm bewußt wurde, in welch verzweifelter Lage er sich befand. Ietaka zerrte ihn zu einer Öffnung zwischen zwei Gebäuden. Unbemerkt verschwanden sie in der engen Gasse und entfernten sich von der schreienden Menge.

Nachdem sie die Nijo Straße verlassen hatten, eilten sie weiter. Sie drückten sich eng an die Häuser und rannten geduckt über die Kreuzungen. Sie versuchten, sich möglichst weit von den kaiserlichen Palastwachen zu halten.

Ietaka führte Yoshi zu einem kleinen Haus, das am Rande der Stadt, an der Kreuzung von Kyogoku und Shijo stand, nur einige Blocks entfernt vom Schauplatz des Massakers. Im Osten war der weite Bogen der Tokaido-Straße zu sehen. Kirschbäume erstreckten sich bis zum Fuß des grasbewachsenen Berges Hiei, und die Luft war erfüllt vom abendlichen Zirpen der Grillen. Der eben erlebte Schrecken lag weit hinter ihnen.

»Dieses Haus steht zu unserer Verfügung. Die Besitzer sind Freunde von mir, die sich auf eine Pilgerreise begeben haben«, sagte Ietaka. »Hier werden wir sicher sein.«

11

Ietaka ging täglich aus und berichtete Yoshi, daß man immer noch nach ihm suchte. Es waren Plakate aufgetaucht, auf denen für seine Gefangennahme zehn Goldstücke ausgesetzt waren. Für viele Menschen, die in ständiger Furcht vor der Palastwache lebten, war Yoshi zum Helden geworden. Ein einfacher Mann hatte es gewagt, einen berittenen Samurai zu töten!

Am vierten Tag kehrten Ietakas Freunde von ihrer Pilgerreise zurück. Als Ietaka ihnen erzählte, warum er und Yoshi in ihrem Haus Zuflucht gesucht hatten, brachen sie in Jubel aus, gratulierten Yoshi zu seiner mutigen Tat und bestanden darauf, sie mit einer Schale Sake zu feiern. Erst einige Stunden später begannen sie darüber nachzudenken, was ihnen passieren würde, wenn herauskam, daß sie den Flüchtigen Unterschlupf gewährten. Obwohl sie weiterhin freundlich waren bemerkte Yoshi ihre Nervosität; er spürte die Angst vor den Konsequenzen, die sie erleiden würden, wenn er in ihrem Haus gefunden wurde. Er beschloß, es noch am selben Abend zu verlassen.

Ietaka berichtete, daß die Suche fast eingestellt war. Yoshi würde nichts passieren, wenn er sich von Menschenansammlungen und den Gegenden, in denen die Wachen patrouillierten, fernhielt. Er würde sich als reisender Kaufmann verkleiden und die Nacht und den folgenden Tag in einem der großen Gasthöfe verbringen, bevor er am nächsten Abend die Stadt verließ.

Gegen Einbruch der Dunkelheit verabschiedete sich Yoshi. Ietakas gute Wünsche und das Versprechen, ihm weiterhin zu helfen, klangen ihm noch in den Ohren, als er in die Nacht hinausschlich. Er blieb in den Seitenstraßen und verbarg sein Gesicht im Schatten. Es gab keine Zwischenfälle — um diese Zeit waren nur wenige Menschen unterwegs. Binnen kurzem sah er vor sich das Licht des Gasthofes und eilte darauf zu.

Der große Gastraum wurde von Öllampen erleuchtet, die einen süßlichen Geruch verströmten. Der Besitzer sagte ihm, er habe noch ein Zimmer frei, und Yoshi könne es für zwei Goldstücke haben. Zimmer seien knapp. So viele Menschen seien in die Stadt gekommen. Er bedaure sehr.

Der Wirt klatschte in die Hände, und ein junges Mädchen betrat geräuschlos den Raum. Sie machte schnelle, kleine, graziöse Schritte und hielt den Kopf gesenkt. »Du wirst diesem Gast jeden Wunsch erfüllen«, sagte der Wirt mit einem kaum wahrnehmbaren Nicken. »Er hat für deine Dienste gut bezahlt.«

Das Mädchen verbeugte sich ohne aufzusehen. Der Wirt lächelte Yoshi an. »Sie wird Euch zu Diensten sein«, sagte er. »Wenn Ihr irgendwelche Beschwerden habt, dann zögert nicht, sie mir zu sagen.« Nach einem letzten durchdringenden Blick auf das Mädchen verschwand er.

»Ich bin sicher, daß ich keinen Grund zu Beschwerden haben werde«, sagte Yoshi. Er legte seine Hand unter ihr Kinn und hob ihren Kopf. Zischend zog er die Luft ein. Jetzt verstand er, warum sie ihren Kopf gesenkt gehalten hatte: Die eine Wange war von einem großen blauen Fleck verunstaltet, und ihr Auge war fast zugeschwollen.

»Oh, das tut mir leid«, sagte Yoshi. »Du bist verletzt.«

»Es gibt nichts, worüber ich mich beklagen könnte«, sagte das Mädchen mit leiser Stimme.

»Wie ist das passiert? Ein Unfall?«

»Nein. Das war einer unserer Gäste. Er hatte zuviel Sake getrunken. Er hat es nicht böse gemeint. Wir wollen lieber nicht mehr davon sprechen.«

Noch vor einer Woche hätte Yoshi keine Gedanken an die Probleme eines Mädchens, das in einem Gasthaus arbeitete, verschwendet. Aber durch seine Gespräche mit Ietaka hatte sich das geändert, und nun war er aufgebracht. Wie grausam waren die Reisenden, die diese jungen Mädchen so gedankenlos quälten! Er wollte ihr zeigen, daß er Mitleid mit ihr hatte und ihre Gefühle verstand. Yoshis freundlicher Ton und sein mitfühlendes Lächeln hatten jedoch die gegenteilige Wirkung. Das Mädchen wich zurück. Sein Interesse schien ihm unangenehm zu sein. »Bitte ... wir können hier nicht bleiben«, sagte es. »Der Wirt wird wütend werden, wenn ich Euch nicht unterhalte.«

Yoshi fühlte sich sofort zu dieser armen, mißhandelten jungen Frau hingezogen. Eine Haarlocke hatte sich gelöst und ließ sie sanft und verletzlich aussehen. Yoshi strich sie zurück. Als er seine Hand ausstreckte, trat einen Augenblick lang Angst in die Augen des Mädchens. »Bitte, hab keine Angst«, sagte er. »Ich werde dir nicht weh tun.«

Sie lächelte schwach, und die Spannung fiel von ihr ab.

»Folgt mir«, sagte sie.

Sie führte ihn in ein Zimmer, das an der Rückseite des Gasthofes lag, und bot ihm — in dieser Reihenfolge — ein

Bad, etwas zu essen und sich selbst an. In der vergangenen Woche hatte sich so viel ereignet, daß Yoshi an keine Frau außer Nami gedacht hatte — und die war für ihn unerreichbar. Nun, da er mit diesem attraktiven Mädchen allein war, überkam ihn Verlangen, und plötzlich waren seine Verfolger vergessen. Das Mädchen kicherte, als seine Erregung sichtbar wurde.

»Ich heiße Ono«, sagte sie. »Es ist mein einziger Wunsch, Euch zufriedenzustellen.« Sie führte ihn zu der dampfenden Badewanne. Yoshi hatte noch nie so große Brüste gesehen. Sie entsprachen zwar nicht dem Geschmack der Zeit, aber er fand sie sehr erregend, wie sie vor seinen Augen zwischen den Seifenblasen auftauchten und wieder verschwanden. Ono preßte sich von hinten an ihn. Sie massierte seine Schultern, seine Arme und seinen Rücken, sie streichelte ihn und murmelte Liebkosungen, während sie mit ihren kleinen Händen über seine eingeseifte Haut fuhr. Er packte sie an den Schultern und zog sie an sich, aber sie wich scheu zurück. »Können wir nicht warten, bis wir im Bett sind?« fragte sie.

Yoshi zitterte vor Verlangen. Sie streichelte ihn zärtlich, bis er fast schrie vor Erregung. Sie trocknete ihn ab und führte in wieder in sein Zimmer, wo sie das Bett aufschlug und sich mit gespreizten Beinen hinlegte.

Als er in sie eindrang, stöhnte sie: »Bitte sagt dem Wirt, daß Ihr mit mir zufrieden wart.«

Wenig später lag Yoshi völlig entspannt auf der dünnen Matratze und erzählte ihr seine Geschichte. Der Liebesakt hatte ihn sanft gestimmt, und er schilderte ihr seine Jugendfreundschaft mit Genkai und die schrecklichen Umstände, die zu seinem Tod geführt hatten. Während er sprach, betrachtete sie die halbverheilten Wunden, die Chikara ihm auf Schulter und Brust geschlagen hatte. Der arme Junge ..., wie mußte er unter Schmerzen leiden!

Ono strich ihm zärtlich und liebevoll über den Kopf. Sein Mund lag an ihren Brüsten, und sie konnte ihn kaum verstehen. Aber er war ein Mitmensch, und so hörte sie zu.

Wie sehr unterschied er sich von den gefühllosen Männern, die in dem Gasthof abstiegen und sie benutzten, als sei sie kein menschliches Wesen!

Ono war als Baby an den Wirt verkauft worden und hatte, so lange sie zurückdenken konnte, in dem Gasthof gearbeitet. An ihre Eltern konnte sie sich nicht erinnern — es waren wahrscheinlich arme Leute gewesen, die ihr Kind hatten verkaufen müssen, um überleben zu können. Alles, was sie kannte, waren Brutalität und Erniedrigung.

Sie spürte in sich nie gekannte Gefühle und versuchte, sich auf Yoshis Worte zu konzentrieren. Ja, ja, er würde nach Okitsu heimkehren. Sie lauschte auf seine kultivierte Sprechweise, die sich so sehr von den rauhen Stimmen unterschied, die sie gewöhnt war. Er war ein Edelmann, ein Höfling, und jemanden wie ihn hatte sie noch nie zuvor kennengelernt.

Sie streckte sich und schnurrte wie eine Katze. Dann begann sie ihn liebevoll zu streicheln. Bald bekam seine Stimme einen zärtlichen Klang, und er wandte sich ihr wieder zu. Diesmal drang er zärtlich in sie ein, war langsam und behutsam. Als sie vor Lust leise aufschrie, bäumte auch er sich auf. Im selben Augenblick erreichten beide den Höhepunkt.

Bis zum nächsten Nachmittag blieb Yoshi in seinem Zimmer. Ihre Pflichten ließen Ono nur wenig Zeit. Nur einmal, um fünf Uhr nachmittags, zur Stunde des Affen, hatte sie Gelegenheit, ihn in seinem Zimmer aufzusuchen.

Eine Stunde später saß Yoshi mit einer Gruppe von Pilgern, die auf dem Weg zu dem berühmten Schrein in Ise waren, beim Essen. Die Pilger unterhielten sich über die Ereignisse der vergangenen Woche. Sie waren aus dem Süden und stellten einen repräsentativen Querschnitt durch die Bevölkerung dar: Sie waren Bauern, Kaufleute und Bedienstete. Jede Gruppe hatte ihre eigene Meinung und ihre eigenen Interessen. Die Bauern hielten die Forderungen der Aufrührer für berechtigt: die Kaufleute und die Bediensteten dagegen waren der Meinung, daß diese Forderungen nicht nur unberechtigt waren, sondern daß jeder, der sich der kaiserlichen Palastwache widersetzte, hingerichtet werden sollte.

Ein Mann, der nicht zur Pilgergruppe gehörte, trat für die Samurai, die Vertreter der Obrigkeit ein. Er erzählte den anderen von dem jungen Mann, der bei dem Aufruhr vor einigen Tagen einen Soldaten der Palastwache getötet hatte.

»Er hat einen der Samurai des Kaisers angegriffen und getötet, und dann ist er davongelaufen und hat sich versteckt. Die ganze Stadt sucht nach ihm. Viele unschuldige Menschen haben auf der Straße sterben müsen, weil dieser Mann die Obrigkeit herausgefordert hat. Und nun sagt: Hat er recht gehandelt?« Er blickte herausfordernd in die Runde.

Yoshi setzte seine Reisschale ab. »Vielleicht hat die Palastwache nicht recht daran getan, die Menge auseinanderzutreiben«, sagte er. »Und vielleicht hat dieser Mann nur in Notwehr gehandelt oder versucht, einen Freund zu schützen.«

Einer der Pilger ergriff das Wort. »Die Wachen greifen nur auf Befehl ein, und sie führen den Willen des Kaisers und Taira Kiyomoris, des Großkanzlers, aus«, sagte er. »Sie können nichts Unrechtes tun. Wenn die Menschen anfangen, Widerstand zu leisten, ist es mit Recht und Ordnung bald vorbei. Dann wird unser Volk untergehen.«

Ein anderer sagte seine Meinung, und bald war an dem Tisch eine lebhafte Diskussion im Gange. Die meisten Pilger waren entsetzt darüber, daß jemand es gewagt hatte, sich gegen den Kaiser und die Taira-Herrscher aufzulehnen. Bald war Yoshi der einzige, der die Tat des unbekannten Aufrührers verteidigte.

Während sie redeten schlich der Mann, der die Unterhaltung angefangen hatte, unauffällig hinaus. Er verließ den Gasthof und eilte zum kaiserlichen Palast.

Yoshi war so in die Diskussion vertieft, daß er das Verschwinden des Mannes nicht bemerkte. Er sagte gerade etwas, als Ono eintrat und ihn am Ärmel zog. Er runzelte die Stirn, zog seinen Arm weg und fuhr fort, ein Argument vorzubringen, das ihm besonders gut erschien. Schließlich konnte er sie nicht länger ignorieren. »Was gibt es?« fragte er ungeduldig.

»Der Mann, der gerade gegangen ist«, flüsterte sie, »ist ein Spitzel des Justizministeriums.«

12

Bevor Yoshi ging, nahm er Onos Hand und wünschte ihr alles Gute. »Bitte beeilt Euch«, sagte sie nervös. »Ihr dürft keine unnütze Zeit verlieren.«

»Paß gut auf dich auf, Ono«, sagte Yoshi und strich zärtlich über ihre geschundene Wange. »Eines Tages werde ich zurückkehren und dich für deine Hilfe belohnen.«

Sie nickte traurig und kämpfte mit den Tränen, als sie ihn über die Felder davoneilen sah. Wenn der Spitzel verraten hatte, daß er in der Stadt war, würde er sich dort nicht mehr verstecken können. Und wenn die kaiserlichen Truppen ihn fanden? Ihr schauderte bei dem Gedanken, daß Yoshis Kopf dann auf einer Stange durch die Straßen getragen werden würde.

Yoshi mußte schnell aus Kioto verschwinden. Er hatte Ono gesagt, er werde nach Okitsu gehen, aber andererseits würde er, wenn er sich dort versteckte, Fürst Fumio in Gefahr bringen. Wohin sollte er sich wenden? Die Panik des Flüchtlings überkam ihn. In seiner Verzweiflung beschloß er, zum Haus von Ietakas Freunden zurückzukehren. Dort würde er sich Kleider und Gold leihen, bevor er sich auf den Weg nach Norden machte. Vielleicht würde er Ietaka sogar überreden können, ihn zu begleiten.

Am westlichen Horizont versank die Sonne, als er den Gasthof verließ. Als er eine kleine Baumgruppe durchquerte, hörte er hinter sich lautes Rufen. Rund um das Haus leuchteten zahlreiche Fackeln. Mindestens hundert Samurai hatten den Gasthof umzingelt. Yoshi fuhr es kalt in den Magen, und auf seiner Stirn bildeten sich Schweißperlen. Er war gerade noch rechtzeitig entkommen.

Er beschleunigte seine Schritte, schlich durch enge Gassen, suchte den Schutz von Bäumen und vermied offene Felder, bis er die bewaldeten Hügel nördlich von Kioto erreicht hatte. Eine Stunde später hatte er eine kleine Höhle im dichtesten Teil des Waldes gefunden. Er tarnte ihren Eingang mit Steinen und Blättern, schlüpfte hinein und verschloß das Loch mit einem Zweig. Er zitterte vor Angst und Müdigkeit. Er war den kaiserlichen Truppen entkommen, aber die Gefahr war noch nicht vorüber. Die Wälder waren bei Nacht gefährlich; umherschweifende Banditen lebten dort, und unvorsichtige Reisende, die ihnen in die Hände fielen, fanden oft den Tod.

Nichts in seinem Leben hatte ihn auf eine Situation wie diese vorbereitet. Als er versuchte einzuschlafen, fiel ihm jene schreckliche Geschichte wieder ein, die er als Kind gehört hatte ...

Ein junger Mann hatte sich vom Bauernhof seines verwitweten Vaters aufgemacht, um sein Glück in der Stadt zu suchen. Er war der einzige Sohn, und so war der Abschied besonders schmerzlich. Freude mischte sich mit Kummer — Freude darüber, daß Toyo jetzt erwachsen war und ein eigenes Leben begann, und Kummer, weil er seinen geliebten Vater verlassen mußte.

Als er aufbrach, war Toyo jung, und sein Gesicht war weich und noch nicht vom Leben gezeichnet. Trotz seiner Jugend war ein Zimmermann von seinem Eifer und seinem Ehrgeiz beeindruckt und gab ihm Arbeit. Toyo war ein guter Arbeiter, und mit der Zeit veränderte sich sein Aussehen: Er wurde breiter und muskulöser.

Nach fünf Jahren harter Arbeit trat eine Wende in Toyos Leben ein. Er wollte bald heiraten, und sein Vater sollte sehen, wie glücklich und erfolgreich er war. Er beschloß, seinen Vater zu besuchen und ihn zur Hochzeit einzuladen.

Seine Verlobte sah die Vorbereitungen zu seiner Abreise mit gemischten Gefühlen. Ginyo, die Tochter von Toyos Meister, war ein sensibles Mädchen. Sie beschwor ihn, sich vor Gefahren in acht zu nehmen — besonders vor Räubern, die an den Hauptstraßen nichtsahnenden Reisenden auflauerten. »Ich liebe dich«, sagte sie zu Toyo, »und wenn dir irgend etwas passieren sollte, würde ich nicht mehr leben wollen.«

»Hab keine Angst«, beruhigte Toyo sie. »Ich kenne den Wald zwischen hier und dem Hof meines Vaters. Es wird mir nichts passieren.«

Obwohl er nur einige Tage lang wegbleiben wollte, bestanden Toyos Freunde und Mitarbeiter darauf, ein Abschiedsfest zu feiern. Man traf sich in seinem Haus, und es wurde ein Trinkspruch nach dem anderen ausgebracht, so daß er seine Reise nicht so früh wie geplant antreten konnte.

»Auf den besten Freund, den ich je hatte«, sagte einer.

»Auf Toyo, der ein wirklicher Ehrenmann ist«, sagte ein anderer.

»Auf meinen zukünftigen Schwiegersohn«, sagte sein Meister.

Da er selbst viele Freunde und seine Verlobte viele Verwandte hatte, zog sich sein Abschied bis zum späten Nachmittag hin.

Einmal unterwegs, kam Toyo rasch voran; er vermied die Landstraßen und hatte, obwohl der Wald dicht war, bis zum Einbruch der Nacht eine so weite Strecke zurückgelegt, daß er die durch die Abschiedsfeier verlorene Zeit fast wieder wettgemacht hatte. Ursprünglich hatte er damit gerechnet, zwei Tage unterwegs zu sein, aber als die Sonne am zweiten Tag unterging wußte er, daß er sein Ziel nicht vor Einbruch der Dunkelheit erreichen würde. Müde und hungrig kam er in eine kleine Stadt nicht weit vom Haus seines Vaters.

»Ich werde meine Tante Obaasen besuchen«, sagte er sich. »Es ist nicht mehr weit bis zum Haus meines Vaters, und da ich mich in diesem Wald gut auskenne, kann ich mich bei ihr etwas ausruhen und dann im Dunkeln weitergehen.«

Obaasen freute sich sehr, ihn zu sehen. Toyo hatte sich so verändert, daß sie ihn nicht erkannte, als er vor ihrer Tür stand. Als Toyo ihr sagte, wer er war, begrüßte sie ihn herzlich. Obaasen war eine warmherzige Frau, die gern und viel redete. Sie bat Toyo, sich zu setzen, rannte aufgeregt hin und her und bestand darauf, er dürfe erst weitergehen, wenn er etwas Ordentliches gegessen habe. Toyo ließ sich nicht lange bitten; er hatte während seiner Reise nur wenig Nahrung zu sich genommen.

Während Toyo das Essen in sich hineinschlang, redete Obaasen in einem fort. Sie erzählte ihm von den Schwierigkeiten, die sein Vater in seiner Abwesenheit gehabt hatte. »Die Trockenzeit hat seine ganze Ernte verdorren lassen. Sein Pferd und seine Kuh sind an einer Krankheit gestorben. Das letzte Jahr war schrecklich für ihn. Der arme Mann — ich verstehe nicht, wo er das Geld hernimmt, um sich am Leben zu erhalten. Seine alten Freunde würden ihm helfen, aber das will er nicht. Er lebt ganz zurückgezogen auf seinem Hof. Dein Besuch wird ihn sicher aufrichten. Deine Heimkehr ist ein Zeichen, daß die schlimmen Zeiten vorbei sind und daß das Glück ihm wieder lächelt.«

Obaasen räumte den niedrigen Tisch ab und fuhr fort: »Ich wollte, ich könnte sein Gesicht sehen, wenn du morgen vor ihm stehst. Du bleibst natürlich über Nacht. Es ist gefährlich geworden, bei Nacht in den Wald zu gehen. In dieser Gegend ist ein Räuber, der schon viele Reisende überfallen hat.«

»Nein«, sagte Toyo, »ich bin ja schon fast zu Hause. Ich will noch heute nacht meinen Vater sehen. Ich fühle, daß er mich braucht.«

Trotz Obaasens Warnungen setzte Toyo seinen Weg in der Dunkelheit fort.

Am nächsten Morgen besuchte Obaasen, die vor Sorge kein Auge zugetan hatte, ihren Bruder. Sie war sicher, daß sie freudig begrüßt werden würde, denn schließlich war

Toyo heimgekehrt. Daher überraschte es sie, den Vater allein anzutreffen.

»Wo ist Toyo?« fragte sie. »Ich habe erwartet, daß er hier sein würde, um mich zu begrüßen. Ist es nicht schön, daß er zu einem so kräftigen jungen Mann herangewachsen ist?«

Der Vater schwieg. Er sah sie verständnislos an, als sie von Toyo und seiner bevorstehenden Hochzeit erzählte. Mit einem verwunderten Gesichtsausdruck bat er sie schließlich ins Haus, wo die Tasche und der Umhang des Jungen an einem Nagel hingen. »Wie schön, daß dein Sohn gut angekommen ist«, sagte sie. Ihr Bruder sah sie ausdruckslos an ... dann verstand er. Tränen traten ihm in die Augen, und er rief: »Ich habe einen Fehler gemacht, einen schrecklichen Fehler! Möge Amida mir verzeihen!« Damit stürzte der arme Bauer, der sich als Räuber durchgeschlagen hatte, aus dem Haus.

Die Dorfbewohner fanden seinen Leichnam in einer riesigen Blutlache an der Stelle, wo er seinen Sohn verscharrt hatte. *Seppuku*. Er hatte sich den Bauch aufgeschlitzt.

Yoshi war, in seinen Mantel gewickelt, eingeschlafen. Alpträume suchten ihn heim. Als er erwachte, waren seine Wunden geschwollen. Sein Kopf fühlte sich heiß an, und sein Mund war ausgetrocknet. Die Anstrengungen der letzten Tage forderten ihren Tribut. Unter Schmerzen wusch er sich in einem Bach und zog sich dann frische Kleider an.

Seine panische Flucht hatte nur eine Stunde gedauert; für den Rückweg von seinem Versteck in die Stadt brauchte er einen halben Tag. Er mußte sich von anderen Reisenden fernhalten, denn jeder von ihnen konnte ein Spitzel sein. Die ständige Wachsamkeit und die Notwendigkeit, sich immer wieder zu verstecken, schwächten ihn weiter, so daß er oft ausruhen mußte. Er erreichte das Haus von Ietakas Freunden erst nach Mittag. Mit letzter Kraft klopfte er an die Tür.

»Ietaka!« rief der Freund, der den bleichen, abgezehrten

jungen Mann auf der Schwelle fand. »Schnell! Yoshi braucht Hilfe.« Ietaka kam herbeigerannt. »Komm ins Haus, schnell«, sagte er hastig. »In der Stadt wimmelt es von Spitzeln, die nach dir suchen.« Er zog Yoshi hinein und schloß die Tür.

»Du siehst nicht gut aus«, sagte er.

»Ich bin nur etwas geschwächt durch den Hunger«, antwortete Yoshi. »Seit ich gestern abend aus dem Gasthof geflohen bin, habe ich nichts mehr gegessen.«

»Gut ... wir werden dir etwas zu essen machen, und inzwischen werde ich mir deine Wunden ansehen.«

Als Yoshi sein Gewand abgelegt hatte, betrachtete Ietaka mit ernstem Gesicht seinen mageren Körper und die durchscheinende Haut, die die stark geröteten Wundränder umgab. »Wie ich es mir gedacht habe«, sagte er schroff, um sich seine Sorgen nicht anmerken zu lassen. »Deine Wunden haben sich entzündet. Ich werde sie waschen und neu verbinden.«

Yoshi ließ Ietakas Behandlung teilnahmslos über sich ergehen. Beim Essen zeigte Yoshi, obwohl er gesagt hatte, er habe großen Hunger, kaum Appetit. Als er seine halb leergegessene Reisschale von sich schob, sagte Ietaka: »Das ganze Viertel spricht von der Durchsuchung des Gasthofs durch die Palastwache. Als ich hörte, daß die Samurai unzufrieden sind, wußte ich, daß es dir gelungen ist zu entkommen.«

Ietaka hielt inne. Er spielte mit seiner Reisschale. Als er weitersprach fiel es ihm schwer, seinen Vetter anzusehen. »Ich habe schlechte Nachrichten für dich, Yoshi«, sagte er schließlich.

»Worum geht es?«

»Das Mädchen, Ono.« Ietaka rutschte unbehaglich hin und her. »Die Samurai haben sie gefoltert, um zu erfahren, wohin du geflohen bist. Ich weiß nicht, wieviel sie ihnen verraten hat, bevor sie starb.«

»Ono ... tot?« Yoshi sank in sich zusammen, als habe ihm jemand einen Schlag versetzt.

»Ja. Und man hat die Suche nach dir wieder aufgenommen. Die Belohnung ist erhöht worden. Der Justizminister hat gesagt, daß er keine Ruhe geben wird, bevor du nicht gefunden bist.«

»Sollen sie mich doch finden«, sagte Yoshi verzweifelt. »Wohin ich auch gehe, bringe ich nur Schmerz und Tod. Das arme Mädchen! Gefoltert und getötet, nur weil sie mir geholfen hat.« Mühsam hob Yoshi den Kopf und sah Ietaka an. »Ich hätte nicht hierher kommen sollen. Ich bringe nur dich und deine Freunde in Gefahr«, sagte er niedergeschlagen.

»Du hattest keine andere Wahl! Ohne meine Hilfe wirst du den Taira nicht entkommen, und deine Wunden haben dich geschwächt. Morgen werden wir gemeinsam aufbrechen. Wir werden nach Okitsu gehen und Onkel Fumio um Hilfe bitten. Und dort werden wir ausruhen, bis du wieder gesund bist. Danach gehen wir in den Norden, wo wir vor den Taira sicher sind. Ich wollte immer schon Kioto verlassen und zu Yoritomo Minamoto gehen. Das ist jetzt die Gelegenheit, dir zu helfen und meinen Plan zu verwirklichen.« Ietaka versuchte, seiner Stimme einen zuversichtlichen Klang zu geben, aber innerlich quälten ihn Zweifel. Yoshi sah nicht gut aus. Er hatte Fieber, und seine Bewegungen waren langsam. Sein Gesicht war bleich — nur auf seinen Wangen standen rote Flecke. Nun ... einige Stunden tiefer Schlaf würden vielleicht Wunder wirken ...

Am nächsten Morgen hatte sich Yoshis Zustand verschlechtert. Die Wunden hatten sich weiter entzündet. Vor dem Frühstück wechselte Ietaka noch einmal die Verbände. Yoshi hatte keinen Appetit, und Ietaka mußte ihn nötigen, etwas zu essen — es war ein weiter Weg nach Okitsu. Danach führte Ietaka Yoshi zur Tokaido-Straße, wo sie sich im Graben versteckten und auf eine der häufigen Pilgergruppen, die zum großen Schrein in Ise zogen, warteten. Es war kaum eine Stunde vergangen, als eine solche

Gruppe vorbeikam, und Ietaka und Yoshi schlossen sich ihr eilig an. Für eine kleine Münze kauften sie von einem der Männer Umhänge und Strohhüte. Wenn sie sich nicht von den Pilgern unterschieden, würden sie unentdeckt bleiben.

Immer wieder kontrollierten Samurei die Reisenden. Junge Männer wurden festgehalten und ausgefragt. Yoshi war sicher, daß die Suche ihm galt. Ängstlich verbarg er sein Gesicht unter der breiten Krempe des Pilgerhutes. Er hatte sein langes Haar aufgesteckt und dadurch sein Aussehen so verändert, daß ihn niemand aufhielt. Nach drei Tagen verließen sie die Pilgergruppe und mieteten einen Ochsenkarren, der sie nach Okitsu bringen sollte. Auf den letzten zwanzig Meilen hatten sie keine Samurai mehr gesehen. Sie fühlten sich in Sicherheit.

Kurz hinter Hamamatsu hörten sie hinter sich die Glokke eines kaiserlichen Kuriers. Der Ochsenkarren fuhr an den Straßenrand. Mit verzerrtem Gesicht, ohne rechts und links zu sehen, rannte der Kurier an ihnen vorbei. Er hatte seinen Kimono hochgebunden; der Schweiß lief an seinen Beinen herab und hinterließ dunkle Flecken, wo die Strohsandalen des Läufers die Straße berührt hatten. Die versiegelte Botschaft baumelte von einer langen Stange, die er über seine Schulter trug.

Yoshi sah ihm nach. Er ahnte, daß die Botschaft ihn betraf, und sein Mund wurde trocken. Ietaka las seine Gedanken. Er lehnte sich hinaus und zeigte dem Fahrer eine Goldmünze. »Beeil dich — es sind noch mehr als fünfzig Meilen, und der Kurier darf nicht zu viel Vorsprung bekommen.«

Zwei Tage später stiegen sie an dem Weg aus, der zur Burg Okitsu führte. Am Seiken-ji Tempel sprachen sie ein kurzes Gebet für Genkais Seele. Eine böse Vorahnung beschlich Yoshi. »Spürst du es auch?« fragte er Ietaka, der niedergeschlagen nickte.

Sie hatten zu lange gebraucht. Ohne zu wissen warum hatte Yoshi das Gefühl, zu spät gekommen zu sein. Selbst der Anblick der bestellten Felder, den er so liebte, war ihm kein Trost. Es lag etwas Schlimmes in der Luft.

Dunkle Wolken schoben sich vor die Sonne, und ein Frühlingsgewitter entlud sich, als sie den Tempel verließen.

Kurz vor dem Tor zur Burg hörten sie aus dem Schatten unter einigen Bäumen eine Stimme rufen: »Yoshi, Ietaka ... hierher!«

Die beiden fuhren zusammen. Halb hinter einem Baum verborgen winkte ihnen Fürst Fumio. »Herunter von der Straße! Flieht durch den Wald!« rief er. »Geht nicht zur Burg!«

»Warum?« fragte Ietaka. Bevor Fumio antworten konnte, fügte er hinzu: »Wir sind gekommen, weil Yoshi sich ausruhen muß. Seine Wunden bereiten ihm Schmerzen. Du mußt uns helfen. Du kannst uns nicht abweisen.«

»Es tut mir leid, Yoshi. Ich sehe, daß du verletzt bist, und ich wollte, ich könnte dir helfen, aber es sind Soldaten da, die dich gefangennehmen wollen. Ich habe ihnen befohlen, in der Burg zu bleiben, damit du Zeit hast zu fliehen. Ihr dürft der Burg nicht zu nahe kommen.«

»Woher haben sie gewußt, daß ich hierher kommen würde?« fragte Yoshi mit tonloser Stimme. Er ahnte bereits, wie die Antwort lauten würde.

»Gestern traf ein Kurier ein, der Chikara einen Brief des Justizministers überbrachte.«

»Was stand in dem Brief? Wie konnte der Minister so sicher sein, daß ich nach Okitsu gehen würde?«

»Chikara zeigte ihn mir. Ein Mädchen in einem Gasthof, das dich kannte ...«

»Also hat sie es ihnen gesagt.« Yoshi seufzte. »Das arme Mädchen ... es hat umsonst gelitten.« Yoshi schüttelte den Kopf, um Onos Bild aus seinen Gedanken zu vertreiben. Er schwieg und hörte kaum zu, als Fumio sagte: »Sie haben eine Belohnung auf Informationen ausgesetzt, und jeden, der dir hilft, soll die Todesstrafe treffen. Aber hab keine Angst — dein Leben ist nicht in Gefahr. Chikara und Nami sind verheiratet. Gegen ein Mitglied der Familie seiner Frau wird er nichts unternehmen. Es steht in seiner Macht, seine Truppen zurückzuhalten. Wenn man dich fangen sollte, werde ich mich für dich einsetzen. Auf mich wird Chikara hören.«

Yoshis Gedanken wirbelten fiebrig durcheinander. Die Vorstellung, daß Ono unter der Folter gestorben war, die Nachricht, daß Nami und Chikara offiziell vermählt waren, der Anblick von Fumio, der sich auf seinem eigenen Land vor den Samurai verstecken mußte — das alles war mehr, als er ertragen konnte.

»Nein!« rief er. »Du sollst dich nicht für mich erniedrigen. Chikara ist ein Mörder. Wenn sich die Gelegenheit bietet, wird er mich ebenso umbringen wie er Genkai umgebracht hat, und Familienbande werden ihn nicht daran hindern.« Yoshi sprach immer lauter. Ietaka faßte ihn am Ärmel und wollte ihn beruhigen, aber Yoshi riß sich los und rief: »Ich habe ihm Rache geschworen, und ich werde nicht ruhen, bis ich diesen Schwur erfüllt habe. Ich will Chikaras Gnade nicht! Ich will sein Leben! Geh zurück, und sag meiner Mutter und Nami, daß es mir gutgeht. Mein einziger Besitz sind diese paar Kleidungsstücke und einige Goldmünzen in meinem *obi*. Ich werde lernen, mit Angst und Entbehrungen zu leben, und ich werde zurückkehren, um mit Chikara abzurechnen.« Yoshis Stimme war so laut, daß er das Rascheln im Wald hinter Fumio nicht hörte.

»Was war das?« Ietaka fuhr hoch.

»Pferde! Soldaten!« rief Fumio. »Man muß uns gehört haben.«

»Wir müssen fort. Schnell!« keuchte Ietaka und zog Yoshi am Arm.

»Denk daran ... eines Tages werde ich zurückkehren!« rief Yoshi. Dann drehte er sich um und folgte Ietaka in das dichte Unterholz.

Das Gewitter nahm an Heftigkeit zu, und zwischen den Blitzen wurde es unter den Bäumen immer dunkler. Die

Luft war feucht, bald würde es regnen. Die beiden Vettern bahnten sich einen Weg durch das Dickicht zum Okitsu-Fluß. Jeder Schritt war eine Qual. Wenn sie es nicht schafften, den Fluß zu überqueren, bevor es anfing zu regnen, saßen sie in der Falle.

Yoshi fieberte. Seine Beine waren schwach, und seine Haut war von den Dornen der Zweige an vielen Stellen zerschunden. Auf dem unebenen Boden lösten sich seine Strohsandalen auf. Von der Straße, die vom Berg ins Tal hinab führte, hörte er das Klirren von Waffen und Rüstungen.

Als die ersten Regentropfen fielen, waren sie noch eine Meile von der Furt entfernt. Ietaka beschleunigte seine Schritte, und Yoshi taumelte hinter ihm her. Der Regen wurde stärker. Endlich tauchte der Fluß vor ihnen auf. Der Regen hatte ihn bereits anschwellen lassen.

Die Träger an der Furt wollten gerade heimgehen. Schlammbespritzt, mit blutigen Füßen stolperten Yoshi und Ietaka auf sie zu.

»Bringt uns auf die andere Seite«, keuchte Ietaka.

»Zu spät. Zu gefährlich. Erst wenn der Regen aufgehört hat.«

»Wenn wir uns beeilen, schaffen wir es noch«, drängte Ietaka.

»Nein, zu spät.«

Yoshi holte seine letzten Goldmünzen hervor. »Dies gehört euch, wenn ihr uns hinüber bringt.«

Die Träger sahen sich an. Einer zog die Augenbrauen hoch und nahm das Geld. »Das ist mehr, als wir in einem Monat verdienen. Wir werden es versuchen.«

Yoshi und Ietaka setzten sich auf die rohe Plattform und hielten sich an einem Riemen fest, um nicht das Gleichgewicht zu verlieren, als die Träger die Plattform aufhoben und in den reißenden Fluß stiegen. Vorsichtig tasteten sie sich Schritt für Schritt vor. Der Sturm nahm an Gewalt zu, und das Wasser stieg weiter.

Als sie nur noch einige Meter vom anderen Ufer entfernt

waren, rutschte einer der Träger aus und wurde davongespült. Er schrie und kämpfte gegen den Druck des Wassers an. Die Plattform neigte sich, richtete sich wieder auf und neigte sich langsam aufs neue. Yoshi fiel hinunter und verschwand in der Dunkelheit. Ietaka riß fast den Halteriemen ab, als er versuchte, Yoshis Umhang zu packen.

Zu spät! Yoshi war verschwunden. Ietaka hörte nur noch einen leise verklingenden Schrei. »Ietaka!« Dann übertönte das Rauschen des Wassers alle anderen Geräusche.

Die drei übriggebliebenen Träger richteten die Plattform wieder auf und stolperten die restlichen Meter ans Ufer.

Als er wieder festen Boden unter den Füßen hatte, vernahm Ietaka über dem Brausen des Sturmes leise Rufe. Auf dem anderen Ufer sah er einen Trupp berittener Samurai, die im strömenden Regen standen und fluchend ihre Schwerter schwenkten.

TEIL ZWEI

13

Hanzo der Schmied war ein Hüne. Er wog fast drei Zentner — die Arbeit am Blasebalg hatte ihm gewaltige Muskeln verliehen. Seine Oberarme waren so dick wie die Oberschenkel der meisten anderen Männer, und obwohl sein dicker Bauch ihn schwerfällig erscheinen ließ, waren seine Bewegungen so behende wie die eines Bären. Seine breiten Schultern gingen in einen kräftigen Nacken über, und sein Schädel war kahlrasiert. Seine buschigen schwarzen Augenbrauen stießen über der Nase, die ihm im Lauf der Jahre wohl ein dutzendmal gebrochen worden war, fast zusammen. Hanzos Stimme entsprach seiner sonstigen Erscheinung: Wenn er etwas sagte, klang es mehr wie ein Brüllen.

In seiner Jugend war er ein Sumo-Ringer gewesen. Er hatte diese Laufbahn aufgegeben, weil ihm die nötige Kampfeslust fehlte und weil er deswegen ständig von Männern besiegt wurde, die nur halb so groß waren wie er. Danach war er Samurai in den Diensten eines Fürsten im Norden gewesen. Das hatte katastrophal geendet, als sein Herr von Feinden gefangengenommen worden war und seine fünfhundert Gefolgsmänner gemeinsam zur Burg des Feindes marschierten. Nur Hanzo hatte die gelobte Treue verweigert und war zurückgeblieben. Alle fünfhundert Samurai waren gestorben — die meisten von der Hand der Feinde; der Rest beging *seppuku*, als ihr Herr getötet und die Sache verloren war.

Voller Scham über seine Feigheit war Hanzo geflohen. Nachdem er ein Jahr lang als *ronin* — als arbeitsloser Samurai — umhergezogen war, fand er eine Anstellung in einer Schmiede, wo seine enorme Statur und Kraft ihn seinem Meister unentbehrlich machten.

Eine Zeitlang schienen die Götter ihm gewogen. Er hatte eine Zuflucht gefunden, und seine Schande war vergessen. Er liebte die Arbeit und lernte die Kunst des Schwertschmiedens. Der Meister war glücklich verheiratet. Er hatte drei Töchter, die ihrer Mutter im Haus halfen. Sein Leben wäre erfüllt gewesen, wenn nicht eines gefehlt hätte: ein Sohn. Bald nahm Hanzo diese Stelle ein. Er gehörte praktisch zur Familie, und im Lauf der Zeit verliebte er sich in Kimi, die älteste und schönste der drei Töchter seines Meisters.

Der Schmied war überglücklich, als Hanzo ihn um die Hand seiner Tochter bat, und nach einem dreitägigen Fest wurden die beiden verheiratet. Bald darauf war Kimi schwanger. Wieder gab es eine Feier, und der Schmied versprach, Hanzo zu seinem Erben zu machen. Hanzo und Kimi planten ihre Zukunft und die ihres Sohnes.

Dies war die glücklichste Zeit in Hanzos Leben gewesen. Seine Vergangenheit war vergessen, und jeden Tag erfüllte ihn seine Arbeit mit Freude.

Aber die Götter waren launisch und verlangten ein Opfer für Hanzos heimliche Schande. Innerhalb eines Tages verwandelte sich sein Glück in Unglück: Seine Frau und sein Kind starben während der Geburt und ließen ihn allein zurück.

Voller Kummer verließ er seinen Meister und baute sich in einem abgelegenen Tal bei Yoshiwara eine eigene Schmiede. Dort betete und arbeitete er jeden Tag vom Morgengrauen bis tief in die Nacht hinein, vom ersten Bellen des Fuchses bis zum ersten Schrei der Eule.

Infolge der zunehmenden Spannungen zwischen Taira und Minamoto bestand an Aufträgen kein Mangel. Obwohl seine Geschäfte gut gingen, war Hanzo ein trauriger, unglücklicher Mann, der die Vergangenheit nicht vergessen konnte. Er versuchte, die Gedanken an sie zu vertreiben, indem er bis zur Erschöpfung arbeitete. Funken stoben von seinem Amboß auf, und von morgens bis abends hallten die umliegenden Berge vom Klingen der Hammerschläge wider.

Er brauchte dringend einen Gehilfen, aber keiner der Burschen, die bei ihm nach Arbeit fragten, gefielen ihm. Er betete zu Buddha und zu den Shinto-Göttern, bis seine Gebete eines Tages, im Frühling des Jahres 1168, erhört wurden.

Es war einer der schlimmsten Stürme des Jahres gewesen. Er war früher als sonst gekommen, denn gewöhnlich gingen so heftige Regenfälle erst im Sommer auf das Land nieder. Das Wasser floß in Strömen vom strohgedeckten Dach der Werkstatt ab, in der Hanzo auf dem gestampften Lehmboden kauerte. Plötzlich hatte er eine Vision seiner toten Frau und seines Kindes: Sie riefen ihn in den Wald. Trotz des Wolkenbruchs eilte er zum Schrein von Amaterasu, der Sonnengöttin — Hanzos Werkstatt war umgeben von Schreinen für die verschiedenen Gottheiten. Dort ließ er sich auf die Knie sinken und betete; er flehte um Mut zum Sterben und um Vergebung für seine Schwäche und für seine Sünden.

Das Trommeln des Regens auf dem Dach des Schreines übertönte fast das Stöhnen, das aus dem Unterholz kam. Hanzo erschrak fast zu Tode. Im Wald waren Geister! Er neigte den Kopf und erwartete ergeben sein Schicksal.

Nichts geschah. Es regnete weiter. Das Stöhnen hatte aufgehört. Hanzos Herzschlag beruhigte sich langsam; er atmete tief durch.

Kein Laut kam aus dem Wald.

Er erhob sich, um die Umgebung des Schreins abzusuchen. Das Wasser rann über seinen kahlen Schädel und seinen aus Stroh geflochtenen Umhang. Der Regen machte es ihm schwer, etwas zu erkennen.

Aber da, da war etwas. Der Geist! Eine undeutliche Gestalt, in Lumpen gekleidet, verharrte bewegungslos hinter einem Baum. Hanzo blieb stehen, und langsam verwandelte sich die Gestalt in einen schlammverschmierten, halb verhungerten Jungen, der etwa in dem Alter war, in dem sein eigener Sohn jetzt gewesen wäre.

Der Junge machte zwei unsichere Schritte auf ihn zu und

fiel der Länge nach zu Boden. Hanzo eilte zu ihm, drehte ihn auf den Rücken und wischte den Schmutz von seinen Wangen. Der junge Mann hatte ein hübsches Gesicht: eine kleine Nase, helle Haut und lange, fast mädchenhafte Wimpern. Er erinnerte Hanzo an seine geliebte Kimi. Hanzo stellte sich vor, daß sein eigener Sohn, wäre er nicht gestorben, so ausgesehen hätte. »Wer bist du?« fragte er verwundert.

Er bekam keine Antwort. Der Junge hatte das Bewußtsein verloren. Hanzo hob ihn auf und stapfte durch den Regen zu seiner Werkstatt.

Die Götter hatten seine Gebete erhört.

Hanzo wusch den Jungen und verband seine beiden entzündeten Schwertwunden. Dann rasierte er ihm die verfilzten Haare ab und wickelte ihn in eine weiche Decke. Er war erbärmlich mager, aber Hanzo wußte, daß Zeit und harte Arbeit ihn stark machen würden.

Zwei Wochen lang lag der Junge im Fieber. Seine Haut spannte sich über den Backenknochen, und auf seinem Gesicht lag eine ungesunde Röte. Ein bellender Husten und die Schreie, die er in seinem unruhigen Schlaf ausstieß, waren das einzige Lebenszeichen, das er von sich gab. Die meisten Menschen, die das Hustenfieber hatten, starben bald, und als das Fieber nachließ, erblickte Hanzo darin ein weiteres Zeichen der Götter.

Langsam kam der Junge wieder zu Kräften. Über seine Vergangenheit sagte er nie ein Wort, aber Hanzo konnte sehen, daß er aus einer hochgestellten Familie kam: Seine zarte Gestalt, das Fehlen von Muskeln und Schwielen und seine kultivierte Sprache unterschieden ihn von den Bauern und Soldaten, mit denen Hanzo gewöhnlich zu tun hatte. Wenn er es vorzieht zu schweigen, dachte Hanzo, werde ich nicht in ihn dringen. Meine Gebete sind erhört worden, und ich werde ihn, ohne Fragen zu stellen, aufnehmen.

Dieser Junge, der sich Yoshi nannte, würde den Platz des Sohnes einnehmen, den er vor fast zwanzig Jahren verloren hatte. Er würde Hanzos Gehilfe und im Lauf der Zeit auch sein Erbe werden.

14

Die kleine Werkstatt lag abseits der Hauptstraße; nur selten kam jemand an ihr vorbei, und obwohl Yoshiwara nur zwölf Meilen von Okitsu entfernt war, gab es keinen Handel zwischen den beiden Städten. Das war gut für Yoshi, denn er brauchte ein Versteck, wo er sich von seiner Krankheit erholen konnte.

Er entsann sich nur dunkel der Nacht, in der er in den Fluß gefallen war. Das Fieber hatte die Erinnerung daran, wie die reißende Strömung ihn durch die Stromschnellen getragen und schließlich völlig zerschunden auf einen Felsen im Fluß geworfen hatte, wie er lange umhergeirrt und endlich vor Hanzos Füßen zusammengebrochen war, fast gänzlich gelöscht.

Als es ihm besser ging, übernahm Yoshi die Handlangerarbeiten in der Schmiede. Immer wieder sagte er sich, er werde bald gehen und Rache nehmen, aber die Wochen vergingen, ohne daß er seinen Plan in die Tat umsetzte. Manchmal dachte er an seine Familie und betete, daß es Ietaka gelungen sein möge zu entkommen. Als er ganz wiederhergestellt war, nahmen ihn seine täglichen Pflichten so in Anspruch, daß ihm keine Zeit blieb, an Vergangenes zu denken. Dennoch war er ein aufmerksamer Schüler. Er sah Hanzo bei der Arbeit zu und versuchte, die Kunst des Schwertschmiedens zu verstehen. Hanzo freute sich über sein Interesse und zeigte ihm bei jeder Gelegenheit, worauf es ankam.

Wenn Hanzo ein neues Schwert schmieden wollte, bereitete er sich durch tagelanges Beten und Fasten darauf vor. »Wir müssen makellos in Wort und Tat sein«, erklärte er Yoshi streng. »Es ist die Pflicht des Schwertschmiedes, ein moralisch einwandfreies Leben zu führen, böse Geister zu vertreiben und den Körper von allen Unreinheiten zu befreien, damit der Schöpfung einer edlen Klinge nichts im Wege steht.«

Hanzo zeigte Yoshi Schritt für Schritt, wie ein Schwert entstand. Zuerst wurde Roheisen bei niedriger Temperatur geschmolzen, bis ein zufriedenstellender Stahl entstanden war. Danach wurde der Stahl erhitzt, so daß er weich wurde und man ihn in kreuzweisen Schichten ausschmieden konnte.

Fasziniert sah Yoshi zu, wie der riesige Mann, dessen Muskelpakete im Licht der Kohlenglut glänzten, die Stahlstreifen mit der Zange packte und sie zu einem fünfzehn Zentimeter langen, fünf Zentimeter breiten und etwa einem Zentimeter dicken Barren schmiedete. Der Wald hallte wider von den Hammerschlägen, und Hanzo lachte zufrieden, als er die Schichten übereinander faltete, ausschmiedete, wieder faltete und wieder ausschmiedete. Achtzehnmal wiederholte sich dieser Vorgang. So entstanden viele Barren, die schließlich zu einem Stück zusammengeschmiedet wurden. Auch dieser große Barren wurde dann zerteilt, gefaltet und sechsmal ausgeschmiedet, bevor er schließlich in die Form einer Schwertklinge gebracht wurde.

Eines Tages, als Yoshi wieder bei der Arbeit zusah, wendete sich Hanzo an ihn. »Hier, Junge«, sagte er und winkte ihn heran. »Nimm den Hammer und versuch, den Stahl auszuschmieden.«

Yoshi konnte kaum den Hammer halten. Er hielt die Stahlstreifen mit der Zange fest, aber als er mit dem Hammer ausholte, rutschte die Zange ab, und der rotglühende Stahl fiel neben seinem Fuß auf den Boden. Erschrocken sprang er zurück.

»Versuch es noch einmal.«

»Und noch einmal ...«

Nach diesen ersten Versuchen am Amboß konnte Yoshi die Finger kaum bewegen. Er bewunderte Hanzo, der den Stahl Tag für Tag faltete und schmiedete.

»Ich kann das nicht«, sagte Yoshi nach jedem gescheiterten Versuch.

»Versuch es noch einmal!« Hanzo gab nicht auf. Der Junge mußte arbeiten, um seine Schwäche zu überwinden. Stärke war nicht nur eine Frage des Körpers, sondern auch des Geistes.

Ein Meisterschwertschmied konnte nur etwa dreißig gute Schwerter im Jahr machen. Yoshi fragte Hanzo, ob man nicht mehr Klingen herstellen könne, wenn man zeitsparende Methoden anwendete. Hanzo war über diesen Gedanken entsetzt. »Eine edle Klinge ist das größte Geschenk der Götter. Größer als Land, größer als die Familie, größer sogar als der Kaiser. Nein, Yoshi, du darfst nie darüber nachdenken, wie man die Arbeit verkürzen könnte. Denk lieber darüber nach, wie man die Klingen noch schärfer und elastischer machen kann.« Hanzos Aufrichtigkeit beschämte Yoshi.

In den nächsten Wochen bestand Yoshis Aufgabe darin, die Unreinheiten aus dem Roheisen auszuschmelzen. Die Arbeit am heißen Schmelzofen war schwer. Abends warf er sich erschöpft auf sein Lager. Jeder Muskel, jedes Gelenk tat ihm weh. Aber nach einigen Monaten stellte Yoshi fest, daß ihm die Arbeit nicht mehr so schwerfiel, und er hatte nun genug Kraft und Interesse, sich nach dem Abendessen, das aus einer Schale Reisbrei und etwas Fisch bestand, mit Hanzo zu unterhalten.

»Wann darf ich wieder an den Amboß? Ich bin jetzt stärker«, sagte er eines Abends.

»Du hast dich verändert, Yoshi«, sagte Hanzo und stand auf. Er sah Yoshi nachdenklich an und befühlte mit harten Fingern seine Schultern. Er nickte anerkennend. »Ich kann es fühlen. Deine Muskeln sind nicht mehr so schlaff wie früher. Morgen werden wir mit einer neuen Klinge anfangen. Diesmal wirst *du* den Stahl schmieden!«

»Danke, Hanzo.« Yoshi wußte, welche Bedeutung Hanzo der Qualität des Stahls beimaß. Er fühlte sich geehrt. Er wußte auch, daß Hanzo recht hatte, als er sagte, Yoshi habe sich verändert: Über seinem Bauch waren Muskelpakete entstanden, die vorher nicht dagewesen waren, und vom täglichen Hantieren mit Roheisenbarren waren seine Arme und Beine muskulöser geworden. Durch die Arbeit befand er sich im Einklang mit der Natur. Die Schmerzen und die Müdigkeit der ersten Wochen waren verschwunden. Yoshi stellte erstaunt fest, daß er die körperliche Arbeit sogar genoß.

Am nächsten Morgen legte Hanzo die Klinge, die er gerade härtete, beiseite und trat zu Yoshi an den Amboß.

»Sag es mir, wenn es zu schwer ist — dann kannst du wieder am Schmelzofen arbeiten«, sagte er.

Diesmal hatte Yoshi die Zange fest gepackt, und es bereitete ihm keine Mühe, den Hammer zu heben.

»Du hast Talent, Yoshi. Du hast viel gelernt.« Hanzo lächelte und nickte stolz.

Nach seinem ersten Tag am Amboß schleppte sich Yoshi erschöpft zu seiner Matte. Bei dieser Arbeit mußte er andere Muskeln gebrauchen. Die Nacht war eine einzige Qual. Das Blut pochte so stark in den Adern seiner Arme, daß sie sich taub anfühlten. Mehrere Male erwachte er und konnte sie nicht mehr bewegen, und jedesmal, wenn das Gefühl dann langsam in seine Arme zurückkehrte, war es ihm, als würden sie von tausend Nadeln durchbohrt. Am nächsten Morgen konnte er kaum seine Eßstäbchen halten. Hanzo bemerkte das, aber solange Yoshi sich nicht beklagte, sagte er nichts.

Der zweite Tag war noch schwerer als der erste. An Yoshis Händen bildeten sich Blasen, die aufplatzten und auf dem Stiel des Hammers nasse Flecken hinterließen. Er biß die Zähne zusammen und arbeitete weiter.

»Das ist ganz normal«, sagte Hanzo. Yoshi sah niedergeschlagen aus — es war an der Zeit, ihn etwas aufzumuntern. Hanzo klopfte ihm auf die Schulter und sagte: »Ich habe Monate gebraucht, bis mir die Arbeit so gut von der Hand ging wie heute dir. Ich glaube, daß du das Zeug zu einem Meisterschmied hast. Morgen wirst du nicht am Amboß arbeiten, sondern mir beim Härten helfen. Es wird Zeit, daß du alle Arbeitsgänge lernst.«

»Ich bin dessen nicht würdig. Was ist, wenn ich nun die Klinge verderbe, die dich so viel Arbeit gekostet hat?« fragte Yoshi demütig.

»Das werde ich nicht zulassen.« Der Ton, in dem Hanzo das sagte, gab Yoshi Selbstvertrauen.

Hanzo schlug den gefalteten und ausgeschmiedeten Oberflächenstahl um den Kern der Klinge. Dieser war erhitzt worden und hatte die ungefähre Form eines Schwertes: Er war vom Heft bis zur Spitze achtzig Zentimeter lang und leicht gekrümmt. Hanzo zeigte Yoshi, wie man die Klinge mit einer dicken Schicht Lehm überzog, während die Schneide nur dünn mit Lehm bedeckt wurde.

»Die Schneide«, erklärte Hanzo, »muß so hart sein, daß sie ihre Schärfe behält, aber der Rest der Klinge muß weich und elastisch bleiben, damit das Schwert nicht bricht.«

Hanzo legte die lehmüberzogene Klinge in die Holzkohlenglut. »Achte darauf, wie sich die Rückseite kirschrot verfärbt, während die Schneide weiß wird — erst dadurch wird die Schneide so hart und das Mittelstück so weich, wie es sich für eine edle Klinge gehört.« Er zog die Klinge aus der Glut und warf sie ins Wasser. Es zischte, und große Dampfwolken stiegen auf. »Unter der dicken Lehmschicht kühlt der Stahl langsam ab, aber an der Schneide, wo der Lehm dünner ist, erkaltet er schnell und wird dadurch sehr hart.«

Nachdem die Klinge gehärtet war, ließ Hanzo Yoshi die Lehmschicht entfernen. Das Schwert sah nicht sehr beeindruckend aus; die Schönheit der Klinge mußte erst noch herausgearbeitet werden.

»Wir müssen uns jetzt auf den schwierigsten Teil unserer Aufgabe vorbereiten.«

Hanzo trug das Schwert zu dem Teil der Schmiede, in dem Schleifsteine und Handfeilen ordentlich aufgereiht lagen. »Wir werden die Seele des Stahls zum Leben erwecken. Aber bevor wir mit dem Schleifen anfangen, müssen wir uns mit eiskaltem Wasser reinigen. Laß uns am Schrein um die Hilfe der Götter bitten. Jede Klinge ist ein Geschenk der Götter.«

Yoshi hatte bemerkt, daß Hanzo den Ausdruck »ein Geschenk der Götter« regelmäßig gebrauchte. Er respektierte Hanzos Glauben und war selbst nach und nach davon überzeugt, daß im Stahl eines Schwertes mystische Eigenschaften schlummerten.

Wenn Hanzo arbeitete, versuchte er mit jeder Faser seines Seins eine edle Klinge zu schaffen. Seine Gebete und Reinigungsrituale dienten nur einem Ziel: einem vollkommenen Schwert. Hanzo glaubte, wenn er selbst nicht in Körper, Seele und Geist rein sei, werde auch das Schwert schlecht sein.

»Schlechte Seele, schlechtes Schwert«, pflegte er zu bemerken, und das war das Schlimmste, was man über einen Schwertschmied sagen konnte. Er war stolz darauf, daß keines seiner Schwerter je zu einem schlechten Zweck eingesetzt worden war.

Nach dem Reinigungsritual kehrten sie zur Schmiede zurück. Hanzo drehte die neue Klinge hin und her. Er tastete, während er sie von Hand abschliff, nach der Seele des Stahls. Stunden vergingen. Seine riesigen Hände bewegten sich wie Schmetterlinge, sie fühlten und erkundeten das Geheimnis der Klinge, das unter der rauhen Oberfläche verborgen lag, und gaben ihm Form.

Es war ein Kunstwerk, das einer schönen Kalligraphie oder einem Aquarell in nichts nachstand. Wie herrlich es aussah! Wie meisterhaft Hanzo sein Handwerk beherrschte! Yoshi fühlte das Bedürfnis, ebenfalls etwas Schönes zu schaffen. Er hatte weder Papier noch einen Tuschstein, und so beschloß er, Schönheit im Stahl entstehen zu lassen.

Am nächsten Tag stand er wieder am Amboß. Die Arbeit fiel ihm leichter. Yoshis Schultermuskeln traten hervor, als er, von Freude über seine Arbeit erfüllt, die übereinandergefalteten Stahlstreifen ausschmiedete.

Nach vier Jahren war Yoshi nicht mehr der Junge, der im Jahre 1168 im Wald umhergeirrt war. Der zarte, fast weibliche Jüngling war jetzt ein junger Mann, dessen Arme fast so hart waren wie der Stahl, den sie bearbeiteten, und dessen Körper durch das einfache Leben im Wald stark und gesund war.

Tagsüber arbeitete Yoshi hart und dachte nur an den Stahl, den er vor sich hatte. Abends jedoch wanderten seine Gedanken zurück in die Vergangenheit. Er behütete das kleine Flämmchen seiner geheimen Liebe und dachte in ohnmächtiger Eifersucht an Chikara, der ihm Nami genommen hatte. »Ich habe nichts vergessen«, sprach er immer wieder zum Nachthimmel. »Chikara wird dafür bezahlen.« Oft dachte er auch an Fumio und seine Mutter, und dann fragte er sich, was wohl aus ihnen geworden war, seit er Okitsu verlassen hatte. Und Ietaka? Sollte es Ietaka nicht gelungen sein zu entkommen, dann würde Chikara eine weitere Schuld zu bezahlen haben. So waren die Tage erfüllt von Arbeit, während er sich in den Nächten seinen Erinnerungen hingab.

Als Vorbereitung auf seine Begegnung mit Chikara, die irgendwann stattfinden würde, übte er an den frühen Abenden mit Hanzo die Kunst, ein Schwert zu führen. Hanzo war kein eleganter Schwertkämpfer, aber er kannte Tricks, die in keiner Schule gelehrt wurden. Yoshi hatte geglaubt, ein ganz passabler Kämpfer zu sein, denn schließlich hatte ihm sein Onkel einiges beigebracht, und auch in Kioto hatte er vieles gelernt. Zu seinem Kummer mußte er feststellen, daß Hanzo ihn mit Leichtigkeit schlug.

Hanzo war schnell. Yoshi wurde schneller. Bald endeten die Kämpfe unentschieden. Und dann geschah es eines Abends, daß Yoshi Hanzo besiegte — wenn auch mit einiger Mühe. Danach brachte Hanzo einen Krug mit Sake, und sie tranken auf sich, auf die Schmiede, auf den Stahl und auf das beste Schwert aller Zeiten, ein Schwert, das sie gemeinsam schaffen wollten.

15

Fünf Jahre zuvor, im Jahr 1167, hatte sich Taira Kiyomori zum *daijo-daijin*, zum Großkanzler Japans erklärt. Als Folge dieser Machtergreifung entstand ein Polizeistaat, der keine Kritik an der Taira-Familie duldete. Im Süden, wo die Macht der Taira nicht in Frage gestellt wurde, war das Volk unruhig und verängstigt — zu verängstigt, um den Versuch zu machen, das Joch abzuschütteln. Innerlich rebellierten die Bauern und Kaufleute, nach außen lächelten sie und zahlten die hohen Steuern, die ihnen auferlegt wurden.

Im Norden jedoch stellte Minamoto Yoritomo eine Armee auf, um den Taira die Macht zu entreißen, und die Fürsten im Norden rüsteten ihre Soldaten mit den besten Waffen aus, die es gab.

Hanzos Schmiede lag zwischen den beiden Machtzentren auf einem Stück Land, das einem der wenigen Parteigänger der Taira nördlich des Okitsu-Flusses gehörte. Fürst Kichibei wußte nicht, daß Hanzo und Yoshi Waffen an die Armeen des Nordens lieferten. Die Schmiede war so klein, daß es unter seiner Würde war, sich damit zu befassen, und dazu hatte er auch nie einen Grund gehabt, denn die Steuern wurden immer pünktlich bezahlt. Hanzo vermied es, sich mit Politik abzugeben. Er machte Schwerter auf Bestellung. Und wenn die meisten Bestellungen von den Minamoto kamen, so war das nicht seine Schuld.

Hanzos Schwerter waren hervorragend gearbeitet, sie waren scharf und elastisch und sehr begehrt unter den Samurai. Daß Hanzos Schwerter nicht zu den berühmtesten Japans gehörten, hatte nur einen einzigen Grund: Die Klingen waren nicht graviert. Yoshi versuchte, seine Schuld bei Hanzo zu begleichen, indem er seine Kenntnisse der Kalligraphie einsetzte, um die Schwerter zu verzieren. Er experimentierte so lange auf Metallabfällen, bis er mit den Sticheln und Säuren, die die Graveure gebrauchten, vertraut war.

Bis spät in die Nacht arbeitete er beim Licht einer Öllampe und gravierte auf einige Klingen in Sanskrit-Buchstaben die Inkarnationen Buddhas und auf andere einen Drachen, der den Kampf zwischen der Religion und dem Bösen symbolisierte.

Yoshis Gravuren vergrößerten den Wert der Schwerter und machten die kleine Schmiede landauf, landab bekannt. Der berühmte Schwertkämpfer Naonori Ichikawa schickte Schüler von seiner Schule in der neunzig Meilen weiter im Norden gelegenen Stadt Sarashina, die Schwerter prüfen und bestellen sollten. Hanzo war mit Recht stolz, als Ichikawa persönlich kam, um sich ein Schwert auszusuchen, und später ein Dankschreiben schickte, in dem er die Qualität des Stahls und die Kunstfertigkeit der Gravur lobte.

Schließlich erfuhr Fürst Kichibei von Hanzos Ruhm. »Die beiden aus der Schmiede liefern Waffen an unsere Feinde und werden reich dabei«, sagte man ihm.

»Sie nutzen meine Güte und Großzügigkeit aus!« schrie Kichibei. »Erhöht ihre Steuern! Wenn das ihren Wohlstand nicht beendet, werden wir andere Mittel finden, sie auf ihren Platz zu verweisen.« Er sah die Samurei seiner Leibwache grimmig an. »Diese Bauern und Kaufleute machen sich meine Großherzigkeit zunutze. Alle Steuern werden ab sofort erhöht! Ich habe zu lange Nachsicht geübt.«

Eines Morgens im Spätwinter, als Hanzo und Yoshi wie immer in der Schmiede arbeiteten, erschienen zwei von Fürst Kichibeis Samureis.

»Mein Name ist Reisuke«, verkündete der Anführer der beiden steif. »Vor euch steht ein Mann, der in fünfter Generation ein Nachfahre des großen Kriegers Masahira ist, welcher für die Fürsten Kiyowara in den nördlichen Provinzen gekämpft und sich unsterblichen Ruhm erworben hat. Als Samurai im Dienst von Fürst Kichibei trete ich in seine Fußstapfen.« Die Samurai waren in schwarze Baumwollgewänder gekleidet; jeder von ihnen trug zwei Schwerter im Gürtel seiner *hakama*. Mit dem langen Schwert trug man Zweikämpfe aus, während man mit dem kurzen gefallene Feinde enthauptete oder, wenn die Umstände einen dazu zwangen, *seppuku* beging.

»Ich bin Hanzo der Schmied, und dies ist mein Gehilfe«, antwortete Hanzo und legte seine Stirn in drohende Falten, um seine Nervosität zu verbergen. Wie gewöhnlich, wenn Samurai oder Beamte zur Schmiede kamen, hielt Yoshi sich im Hintergrund. Obwohl seit seiner Flucht vor Chikara vier Jahre vergangen waren, hatte dieser ihn sicher nicht vergessen. Yoshi würde sich ruhig verhalten, bis er bereit war, seine Rache auszuführen.

»Eine schöne Werkstatt hast du da, wenn sie auch weit von der Stadt entfernt liegt. Du solltest froh sein, daß unser Fürst dich vor den vielen Räubern beschützt, die die Straßen und die Wälder unsicher machen«, sagte Reisuke. Sein Auftreten ließ Hanzo Böses ahnen. Reisuke war ein Fremder, der noch nicht lange in Kichibeis Diensten stand; sein Kommen war ein schlechtes Omen.

»Wir danken Eurem Herrn für seine Hilfe. Wir sind noch nie von Räubern belästigt worden. Wir wissen uns zu schützen, und in diesem Tal sind wir sicher.«

»Dank Fürst Kichibei, eurem Beschützer«, sagte der Samurai.

»Ja, dank den Göttern und Fürst Kichibei.«

Reisuke runzelte ungehalten die Stirn. Er war diese höflichen Ausflüchte leid. Mit schmalen Lippen fuhr er fort: »Wir geben dir hiermit bekannt, daß Fürst Kichibei wegen der Unruhe unter den Bauern in diesem Gebiet seinen Schutz vergrößert.«

Hanzo richtete sich gespannt auf. Dieser Samurai mit dem harten Gesicht war nicht den weiten Weg zur Schmiede gekommen, um gute Nachrichten zu bringen.

»Natürlich«, sagte der Samurai, »wird dieser Schutz meinen Herrn mehr Geld und Waffen kosten. Daher...« Er zog eine Schriftrolle hervor, entrollte sie mit wichtiger Miene und las vor: »Hanzo der Schmied und sein Gehilfe«, ein kühles Nicken in Yoshis Richtung, »werden fortan zwei von vier hergestellten Schwertern — oder ihren Gegenwert in

Gold — an Reisuke, Gefolgsmann des Fürsten Kichibei, abliefern.«

Hanzo zog zischend die Luft ein. Die Anordnung war schlimmer, als er erwartet hatte. Er hatte immer nur eins von vier Schwertern an den *daimyo* abgeliefert. Zwei von vier Schwertern — das würde eine unerträgliche Belastung sein. Selbst wenn er und Yoshi von früh bis spät arbeiteten, konnten sie den Bestellungen nicht nachkommen. Die Verdoppelung der Steuern würde sie ruinieren. Aber Kichibeis fünftausend Samurai waren zu mächtig. Hanzo und Yoshi mußten sich fügen.

Hanzo verbeugte sich. »So sei es«, sagte er bitter.

»Du bist klug, Hanzo. Es gibt Männer, die glauben, sich gegen die neuen Steuern auflehnen zu müssen. Ihnen wird es schlecht ergehen. Vor Ende des fünften Monats werden wir kommen und das, was uns zusteht, abholen. Bis dahin leb wohl.«

Als die Samurai gegangen waren, schien Hanzos mächtiger Körper geschrumpft zu sein. Yoshi sah, daß ihm Tränen über das Gesicht liefen. Er tat so, als bemerke er es nicht und fragte: »Was sollen wir tun?«

»Wenn wir die Abgaben bezahlen, werden wir zugrunde gehen«, antwortete Hanzo und wischte sich mit seiner Hand über das Gesicht.

»Aber wenn wir sie *nicht* bezahlen, müssen wir auch sterben.«

»Yoshi, die Männer in Yoshiwara haben davon gesprochen, daß sie sich gegen alle neuen Steuern wehren werden. Wir könnten uns mit ihnen zusammentun.« Hanzo sah ihn hilfesuchend an. Er war niedergeschlagen. Die Freude und die Stärke, die ihn am Amboß erfüllten, waren verschwunden. Vor seinem geistigen Auge sah er sein Lebenswerk zerstört.

»Nein, Hanzo, jeder Widerstand wird gebrochen werden. Kichibei ist zu mächtig.« Yoshi sah ihn traurig an. »Es ist besser zu bezahlen, als wie ein Hund im Kampf gegen Kichibeis Steuereintreiber zu sterben.«

»Yoshi, ich bin immer jedem Ärger aus dem Weg gegangen, aber wenn die Leute aus der Stadt sich zusammentun und wir uns ihnen anschließen, wird Kichibei seine Anordnung vielleicht zurücknehmen.« Hanzo sprach mit flehender Stimme — er suchte verzweifelt nach einem Ausweg.

»Niemals«, sagte Yoshi. »Kichibei wird lieber die Stadt dem Erdboden gleichmachen als sein Gesicht verlieren. Wir müssen jeden Kontakt mit den Rebellen vermeiden. Wir müssen unsere Schmiede und unser friedliches Tal verteidigen. Du darfst nicht zerstören, was du dir in so harter Arbeit aufgebaut hast. Laß uns vorerst zwei von vier Schwertern für ihn machen, damit wir in Frieden weiterarbeiten können.«

»Wahrscheinlich hast du recht, Yoshi. Ich habe die Herrschaft unserer Fürsten nie angezweifelt. Warum bin ich dann jetzt so aufgebracht?« Hanzo hielt inne. Er sah Yoshi gedankenvoll an und fügte hinzu: »Um deinetwillen werden wir gehorchen. Ich bin verantwortlich dafür, daß du hier bist, und ich werde alles tun, um dich nicht zu gefährden.«

»Keinem von uns wird etwas geschehen. Wir werden gemeinsam dafür sorgen, daß man unsere Schmiede in Ruhe läßt«, sagte Yoshi. »Solange wir gute Klingen machen, wird unser Leben lang und erfüllt sein. Jeder braucht einen Schwertschmied. Wir haben nichts zu befürchten.«

»Du bist ein guter Junge«, sagte Hanzo leise. »Aber genug geredet. Wir haben zu arbeiten. Vorher jedoch wollen wir zu den Göttern beten.«

Während Hanzo seine Hände in einem steinernen Bassin in der Nähe des Amaterasu-Schreins wusch, spürte Yoshi, daß er sich einem weiteren Wendepunkt seines Lebens näherte: Die beiden Samurai hatten ihn wieder an die Vorfälle auf der Burg Okitsu, an seinen Vetter Genkai und an den Schwur erinnert, den er vor so langer Zeit getan hatte. Yoshi hatte sich immer wieder gesagt, daß er diesen Schwur erfüllen würde. Aber jetzt zögerte er ... Das Leben in diesem Tal war friedlich und einfach. Mußte er denn wirklich diese Idylle verlassen, um für einen fast vergessenen Vorfall Rache zu nehmen?

Obwohl die Schmiede nicht weit von Okitsu entfernt lag, hatte Yoshi nicht versucht, mit seiner Familie in Kontakt zu treten. Von Zeit zu Zeit hatte er Reisende nach Neuigkeiten aus dem Süden gefragt, aber er hatte nie etwas von Ietaka, Fumio, Fürstin Masaka oder Nami gehört. Vielleicht, dachte er, war es am besten, wenn er alles einfach auf sich beruhen ließ. Aber dann überkam ihn wieder die Erinnerung an Genkais Tod, und sein Entschluß, ihn zu rächen, stand wieder fest. Nein! Er konnte seinen Schwur nicht länger ignorieren. Wenn er nicht handelte, würde er seine Selbstachtung verlieren.

Yoshi erkannte, daß er wenigstens einen kleinen Schlag gegen Chikara und die Taira-Familie führen konnte, wenn er Kichibei traf. Zu Hanzo hatte er gesagt, es sei unmöglich, Kichibei zu zwingen, die neuen Steuern zurückzunehmen. Aber wenn genug Bauern und Kaufleute sich zusammentaten ... War es dann möglich, Kichibei davon zu überzeugen, daß es ihn, wenn er seine Samurai gegen die Bevölkerung vorgehen ließ, mehr Gold, Anstrengungen und Verluste kosten würde, als diese Sache wert war?

Yoshi sah Hanzo an, der immer noch mit Waschungen beschäftigt war, und fühlte Zuneigung und Liebe für den älteren Mann. Hanzo behandelte ihn wie einen Sohn, und Yoshi war entschlossen, ihm das so zu vergelten, wie es sich für einen Sohn gehörte. In den Jahren, die er in der Schmiede verbracht hatte, hatte er die Wärme und Menschlichkeit gesehen, die sich hinter Hanzos schroffem Äußeren verbargen. Er hatte es nie erlebt, daß Hanzo wütend wurde, und obwohl er nicht am Mut des Schmiedes zweifelte, wußte er, daß Hanzo nicht kämpfen würde, wenn sich der Kampf vermeiden ließ. Yoshi war sicher, daß Hanzo seinem Rat folgen und die neuen Steuern bezahlen würde.

Er selbst dagegen beschloß, sich ohne Hanzos Wissen mit den Leuten aus der Stadt zu treffen. Er würde versuchen herauszubekommen, ob es organisierten Widerstand gegen die neuen Steuern gab.

16

Yoshiwara war noch kleiner als Okitsu. Als Yoshi sich vom Wald her der Stadt näherte, ragten die Bäume im Abendnebel auf wie eine schweigsame, drohende Streitmacht, die die Bergflanke deckte. Im Tag von Yoshiwara lag ein Teich, in dem weißer Lotos blühte und an dessen Rand winzige Frösche saßen, die sich gegenseitig Liebesbotschaften zuriefen.

In der Schmiede hörte Yoshi nur das Klingen der Hämmer und das Zischen des rotglühenden Stahls beim Härten. Hier, in der Stadt, traf er einen Straßenmusikanten, der eine klagende Melodie auf seiner *biwa* spielte. Er sah Frauen in langen Gewändern, die Kleinkinder auf dem Rücken trugen und langsam durch die engen Gassen gingen, während an jeder Ecke gutgekleidete Kaufleute beisammenstanden und über Geschäftliches redeten. Yoshis rauhe Baumwollkleider, seine schwieligen Hände und muskulösen Arme gaben ihm das Gefühl, ein Bauer zu sein, der zum erstenmal in die große Stadt gekommen ist.

Die Möglichkeiten, sich in Yoshiwara zu amüsieren, waren begrenzt, und daher ging Yoshi jedesmal, wenn er in die Stadt kam, in dasselbe Gasthaus. Die beiden Mädchen, die dort arbeiteten, kannten ihn, und das enthob ihn der Notwendigkeit, neue Bekanntschaften zu knüpfen. Im Umgang mit anderen war Yoshi scheu geworden. Er hatte zu lange allein bei Hanzo gelebt, und das hatte ihn schweigsam gemacht. Er wußte nicht, daß er viel beeindruckender wirkte als früher, nicht zuletzt wegen seiner kräftigen Muskeln. Sein Gesicht war hagerer geworden, wodurch Nase und Backenknochen weiter hervortraten. Sein Haar war ziemlich kurz, und sein Gesicht vermittelte den Eindruck von ungewöhnlicher Willenskraft und Intelligenz.

»Yoshi-san, willkommen in unserem bescheidenen Gasthaus!« Otoki und Masa standen im Hof und waren wirklich erfreut, ihn zu sehen. »Komm herein! Wir werden deinen müden Körper baden und dir etwas zu essen bereiten.«

Die Mädchen waren jung. Sie arbeiteten schon jahrelang in diesem Gasthaus und wußten, wie man Reisende glücklich machte. Ihre Talente hatten dem Gasthaus und seinem Besitzer, der sehr stolz auf seine Mädchen war, einen gewissen Ruhm eingetragen.

Otoki nahm Yoshis linken Arm, Masa seinen rechten. Sie führten ihn direkt ins Bad. Otoki half Yoshi dabei, seine Kleider abzulegen, während Masa sich hinter einem Wandschirm auszog.

»Wie schön für uns alle, daß du heute abend unser einziger Gast bis«, sagte Otoki.

Yoshi ließ sich in das heiße Wasser gleiten und atmete tief den Duft der Räucherstäbchen ein, der den Raum erfüllte.

»Augen zu, Yoshi. Ich komme.« Yoshi tat so, als schließe er ein Auge und lachte erfreut, als er Masas schlanke Gestalt hinter dem Wandschirm hervorkommen und ins Wasser steigen sah. Masa war so schlank und zart, daß manche Fürstin sie um ihre Figur beneidet hätte.

Während Masa Yoshis Rücken einseifte, zog Otoki sich aus und gesellte sich zu ihnen. Sie war das Gegenteil ihrer Freundin. Masa war klein, Otoki war groß. Masa war schlank, Otoki war füllig ... zu füllig. Ihr Gesicht war nicht häßlich, aber zu eigenwillig geschnitten, um als schön zu gelten. Ihre Nase trat zu weit hervor, und ihre Augenbrauen waren zu dick. Ihr Charakter paßte zu ihrer Erscheinung: Sie war vorlauter als Masa.

»Wie stark du bist, Yoshi. Sieh nur, Masa, sieh dir seine Muskeln an. Jedesmal, wenn er uns besucht, ist er ein bißchen stärker geworden.« Otoki lächelte ihn in gespielter Bewunderung an.

Masa lächelte und massierte Yoshis Schultern mit größerem Druck.

»Sieh mal hier, Masa ... nicht nur seine Schultern werden

größer.« Otoki bedeckte ihren Mund mit der Hand, als sei sie schockiert.

»Ich dachte, wir wollten nur ein Bad nehmen«, sagte Yoshi ruhig.

Masa kicherte. »Natürlich nehmen wir nur ein Bad. Was hast du gedacht?«

»Nun, ich fühle mich wie am Hof des Kaisers — die Damen sind so schön ...«

»Wie galant er ist.«

»... und wie vorwitzig«, sagte Otoki und streichelte Yoshi mit ihren seifigen Händen. Die Seife enthielt Kräuteressenzen, die betörend dufteten.

»Wie schön, daß du unser einziger Gast bist«, wiederholte Masa und seifte ihm Rücken und Schultern ein.

»Wenn kein anderer Gast da ist, könnten wir doch vielleicht ...« Yoshi führte den Satz nicht zu Ende. Er schwieg hoffnungsvoll.

»Nein, nein, Yoshi! Nicht im Bad. Wir würden unsere Pflicht verletzen, wenn wir dir zuvor nicht etwas Ordentliches zu Essen geben und es dir bequem machen würden.«

Yoshi schlürfte aromatischen grünen Tee und aß ein köstliches Mahl aus geröstetem Fleisch mit Reiskuchen. Er trug einen Baumwollkimono und fühlte sich sauber und ausgeruht. Während er aß, kicherten die Mädchen und flüsterten hinter vorgehaltenen Fächern. Hin und wieder machte Yoshi eine höfliche Bemerkung, widmete sich aber sonst ganz dem Essen. Als er die Mahlzeit beendet hatte, sprach er in ernsterem Ton:

»Habt ihr gehört, was man im Dorf über die neuen Steuern redet?« sagte er und wischte sich den Mund mit einem heißen, feuchten Tuch ab.

»Oh, Yoshi-san, wir haben nichts von Steuern gehört.« Mit einem Mal machten beide Mädchen verschlossene Gesichter. Sie wandten den Kopf ab. Über dieses Thema wollten sie nicht sprechen.

»Otoki, bitte! Du hörst doch, was die Reisenden erzählen. Du bist dabei, wenn sie über Geschäftliches reden. Du bist nicht dumm; du weißt, was vor sich geht.« Yoshi ignorierte ihren Widerwillen. Er wollte Otoki zu einer Antwort zwingen.

»Ich weiß nur, daß die Steuern des Wirtes im nächsten Jahr höher sein werden.«

»Und was sagt er dazu?«

»Er wird bezahlen, auch wenn die Belastung groß ist.«

»Und was meinen die anderen?«

»Jeder, der nicht zahlt, wird bestraft werden.« Otoki hielt inne. Sie machte ein unglückliches Gesicht, als sie mit leiserer Stimme fortfuhr: »Es ist wahr — einige sprechen davon, daß sie sich weigern werden, die Steuern zu bezahlen. Aber das ist nur Gerede. Fürst Kichibeis Spione sind überall. Diejenigen, die sich weigern zu zahlen, werden zur Abschreckung der Rebellen hingerichtet werden.«

»Dann gibt es also Rebellen?«

»Nicht wirklich Rebellen ... nur Leute, die unzufrieden über ihr Schicksal sind.«

»Wer sind sie? Sag mir, wie sie heißen.«

»Das kann ich nicht, Yoshi. So sehr Masa und ich dich auch lieben — wir können nicht darüber sprechen. Es wäre vielleicht etwas anderes, wenn du selbst betroffen wärst. Aber die Probleme von uns Städtern sind nicht deine Probleme. Es wäre unklug von dir, dich da hineinziehen zu lassen.«

»Aber ich bin betroffen. Sie haben auch unsere Steuern erhöht.«

»Das tut mir leid.« Otoki senkte bedauernd ihren Kopf. Yoshi sah, daß sie ihm nichts mehr sagen würde. Er dachte an Ono, die es mit dem Leben bezahlt hatte, daß sie Yoshi Zeit zur Flucht gegeben hatte. Er hatte gelernt, die Mädchen in den Gasthäusern und ihr Schweigen zu respektieren.

»Na gut. Vergessen wir die Steuern.« Yoshi lehnte sich zurück und lächelte. Das unangenehme Thema war abgeschlossen. »Da wir allein sind, möchte ich euch einladen, mit eurer *biwa* und einer Flasche Sake auf mein Zimmer zu kommen. Wir werden eine kleine Feier ganz unter uns veranstalten.«

Die Gesichter der Mädchen hellten sich auf. Sie sprangen auf, räumten den Tisch ab und bereiteten sich auf den Abend vor.

Später, in Yoshis Zimmer, sang Masa und spielte auf der *biwa* dazu. Ihre zarten Finger glitten federleicht über die vier Saiten. Die Lampen warfen spielerische Muster auf die rot und gold bemalten Wandschirme. In einer Ecke brannte ein Räucherstäbchen und erfüllte den Raum mit seinem bittersüßen Duft.

Die Musik, das Licht und der Geruch des Räucherstäbchens schufen eine warme, gemütliche Atmosphäre. Yoshi streichelte Masas Oberschenkel. Sie spielte weiter und sang, während er sie liebkoste, ein altes Lied:
»Obwohl die Klarheit
des Mondlichts Nachtigall und Grille
zum Schweigen gebracht hat,
singt der Kuckuck noch
in der lichtdurchfluteten Nacht.«

Yoshi gefiel das Lied. Man konnte es auch so verstehen, daß, obwohl die Klarheit des Buddha sowohl für die Priester als auch für die Bauern da war, die Prostituierten, die in der Nacht sangen, ihre eigene Form der Verehrung hatten.

Während Masa sang, zog Otoki Yoshis Kimono hoch. Sie drehte sich um, hob ihr eigenes Gewand hoch und rutschte auf Yoshis Schoß hin und her, bis er in sie eingedrungen war.

Unterdessen war Masas Spiel unregelmäßig und holprig geworden. Sie sang mit atemloser Stimme und stöhnte leise, als Yoshi sie streichelte. Schließlich legte sie ihre *biwa* beiseite und gab sich ganz dem Genuß hin. Sie streckte sich aus, nahm Yoshis Hand und führte sie. Als erste bäumte sie sich mit einem unterdrückten Schrei auf und lag dann still.

Otoki griff unter ihr Gewand und hielt Yoshi mit sanftem

Griff fest. Sie stieß einen Schrei aus, der fast wie ein Schmerzensschrei klang, zuckte heftig hin und her und erreichte ihr Lotusglück eine Sekunde vor Yoshi.

Danach lagen sie nebeneinander im Halbschlaf auf der gemusterten Bettdecke. Sie waren zu erschöpft, um sich zu bewegen, und auf ihren Gesichtern lag ein entspanntes Lächeln. Yoshi schlief ein und schnarchte leise. Otoki und Masa nickten sich zu. Sie standen auf, sammelten ihre Fächer, die *biwa*, Kleidungsstücke, Teller und Schalen ein und verschwanden durch eine Tür in der bemalten Wandtäfelung.

Spät in der Nacht kamen ein paar von Kichibeis Samurai, erschöpft von einem langen Ritt, in das Gasthaus. Sie hatten ihre Pferde einem Knecht übergeben und riefen nach dem Besitzer.

»Hast du Zimmer für vier von Fürst Kichibeis Soldaten?« fragte der Anführer.

»Ja, Herr. Wir haben heute nacht fast keine Gäste. Bitte kommt herein. Meine Mädchen werden sich um Euch kümmern.«

»Wir haben von deinen Mädchen gehört. Aber zunächst wollen wir ein Bad, saubere Kleidung und Sake.«

»Darf es auch etwas zu essen sein?«

»Nein, nur viel Sake und dann deine Mädchen.« Der Anführer lachte und zwinkerte seinen Männern zu. »Beeil dich, du Tölpel. Wir sind zu müde, um darauf zu warten, daß du aufwachst.«

»Ja, Herr. Sofort, Herr. Otoki, Masa — kommt her, schnell!«

Otoki und Masa eilten schweigend herbei. Unter den gierigen Blicken der Samurai wendeten sie ihre Gesichter ab. Es würde eine lange, schwere Nacht werden.

17

Ein schöner Morgen brach an. Draußen zwitscherte ein Vogel auf einem Kirschzweig.

Otoki bemerkte es nicht, als sie in Yoshis Zimmer kam, um ihn zu wecken. Ihr Gesicht war verquollen, und auf der Wange hatte sie einen blauen Fleck.

»Yoshi, wach auf!« flüsterte sie drängend.

»Was ist los?« Hellwach fuhr Yoshi auf.

»Hast du sie heute nacht gehört?«

»Nein. Was? Wen?« Während er das sagte, erinnerte sich Yoshi wie in einem Traum dunkel an laute Stimmen.

»Samurai. Fürst Kichibeis Männer. Sie waren betrunken und haben sich miteinander unterhalten, nachdem sie mit uns fertig waren. Sie wollen ein Exempel statuieren an Leuten, die sich über die neuen Steuern beklagt haben. Du mußt gehen. Ich habe gehört, daß sie Hanzo erwähnt haben.«

»Hanzo? Aber das ist unmöglich. Er hat mir gesagt, er werde die Steuer bezahlen. Warum sollten sie ihm etwas zuleide tun? Sie brauchen doch seine Schwerter.«

»Ich weiß nicht, warum die Wahl auf ihn gefallen ist. Vielleicht war er unvorsichtig oder hat sich einem Spitzel gegenüber beklagt. Aber das ist unwichtig. Wichtig ist, daß die Samurai hier sind. Bitte zieh dich an und geh, schnell! Die Samurai werden den ganzen Tag über hier bleiben, also hast du nur Zeit bis heute abend.«

»Danke, Otoki.« Yoshi nahm ihre Hand und merkte, daß sie zitterte. Er küßte sie zärtlich. »Ich werde deine Hilfe nicht vergessen«, flüsterte er.

»Denk an uns, wenn du das nächstemal in dieses Gasthaus kommst. Geh jetzt! Du mußt Hanzo warnen, solange noch Zeit zur Flucht ist.«

Als sie zur Tür hinausschlüpfte, legte sie den Finger auf die Lippen. Während er ihr nachsah, war Yoshis Herz von Liebe für diese Gasthof-Mädchen erfüllt. Die Männer, die sie so roh benutzten, hatten keine Ahnung von der Tiefe ihrer Gefühle.

Yoshi zog sich an, nahm seine Strohsandalen in die Hand und öffnete die Schiebetür des Zimmers. Er sah sich nach beiden Seiten auf dem Korridor um — es war niemand zu sehen. Als er auf Zehenspitzen hinausschlich, hörte er aus den anderen Zimmern lautes Schnarchen.

Der Gasthausbesitzer stand auf den Eingangsstufen. Yoshi bezahlte für sein Zimmer und das Essen und ließ einen kleinen Betrag für die Mädchen zurück. Das Gesicht des Wirts war wächsern und grau. Er hatte die Lippen aufeinander gepreßt, und auf seiner Stirn glänzte Schweiß. Er nahm das Geld und flüsterte: »Beeil dich. Du mußt Hanzo warnen! Er soll sich heute nacht verstecken.«

Yoshi zog seine Sandalen an und ging rasch die schlammige Straße hinunter. Ein paar kleine Kinder sahen ihm schweigend nach. Er nahm eine Abkürzung durch den Wald.

Wie konnte an einem so schönen Morgen Gefahr drohen?

Er dachte an Otoki und Masa und die Freuden der vergangenen Nacht. Zweifellos war Masa schöner und talentierter. Aber Otoki besaß etwas ganz Besonderes: eine Intelligenz und Unabhängigkeit, die Yoshi gefiel. Wenn sie so schön wäre wie Masa, hätte sie eine große Kurtisane, ja vielleicht sogar eine Mätresse des Kaisers sein können. Im Gehen dachte Yoshi darüber nach, wie der Zufall der Geburt ein ganzes Leben beeinflussen konnte. Wenn Otoki schöner und schlanker, wenn Masa intelligenter gewesen wäre, hätte ihr Leben ganz anders ausgesehen.

So betrachtet bestand auch kein großer Unterschied zwischen Hanzo und Fürst Fumio. Wenn Hanzo an dem Feldzug teilgenommen hätte, in dem Fumio sich so viel Ruhm erworben hatte, wäre der eine jetzt vielleicht an der Stelle des anderen. Und was wäre er selbst heute, wenn Fürstin Masaka eine ›Bedienung‹ in einem Landgasthaus gewesen wäre? Er mußte über diesen Gedanken lachen. Wahrscheinlich wäre er dann immer noch der Gehilfe eines Schwertschmieds. Soviel also zum Thema des Zufalls der Geburt.

Hinter dem nächsten Hügel lag das Tal. Yoshi atmete tief

den Duft des Waldes ein. Sonnenflecken tanzten auf dem betauten Moos. Maulbeerbüsche standen dicht zusammengedrängt, und Beeren und kleine Blüten leuchteten zwischen den hohen Bäumen. Das Tal hallte von Hanzos Hammerschlägen wider, die sich mit dem Summen der Insekten und dem Zwitschern der Vögel vermischten.

»Ho, Hanzo, ich bin zurück!« rief Yoshi.

»Das wurde auch Zeit«, sagte Hanzo. Seine Stimme klang nicht erfreut. »Ich habe auf dich gewartet. Wir brauchen mehr Tonerde für das Härten.«

»Ich dachte, wir hätten genug für die nächsten paar Wochen.«

»Nein, das war ein Irrtum. Du mußt zu Matsutaro, dem Töpfer, nach Mishima gehen und neuen Ton holen.«

Hanzos schroffer Ton brachte Yoshi in die Wirklichkeit zurück. Seine gute Laune war verschwunden. »Hanzo, ich habe beunruhigende Gerüchte in Yoshiwara gehört. Es braut sich etwas zusammen. Wir können Ärger vermeiden, wenn du mit mir nach Mishima kommst. Wir können ein paar Tage dort bleiben und zurückkommen, wenn sich die Aufregung ein wenig gelegt hat.«

»Ich kann jetzt nicht weg. Ich arbeite an der edelsten Klinge, die ich je gemacht habe.« Hanzo hielt inne und fragte dann in einem Ton, der andeutete, daß er dieser Angelegenheit nur wenig Bedeutung beimaß: »Was erzählt man sich denn?«

»Heute nacht werden Kichibeis Samurai ausreiten und alle bestrafen, die sich gegen die neuen Steuern auflehnen.«

»Und was geht mich das an? Ich habe vor, meine Steuern zu bezahlen.«

»Eines der Mädchen im Gasthof hörte einen Samurai deinen Namen nennen. Hast du mit irgend jemandem gesprochen, der ein Spitzel Kichibeis sein könnte?«

»Ich kann mich nicht erinnern.« Einen Augenblick lang machte Hanzo ein bedrücktes Gesicht. Hanzo hatte ihn nie angelogen, aber Yoshi spürte, daß er diesmal etwas vor ihm verbarg. Hanzo schüttelte seinen Kopf, als wolle er einen unangenehmen Gedanken loswerden, und sagte: »Auf solche Mädchen sollte man nicht hören. Das sind doch alles nur Klatschweiber.« Nach einer Pause fuhr er fort: »Ich habe gute Beziehungen zu Kichibeis Samurai. Sie achten mich und kaufen meine Schwerter.«

»Aber sie sind Samurai, Hanzo. Sie dürfen jeden töten, der kein Samurai ist. Sie gehorchen Kichibei, und wenn ihre Schwerter erst einmal Blut gekostet haben, werden sie sich in wilde Tiere verwandeln. Und dann werden Achtung, gesunder Menschenverstand und Freundschaft vergessen sein.«

Hanzo hob seine Hand und unterbrach ihn. »Ich habe nichts zu befürchten. Ich kann mich verteidigen.« In seiner Stimme war keine Angst, aber zwischen seinen Augenbrauen hatte sich eine tiefe Falte gebildet. Er drehte sich um und begann wieder zu hämmern.

»Gegen hundert Samurai hast du keine Chance«, rief Yoshi, um das Klingen des Hammers zu übertönen.

Von Hanzos kahlem Kopf tropfte der Schweiß zischend in die Holzkohlenglut. Konzentriert hämmerte er weiter.

»Sei nicht töricht, Hanzo, und hör auf mich. Wenn ich in Mishima bin, wirst du allein und ohne Hilfe sein. Komm mit mir. Ich brauche jemanden, der mir beim Tragen hilft.«

Hanzo sah auf. Er wischte sich mit seiner großen Hand den Schweiß von der Stirn. »Stell meine Geduld nicht auf die Probe. Vergiß nicht: Ich bin der Meister, und du bist der Gehilfe. Wenn meine Kraft mich nicht schützt, werden es die Götter tun. Ich werde heute abend an den Schreinen beten. Und was dich betrifft, so hast du es früher ja auch allein geschafft, die Tonerde zu holen. Nimm dir auf dem Rückweg einen Wagen oder Träger, wenn du Hilfe brauchen solltest.« Er runzelte eigensinnig die Stirn.

Yoshi wußte, daß es keinen Zweck hatte, sich mit ihm zu streiten. Widerwillig ging er in den hinteren Teil der Schmiede und zog sich die *hakama* aus grober Baumwolle an, die er bei der Arbeit trug. Eine Stunde lang arbeiteten die beiden, ohne ein Wort zu wechseln.

»Wenn du noch bei Tageslicht heimkommen willst, solltest du jetzt aufbrechen«, sagte Hanzo während einer kleinen Pause.

»Ich will erst noch dieses Stück fertigmachen«, sagte Yoshi und hielt eine Klinge hoch, mit der er kürzlich begonnen hatte.

»Trotzdem — es ist Zeit, daß du dich auf den Weg machst.« Hanzos Stimme wurde weicher. »Ich bin nicht böse auf dich, Yoshi. Du bist ein guter Junge, und ich liebe dich wie meinen eigenen Sohn. Aber manchmal nimmst du dir zuviel heraus. Mach dir um mich keine Sorgen. Ich werde schon auf mich aufpassen. Wenn du jetzt gehst, wirst du kurz nach Einbruch der Dunkelheit wieder zurück sein, und dann trinken wir einen Krug gewürzten Wein auf meine neue Klinge.«

Yoshi wusch sich an dem steinernen Wasserbecken. Er zog sich einen Reisemantel an und nahm einen Regenumhang aus Stroh mit — es standen dunkle Wolken am Himmel. In dem kleinen Geldbeutel, der in seinem *obi* steckte, war genug Geld, um den Töpfer und die Träger zu bezahlen. Er verbeugte sich feierlich vor Hanzo und machte sich auf den Weg.

Das Wetter schlug rasch um. Die Frische des Morgens war verschwunden, und Stille hing lastend über dem Tal. Die Luft war schwül und drückend. Regenwolken trieben über den Himmel. Gegen Mittag setzte heftiger Regen ein, der Bäche und Flüsse unpassierbar zu machen drohte.

Yoshi legte sich den Regenumhang um die Schultern. Er hatte es eilig, nach Mishima zu kommen, bevor der Kano-Fluß so sehr angeschwollen war, daß er auf der anderen Seite festsaß. Er wußte zwar nicht, ob er Hanzo helfen konnte, aber wenn es zum Kampf kam, wollte er in der Schmiede an Hanzos Seite sein. Er nahm eine Abkürzung durch den Wald und legte, abwechselnd gehend und rennend, neun Meilen in östlicher Richtung zurück. In der Nähe der kleinen Stadt Hara erreichte er die Straße. Die Stadt war wie ausgestorben; alles war vor den herabstürzenden Wassermassen in die Häuser geflohen. Es waren weniger als vier Meilen bis Numazu, wo ihn Träger für zwei Kupfermünzen über den anschwellenden Kano-Fluß brachten. Er beschleunigte seine Schritte für die letzten dreieinhalb Meilen über die Halbinsel Izu, die die Suruga-Bucht von der Sagami-Bucht trennte. Mishima lag in der Mitte der Halbinsel am Fuß eines Berges.

An der Töpferei angekommen, nahm Yoshi seinen Umhang ab und schüttelte ihn aus. Er trocknete sich mit einem Tuch ab, das zu diesem Zweck auf der überdachten Veranda lag. Bevor er klopfen konnte, öffnete sich die Tür. »Ah, Yoshi, wie gut, dich zu sehen«, sagte Matsutaro, der Töpfer. Er war ein kleiner Mann, der nicht ein einziges Haar auf dem Kopf hatte. Zwischen den unzähligen Falten in seinem Gesicht waren seine Augen kaum auszumachen. Die jahrelange Arbeit hatte seinen Körper gebeugt. Er bewegte sich langsam — nur seine Hände tanzten im Rhythmus eines unhörbaren Liedes. Sie waren zart und glatt wie Pergament, und unter der Haut wanden sich die blauen Schlangen der Adern.

»Was führt dich zu mir?« fragte Matsutaro. »Ich bin ganz sicher, daß Hanzo erst nächste Woche neue Tonerde haben wollte.« Die Stimme des alten Mannes klang tief und fest; sie paßte ebensowenig zu seinem schmächtigen Körper wie seine Hände.

»Hanzo sagte mir, er brauche neue Tonerde zum Härten.«

»Unmöglich. Was ich ihm letztesmal mitgegeben habe, muß noch mindestens zehn Tage reichen.«

Yoshi spürte einen Druck in seinem Magen. Ihm kam ein Verdacht. Hatte Hanzo ihn vielleicht absichtlich weggeschickt? Hatte er ihm etwas verschwiegen? War er mit Rebellen aus der Stadt zusammen gewesen? Aber vielleicht war alles auch nur ein Mißverständnis. Yoshi konnte sich nicht erinnern, ob sie in der vergangenen Woche mehr Ton als sonst verbraucht hatten. »Trotzdem«, sagte er, »ich bin gekommen, um neuen Ton zu holen. Füll mir zwei Säcke — ich muß mich gleich wieder auf den Rückweg machen.«

»Nein, nein, Yoshi. Bitte bleib noch ein wenig. Es ist einsam hier, und ich bin froh, daß du da bist und mir Gesellschaft leisten kannst.«

»Es tut mir leid, Matsutaro. Hanzo wartet auf mich in der Schmiede. Heute abend wollen wir auf sein neuestes Schwert trinken. Wenn ich nicht sofort wieder aufbreche, werde ich es vor Einbruch der Dunkelheit nicht mehr bis zum Fluß schaffen.«

»Ja, das verstehe ich.« Der alte Mann schüttelte traurig den Kopf. »Bitte, setz dich doch. Ich werde inzwischen den Ton abwiegen.«

Matsutaro stieg auf den Speicher seiner Werkstatt und kehrte mit zwei Säcken aus grober Baumwolle zurück. Während Yoshi ungeduldig wartete, füllte er jeden der beiden Säcke mit etwa dreißig Pfund Tonerde. Er band die Säcke zu und steckte eine Bambusstange durch die langen Schlaufen des Seils. »Es ist nicht sehr angenehm, bei einem solchen Wetter unterwegs zu sein. Es wäre klüger, wenn du warten würdest«, sagte er in einem letzten Versuch, Yoshi zum Bleiben zu überreden.

Yoshi hatte Mitleid mit dem einsamen Töpfer, aber der Verdacht, der ihm gekommen war, trieb ihn zur Eile. Er beherrschte seine Ungeduld, so gut er konnte. Mit einem gezwungenen Lächeln sagte er: »Ich muß gehen. Bei meinem nächsten Besuch werde ich mehr Zeit haben.« Yoshi bückte sich und legte sich den Bambusstab auf die Schultern. Er konnte das Gewicht mit Leichtigkeit tragen, aber der Stab bog sich gefährlich durch.

Auf der Küstenstraße waren es von Mishima nach Yoshiwara fast zwanzig Meilen. Auf dem Hinweg hatte Yoshi eine Abkürzung über die Hügel genommen, aber jetzt zwang ihn seine Last, auf der Straße zu bleiben. Normalerweise hätte er die sechzig Pfund langsam, aber ohne Mühe transportiert. Diesmal jedoch beschloß er, sich Träger zu nehmen, um schneller voranzukommen. Sie würden ihn und die Tonerde im Dauerlauf nach Yoshiwara bringen.

Der Regen ließ, wie Matsutaro es vorausgesagt hatte, bald nach, und dennoch waren weit und breit keine Träger zu sehen. Yoshis Sandalen füllten sich bei jedem Schritt mit Wasser. Es dauerte nicht lange, und es hörte ganz auf zu regnen. Die Wolken hatten jenen zarten bläulichen Schimmer, an dem man ein gutes Schwert erkennt.

Eine Stunde später sah Yoshi eine Gruppe von sechs Trägern, die am Straßenrand standen. Ihre Sänfte lag im Straßengraben, und alle sechs beschimpften sich und drohten einander mit den Fäusten.

»Ein Goldstück für euch, wenn ihr mich und diese Säkke nach Yoshiwara bringt«, sagte Yoshi.

Der Streit hörte auf, als habe es ihn nie gegeben. Innerhalb von Sekunden hatten die Träger die Sänfte aufgerichtet. Yoshi und seine sechzig Pfund Tonerde waren auf dem Weg nach Yoshiwara.

»Wir können erst hinüber, wenn das Wasser gefallen ist.« Die Träger standen am Ufer des Kano.

Yoshi bekam einen trockenen Mund, als er daran dachte, was geschehen war, als er versucht hatte, mit Ietaka den Okitsu-Fluß zu überqueren. Aber seine Verzweiflung war stärker als seine Furcht. »Natürlich können wir hinüber!« rief er dem Anführer der Träger zu. »Ich habe ihn schon überquert, als er mehr Wasser führte als jetzt.«

»Nein, es ist zu gefährlich.«

Zu Yoshis Rechten beleuchtete die untergehende Sonne die Wolken am Berg Fuji. Bald würde es dunkel sein, und sie waren noch Meilen von der Schmiede entfernt. »Ich gebe euch noch ein Goldstück, wenn ihr mich hinüberbringt«, sagte er und ballte die Fäuste.

Die Träger stellten die Sänfte am Flußufer ab und berieten sich. Ihre rauhen Stimmen wurden vom Wald auf der anderen Seite des Flusses zurückgeworfen. Das von den Wolken reflektierte rote Licht fiel auf ihre nackten tätowierten Rücken und gab ihnen das Aussehen von Geisterwesen. Es dauerte fünf Minuten — die Sonne war inzwischen untergegangen — bis ihr Anführer an die Sänfte trat. »Wir können nicht hinüber. Ein toter Mann kann mit Gold nichts anfangen«, sagte er störrisch.

»Ich gebe euch zwei Goldstücke.«

»Wartet.«

Noch einmal fünf Minuten! Die ersten Sterne funkelten im Zwielicht, und nur der verschneite Gipfel des Fuji leuchtete rot im Abendlicht.

»Das Wasser ist jetzt gefallen. Wir werden Euch für zwei Goldstücke hinüberbringen.«

»Beeilt euch! Hier ist das Gold.« Die böse Vorahnung, die Yoshi zu unterdrücken versuchte, wurde mit jeder Minute größer. Der sich verdunkelnde Himmel, der rauschende Fluß, der Wind, der durch die Maulbeerbüsche am Ufer strich — dies alles schien von Unheil zu künden.

»Beeilt euch!« wiederholte Yoshi.

18

Yoshi ließ die Träger an der Straße zurück und ging über den dunklen Hügel zur Schmiede. Der Geruch von verbranntem Holz erfüllte die Luft. Als er versuchte zu rennen, begannen die Säcke zu hüpfen, und die Bambusstange bog sich gefährlich, so daß er anhalten und langsam weitergehen mußte.

Was dort über den Bäumen hing, war keine Wolke — es war Rauch. Als er sich der Spitze des Hügels näherte, sah er in der Dunkelheit vor sich ein schwaches rotes Glühen. Er warf die Säcke mit der Tonerde hin und begann zu rennen. Ungeschickt bahnte er sich einen Weg durch das Unterholz.

Nach einigen Metern bot sich ihm ein Anblick, den er zeit seines Lebens nicht mehr vergessen würde: Die Schmiede war nur noch eine schwelende Ruine; der Querbalken über dem Eingang war verbrannt und der größte Teil des Daches eingestürzt. Flammen züngelten aus dem Stroh und beißender Rauch stieg auf. Vier gerüstete, berittene Männer rüttelten an den stehengebliebenen Stützbalken und rissen, während sie die Trümmer durchsuchten, die Überreste der Werkstatt nieder. Auf dem feuchten Boden, wo früher der Eingang gewesen war, lagen zwei Samurai. Der eine war tot, fast von oben bis unten gespalten, der andere lag im Sterben. Er hatte einen Arm verloren, und aus dem Stumpf schoß das Blut.

Yoshi versteckte sich hinter einem Baumstamm.

Der Anführer schrie die anderen drei wütend an. »Er muß hier irgendwo sein. Ich habe ihn verwundet. Findet ihn!«

»Es ist niemand mehr hier, Fürst Kichibei«, antwortete einer der Samurai. »Dieses Feuer kann er nicht überlebt haben.«

»Dann sucht nach der Leiche. Sein Kopf soll auf einer Stange ausgestellt werden.«

In einem etwa zwanzig Meter entfernten Dickicht hörte Yoshi das Knacken von Zweigen. Er wich weiter hinter den Baum zurück. Ein Stöhnen ... Er erkannte die heisere Stimme.

»Hanzo«, zischte er. »Ich bin's, Yoshi. Hier, bei den Bäumen.« Im Schein des Feuers konnte Yoshi sehen, daß die Samurai immer noch in den Trümmern suchten, während Hanzo mühsam den Hügel hinaufkroch. Er war nur ein paar Meter von ihnen entfernt. Angsterfüllt biß Yoshi sich auf die Lippen. Wie war es möglich, daß sie ihn nicht sahen oder hörten?

Hanzos Silhouette hob sich gegen das Feuer ab. Er wandte den Kopf hin und her und versuchte, Yoshi im Dunkel unter den Bäumen zu erkennen. »Ich kann nicht weiter, Yoshi. Flieh, solange es noch möglich ist. Laß mich hier zurück.« Hanzo versuchte zu flüstern, aber Yoshi kam es so vor, als schreie er. Die Samurai hörten nichts — sie suchten immer noch die Schmiede ab und hatten Hanzos Flucht nicht bemerkt.

»Nein, Hanzo.« Yoshi rannte zu ihm und packte ihn unter den Armen. Er zog ihn weiter vom Feuer weg.

»Lieg still. Hier sind wir sicher.« Yoshi tastete nach der Wunde. Ein Schwerthieb hatte Hanzo an der Brust getroffen. Yoshi riß Hanzos Kimono in Streifen und versuchte, die Blutung zu stillen.

Hanzo hustete Blut. »Hast du gesehen, wie ich die sechs aufgehalten habe?« keuchte er.

»Du hast zwei getötet.« Mit schreckgeweiteten Augen sah Yoshi, daß das Blut durch den notdürftigen Verband sickerte.

»Tatsächlich? Das ist gut!« Trotz seiner Schmerzen lächelte Hanzo zufrieden. Dann verblaßte sein Lächeln und er sagte: »Ich habe die Sünden der Vergangenheit wiedergutgemacht. Mein Leben war gut. Ist es nicht so?«

»Ja, dein Leben war gut.« Tränen rannen über Yoshis Wangen. In Gedanken betete er zu Hanzos Shinto-Göttern.

»Du mußt fliehen, Yoshi. Fürst Kichibei selbst ist der Anführer. Flieh, solange noch Zeit ist. Bald werden seine Soldaten den Wald durchkämmen.« Wieder hustete Hanzo Blut. »Beeil dich! Sie dürfen dich nicht hier finden.«

»Ich kann dich nicht im Stich lassen, Hanzo. Es tut mir leid, daß ich nicht hier war, als sie kamen. Ganz gleich, was passiert — ich werde bleiben.«

»Du Narr! Ich habe dich weggeschickt, damit du in Sicherheit bist.«

»Dazu hattest du kein Recht.«

»Doch, das hatte ich. Du bist für mich immer mehr gewesen als ein Gehilfe. Du bist für mich wie mein eigener Sohn.«

Yoshi kämpfte gegen die Tränen an. Was konnte er tun? Nur das Prasseln des Feuers verhinderte, daß die Samurai Hanzo hörten. Yoshi sah, wie Kichibei sie zu sich rief, um ihnen weitere Befehle zu geben. Das mochte die letzte Möglichkeit sein, Hanzo in Sicherheit zu bringen. »Kannst du laufen?« flüsterte Yoshi.

»Nein. Laß mich hier liegen und rette dich.«

»Versuch es! Weißt du noch — das hast du zu mir gesagt, als ich zum erstenmal am Amboß stand.«

»Nein. Ich kann nicht. Es hat keinen Zweck. Ich habe zuviel Blut verloren.«

»Dann trage ich dich.«

»Ach, Yoshi. Ich wollte, daß du stolz auf mich bist. Vom ersten Tag an, als ich dich fast tot im Wald fand, habe ich gehofft, daß du mich eines Tages Vater nennen würdest. Jetzt hat sich alles verkehrt: Ich bin schwach und du bist stark. Der Kreis schließ sich. Yoshi...« Hanzos Stimme erstarb.

»Hanzo, ich *bin* stolz auf dich«, sagte Yoshi. »Du hast gegen Kichibei und seine besten Soldaten gekämpft und zwei von ihnen getötet. Niemand hätte mehr vollbringen können. Ich bin geehrt, dich meinen Vater nennen zu dürfen.«

Wieder hustete Hanzo; sein Körper bäumte sich vor Schmerzen auf. Er packte Yoshis Arm und sagte mit letzter Kraft: »Nimm mein Schwert. Es ist eine edle Klinge. Die beste, die ich je gemacht habe. Sie ist für dich..., meinen Sohn.«

»Danke, Vater.«

»Ich bin glücklich.« Hanzo fiel zurück und lag still.

»Vater, Vater, auch wenn deine Götter dich verlassen haben — ich werde dich nicht verlassen! Ich werde dich rächen. Ich schwöre es!«

Yoshi drückte dem Toten die Augen zu und betrachtete das friedliche Lächeln, das auf Hanzos Gesicht lag.

Hanzo war in Ehren gestorben.

19

Yoshi nahm das Schwert aus Hanzos Hand und bedeckte den Leichnam mit Zweigen. Dreißig Meter entfernt ritt Kichibei um die schwelenden Trümmer der Schmiede und verfluchte seine Samurai. Yoshi sah, daß er eine teure Rüstung und ausgezeichnete Waffen trug. Selbst das Zaumzeug seines Pferdes war mit Gold beschlagen. Im Widerschein des Feuers sah Yoshi auf Kichibeis Gesicht deutlich die Spuren seines ausschweifenden Lebens. Sein ehemals kantiges Kinn war rund und weich geworden, und seine Wangen waren so aufgedunsen, daß die Augen kaum noch zu sehen waren. Yoshi wußte aber, daß Kichibei früher ein berühmter Krieger gewesen war und sich auch heute noch täglich im Schwertkampf übte. Er war ein gefährlicher Mann, dessen Soldaten ihm eher aus Furcht als aus Liebe und Respekt gehorchten.

»Findet ihn!« rief Kichibei mit vor Wut schriller Stimme. Er war heute nacht mit seinen Soldaten ausgeritten, um sich etwas Abwechslung zu verschaffen. Sie hatten keinen Widerstand erwartet. Aber nun waren zwei seiner Männer tot, und der Mann, der sie getötet hatte, war nicht zu finden. Kichibei fürchtete, sein Gesicht zu verlieren. »Findet ihn! Wenn er entkommt, werdet ihr es bereuen!« schrie er wieder.

Yoshi hielt sich im Schatten. Langsam schlich er von einem Baumstamm zum anderen den Hügel hinab auf die Samurai zu. Hanzo hatte einen von ihnen verwundet — aber welchen? Das Feuer brannte nieder, und Yoshi konnte nur Kichibeis mit Bronze verzierte Rüstung und seinen großen chinesischen Helm erkennen. Die anderen drei umkreisten die Trümmer des Hauses. Sie trugen eisenbeschlagene Lederwämser und waren kaum voneinander zu unterscheiden. Nein..., einer der Samurai trug an einer Lanze, die hinter seinem Sattel befestigt war, einen Wimpel mit dem Wappen seines Herrn.

Yoshi verbarg sich im Gebüsch am Rand der Lichtung. Er war einem der Reiter so nahe, daß er sein heiseres Atmen und seine gemurmelten Flüche hören konnte, während er mit der Lanze in den Trümmern stocherte. Die anderen hatten sich entfernt, um die Umgebung abzusuchen. Der Samurai war also allein — aber für wie lange? Yoshi mußte schnell handeln. Er suchte den Boden ab, bis er einen großen runden Stein gefunden hatte. Er gab ihm einen Stoß, so daß er unter die Hufe des Pferdes rollte. Das Pferd scheute, richtete sich auf den Hinterbeinen auf und wieherte ängstlich.

Wieder fluchte der Reiter. Einen Augenblick lang war er abgelenkt.

Der Stein war gegen einen glühenden Balken gerollt, von dem Funken aufstoben. Der Samurai bemerkte es und stieg ab. Als er langsam auf den Balken zuging sah er den Stein. War das Hanzos Kopf?

Hinter ihm raschelte es. Er fuhr herum und riß instinktiv seine Lanze hoch. Zu spät! Das letzte, was seine Augen sahen, waren eine dunkel aufragende Gestalt und das Aufblitzen der Schneide einer neuen Schwertklinge.

Der Kopf rollte in die Flammen und machte dabei weniger Lärm als zuvor der Stein. Das Feuer erfaßte ihn und innerhalb von Sekunden war er verkohlt und nicht mehr zu erkennen. Der Körper des Samurai brach in die Knie. Einige Sekunden lang wurde er noch von der Lederrüstung aufrecht gehalten, dann sank der Leichnam ins Feuer. Das Ganze hatte nicht einmal eine Minute gedauert.

Yoshi hörte, wie Kichibei auf der anderen Seite der Schmiede die beiden Samurai beschimpfte. Die Innenwände aus Papier und das Dach waren völlig verbrannt. Nur von den hölzernen Balken zuckten noch hin und wieder Flammen oder Funken in den nächtlichen Himmel und erhellten die Lichtung.

Yoshi führte das Pferd des toten Samurai unter die Bäume. Plötzlich verstummte Kichibeis schrille Stimme, und man hörte nur noch das Knistern der Glut und das Schnauben der Pferde. Dann quietschte eine Lederrüstung und ein Pferd wieherte — ein zweiter Samurai bewegte sich auf Yoshi zu.

Yoshi stieg auf und trieb das Pferd an. Die Augen des Samurai weiteten sich, und der Mund stand ihm offen, als er diesen Racheengel mit gezogenem Schwert auf sich zu reiten sah. Er hatte keine Zeit mehr, sein eigenes Schwert zu ziehen, und warf sich von seinem Pferd, um dem Angriff zu entgehen. Er landete zwischen glühenden Balken am Rand des Feuers. Eine Flamme züngelte hoch und erfaßte den seidenen Saum des Gewandes, das er unter seiner Rüstung trug, und innerhalb von Sekunden hatte er sich in eine menschliche Fackel verwandelt, die vor dem Hintergrund des niedergebrannten Feuers hell aufloderte.

Kichibei und der dritte Samurai riefen von der anderen Seite des Feuers herüber.

»Reisuke, was ist passiert?« brüllte der Samurai.

»Wo ist Reisuke?« wollte Kichibei wissen.

»Ich weiß es nicht, Herr.«

»Dann finde es heraus! Und wo ist Yasumitsu?«

»Ich habe ihn nicht gesehen, Herr.«

»Amida Nyorai, muß ich denn alles selbst tun?« fuhr Kichibei ihn an. Er gab seinem Pferd die Sporen und riß es herum. Dem Samurai befahl er, die andere Seite des Feuers abzusuchen.

»Fürst Kichibei!« die Stimme des Samurai klang heiser. »Ich habe einen von ihnen gefunden.«

»Welchen, du Dummkopf?«

»Ich weiß es nicht, Herr. Er ist enthauptet.«

Kichibei ritt zu ihm; er betrachtete den Leichnam des geköpften Samurai. »Der Schwertschmied ist trotz seiner Wunden noch am Leben«, sagte er kalt. »Steig ab und durchsuch die Büsche.«

Yoshi hatte sich weiter in den Wald zurückgezogen und strich dem Pferd über die Nüstern, damit es keinen Laut von sich gab. Am Rande der Lichtung ritt Kichibei auf und ab. Er trieb den Samurai, der geräuschvoll das Gebüsch absuchte, mit lauter Stimme an.

»Fünfzig *koku* Land für dich, wenn du ihn findest!« rief Kichibei. »Und *seppuku*, wenn du ihn nicht findest!«

Es klarte auf. Niedrig hängende Wolkenfetzen zogen vor dem Mond vorbei. Licht und Schatten wechselten. Zu dem Geruch von brennendem Papier und Holz war der von verkohltem Leder und Fleisch gekommen. Yoshis Pferd rollte ängstlich die Augen und scheute vor dem sich langsam nähernden Samurai. Es konnte nur noch Augenblicke dauern, bis der Mann sie sah. In der Hoffnung, ihn zu überraschen, trieb Yoshi das Pferd an.

Der Samurai sah auf und erstarrte, als das Pferd auf ihn

zu galoppiert kam. Aber diesmal waren die Götter Yoshi nicht günstig gesonnen. Ein Zweig schlug Yoshi ins Gesicht und fegte ihn vom Pferd.

Der Samurai stieß einen Triumphschrei aus und rannte auf den am Boden liegenden Mann zu. Yoshi rollte sich unter einen Maulbeerstrauch. Sein dunkles Gewand machte ihn im Schatten fast unsichtbar und verschaffte ihm einen kleinen Vorteil. Der Samurai war deutlich zu sehen — die Metallbeschläge seiner Rüstung und sein Helm funkelten im Mondlicht.

Nachdem er sein Opfer aus den Augen verloren hatte, durchsuchte der Samurai vorsichtig das Unterholz. Seine schwere Rüstung behinderte ihn, als er sich einen Weg durch die Büsche bahnte. »Ich habe ihn gefunden. Er ist hier!« rief er Kichibei zu und drang vorsichtig weiter vor. Hanzo hatte ihn verletzt. Der Schmied hatte ihm den Oberschenkel aufgeschlitzt, und obwohl der Hieb keine Schlagader durchtrennt hatte, war die Wunde schmerzhaft. Er hatte Respekt vor seinem Gegner; man mußte vor ihm auf der Hut sein — ob er nun verwundet war oder nicht.

Unter normalen Umständen gab es nichts, wovor der Samurai Angst hatte. Wenn man ihm den Befehl gegeben hätte, sich den Bauch aufzuschlitzen, hätte er das ohne zu zögern getan. Hier aber im dunkeln, ungewohnten Wald, wo er einem Gegner gegenüberstand, der ohne einen Laut auftauchte und wieder verschwand, beschlich ihn ein Gefühl, das ihm den Mund trocken werden ließ und den Schweiß auf die Stirn trieb.

Da! Hinter ihm hatte sich etwas geregt.

Er drehte sich mit einer trotz seiner Wunde und seiner schweren Rüstung unglaublichen Geschwindigkeit um.

Stille.

Langsam ging er weiter. Seine Augen huschten hin und her.

»Was ist los? Hast du ihn gefunden?« rief Kichibei. Er war außer sich vor Wut und seine Stimme klang wie die eines alten Weibes.

Wenn er eine Antwort gab, würde er seine Position verraten. Der Samurai biß sich auf die Lippen und tat noch einen Schritt. Plötzlich legte sich ein Arm um seine Kehle und drückte ihm die Luft ab. Er versuchte, sich dem Griff zu entwinden, aber sein verwundetes Bein war zu schwach. Sein Kopf wurde herumgedreht, und gleichzeitig wurde ihm die Kehle zugedrückt. Er ließ sein Schwert fallen und krallte seine Finger in den Arm, der sich unerbitterlich immer fester um seinen Hals schloß. Er dachte an die ungeheuer kräftigen Hände des Schmiedes. Er versuchte zu beten ... Nur ein trockenes Keuchen drang aus seiner Kehle. Seine Augen verdrehten sich. Kurz bevor sein Genick brach, sah er das Gesicht seines Gegners. Er starb voller Verwirrung.

Yoshi ließ den Leichnam zu Boden fallen.

Kichibeis Pferd schnaubte und stampfte mit den Hufen, während Kichibei ihm wütend mit den Fersen in die Seiten trat. Yoshi sah seine Silhouette vor dem niedergebrannten Feuer und konnte hören, wie Kichibei seine Samurai, die auf seine Rufe nicht reagierten, mit Folter und Tod bedrohte.

Yoshi wartete, bis sich eine Wolke vor den Mond geschoben hatte. Dann trat er hinter einem Baum hervor und rief mit klagender Stimme: »Kichibei, ich bin's, der Geist von Hanzo. Ich bin gekommen, dich zu holen.«

Kichibei blieb stehen, als habe ihn der Bolzen einer Armbrust getroffen. Ein Leben in Luxus hatte dazu geführt, daß er sich nur ungern unnötigerweise einer Gefahr aussetzte — dumm hatte es ihn jedoch nicht gemacht. Er lächelte verächtlich. Dies war nichts weiter als ein kindischer Trick, mit dem Hanzo ihm Angst einjagen wollte. Dieser fette alte Ringkämpfer hatte es also irgendwie geschafft, seine Samurai zu töten. Aber in Fürst Kichibei würde er einen anderen Gegner finden.

»Wo bist du, o Geist von Hanzo?« rief er und gab sich Mühe, seiner Stimme einen ängstlichen Klang zu geben.

»Im Wald.«

»Komm heraus, Geist von Hanzo, damit ich dich besser sehen kann.«

»Ich komme.« Diesmal kam die Stimme woanders her.

Kichibei nickte befriedigt. Dieser fette Dummkopf wollte es auf einen Kampf ankommen lassen.

Kichibei war gerüstet und bewaffnet, eine Kampfmaschine, die keinen Gegner zu fürchten brauchte. Nur seine Rüstung war nicht so, wie er es sich gewünscht hätte: wenn er ging, klirrte und klickte es, obwohl sein Panzer — im Gegensatz zu denen seiner Samurai — nach Maß gearbeitet war und vorzüglich paßte. Er stieg so leise wie möglich ab und gab seinem Pferd einen Schlag auf die Hinterhand. Dann versteckte er sich zwischen den Bäumen und bereitete seine Falle vor.

Zunächst nahm er den Helm ab und setzte ihn auf einen Busch am Rande der Lichtung. Danach ging er ein paar Schritte auf den Hügel hinauf und versteckte sich hinter einem Baum. Von dort aus konnte er den Helm im Auge behalten. Er lächelte triumphierend und dachte daran, wie sein Ruhm zunehmen würde, wenn er allein den Riesen besiegte, der fünf seiner Samurai getötet hatte.

Zu seiner Linken raschelte es. Der »Geist von Hanzo« schlich durch die Büsche zwischen Kichibei und seinem Helm. Kichibeis Plan funktionierte.

Er zog sein langes Schwert aus der Scheide und beugte sich vor. Jetzt konnte er im schwachen Licht der Glut eine Gestalt ausmachen. Aber das war nicht Hanzo!

Einen Augenblick verwirrt zuckte Kichibei zurück. Die Gestalt war die eines jungen Mannes, viel kleiner als Hanzo. Hatte er es vielleicht mit zwei Gegnern zu tun? Nun gut. Er würde über diesen hier herfallen und ihn töten, bevor ihm der verwundete Schmied zu Hilfe kommen konnte.

Mit einem Schrei und hocherhobenem Schwert stürzte Kichibei aus der Deckung. Der Fremde wich zurück. Er trug nur einen leichten Umhang über seiner *hakama*. Kein Rüstung! Das war ein Vorteil für Kichibei. Doch unbehindert durch eine Rüstung sprang der andere behende beiseite und wich dem Angriff aus. Kichibei stieß nach. Er war ein durchtrainierter Schwertkämpfer und zweifelte keinen Augenblick daran, daß er diesen Bauernburschen bald getötet haben würde.

Krachend trafen die Klingen aufeinander. Kichibeis Schwert fuhr pfeifend durch die Luft, aber jeder Angriff wurde von dem Fremden pariert.

Ein plötzlicher Ausfall zwang Kichibei, sein Schwert zu senken. Der Fremde landete seinen ersten Treffer. Seine Klinge sauste auf Kichibeis Rüstung nieder und hinterließ eine tiefe Wunde an der linken Schulter. Kichibei wich den Hügel hinauf zurück, tiefer in den Wald hinein, weg von dem Schwert, das immer dichter an seinem ungeschützten Kopf aufblitzte. Er wünschte, er hätte seinen Helm nicht abgesetzt. Die Kraft seines Gegners war unglaublich. Mit jedem Schlag war Kichibei gezwungen, sich weiter zurückzuziehen. Das Schwert des Gegners traf ihn an der Brust. Seine Rüstung hielt, aber es war, als habe ihn ein Hammerschlag getroffen. Seine Atemzüge wurden kürzer und seine Paraden langsamer. Schweißtropfen glänzten auf seiner Stirn. Ihm wurde klar, daß der Fremde jünger und stärker als er selbst war und daß seine eigene Routine nicht ausreichte, um ihm den Sieg zu sichern. Zum erstenmal in einem Kampf spürte er, daß seine Muskeln sich verkrampften und Angst ihm das Selbstvertrauen nahm. Ein flüchtiger Gedanke durchbrach seine Konzentration. Wenn Hanzo nun seinem jungen Verbündeten zu Hilfe eilte? Dann würde alles verloren sein. Kichibei hatte einen bitteren Geschmack im Mund. Er schluckte nervös und versuchte, nur an den Kampf zu denken. Parieren. Zurückweichen. Parieren.

Es hatte keinen Zweck. Immer wieder überfielen ihn lähmende Gedanken. Wo war Hanzo? War er zu schwer verwundet, um kämpfen zu können? Wie lange würde es noch dauern, bis die anderen Samurai an der Schmiede eintrafen? Parieren. Zurückweichen. Parieren. Kichibei überfiel

Angst. Er hätte seinen Truppen niemals vorausreiten sollen. Wo blieben sie? Sie hätten schon lange hier sein sollen. Sie würden ihn retten. Nein ... Er würde all seine Kräfte zusammennehmen und diesen Bauernburschen vernichten; dann würde er seinen Truppen siegreich entgegengehen. Kichibei, der Held!

Dieser Gedanke gab ihm neuen Mut. Mit letzter Anstrengung machte er einen Ausfall, um seinen Gegner in die Defensive zu zwingen.

Ein Schlag. Noch ein Schlag. Parade. Finte. Unter seiner Rüstung lief ihm der Schweiß herunter. Seine Finger wurden schlüpfrig — und dann war es vorbei. Das Schwert flog ihm aus der Hand und beschrieb einen silbernen Bogen im Mondlicht. Er wich zurück und versuchte verzweifelt, sein Kurzschwert zu ziehen. Siegessicher kam sein Gegner den Hang herauf auf ihn zu. Er hatte sein Schwert gesenkt und das Kurzschwert, das Kichibei ihm zwischen die Rippen stoßen wollte, nicht bemerkt.

»Wer bist du?« fragte Kichibei, um die Aufmerksamkeit seines Gegners abzulenken.

»Du hast ein Recht, das zu erfahren. Ich bin Yoshi, der Sohn von Hanzo, dem Schwertschmied.«

Kichibei trat noch einen Schritt zurück und wollte gerade den Stoß ausführen, der seine Niederlage in einen Sieg verwandeln sollte, als er über ein Hindernis stolperte. Mit den Armen rudernd fiel er hintenüber; das kurze Schwert flog in die Büsche. Im Fallen drehte Kichibei sich um und bemerkte, daß sein Fuß sich in Zweigen verfangen hatte, die einen Leichnam bedeckten. Er fiel neben dem toten Mann zu Boden. Das letzte, was er sah, bevor Yoshis Schwert ihm den Kopf abtrennte, war das friedliche Lächeln auf dem Gesicht des Toten. Hanzo hatte Rache genommen.

20

Yoshi wußte nicht, daß auf der anderen Seite des Berges ein Trupp Soldaten unterwegs zur Schmiede war. Er erwies Hanzo die letzte Ehre. Er beerdigte ihn neben dem Schrein der Sonnengöttin Amateresu, und bevor er das Grab zuschüttete, legte er das edle Schwert hinein, das ihm bei seiner Rache so gute Dienste geleistet hatte. Er hoffte, daß Hanzo, dessen Seele jetzt gewiß schon im Westlichen Paradies war, diese Geste verstand. Er hatte Yoshi ein Geschenk gemacht, und dieser hatte es angenommen, aber jetzt war der Platz des Schwertes neben seinem Schöpfer. Neben dem Grab kniend schwor Yoshi noch einmal, Genkais Tod zu rächen, wie er Hanzos Tod gerächt hatte, und im stillen gelobte er sich: »Nie wieder werde ich einen Schwur vergessen.«

Die Pferde liefen unruhig am Rande der Lichtung auf und ab und versuchten, dem Qualm des Feuers auszuweichen. Er fing sie ein und beruhigte sie. Er sattelte das Pferd ab, das Kichibeis Wimpel getragen hatte, und nahm die Lanze an sich. Dann führte er das Pferd in den Wald und band es an einem Baum in der Nähe von Kichibeis Leiche fest.

Kichibeis Kopf lag an einer vom Mond beschienenen Stelle zwischen den Bäumen. Das Haar hing ins Gesicht, und der kleine, böse Mund war erstaunt aufgerissen. Yoshi schloß ihn und strich fast zärtlich das Haar aus dem Gesicht. Als er den Kopf auf die Lanze gesteckt hatte, war sein Sinn für dramatische Effekte befriedigt. Er ging mit der Lanze auf die Lichtung und bohrte ihren Schaft an der Stelle in den Boden, an der der Eingang der Schmiede gewesen war.

Pferde!

Sie waren auf dem Weg zur Schmiede, und sie hatten es eilig. Yoshi hörte die Stimmen vieler Männer und das Klirren von Rüstungen und Waffen. Er zögerte keinen Augenblick. Die Lanze stand da, wo sie hingehörte. Er hob Kichibeis Schwert auf und lief, ohne sich umzusehen, zum Pferd.

Jeden Moment mußten auf der Lichtung Männer auftauchen ... Da! Rufe, Verwirrung, Pferdetrappeln, als sie die Lanze mit der schrecklichen Trophäe entdeckten. Noch mehr Rufe — man hatte einen Leichnam gefunden, dann einen weiteren.

Yoshi band das Pferd los und führte es tiefer in den Wald hinein. Die Geräusche, die er dabei machte, wurden von dem Geschrei auf der Lichtung übertönt.

Die Soldaten erkannten den Kopf ihres Herrn. Sie waren uneins. Die einen fühlten sich Kichibeis Familie verpflichtet und wollten dem, der ihn getötet hatte, nachjagen, die anderen betrachteten sich jetzt als *ronin* und wollten ihrer Wege gehen. Yoshi lächelte grimmig, als er hörte, wie sie sich stritten. Jede Minute, die die Samurai vertaten, gab ihm einen weiteren Vorsprung.

Da das Licht des Feuers nun weit hinter ihm lag, wurde das Vorankommen für Yoshi mit jedem Schritt schwerer. In der Dunkelheit stolperte er immer wieder über Wurzeln, und Zweige schlugen ihm ins Gesicht, als er sich und dem Pferd mit dem Schwert einen Weg bahnte. Die Spannung war von ihm abgefallen, und die Anstrengung des Kampfes gegen Kichibei ließ ihn vor Erschöpfung zittern. Aber er durfte sich nicht ausruhen. Triumph und Rache waren vergessen. Mühsam kämpfte er sich durch das Unterholz.

Als er die Rufe der Samurai nicht mehr hören konnte, verdoppelte Yoshi seine Anstrengungen. Immer wieder hob und senkte sich sein Schwertarm. Jetzt kam es nicht mehr darauf an, möglichst leise zu sein — er mußte nur möglichst weit kommen. Je weiter er sich von den Samurai entfernte, desto besser. Yoshi keuchte und spürte heftige Seitenstiche. Dennoch eilte er weiter.

Fünfundvierzig Minuten später hatte Yoshi den Waldrand erreicht. Vor ihm lag ein flaches Feld. Er mußte all seine Kräfte zusammennehmen, um auf das Pferd zu steigen.

Sollte er in nordöstlicher Richtung reiten und versuchen, den Machtbereich der Taira hinter sich zu lassen? Er würde sich bei Matsutaro, dem Töpfer in Mishima, verstecken können, aber er wollte den alten Mann nicht in Gefahr bringen; wenn Kichibeis Männer ihren Herren rächen wollten, würden sie ihre Suche gewiß bis Mishima ausdehnen. Sie würden denken, daß er diesen Weg gewählt habe, anstatt tiefer in das Land der Taira einzudringen. Natürlich werden sie glauben, dachte Yoshi, daß ich diese Richtung einschlage. Vor langer Zeit, in Kioto, hatte Yoshi bei dem Lehrer, der Strategie und Taktik unterrichtete, gelernt, immer das Unerwartete zu tun. Also wendete er sein Pferd gen Süden und ließ die Zügel locker hängen.

Es war Zeit, Bilanz zu ziehen. Er war wieder unterwegs — nach vier Jahren in relativer Sicherheit. Außer einigen Münzen, dem Pferd und Kichibeis Schwert besaß er nur die Kleider, die er am Leib trug. Als er einen kleinen Bach durchquerte, warf Yoshi das Schwert mit einem Seufzer in das Wasser, in dem es sofort verschwand. Es hatte seine Schuldigkeit getan und würde nur Verdacht erregen, kein junger Mann in zerrissener Arbeitskleidung konnte ein solches Schwert tragen, ohne die Aufmerksamkeit der Obrigkeit auf sich zu ziehen. Doch fühlte er sich ohne eine Waffe nackt und verletzlich. Das Pferd fiel in einen stetigen Trab, und mit einemmal merkte Yoshi, wie erschöpft er war. Sein Gang nach Mishima, die mühsame Rückkehr, der Kampf, Hanzos Tod, die Flucht über den Hügel ... Yoshis Kopf fiel vornüber. Er nickte auf dem Pferd ein.

Plötzlich riß er die Augen auf und war sofort hellwach. Es war immer noch Nacht. Das Pferd stand in einem fast ausgetrockneten Flußbett. Kleine Rinnsale wanden sich zwischen Steinen hindurch und trugen Zweige und Blätter mit sich, die der Regen des vergangenen Tages in den Fluß geschwemmt hatte. Der zunehmende Mond beschien die gedrungenen Bäume am Ufer. Hier und da glänzten dunkle Tümpel im Flußbett. Yoshi wußte nicht, wie weit er gekommen war oder wie lange er geschlafen hatte. Der Fluß lag inmitten einer weiten Ebene. Yoshi hatte das Gefühl, daß dies kein guter Ort war, um das Morgengrauen zu erwarten.

Auf der anderen Seite des Flusses verlief eine Straße parallel zum Ufer und bog dann im rechten Winkel ab. Im Mondlicht sah Yoshi ein Stück weiter die Straße hinunter ein großes Bauernhaus, das verlassen aussah. Er war völlig erschöpft. Es hatte keinen Sinn, noch weiter zu reiten — besonders da es möglich war, daß er sich seinen Feinden wieder näherte. Es war an der Zeit, das Pferd loszuwerden. Wie das Schwert hatte es seinen Dienst erfüllt; wenn er angehalten wurde, würde man es vielleicht als eines von Fürst Kichibeis Pferden erkennen. Müde stieg er ab und jagte es mit einem Schlag den Pfad zurück, den er gekommen war.

Er raffte seinen Umhang und seine *hakama*, damit sie nicht naß wurden, und sprang von einem Stein zum anderen. Zwanzig Minuten später war er auf einem Haufen fauligen Strohs, den er hinter dem Bauernhaus gefunden hatte, eingeschlafen.

TEIL DREI

21

Über den hohen Bergen im Landesinneren wölbte sich ein kalter, grauer Winterhimmel, der hier und da das orange Licht der aufgehenden Sonne auf den Schneefeldern reflektierte. Die dunkelgrünen Äste vereinzelter Fichten bogen sich unter der Last des Schnees. Yoshis in Lumpen gewickelte Füße sanken tief ein. Der Wind hatte Schneewehen aufgetürmt, die höher waren als er selbst. Er beugte sich über den Leichnam eines Mannes, der sich wohl verlaufen hatte und in der Nacht erfroren war. Sein blau-weißes Gesicht hob sich kaum vom Schnee ab; selbst sein Haar war steifgefroren.

Es mußte ein wohlhabender Reisender gewesen sein. Seine Kleider waren von guter Qualität. Yoshi dachte an die Lumpen, die er trug. Der Tote würde den schweren Reisemantel und die schönen warmen Stiefel nicht mehr brauchen. Mit Mühe zog Yoshi dem Leichnam die steifgefrorenen Kleider aus und rollte sie zu einem Bündel zusammen.

Die kauernde Gestalt mit dem langen, verfilzten Haar, das wie eine Löwenmähne in alle Richtungen stand, hatte keinerlei Ähnlichkeit mit dem gepflegten, weltgewandten Yoshi von einst. Sein Bart war so dicht wie Moos auf einem Stein. Das Leben im Freien hatte seine Haut dunkel gefärbt, und seine Lippen waren rauh und aufgesprungen.

Yoshi hatte die Kunst des Überlebens gelernt. Er tat, was nötig war, um am Leben zu bleiben. Er hatte sich an das Leben als umherstreifender Vagabund fast gewöhnt — aber nur fast, denn noch konnte er sich an schönere Zeiten erinnern, als er Gedichte geschrieben und gemalt hatte.

Er warf sich das Bündel über die Schulter und ging auf einen der vielen Schreine zu, die Reisenden als Zuflucht dienten. Über ihm zog eine Schar Gänse vorbei. Ihr Ruf klang wie das Bellen wilder Hunde. Er warf einen letzten Blick auf den erfrorenen Mann, dessen nackter Körper unter diesem grauen Himmel fast obszön aussah. Es begann zu schneien, und die Schneeflocken blieben wie winzige Kirschblüten an den Haaren des Leichnams hängen. Langsam deckten sie ihn mit einem weißen Mantel zu. Bald würde er unter Schnee begraben sein und erst im nächsten Frühjahr wieder zum Vorschein kommen.

Der Reisende war fast in Sichtweite des Schreins gestorben. Nach wenigen Minuten bereits waren seine roten Dachgiebel zu sehen. Yoshi hielt darauf zu.

Drinnen war es dunkel und kalt. Der Geruch von Räucherwerk und Menschen, die vor ihm hier übernachtet hatten, erfüllte den kleinen Raum unter den rauchgeschwärzten Deckenbalken. Yoshi rollte das Kleiderbündel auf und befreite es vom Eis. Als er seine schmutzigen Lumpen auszog, verzog er das Gesicht über den Gestank, den sie ausströmten. Er ging hinaus, nahm einige Hände voll Schnee und rieb seinen nackten Körper damit ab, bis sich die Haut rötete. Als er sicher war, daß er allen Schmutz abgestreift hatte, kehrte er in das Innere des Schreins zurück, wo er zähneklappernd seine neuen Kleider anzog.

Der Schrein wurde von den Bergbewohnern regelmäßig aufgesucht. Es gab eine Feuerstelle, über der ein eiserner Kessel an einer Kette von der Decke herabhing. Auf einem Wandbord lag etwas angefaultes Gemüse. Yoshi entzündete ein Feuer und füllte den Kessel mit Schnee. Sobald er geschmolzen war, warf Yoshi das Gemüse in das Wasser. Es schmeckte nach nichts, aber es füllte ihm den Magen. Als er fertig war, säuberte er den Kessel und hängte ihn wieder an seinen Platz, damit ihn der nächste Reisende benutzen konnte.

Das Schneetreiben war stärker geworden, und der Himmel hatte sich verdunkelt. Außer dem Knacken der überladenen Fichtenzweige war kein Laut zu hören. Yoshi starrte in die Flammen. Vor seinem geistigen Auge zogen die Ereignisse vorbei, die dazu geführt hatten, daß er in diesem Schrein hoch in den Bergen saß ...

Vor neunzehn Monaten war Yoshi von einer Krähenschar geweckt worden, deren heiseres Krächzen die Stille des sonnigen Morgen durchschnitt. Er öffnete langsam die Augen und sah den blauen Himmel, in dem ein paar weiße Wölkchen trieben. Er lag auf einem Strohhaufen hinter einem alten, strohgedeckten Schuppen aus Lehmziegeln. Das Stroh war feucht und roch verfault. Der Schuppen, der einmal als Stall gedient hatte, war leer und verfallen. Yoshi sah sich um. Wo war er? Er wußte nur, daß dies ein verlassener Bauernhof irgendwo im Land seiner Feinde war.

Yoshi hörte Geräusche von der anderen Seite des Schuppens: das Klirren von Metall, vermischt mit angestrengtem Keuchen. Er sprang auf und sah vorsichtig um die Ecke des Schuppens. Erschrocken fuhr er zurück. Einige von Kichibeis Samurai brachen die vernagelte Tür des Bauernhauses auf. Offenbar suchten sie nach ihm. Er eilte zu seinem Strohhaufen zurück und vergrub sich in ihm. Verfaulte Strohhalme bohrten sich in seine Nasenlöcher und nahmen ihm die Luft. Mit äußerster Anstrengung gelang es ihm, stillzuliegen.

Zehn Minuten später standen die Samurai vor dem Strohhaufen. Yoshi hörte, wie sie miteinander sprachen.

»Er ist nicht hier. Wir verschwenden nur unsere Zeit«, sagte einer.

»Das Pferd ist ganz in der Nähe gefunden worden. Er kann nicht weit sein«, antwortete ein anderer.

»Durchsuchen wir lieber den Bambuswald dort drüben.«

»Einen Augenblick — erst noch den Strohhaufen.«

Yoshi preßte sich flach auf den Boden. Er hörte das Zischen eines Schwertes. Sein Bauch verkrampfte sich. Einmal, zweimal durchschnitt die Klinge das Stroh, erreichte ihn aber nicht. »So kommst du nicht auf den Boden. Du mußt hineinstechen.«

Plötzlich bohrte sich die Spitze des Schwertes Zentimeter von Yoshis Kopf entfernt in den Boden. Mit einem wütenden Ruck wurde die Klinge zurückgezogen. »Ich verderbe nur meine Klinge. Versuch du es doch mit deinem Schwert, wenn du willst«, knurrte der Samurai.

»Laß nur. Das Stroh stinkt. Da würde sich keiner verstecken.«

»Wir könnten es ja sicherheitshalber anzünden.«

»Nein, wir haben schon genug Zeit verloren. Wir müssen weiter. Komm, steig aufs Pferd. Ich habe das Gefühl, daß er meilenweit entfernt ist.«

Yoshi hörte Hufgetrappel, das sich langsam entfernte. Bis zum späten Nachmittag blieb er bewegungslos liegen. Dann arbeitete er sich verkrampft und hungrig aus dem Strohhaufen heraus und schlich vorsichtig über die Felder zu dem Bambuswald, der sich nach Norden und Westen erstreckte.

Die Sonne war bereits untergegangen, als er ein Versteck in einem Bambusdickicht fand. Er hob mit den Händen eine flache Mulde aus und beschloß, über Nacht zu bleiben. Mehrere Male hörte er Pferde und das Klirren von Waffen. Das spärliche Licht der Mondsichel konnte den Bambuswald nicht durchdringen, und so fiel es ihm nicht schwer, den Patrouillen auszuweichen. Den ganzen nächsten Tag über hielt er sich versteckt. Erst nach Einbruch der Dunkelheit zog er weiter. An dieses Muster hielt er sich auch in den folgenden Tagen und Wochen. Die Suche zwang ihn, seinen Plan, nach Süden zu fliehen, aufzugeben. Statt dessen ging er in die Berge im Norden, wo er sich vollständiger von der Welt zurückzog, als wenn er ein Gelübde abgelegt hätte und Mönch geworden wäre. Er war jetzt ein *esemono*: ein Schattenwesen, das in den unwirtlichsten Gegenden der Bergwälder ein armseliges Leben fristete ...

Langsam tauchte Yoshi aus seinen Erinnerungen auf. Er saß immer noch in dem kalten Schrein und starrte in die Glut des Feuers. »Nein«, sagte er und schüttelte den Kopf, »es hat keinen Zweck, der Vergangenheit nachzuhängen.« Fast zwei Jahre lang hatte er sich versteckt. Genug! Es war an der Zeit, den Plan auszuführen, den er vor langer Zeit gefaßt hatte: Er würde die Schwertkunst erlernen, Fürst Chikara aufspüren und Rache nehmen. Er hatte jetzt, dank des erfrorenen Reisenden, ordentliche Kleider. Er würde sich rasieren und sein Haar schneiden, damit ihn keiner erkannte, sich morgen auf den Weg zum Schwertmeister Naonori Ichikawa machen und ihn bitten, sein Schüler werden zu dürfen. Hatte Ichikawa nicht ein Dankschreiben für das Schwert geschickt, das Hanzo für ihn gemacht hatte? Hanzo hatte das Schwert geschmiedet, aber Yoshi hatte es graviert. Ja, er würde den Meister an seinen Brief erinnern und ihn bitten, ihn aufzunehmen. Morgen würde er sich auf den Weg zu Ichikawas Schule in Sarashina machen.

Mit dem morgigen Tag würde ein neues Leben beginnen.

22

Vier Monate später, im dritten Monat des Jahres 1174, erschien ein Reisender in einem teuren, wenn auch etwas schmutzigen blauen Mantel in der Stadt Sarashina, neunzig Meilen nördlich von Okitsu, in der Provinz Shinano. Die Kirschbäume standen in voller Blüte. Im hellen Frühlingslicht lag die Stadt schläfrig da. Einige Ochsenkarren bewegten sich langsam die Hauptstraße hinunter. Das Säuseln des Frühlingswindes untermalte die Stimmen der Straßenhändler, die ihre Waren anboten.

Sarashinas Ruhm gründete sich auf zwei Dinge: auf die Fürstin Sarashina, die vor fast hundert Jahren ein *nikki* — ein romantisches Tagebuch — geschrieben hatte, und auf die Schule des Schwertmeisters Naonori Ichikawa, aus der die besten Schwertkämpfer Japans hervorgegangen waren. Aus allen Gegenden des Landes kamen junge Männer in sein *dojo*, um die Kunst, ein Schwert zu führen, zu erlernen.

Man wies Yoshi den Weg zu einem unscheinbaren einstöckigen Gebäude, das außerhalb der Stadt lag. Ein Plakat neben dem Eingang wies es als Ichikawas Schule der

Kampfkunst aus. Das Dach war mit verschiedenartigen Dachziegeln geflickt worden; die Außenwände des Gebäudes bestanden aus Holz, in das Kampfszenen geschnitzt waren. Von drinnen war kein Laut zu hören.

War dies wirklich die berühmte Schule des Schwertmeisters Ichikawa?

Yoshi ging die Stufen hinauf. Er sah, daß die Einfassungsmauer des Brunnens Risse aufwies und daß am Steinfundament des Hauses ein zerbrochener Ochsenkarren lehnte. Alles machte einen alten und vernachlässigten Eindruck. Selbst die Kirschbäume, die den Vorhof des Hauses umgaben, sahen im Vergleich zu den herrlichen Bäumen in der Stadt ungepflegt aus. Nach seinem viermonatigen Fußmarsch durch die Berge war dies ein entmutigender Anblick.

»Ist jemand da?« rief Yoshi in die Stille.

»Einen Augenblick«, kam die Antwort. Die Eingangstür wurde aufgeschoben. »Was kann ich für Euch tun?« Es war eine dröhnende Stimme, die tief aus dem Bauch kam. Vor Yoshi stand der Schwertmeister Naonori Ichikawa.

Er war ein kleiner Mann mit einem glatten Gesicht und alt genug, um Yoshis Vater sein zu können. Er hatte am selben Feldzug teilgenommen wie Fumio und Chikara. Als man auch ihn für seinen Kampfesmut mit Ehrentiteln und Lehen auszeichnen wollte, hatte er abgelehnt, mit der Begründung, er sei ein Kämpfer und wolle seinen Lebensunterhalt mit dem Schwert verdienen.

In diesem Augenblick wirkte er ebensowenig beeindruckend wie sein *dojo*. Er war barfuß und trug nur eine schwarze *hakama* und einen *obi*. Sein nackter Oberkörper glänzte vor Schweiß. Abgesehen von seinen kräftigen Handgelenken und Unterarmen war er nicht sonderlich muskulös. Sein Gesicht war ausdruckslos, aber sein kleiner, gerader Mund verriet, daß er ein ernster Mensch war.

»Ich bin von weit her aus dem Süden über die Berge gekommen, um Euch aufzusuchen ... und Euch meine Dienste anzubieten«, sagte Yoshi mit einer höflichen Verbeugung.

»Dann seid Ihr ein Schwertkämpfer?« Ichikara runzelte die Stirn. »Euer Mantel und Euer Wappen sind die eines reisenden Kaufmanns.«

»Nein, ich bin kein Schwertkämpfer, obwohl ich mit dem Schwert umgehen kann. Ich habe vor vielen Jahren in Kioto Unterricht gehabt«, antwortete Yoshi.

Während seiner Reise über die Berge hatte Yoshi nicht daran gedacht, daß er abgewiesen werden könnte. Der Gedanke, daß Ichikawa ihn zurückschicken könnte, machte ihm angst.

»Ja, Ihr habt den Akzent, der in Kioto gesprochen wird. Wer seid Ihr, und warum sollte ich Euch in meine Dienste nehmen?« Ichikawa schien kühl und uninteressiert.

»Mein Name ist Tadamori Yoshi.« Keine Reaktion. Yoshi fuhr fort: »Erinnert Ihr Euch an Hanzo, den Schwertschmied?« fragte er.

»Natürlich, dieses Schwert hier stammt von ihm.« Ichikawa war immer noch kühl und zurückhaltend.

»Wenn Ihr Euch den Ansatz der Klinge genauer anseht, werdet Ihr feststellen, daß die Gravur nicht von Hanzo signiert wurde.«

»Ich weiß. Der Graveur war ein wirklicher Künstler, ein Lehrling des Schmiedes.«

»Der Gehilfe, der Euer Schwert graviert hat, war ich.«

Sofort veränderte sich Ichikawas Verhalten. »Ihr? Entschuldigt, daß ich so kurz angebunden war. Euer Können verdient Respekt. Kommt herein ... wir wollen nicht hier draußen herumstehen. Der Wind ist kühl, und Ihr seid lange unterwegs gewesen. Wir wollen uns lieber setzen, Tee trinken und über Euch sprechen.«

Ichikawa ging voraus. Während das Äußere des *dojos* völlig vernachlässigt war, herrschten innen peinlichste Sauberkeit und Ordnung. Der Holzboden glänzte wie ein Spiegel und reflektierte die Übungspanzer und die hölzernen Übungsschwerter, die in Gestellen aufgereiht an den Wänden standen. Hinter dem Übungsraum befand sich ein kleines Zimmer, dessen Wände von Dankschreiben berühmter

Schüler bedeckt waren. Auf einem niedrigen Tisch standen eine Vase mit Chrysanthemen, eine Teekanne und einige Teeschalen.

Ichikawa bat Yoshi mit einer Handbewegung, Platz zu nehmen. »Ich werde mich waschen und umziehen. Bedient Euch bitte selbst. Ich bin gleich wieder zurück.«

Yoshi setzte sich auf ein Kissen und las in den Dankschreiben, um sich die Zeit zu vertreiben. Sie waren beeindruckend. Männer, deren Ruf selbst in die entferntesten Winkel des Landes gedrungen war, schrieben, sie hätten alles nur Ichikawa zu verdanken.

Im *dojo* herrschte fast vollständige Stille; die Geräusche der Straße waren weit entfernt. Im Sonnenlicht, das durch die geöffnete Tür fiel, schwebten kleine Staubteilchen. Der Duft der Chrysanthemen vermischte sich mit dem des Tees und der Räucherstäbchen. Nach den anstrengenden Monaten der Reise genoß Yoshi die Ruhe. Ihm wurde bewußt, wie sehr ihm die Annehmlichkeiten der Zivilisation fehlten. In relativ sauberer Kleidung in diesem angenehm ruhigen Raum zu sitzen, erfüllte ihn mit Frieden. Es war, als sei er heimgekehrt.

Als Ichikawa eintrat, trug er eine weiße Jacke über einer himmelblauen *hakama*. Sein Haar war zu einem Knoten zusammengebunden, was die Rundheit seines Gesichtes noch unterstrich. »Seid Ihr das gewesen?« fragte er und sah Yoshi ausdruckslos an.

Yoshi hatte den Eindruck gehabt, daß das Gespräch bisher zu seinen Gunsten verlaufen war, aber jetzt war er sich nicht mehr so sicher. Ichikawa wußte bereits, daß er die Gravur angefertigt hatte. Was konnte er nur meinen?

»Vergebt mir, aber ich verstehe Eure Frage nicht«, sagte er.

»Seid Ihr der Unbekannte gewesen, der Kichibei und fünf seiner Samurai getötet hat?« War Ichikawa darüber aufgebracht?

»Ja.« Es hatte keinen Zweck, es zu leugnen, und selbst wenn er es gekonnt hätte, hätte er es nicht getan. Er hatte richtig gehandelt. Er hätte Hanzos Gedenken beleidigt, wenn er die Tat abgestritten hätte ..., selbst wenn er dadurch Ichikawas Unwillen erregte.

»Und Ihr wollt mein Schüler werden?« Ichikawa lachte. »Vielleicht sollte ich lieber Unterricht bei Euch nehmen.«

Yoshi seufzte erleichtert. Ichikawa hatte seine Tat nicht nur gutgeheißen, sondern war sogar erfreut. »Die Götter waren auf meiner Seite«, sagte Yoshi bescheiden. »Hanzos Gebete haben mich geleitet, und die Dummheit der Samurai war mein Vorteil.«

»Dennoch war es ein großer Sieg, und wenn Soldaten beisammen sitzen, sprechen sie noch heute darüber.«

»Ich habe keinen Ruhm verdient. Ich tat nur, was ich tun mußte.«

»So spricht ein echter Samurai.« Ichikawa schenkte zwei Schalen Tee ein. »Wie könnt Ihr wissen, daß Ihr mir trauen könnt?« fragte er. »Auf den Kopf desjenigen, der Kichibei getötet hat, ist immer noch ein Preis ausgesetzt.«

»Ich weiß, daß ich Euch vertrauen kann. Euer Name und Euer Ruf, ein Ehrenmann zu sein, sind im ganzen Land bekannt.«

»Gut. Erzählt mir mehr von Euch, von Euren Zielen und Interessen. Erzählt mir, was Ihr getan habt, bevor Ihr Hanzos Gehilfe wurdet ..., und was danach geschah. Dann können wir darüber sprechen, ob Ihr in meine Schule eintreten könnt.«

Yoshi erzählte Ichikawa von seinem Unterricht im Schwertkampf bei seinem Onkel Fumio und in den sechs Jahren, die er in Kioto zugebracht hatte. Er beschrieb seine Heimkehr und das Duell, das mit Genkais Tod geendet hatte. Seine Augen glühten leidenschaftlich, als er von dem Racheeid sprach, den er geschworen hatte. Seine Stimme wurde sanfter, als er die Freundschaft schilderte, die während seiner Flucht zwischen Ietaka und ihm gewachsen war, und er verhehlte nicht seinen Kummer darüber, daß sie getrennt worden waren. »Ich bin immer davon ausgegangen, daß ihm die Flucht gelungen ist«, sagte

Yoshi. »Es wäre mir unerträglich, wenn ich auch seinen Tod auf dem Gewissen hätte.«

Yoshi erzählte von Hanzos letztem Kampf und wie er selbst Kichibeis Soldaten entkommen war. Als er von seinem Leben als Flüchtling sprach, senkte er beschämt den Kopf. Er beschönigte nichts, als er erzählte, in welche Niederungen des Lebens er hinabgestiegen war, um zu überleben.

Als er geendet hatte, sagte Ichikawa lange nichts. Der Tee in der Schale, die er in der Hand hielt, war kalt geworden. Es war so still, daß Yoshi meinte, seinen Herzschlag hören zu können. Er wußte, daß er beurteilt wurde und daß seine Zukunft von der Entscheidung dieses Mannes abhing.

»Wenn du für mich arbeitest, wirst du keinen Lohn erhalten. Du bekommst nur etwas zu essen und eine kleine Hütte hinter der Schule.«

»Einverstanden«, sagte Yoshi schnell.

»Deine Gravuren sind hervorragend, aber kannst du auch Briefe schreiben? Kannst du Plakate und Schriftrollen anfertigen?« Ichikawa wurde geschäftlich.

»Ja«, antwortete Yoshi. »Ich kann lesen und schreiben.«

»Ausgezeichnet. Dann wirst du die Korrespondenz erledigen. Zu deinen Pflichten wird auch gehören, die Schule mindestens dreimal am Tag zu putzen und für die Lehrer und Schüler zu kochen. Als Gegenleistung werde ich dir Unterricht erteilen, wenn ich den Eindruck habe, daß du ihn dir verdient hast. Wenn du deine täglichen Aufgaben erledigt hast, darfst du beim Unterricht der anderen Schüler zusehen.«

»Einverstanden.«

»Du bist mein zweiter Assistent und unterstehst dem ersten Assistenten. Sein Name ist Kaneoki. Du wirst seinen Anweisungen gehorchen, als kämen sie von mir.«

Yoshi war überrascht. Es war so ruhig in der Schule, daß er angenommen hatte, Meister Ichikawa sei der einzige Lehrer, der dort unterrichtete.

»Kaneoki? Wo ist er, *sensei* — mein Lehrer?«

»Heute ist der dritte Tag des dritten Monats, und in Sarashina feiert man das Friedensfest. Kaneoki und die Schüler haben heute frei. Sie werden gegen Abend zurück sein.«

»Schlafen die Schüler und Kaneoki auch hier im *dojo*?« fragte Yoshi.

»Nein, nein. Zur Schule gehört noch ein zweites Gebäude hinter den Kirschbäumen. Dort wohnen sie. Zu deinen Aufgaben wird es natürlich auch gehören, ihre Räume sauberzuhalten.«

Ichikawa verbarg ein Lächeln, als er den Unmut auf Yoshis Gesicht sah. »Aber jetzt«, sagte er, »da wir Zeit haben und niemand da ist, wollen wir uns im Schwertkampf versuchen. Das wird deine erste Lektion sein.«

Er führte Yoshi zu dem Gestell mit den *bokken*. »Wir werden mit Holzschwertern kämpfen, bis ich weiß, wie gut du bist. Such dir eines aus«, sagte er.

Er zog seine weiße Jacke aus und ließ sein Holzschwert durch die Luft pfeifen.

Yoshi legte seinen blauen Mantel und alle anderen Kleider bis auf seinen Lendenschurz ab. Er suchte sich den schwersten Holzstab aus und ließ zuversichtlich seine Muskeln spielen. Immerhin hatte er nicht nur Unterricht im Schwertkampf gehabt, sondern auch später viele Stunden mit einem Samurai geübt, und Hanzo war ein guter Lehrer gewesen. Die Müdigkeit des langen Weges fiel von Yoshi ab; mit dem Schwert in der Hand fühlte er sich stark und ausgeruht.

Seine Zuversicht war bald verflogen.

Ichikawas Schwert bewegte sich mit blitzartiger Geschwindigkeit und traf ihn immer dort, wo er es am wenigsten erwartet hatte. Bald war Yoshi schweißgebadet und außer Atem. Je verbissener er kämpfte, desto schwerer wurde sein *bokken*.

Ichikawas Gesicht ließ keine Anstrengung erkennen. Sein schmächtig wirkender Körper war entspannt; er atmete ruhig und er machte so sparsame Bewegungen, daß es schien, als stehe er still. Aber Yoshi wußte, daß das nicht so war. All seine Kunstgriffe nützten ihm nichts: Ichikawa traf ihn an der Brust, an den Schultern, an der Seite und am Bauch, und schließlich entwaffnete er Yoshi mit einem fast spielerischen Schlag seines hölzernen Schwertes.

»Genug«, sagte der Schwertmeister. »Ich glaube, das reicht für den ersten Tag. Du bist besser, als ich gedacht habe. Du hast Kampfgeist, aber es fehlt dir an Disziplin und Übung. Sieh dich nur an!« Sein Gesicht war streng.

Und tatsächlich bot Yoshi einen traurigen Anblick. Er war schweißüberströmt, das Haar hing ihm in nassen Strähnen ins Gesicht, rote Flecken und Striemen zeigten, wo der Meister ihn getroffen hatte, und er ließ den Kopf hängen und rang mit offenem Mund nach Luft.

Yoshi schüttelte verwundert den Kopf. Ichikawa sah aus, als habe er lediglich eine Tasse Tee eingeschenkt.

»Ich dachte ...«, begann Yoshi.

»Ich weiß«, sagte Ichikawa. »Du bist nicht der erste, der so denkt. Und wie die anderen wirst du lernen, daß Kraft etwas ist, was von innen kommt. Starke Muskeln sind nicht wichtig. Hier wirst du, wenn du meine Lehren befolgst, deinen Geist und deine innere Kraft entwickeln. Dann erst wirst du das Schwert meistern. Es wird schwer für dich sein — du wirst viel vergessen müssen. Du wirst Geduld brauchen. Selbst der untalentierteste Schüler kann die Kunst, ein Schwert zu führen, erlernen, wenn er sein Herz und seinen Geist für unsere Lehren öffnet. Meinst du, daß du es versuchen möchtest?«

»Ja, *sensei*«, antwortete Yoshi demütig.

»Dann ist deine erste Unterrichtsstunde beendet. Deine zweite Lektion wird darin bestehen, deinen Pflichten nachzukommen. Fang an, den Hof in Ordnung zu bringen, bevor die anderen Schüler zurückkommen!«

23

Der Hof war unkrautüberwuchert. Dunkelrote Wisterien wuchsen gleich Morgenwolken unter den Kirschbäumen. Sie waren zwar schön, aber in diesem Hof hatten sie nichts zu suchen. Als Yoshi sie aus der Erde zog, ging ihm durch den Kopf, daß das, was er tat, tatsächlich eine Arbeit für einen Diener war. Was würden Fumio oder Ietaka denken, wenn sie ihn jetzt sehen könnten, wie er mit gekrümmtem Rücken und vor Anstrengung verzerrtem Gesicht in der Erde wühlte?

Während er arbeitete, machte er ein Gedicht:
»Die Wisterie —
herrliche rote Blume
im dunklen Wald,
ungesehenes, unerwünschtes, violettes
Unkraut unter Kirschbäumen.«

Der Hof sah auf den ersten Blick nicht groß aus, aber Yoshi, der sich tief zu dem zähen Unkraut hinabbeugen mußte, schien er endlos, und die zweite Lektion erwies sich als lang und mühselig. Yoshi wußte nicht, was er von Ichikawa zu lernen erwartet hatte ... vielleicht ein paar Kunstgriffe, wie die, die Hanzo ihm beigebracht hatte? Er hatte nicht damit gerechnet, vorgeführt zu bekommen, wie wenig er konnte, und er hatte ganz gewiß nicht erwartet, daß man ihm scheinbar nie endenwollende niedere Arbeiten zuweisen würde.

Genug! Sein neues Leben hatte kaum begonnen, und schon war er unzufrieden. Vielleicht bestand die Lektion darin, zu lernen, eine gegebene Aufgabe zu akzeptieren und das Beste daraus zu machen. Er hielt inne, um zu verschnaufen und bemerkte zum erstenmal, wie wunderschön der Tag war. Eine sanfte Frühlingsbrise brachte ihm Kühlung, als er seine ungewohnte Arbeit wieder aufnahm. Seit er in der Schmiede gearbeitet hatte, waren fast zwei Jahre vergangen, und die Schwielen an seinen Händen waren verschwunden. Nach kurzer Zeit waren sie geschwollen und mit Blasen bedeckt, aber zu seiner Befriedigung stellte er fest, daß der Hof ein wenig gepflegter aussah. Die Sonne neigte sich dem Westen zu, und sein Schatten wurde immer länger. Einen Teil des Hofes hatte er gesäubert.

Er ging zu dem zusammengebrochenen Ochsenkarren, der an dem steinernen Fundament des Hauses lehnte. Seine Erfahrung als Schmied sagte Yoshi, daß er ihn reparieren könnte, wenn er nur eine Esse und geeignetes Werkzeug hätte. Ein Rad hatte sich gelöst, und die eiserne Achse war verbogen. Als er den Schmutz abwischte, den der vergangene Winter auf dem Wagen hinterlassen hatte, entdeckte er an den Seiten wunderschöne Einlegearbeiten und aufgemalte Muster. Der Wagen war solide gebaut, und es lohnte sich, ihn zu reparieren. Yoshi versuchte ihn umzudrehen, um an die Achse heranzukommen, aber das Fahrzeug war zu schwer.

Während er sich abmühte, trat Ichikawa auf die Veranda. Er warf einen anerkennenden Blick auf den Hof und auf Yoshi, der unter dem Wagen lag.

»Yoshi«, rief er. »Du hast für heute genug gearbeitet! Es ist Essenszeit. Wasch dich jetzt, und mach uns etwas zu essen.«

Yoshi wusch sich am Brunnen und ging ins Haus. Er war hungrig. Nicht einmal an den Tagen, an denen er gar nichts gegessen hatte, war er so hungrig gewesen wie jetzt, nachdem er stundenlang auf dem Hof gearbeitet hatte. Ichikawa zeigte ihm die Küche und die Vorratskammer und hieß ihn an die Arbeit gehen. Yoshi kochte eine Gemüsesuppe, Reis mit kleinen Fischstückchen und eine Kanne Tee.

Zuerst bediente er Ichikawa. Wortlos ließ sich der Meister das Essen servieren. Als er die Suppe probiert hatte, nickte er anerkennend und lud Yoshi mit einer Handbewegung ein, sich ihm gegenüberzusetzen.

»Du kochst gut.«

»Das habe ich unterwegs gelernt, *sensei*. Ich fürchte, meinen Gerichten fehlt die Finesse... Ich habe mir meine

Kochkünste selbst beigebracht. In Kioto wurde dieser Teil meiner Erziehung vernachlässigt.«

Ichikawa gestattete sich ein kleines Lächeln. »Das Kochen wird kein Problem sein, und mit der Arbeit, die du draußen geleistet hast, bin ich zufrieden. Alles in allem, glaube ich, wirst du keine Schwierigkeiten haben, obwohl du vielleicht noch lernen mußt, mit anderen Menschen umzugehen. Kaneoki beispielsweise wirst du wahrscheinlich schwierig finden. Das geht vielen so. Aber er ist ein guter Schwertkämpfer und hat sich um unsere Schule verdient gemacht.«

»Ich werde nicht vergessen, wo mein Platz ist«, sagte Yoshi.

»Ja, dessen bin ich sicher. Ich glaube, du hast deine zweite Lektion gut gelernt. Wasch jetzt das Geschirr ab. Danach kannst du dich in deiner Hütte einrichten. Sie hat ein Jahr leergestanden, und du wirst sie sicher aufräumen und saubermachen wollen, bevor du dich schlafen legst.«

»Danke, *sensei*.«

24

Die Hütte bestand aus getrockneten Lehmziegeln und war mit Stroh gedeckt. Jede Wand war etwa drei Schritte lang, und der Eingang war nichts weiter als eine rechteckige Öffnung in einer der Wände. Das Ganze sah aus, als sei es ein Bestandteil des angrenzenden Waldes. Offensichtlich hatte lange niemand dort gewohnt: Das Dach hatte große Löcher, die Veranda, die auf ein Meter hohen Pfählen stand, war von Unkraut überwuchert, und über die Tür und die Fensterlöcher hatten Spinnen ihre Netze gesponnen. Als Yoshi auf der Veranda stand, berührte sein Kopf fast die Dachbalken. Die Veranda selbst war baufällig — einige Bambuspfähle waren morsch und mußten ersetzt werden. Von diesem erhöhten Platz aus konnte Yoshi meilenweit die Kirschbäume sehen, deren Blüten in der untergehenden Sonne leuchteten.

Er wischte die Spinnweben beiseite und trat ein. Der Boden der Hütte war mit Staub, dürren Blättern, Stroh und unzähligen toten Insekten bedeckt, die hier vor dem strengen Winter Zuflucht gesucht hatten. Wieder einmal wurde ihm die Vergänglichkeit des Lebens vor Augen geführt.

In der Hütte wurde es bereits dunkel. Er hatte noch viel zu tun, bevor er sich schlafen legen konnte. Er fand einen Besen in einer Ecke und machte sich daran, den Raum auszufegen.

Der Mond schien hell durch eines der Fenster, als Yoshi sich aufrichtete und sein neues Quartier musterte. Der gestampfte Lehmboden war sauber. In einer Ecke lag eine mit Stroh gefüllte Matratze. Daneben stand ein kleiner Ofen, vor dem etwas Brennholz sorgfältig aufgeschichtet lag. In kalten Nächten würde dieser Ofen die einzige Wärmequelle sein. Über dem Bett war ein Regal angebracht, auf dem er drei verstaubte Lederkästen gefunden hatte, die Bücher mit Gedichten enthielten. Er hatte sie abgestaubt und ordentlich nebeneinander gestellt. An der gegenüberliegenden Wand war ein weiteres Regal mit einer Blumenvase und einer leicht beschädigten Buddhafigur. Es hing über einem alten Schreibpult, auf dem ein Tuschstein und ein geschnitzter Tuschebehälter standen.

Yoshi war zufrieden. Die Hütte war klein und bescheiden — bescheidener sogar noch als die, die er bei Hanzo bewohnt hatte. Dennoch fühlte er sich wohl hier. Er hatte einen sauberen, gemütlichen Raum für sich allein. Plötzlich merkte er, wie müde er war. Zweifellos würde es morgen noch mehr zu tun geben. Aber im Augenblick wollte er nur schlafen. Er machte ein kleines Feuer, denn die Nacht würde kühl werden. Dann streckte er sich auf sein Lager. Er benutzte den Ärmel seines Mantels als Kopfkissen und fiel in tiefen Schlaf.

Zwei Stunden später wurde Yoshi von Geräuschen und einer Laterne, die ihm ins Gesicht leuchtete, geweckt. Es dauerte einige Augenblicke, bis er zu sich gekommen war; er hatte von Ono, Masa und Nami geträumt. Wo war er?

»Nun seht euch an, was wir da haben«, sagte eine heisere Stimme. »Dieses Bürschchen hat also Feuer in der verlassenen Hütte gemacht.«

Yoshi sah den Sprecher an, einen großen, langhaarigen jungen Mann, der ihm mit seiner Laterne ins Gesicht leuchtete. Das flackernde Licht verlieh seinem Gesicht einen eindeutig bösartigen Ausdruck. Er trug einen dünnen Schnurrbart wie ein Chinese und hatte ein breites Gesicht mit flachen Backenknochen und eine lange, etwas schiefe Nase. Eine dünne Narbe zog sich über seine Stirn. Er trug einen schwarzlackierten *eboshi* und ein Gewand mit breiten, wattierten Schultern. Zwei Schwerter steckten in seinem *obi*. Bei seinem Anblick dachte Yoshi an die herrenlosen Samurai, die das Land durchstreiften und die Armen ausraubten.

Hinter ihm drängte sich eine Gruppe junger Männer. Yoshi konnte nicht sehen, wie viele es waren, aber es war offensichtlich, daß alle, einschließlich des Anführers mit dem grimmigen Gesicht, betrunken waren.

»Ein Eindringling!« sagte die heisere Stimme. »Wir wissen, was wir mit Eindringlingen zu tun haben.«

»Wer seid ihr?« fragte Yoshi verwirrt.

»Wer *wir* sind? Mut scheint er zu haben, dieser Eindringling, das muß man ihm lassen.« Der Anführer zog sein Schwert. »Bevor wir dich bestrafen«, sagte er, »wirst du uns sagen, wer *du* bist und was du hier zu suchen hast.«

»Ich bin kein Eindringling. *Sensei* Ichikawa hat mir erlaubt, mich hier einzurichten. Ich bin sein neuer Assistent«, sagte Yoshi schnell.

»Assistent? Ich werde dich lehren, dich seinen Assistenten zu nennen, du Hund! In Ichikawas Schule gibt es nur einen Assistenten.« Er starrte Yoshi wütend an.

»Wer seid Ihr?« fragte Yoshi.

»Mein Name ist Kaneoki«, antwortete der Mann mit der Laterne.

25

Aus Frühling wurde Sommer, aus Sommer wurde Herbst. Die Kirschblüten fielen, und die Blätter der Bäume leuchteten rot und golden. Es war das Jahr 1174. Yoshi hatte den Hof in Ordnung gebracht, den Ochsenkarren repariert, das Strohdach seiner Hütte geflickt und den Riß in der Brunneneinfassung ausgebessert. Jeden Tag putzte er den *dojo*, polierte die Rüstungen und Waffen, bereitete zwei Mahlzeiten zu und hielt das Haus, in dem die Schüler wohnten, in Ordnung. Er klagte nicht über die harte Arbeit, aber seit seiner ersten unglücklichen Begegnung mit Kaneoki war er ständig kleinen Sticheleien und Beleidigungen ausgesetzt.

»Yoshi, diese Suppe kann kein Schwein essen«, sagte Kaneoki und schüttete sie auf den Boden.

»Ja, Kaneoki-san«, antwortete Yoshi und wischte sie auf.

»Nennst du diesen Boden vielleicht sauber? Er stinkt nach dir. Putz ihn noch einmal.«

»Ja, Kaneoki-san.« Yoshi verbarg seinen Ärger und machte ein unbewegtes Gesicht.

Wenn Ichikawa die Spannung zwischen dem Neuling und seinem ersten Assistenten bemerkte, so sagte er doch nichts. Er war vollauf beschäftigt mit seinen neuen Schülern. Sie brachten Neuigkeiten von draußen mit, Nachrichten von dem bevorstehenden Kampf zwischen den Taira und den Minamoto.

Abgesehen davon, daß mehr Schüler auch mehr Arbeit bedeuteten, ließ die politische Lage Yoshi kalt. Er hörte den Diskussionen zu, beteiligte sich jedoch nicht daran. Wenn die Schüler ihn überhaupt bemerkten, machten sie sich über ihn lustig. Er ertrug schweigend ihren Spott und lernte, während er die niederen Arbeiten verrichtete, seine Gefühle zu verbergen.

Am fünfzehnten Tag des zehnten Monats stand Yoshi wie gewöhnlich gegen vier Uhr morgens, zur Stunde des Tigers, auf, brachte seine Hütte in Ordnung, wischte den Boden des *dojo*, kochte Wasser für das Frühstück und wiederholte noch vor Sonnenaufgang eine Stunde lang die Übungen, die er die Schüler tagsüber hatte machen sehen.

Bald darauf kamen Ichikawa und Kaneoki in die Übungshalle. Während Yoshi die Schalen für das Frühstück der Schüler hinstellte, wärmten sie sich auf. Wie gewöhnlich hatte Kaneoki etwas an Yoshi auszusetzen und ließ ihn den Tisch wieder abräumen und noch einmal decken.

Als Kaneoki zufriedengestellt war, setzte sich Yoshi hinter die Bücher, schrieb Briefe und malte in Kalligraphie Werbeplakate für die Schule. Dabei sah er immer wieder auf, um durch die Schiebetür die Schüler beim Unterricht zu beobachten.

Vor dem Frühstück mußten sie eine Stunde lang rennen, hüpfen, springen und treten, bevor sie in zwei Gruppen aufgeteilt wurden. Kaneoki übernahm die acht Anfänger, während Ichikawa sich um die Fortgeschrittenen kümmerte. Erst nach einer weiteren Stunde konzentrierter Arbeit durften sich die Männer zum Frühstück setzen.

Yoshi teilte Reis, kleine Tintenfischstückchen, Krabben, getrockneten Fisch, Gemüse und grünen Tee aus. Nach dem Essen waren die Schüler eine halbe Stunde sich selbst überlassen, während Yoshi das Geschirr abräumte, abwusch und sich hastig über die Reste hermachte. Danach deckte er den Tisch für das Abendessen und setzte sich an das Plakat, an dem er gerade arbeitete. Sein Pinsel fuhr wie von selbst über das Papier, während er darüber nachdachte, wieviel Geduld und Selbstbeherrschung er bei dieser langen, schmerzhaften zweiten Lektion gelernt hatte. Eine vertraute Stimme riß ihn aus seinen Gedanken.

»Leg den Pinsel hin, Yoshi.« *Sensei* Ichikawa stand in der Tür. »Du bist ab heute Kaneokis Gruppe zugeteilt.«

»*Hai, sensei!*« sagte Yoshi. Er sprang auf und lief zu der Anfängergruppe.

»Du hast ab sofort einen neuen Schüler«, sagte Ichikawa zu Kaneoki.

Kaneoki machte ein mißmutiges Gesicht. »*Hai, sensei*«, sagte er. Als Ichikawa gegangen war, wandte sich Kaneoki mit einem bösartigen Grinsen an Yoshi. »Wir werden zunächst ein paar Übungen machen«, sagte er. »Ein bißchen Schmerz tut gut. Streng dich an, und hör nicht auf, bevor ich den Befehl dazu gebe.«

Kaneoki war stark und gelenkig. Er zeigte bei jeder Übung mehr Durchhaltevermögen als seine Schüler. Und heute würde es besonders anstrengend werden — das war seine Art, Yoshi zu zeigen, wo sein Platz war.

Gnadenlos trieb Kaneoki die Schüler an. Sie keuchten, und ihre Gesichter verzerrten sich. Nur Yoshi zeigte kein Zeichen der Erschöpfung. Sechs Monate lang hatte er zugesehen und jeden Morgen so lange geübt, bis es ihm keine Mühe mehr bereitete.

Nach dem letzten Durchgang — einhundertfünfzig Liegestütze — sprang Kaneoki auf. »Sehr gut«, sagte er verdrossen. »Und jetzt zu den Schwertern.«

Der Hof bot einen schönen Anblick; wieder war es Frühling, und die Bäume trugen neue Blüten. Vor dem Eingang zum *dojo* hatte Yoshi weißen Kies aufgeschüttet, wie er auch im Hof des kaiserlichen Palastes lag. Das Innere der Schule war ordentlich aufgeräumt wie eh und je, und die Schüler waren zufrieden. An der Straßenseite des Gebäudes hing ein neues Plakat, auf dem stand, daß dies Meister Ichikawas Schwertkampfschule war.

Die Arbeit an den Büchern und auf dem Gelände der Schule war für Yoshi zu einer Erholung geworden: Er freute sich über jede Gelegenheit, Kaneokis Schikanen zu entkommen. In den sechs Monaten, die Yoshi sein Schüler war, hatte er unzählige blaue Flecken davongetragen. Kaneoki war ein hervorragender Schwertkämpfer, und da er eifersüchtig auf Yoshis Fortschritte war, ließ er keine Gelegenheit ungenutzt, Yoshi seine Überlegenheit vorzuführen. Yoshi lernte schneller als die anderen Schüler. Das lag zum Teil an seiner Körperkraft, hauptsächlich jedoch daran, daß er immer wieder gezwungen war, Kaneokis Angriffe abzuwehren. Er hatte Gewicht verloren, und seine starken Muskeln hatten sich gedehnt und waren beweglicher geworden.

Ichikawa war das nicht entgangen, aber er sagte nichts. Als im Frühling neue Schüler eintrafen, stellte er einen anderen Gehilfen ein, der Yoshi die Pflichten im Haushalt abnahm, und vertraute den Unterricht der Anfänger Yoshi an.

Kaneoki sah seine Position gefährdet, und als Yoshi aus seiner Gruppe herausgenommen wurde und Privatunterricht von Ichikawa erhielt, begann Kaneokis Eifersucht zu wachsen wie ein Krebsgeschwür.

Yoshis Leben hatte sich verändert, aber obwohl er jetzt die Anfänger unterrichtete und der Lieblingsschüler des Meisters war, hielt er sich meist abseits von den anderen. Er verbrachte viel Zeit in der kleinen Hütte, die ihm lieb geworden war, und steckte all seine Energien in den Unterricht seiner Schüler.

Yoshis Schüler lernten rasch, und Kaneokis Neid wuchs. Yoshi stellte fest, daß er als Lehrer ein Naturtalent war, und im Sommer hatten seine Schüler mit denen Kaneokis gleichgezogen. Bei den monatlichen Wettkämpfen in *keiko* trugen sie über Kaneokis Schüler einen knappen Sieg davon.

Kaneoki war außer sich vor Wut. Er trieb seine Schüler noch härter an — ohne Erfolg. Im Herbst besiegten Yoshis Anfänger sie aufs neue. Sie gewannen sogar einige Kämpfe gegen die Fortgeschrittenen.

Kaneoki verschärfte das Tempo noch mehr, bis einige seiner Schüler sich bei Ichikawa beklagten. Der Meister ließ ihn in sein Zimmer kommen und schloß die Tür. Als Kaneoki wieder herauskam, machte er ein verbittertes Gesicht.

Von diesem Tag an merkte Yoshi, daß Ichikawas erster Assistent ihm bei den Übungen rachsüchtige Blicke zuwarf.

26

Drei Monate später kam es während eines Übungsgefechts zu einem Zusammenstoß.

Der Winter hatte eingesetzt. Auf dem Hof lag noch der Schnee, und ein kalter Wind blies Eiskristalle gegen die dünnen Holzwände der Schule. Die Schüler versuchten, so weit wie möglich von den Wänden entfernt zu bleiben; sie hielten sich lieber in der Nähe des Arbeitszimmers auf, in dem ein Ofen für Wärme sorgte. Yoshi kämpfte gegen zwei seiner Schüler und zeigte ihnen, wie man sich am besten gegen zwei Angreifer verteidgte. Mit einer blitzschnellen Bewegung wich er nach links aus, so daß die Angreifer hintereinander standen.

»Ihr müßt immer darauf achten, daß eure Angreifer in einer Linie stehen. Dadurch behindern sie sich gegenseitig, und nur einer von ihnen kann euch angreifen. Wenn ihr zu zweit angreift, müßt ihr euch trennen und von verschiedenen Seiten kommen; einer zieht die Aufmerksamkeit des Gegners auf sich, während der andere zuschlägt. Im Kampf ist kein Platz für Höflichkeiten. Was zählt, ist ein ehrenhafter Sieg.«

Während er sprach, wich er weiter nach links aus und sorgte dafür, daß sich die Schüler gegenseitig behinderten. Er konzentrierte sich voll auf die Angreifer. Plötzlich traf ihn von hinten ein Schlag. Er hatte, ohne es zu bemerken, den Bereich, der seiner Gruppe zugewiesen war, verlassen und war in den beheizten Teil der Halle geraten, den Kaneoki als sein Gebiet betrachtete. Yoshi reagierte schnell und instinktiv. Er fuhr herum, ging gleichzeitig in die Knie und führte einen Rückhandschlag nach hinten. Kaneoki schrie auf vor Schmerz und Wut. Das hölzerne Schwert hatte sein ungeschütztes Schienbein getroffen.

Mit wutverzerrtem Gesicht griff er Yoshi an. Die Narbe auf seiner Stirn leuchtete rot auf, und sein Gesicht schien noch dunkler zu sein als sonst. Yoshis *bokken* zerbrach fast, als er einen Hieb parierte, der auf seinen Kopf gezielt war.

Kaneoki schien wie von einem Dämon besessen. Yoshi wich zurück. Auch unter normalen Umständen war Kaneoki der stärkere, erfahrenere Schwertkämpfer — jetzt aber war er geradezu unschlagbar. Nur durch blitzschnelle Ausweichmanöver gelang es Yoshi, ernsthafte Verletzungen zu vermeiden.

Als er mit dem Rücken zur Wand stand, dröhnte Ichikawas Stimme durch den *dojo*. »Halt!«

Das irre Glitzern verschwand aus Kaneokis Augen. Er ließ das hölzerne Schwert sinken.

»Der Unterricht ist für heute morgen beendet«, sagte Ichikawa, der seinen Zorn nur mühsam beherrschte. »Alle Schüler begeben sich in ihre Quartiere. Wir werden heute nachmittag weitermachen.« Ichikawa verbeugte sich und klatschte in die Hände. Dann wandte er sich an Kaneoki und Yoshi. »Ihr beide bleibt hier.«

Ohne die üblichen Witze und Rempeleien stellten die Schüler ihre Lederrüstungen und Holzschwerter in die Ständer. Sie zogen ihre Wintermäntel an und verließen schweigend den *dojo*.

Ichikawa ließ Kaneoki und Yoshi in Habachtstellung stehen. Sie blickten starr geradeaus, und auf ihren Stirnen glänzte der Schweiß.

Minute um Minute verging.

»Gut. Jetzt habt ihr euch beruhigt. Was ist passiert?« fragte Ichikawa.

Beide begannen gleichzeitig zu sprechen.

»Ruhe!« rief Ichikawa. Er wandte sich an Kaneoki. »Du bist der Ältere. Sprich du zuerst.«

»Der zweite Assistent hat seinen Bereich verlassen und ist in meinen eingedrungen. Ich habe ihm nur einen leichten Schlag versetzt, um ihn darauf aufmerksam zu machen«, sagte Kaneoki.

»Stimmt das?« fragte Ichikawa Yoshi.

»*Hai, sensei!*« antwortete Yoshi, der innerlich vor Wut kochte über das Unrecht, das ihm widerfahren war.

»Dann trägst du also die Schuld an dieser ungehörigen Störung des Unterrichtes?«

»*Hai, sensei!*« Er ballte die Fäuste.

»Ich wünsche nicht, daß sich dieser Zwischenfall wiederholt. Ihr sollt den Schülern ein Vorbild sein. Du, Yoshi, hast deine Beherrschung verloren. Für Unbesonnenheit gibt es keine Entschuldigung — ganz gleich, wie du provoziert worden bist. Wäre dies ein echter Kampf mit echten Schwertern gewesen, dann wärst du jetzt tot. Man beweist Mut, wenn man einen überlegenen Gegner angreift. Man beweist einen starken Geist, wenn man ruhig bleibt und besonnen handelt. Das Verhältnis zwischen diesen beiden Dingen muß stimmen. Vergiß das nie! Es ist ebenso wichtig wie die Beherrschung des Schwertes.

Zur Strafe wirst du einen Monat lang deine Hütte nur zum Unterricht verlassen.«

»*Hai, sensei!*« Ichikawa wußte, daß Yoshi sich in seiner Freizeit immer in seiner Hütte aufhielt — es handelte sich also lediglich um eine symbolische Strafe. Ichikawa hatte ihm gezeigt, was er von ihm erwartete. Wie sehr Kaneoki ihn auch reizen mochte — er mußte ruhig bleiben und sich mit seiner untergeordneten Stellung abfinden.

Kaneoki merkte, daß Yoshi glimpflich davongekommen war. Mühsam versuchte er, sich zu beherrschen. Die Narbe auf seiner Stirn wurde rot. Schließlich konnte er nicht mehr an sich halten. »*Sensei*«, sagte er, »wenn es der Wunsch des zweiten Assistenten ist, diese Lektion nicht zu vergessen, bin ich gern bereit, den Kampf mit echten Schwertern fortzusetzen.«

Yoshi richtete sich auf. Das war fast eine direkte Herausforderung, und als Ehrenmann war er gezwungen, sie anzunehmen.

Bevor er antworten konnte, fuhr Ichikawa Kaneoki an: »In meiner Schule entscheide ich, welche Lektionen erteilt werden. Jetzt bist *du* derjenige, der die Grenze überschreitet. Vergiß nicht, wer hier der Meister ist. Wenn dieser kleine Zwischenfall ohne meine Erlaubnis in ein Duell ausartet, wird der Sieger mir in einem Kampf mit echten Schwertern gegenübertreten. Ich verschwende meine Zeit nicht damit,

Assistenten auszubilden, damit sie sich gegenseitig umbringen. Verstanden?«

»*Hai, sensei!*« riefen die beiden Männer gleichzeitig.

27

Den restlichen Winter verbrachte Yoshi mit Lesen und Schreiben in seiner Hütte. Er hatte die Veranda repariert, eine Schiebetür eingebaut und Fenster eingesetzt. Der Ofen verbreitete ausreichende Wärme. Er saß an seinem Schreibpult und füllte Seite um Seite mit seinen Notizen.

Im vierten Monat des Jahres 1176, als die Sonne wieder mehr Kraft hatte, saß Yoshi auf der Veranda und ließ den Blick über das Meer von Kirschblüten schweifen, die fast so weiß waren wie der gerade erst geschmolzene Schnee. Lächelnd betrachtete er einen rot-schwarz gemusterten Schmetterling, der von Blüte zu Blüte flog. Das erste zarte Grün leuchtete an den Bäumen, und die Luft war erfüllt vom Zwitschern der Vögel. An den Abenden rief der Kukkuck »ho-to-to«, und manchmal konnte Yoshi in der Ferne den Paarungsruf eines wilden Affen hören.

Sein Leben war ausgefüllt. Zur Stunde des Tigers, mit dem ersten Glockenschlag des Tempels von Sarashina, stand Yoshi auf. Vor dem Beginn des Unterrichts übte er für sich allein Angriffe und Paraden, und abends, wenn alles schon schlief, übte er weiter. Er führte fast das Leben eines Mönches. Er ging nie in ein Gasthaus und erschien auch nicht bei den gelegentlichen Feiern, die die anderen veranstalteten. Die Schüler redeten über ihn. Durch sein Können als Schwertkämpfer und Lehrer hatte er ihre Achtung gewonnen, aber sein asketisches Leben ließ sie Spekulationen über seine Vergangenheit anstellen. Sie waren Minamoto, und es war ihnen nicht entgangen, daß Yoshi mit dem weichen Akzent sprach, der am Hof der Taira gepflegt wurde.

Kaneoki bemühte sich am beharrlichsten, etwas über Yoshi herauszufinden. Immer wieder versuchte er, den Meister in ein Gespräch über die Empfehlungsschreiben, die Yoshi vorgelegt haben mußte, zu verwickeln. Ichikawa verlor für gewöhnlich kein Wort über Yoshis Vergangenheit, einmal jedoch wies er stolz darauf hin, daß sein eigenes Schwert von Yoshi graviert worden war. Kaneoki wußte, daß es aus Hanzos Schmiede stammte. Er sagte nichts, saß aber für den Rest des Abends gedankenverloren und wortkarg da. Es konnte bedeutsam sein zu wissen, daß Yoshi für Hanzo gearbeitet hatte. Kaneoki würde es nicht vergessen.

Der fünfzehnte Tag des siebten Monats des Jahres 1176 war der erste Tag des Totenfestes, und der Unterricht der Schüler war gegen Mittag beendet. Sie gingen nach Sarashina, um an einem besonderen buddhistischen Gottesdienst teilzunehmen. Sie würden bis spät in die Nacht dort bleiben, um die Feuer zu sehen, die entzündet wurden, um den Geistern der Toten den Weg zu weisen.

Yoshi und Ichikawa blieben allein in dem verlassenen *dojo* zurück.

Einundzwanzig Monate waren vergangen, seit Yoshi der Unterricht der ersten Klasse übertragen worden war. Durch das Lehren hatte er gelernt — gut gelernt.

Am ersten Tag hatte Ichikawa ihm versprochen, Yoshi werde seinen Geist und seine innere Kraft entwickeln, wenn er den Lehren des Meisters folgte. Das waren keine leeren Worte gewesen. Unter Ichikawas Anleitung hatte Yoshi enorme Fortschritte gemacht. Er war jetzt kein Lehrling oder Assistent mehr. Zu Kaneokis großem Verdruß hatte Ichikawa ihn zu seinem Stellvertreter gemacht. Yoshis Entschlossenheit und sein Einsatz für die Schule hatten ihn dazu bewogen, und gleichzeitig wurde Yoshis Hingabe an seinen Meister immer größer. Trotz ihres Altersunterschiedes waren sie enge Freunde geworden.

Yoshi hatte seine Intelligenz und seine Loyalität oft unter Beweis gestellt, und daher überließ ihm Ichikawa nach und nach die Führung der Schule. Immer noch waren sie Meister und Schüler — und das würde sich auch nie ändern —, aber immer wenn sie allein und von ihren Pflichten im *dojo* befreit waren, nutzten sie die Zeit, um freimütig über den Unterricht, die Schüler und die Zukunft der Schule zu sprechen.

Als die letzten Strahlen der untergehenden Sonne durch die Bambusjalousie fielen und blitzend von den Waffen, die an der Wand hingen, zurückgeworfen wurden, beendeten Ichikawa und Yoshi ihr Gespräch über die finanzielle Lage der Schule. Sie saßen mit gekreuzten Beinen auf scharlachroten Kissen. Zwischen ihnen stand ein Tablett mit einer leeren Teetasse und zwei Teeschalen, das sich in dem polierten Holzboden spiegelte.

Yoshi atmete tief ein. Der Duft von Öl, bitterem grünen Tee und Räucherstäbchen überlagerte den schwachen Geruch von Schweiß, der in zehntausend Übungsstunden vergossen worden war. Der Raum war friedvoll und vertraut, aber trotz dieser Ruhe und Heiterkeit fühlte Yoshi sich nicht ausgeglichen. Ihn erfüllte keine Zufriedenheit über das, was Ichikawa und er aufgebaut hatten. *Ein* Thema war nicht zur Sprache gekommen ...

»*Sensei*«, begann er. Die aufgestauten Gefühle machten seine Stimme heiser. »Ich bin geduldig gewesen. Eure Lehren haben sich in mein Herz und meinen Geist eingeprägt. Jetzt ist es an der Zeit, Kaneokis Herausforderung anzunehmen. Es vergeht kaum ein Tag, an dem er mir nicht das Leben schwermacht.«

»Wir müssen Verständnis für ihn haben«, sagte Ichikawa. »Es war bitter für Kaneoki, bei der Beförderung übergangen zu werden. Ich hatte gehofft, daß du es ihm leichter machen würdest.«

»*Sensei*, ich habe es versucht — aber es war zwecklos. Er fordert mich vor den Augen der Schüler heraus. Was mich betrifft, so habe ich gezeigt, daß ich es aushalten kann. Aber ich mache mir Sorgen um die allgemeine Disziplin.«

»Trotzdem möchte ich dich bitten, ihn noch eine Weile zu ertragen.«

Ichikawa legte väterlich seine Hand auf Yoshis Schulter.

»Ein Mann kann nicht immer durch das Schwert leben, und meine Zeit ist vorbei. Ich mag zwar viel Erfahrungen gesammelt haben, aber ich bin nicht mehr so schnell wie früher. Vor kurzen träumte ich, du seist der Meister dieser Schule, und ich war ein Geist, der dich besuchte. Wie angemessen, daß wir heute, am Tag des Totenfestes, darüber sprechen.«

»Es ist sinnlos, über solche Träume zu sprechen, *sensei*. Ihr seid ein größerer Schwertkämpfer als wir alle und werdet Meister dieser Schule bleiben, bis Ihr Euch entscheidet, Euch zur Ruhe zu setzen.« Yoshi hielt inne. »Und was Kaneoki betrifft«, fügte er hinzu, »so werde ich Euren Wunsch respektieren und meine Ungeduld zügeln.«

Jeder hatte Yoshis neuen Status akzeptiert — mit Ausnahme von Kaneoki, der ihn immer noch behandelte, als sei Yoshi sein Untergebener.

Kaneoki arbeitete möglichst wenig in der Schule, und gewöhnlich konnte man ihn in einem Gasthaus finden, wo er mit seinen neuesten Freunden, drei *ronin*, trank. Die drei waren dunkle, behaarte, starke Männer, die schwarze *hakamas* und schwarze Jacken trugen. Die vordere Hälfte des Kopfes war kahlrasiert, und an den Seiten war das Haar, wie bei Samurai üblich, nach hinten gekämmt und dort zu einem Knoten zusammengebunden. Sie hatten gemeinsam einem Herrn gedient. Nachdem er getötet worden war, waren sie durch das Land gezogen und hatten sich als Söldner verdingt. Sie stolzierten oft durch Sarashina, die Hand auf den Schwertgriff gelegt. Die Einwohner der Stadt gingen ihnen nach Möglichkeit aus dem Weg.

Bevor der Abend endete, brachen sie gewöhnlich einen Streit vom Zaun. Der Gastwirt wagte es nicht, ein Wort über den Schaden, den sie anrichteten, zu verlieren. Er fürchtete die Grausamkeit dieser rücksichtslosen Männer. Es war besser, ihr Benehmen zu ertragen, als einzugreifen und damit vielleicht noch größere Gewalttätigkeiten heraufzubeschwören.

Während Yoshi und Ichikawa über Kaneoki sprachen, saßen die drei *ronin* mit ihm auf der Veranda des Gasthauses und rühmten sich ihrer Heldentaten. Dazu tranken sie Sake. Aber die Geschichten verloren bald ihren Reiz. Die Männer wurden still und betrachteten die für die Geister der Verstorbenen entzündeten Feuer, die über das niedrige Geländer der Veranda hinweg deutlich zu sehen waren. Das Schweigen dauerte nicht lange, und einer der *ronin* erklärte: »Ich habe so viele Männer zur Hölle geschickt, daß die Priester all diese Feuer allein schon für meine Opfer anzünden könnten.«

Die anderen fuhren aus ihren Gedanken auf; sie lachten und leerten ihre Schalen.

»He, Wirt — bring mehr Wein, und laß die Mädchen kommen!«

»Es tut mir leid, edle Herren. Die Mädchen sind zum Tempel gegangen.«

»Was? Dafür werde ich dir den Kopf abschlagen! Wieso hast du sie gehen lassen?« rief der Anführer der *ronin* mit gespielter Wildheit.

»Es tut mir leid, so leid.« Der Wirt verbeugte sich einige Male und eilte ins Haus. »Ich werde Euch Wein bringen.«

Kaneoki schwitzte. Er knöpfte seine Jacke auf und fächelte seiner behaarten Brust mit einer trägen Handbewegung Luft zu. Als er einen Schluck aus seiner Schale nahm, lief ihm Sake über das Kinn und tropfte auf seinen Bauch. Er schenkte seinen Freunden keine Beachtung. »Das ist nun also der Lohn«, murmelte er. »Ich arbeite jahrelang in dieser Schule, und irgendein hergelaufener Fremder steckt ein, was rechtmäßig mir zusteht.« Er nahm noch einen Schluck Sake.

»Genug davon!« knurrte einer der *ronin*. »Wir haben es satt, jeden Abend dieselbe Geschichte zu hören. Warum tötest du ihn nicht einfach? Dann wäre die ganze Sache erledigt.«

»Ichikawa würde mir nie verzeihen, wenn ich seinem Schützling auch nur ein Haar krümmen würde. Nein, Higo, für dieses Problem gibt es keine Lösung.« Er stürzte noch eine Schale Sake hinunter.

»Moment mal«, sagte Higo und zwinkerte den anderen *ronin* zu. »Vielleicht können wir dir helfen. Wir schulden Ichikawa ja schließlich nichts. Uns paßt es nicht, wie er da in seiner Schule sitzt und glaubt, er sei etwas Besseres als wir. Wir tun dir einen Gefallen und verpassen ihm gleichzeitig einen Denkzettel.«

»Das sollte ich lieber selbst tun«, sagte Kaneoki.

»Wer das tut, ist doch schließlich egal. Wir haben seit Monaten keinen Spaß mehr gehabt. Ein Schwert muß ab und zu Blut schmecken, damit es scharf bleibt.«

»Dieser dreckige kleine Graveur! Er hätte es wirklich verdient«, sagte Kaneoki und trank eine weitere Schale Sake.

»Graveur? Ich denke, er gibt Unterricht im Schwertkampf«, sagte Higo.

»Ichikawa hat gesagt, daß Yoshi sein Schwert graviert hat. Und überhaupt ist er ziemlich merkwürdig. Er spricht mit einem Kioto-Akzent, aber keiner weiß, woher er kommt.« Kaneoki versuchte sich aufzusetzen und sich auf seine Worte zu konzentrieren, aber diese Anstrengung war zuviel für ihn. Er sank in sich zusammen und rülpste.

Higo war mit einem Schlag nüchtern geworden. Er packte Kaneoki am Kragen und schüttelte ihn. »Sag mir«, fuhr er ihn drohend an, »was für ein Schwert trägt Ichikawa?«

Kaneoki fiel zur Seite und murmelte etwas Unverständliches.

»Hör mir zu, verdammt noch mal!« Higo schlug ihm ins Gesicht, bis er sich zu wehren begann.

»Hanzo«, lallte er. »Das Schwert ist von Hanzo.«

Der *ronin* ließ ihn los, und Kaneoki fiel seitwärts auf den Boden, Higo sah seine beiden Freunde an. Sein Rausch war verflogen, und in seiner Stimme lag tödliche Entschlossenheit.

»Endlich sind wir am Ziel. Der Mann, dem wir unser Schicksal zu verdanken haben, der Mörder von Fürst Kichibei, in unserer Hand.«

28

Der Vollmond wurde immer wieder von Wolkenfetzen verhüllt. Die Hitze des Tages war vergangen, und vom weit entfernten Ozean her wehte eine kühle Brise. Yoshi saß an seinem Pult und schrieb in sein Tagebuch. Der geschnitzte Tuschstein war voll guter schwarzer Tusche, und sein Pinsel fuhr wie von selbst über das Papier und malte die kalligraphischen Zeichen.

»Ho-to-to« rief ein Kuckuck. Yoshi legte den Pinsel hin und trat an das Fenster, in der Hoffnung, den Vogel zu sehen. Im Mondlicht ragten die Kirschbäume dunkel und buschig auf. Die Baumwipfel waren wie ein grün-schwarzes Meer.

Yoshi begann ein Gedicht:
>»*Hototogisu*
>schwebt zwischen den mondbeschienenen
>>dunkelgrünen Blättern umher.
>Er singt traurig.
>Sein tränenbenetztes Lied der Liebe
>steigt auf zum Meer des Himmels.«

Was er geschrieben hatte, machte ihn traurig, und von neuem überkam ihn jene Unruhe, die ihn seit dem Frühling plagte. In so manchen einsamen Nächten wie dieser hatte er an seine Jugend, an Nami, Fumio, Ietaka und die Fürstin Masaka gedacht. Er fragte sich, was sie wohl jetzt gerade machten. Betrachteten sie vielleicht auch den Mond und dachten dabei an ihn?

Im Wald raschelte es. Yoshi glaubte, es sei ein Reh, das von seinen Weidegründen in den Bergen ins Tal hinabgestiegen war.

Nein! Etwas hatte aufgeblitzt. Ein Mondstrahl war auf ein Stück Stahl gefallen. Jemand näherte sich dem *dojo* von hinten, durch den Wald. Dort hatte niemand etwas zu suchen..., und wenn es ein verirrter Wanderer war, warum hatte er dann sein Schwert gezogen? Und warum hatte er sich nicht an den Feuern orientiert, die in Sarashina abgebrannt wurden?

Yoshi legte Buch und Pinsel beiseite. Er zog die Sandalen aus, steckte seine Schwerter in den *obi* und warf sich einen Mantel über, der eine Kapuze hatte und ihm bis zu den Knöcheln reichte. Dann löschte er das Licht und stellte sich neben die Tür. Der Geruch der Öllampe erfüllte den Raum, während Yoshi darauf wartete, daß Tsukiyomi, der Mondgott, sich hinter einer Wolke versteckte.

Sobald das geschehen und alles in Dunkel getaucht war, schlüpfte Yoshi zur Tür hinaus auf die Veranda und drückte sich an die Wand. Wenn Tsukiyomi sich jetzt wieder zeigte, würde Yoshi im Schatten des Vordachs stehen. Die Hände an die Wand gepreßt arbeitete er sich vorsichtig auf die hintere Ecke der Hütte zu.

Er hörte ein Geräusch von der Vorderseite!

Es mußten also mindestens zwei sein. Wahrscheinlich waren es Räuber, die ein ahnungsloses Opfer suchten. Einen Augenblick lang überlegte er, ob er um Hilfe rufen sollte, aber die Stille im Wohnhaus der Schüler erinnerte ihn daran, daß alle in die Stadt gegangen waren, um an den Feiern teilzunehmen.

Er zog sein langes Schwert ein kleines Stück aus der Scheide. Die Klinge war eingeölt und machte kein Geräusch. Er war vorbereitet — die Räuber würden sich ihre Beute verdienen müssen. Yoshi setzte die Kapuze auf und blickte vorsichtig um die Ecke. Es war dunkel; der Mond war hinter einer Wolke verborgen. Yoshi lauschte auf die natürlichen Geräusche des Waldes: das Säuseln des Windes, das Zirpen einer Zikade, den weit entfernten Ruf einer Eule. Und er hörte noch andere Geräusche, die nicht dahin gehörten: Ein Zweig zerbrach, jemand schob sich durch einen Busch, etwas Metallisches schlug auf einen Stein.

Einer der Eindringlinge kam näher. Yoshi ließ sich von der Veranda auf die Erde gleiten. Kurz bevor die Wolke weitergezogen war, hatte er den Waldrand erreicht. Kaum fünf Schritte entfernt hörte er jemanden tief atmen. Der Unbekannte kniete unter einem Baum und murmelte ein Gebet. Yoshi schlicht näher. Vielleicht gelang es ihm herauszubekommen, was der Mann hier wollte.

Er sprach mit undeutlicher Stimme, aber Yoshi konnte einzelne Worte verstehen. »Kichibei ... Mord ... Rache. Amida Buddha, hilf mir bei meinem Vorhaben.«

Nach all den Jahren hatten Kichibeis Samurai ihn also gefunden.

Es hätte keinen Zweck gehabt, sich zu ergeben. Diese Männer würden sich nur mit seinem Kopf zufriedengeben.

»In einem Kampf bis zum Tod kann Überraschung die beste Waffe sein. Ein Angreifer, der sich dies zunutze macht, wird den Kampf gewöhnlich gewinnen.« Yoshi erinnerte sich an Ichikawas Worte. Wenn er es wirklich mit zwei Samurai zu tun hatte, würde er diesen Vorteil brauchen.

Er zog sein Schwert und schlich langsam auf die knieende Gestalt zu. Als er näher kam, konnte er den Geruch von Sake riechen, der aus den Kleidern des Mannes aufstieg. Er hob sein Schwert.

Der Mann mochte vielleicht zuviel getrunken haben, aber er war ein *ronin* — einer, dessen Leben von seiner Kraft und von seiner schnellen Reaktion abhing. Er hatte etwas gehört — einen Atemzug, einen Seufzer, einen Zweig, der unter Yoshis Fuß zerbrochen war. Er warf sich instinktiv zur Seite, weg von dem Geräusch. Sein Schwert war aus der Scheide und bereit, einen Angriff zu parieren, bevor der aufgewirbelte Staub sich wieder gelegt hatte.

»Ich glaube, ich bin es, nach dem ihr sucht«, flüsterte Yoshi. »Bevor dein Freund kommt, darfst du noch ein Gebet sprechen, das dir deine Reise in die Unterwelt erleichtern wird.«

Der *ronin* stieß einen Fluch aus und griff an. Yoshi parierte und konterte mit einem Hieb, der auf den Kopf seines Gegners gezielt war. Er verfehlte ihn, aber der *ronin* atmete bereits schwer. Yoshi konnte den Alkoholdunst riechen.

Bis jetzt hatten sie wenig Geräusch gemacht, und das war Yoshi sehr recht. Wenn er diesen halb betrunkenen Samurai besiegte, ohne daß der andere es merkte, würde er immer noch den Überraschungseffekt auf seiner Seite haben. Aber im nächsten Augenblick war dieser Vorteil dahin: Der *ronin* hob sein Schwert und stieß einen Schrei aus, der Yoshi erstarren lassen sollte.

Ein kindischer Trick. Während das Schwert niederfuhr, sprang Yoshi auf seinen Gegner zu. Er unterlief den Angriff und stand mit einem Schritt hinter dem Schwertarm des Gegners. Er führte einen Hieb auf das Handgelenk seines Gegners, zog den Schlag durch und trennte ihm mit einer einzigen fließenden Bewegung den Kopf ab. Auf dem Gesicht des *ronin* lag ein erstaunter Ausdruck, als der Kopf von den Schultern rollte und zu Boden fiel, noch bevor die abgeschnittene Hand die Erde berührte.

Yoshi erstarrte in einer geduckten Stellung, die ihm nach allen Richtungen Bewegungsfreiheit ließ. Er lauschte auf den zweiten Mann, der den Kampfruf seines Gefährten gehört haben mußte. Kein Laut war zu hören. Seinen zweiten Gegner würde er nicht mehr überraschen können.

Yoshi trat aus dem Wald auf den freien Platz vor seiner Hütte.

»Hier steht Tadamori Yoshi, Sohn von Fürstin Masaka, ein Kämpfer gegen die Ungerechtigkeit, der Hanzo, den Schwertschmied, gerächt und den Tyrannen Kichibei getötet hat«, rief Yoshi mit lauter Stimme. »Wer wagt es, mich herauszufordern?«

Der Schall seiner Stimme wurde von den Bäumen zurückgeworfen. Keine Antwort. Der Mond stand frei am Himmel. Wenn das Gras und die Bäume nicht silbern und schwarz gewesen wären, hätte man meinen können, es sei heller Tag.

Yoshi stand unbeweglich da, aber seine Augen und Ohren versuchten, seinen Gegner auszumachen.

Die Glocke des Tempels schlug zehn Uhr, die Stunde des Ebers. Die Festlichkeiten würden bald beendet sein und die Schüler zurückkehren. Sein Gegner durfte nicht mehr allzulange warten.

Eine Wolke zog vor Tsukiyomis Gesicht, und wieder war der Vorplatz in Dunkel getaucht. Yoshi eilte zur geschützten Veranda. Er wollte sich Rückendeckung verschaffen, aber es sollte anders kommen. Als Yoshi die Veranda erreicht hatte, spürte er, daß jemand über ihm war. Ein Geruch nach Sake, der auch von dem ersten *ronin* ausgegangen war, stieg Yoshi in die Nase und ließ ihn blitzschnell reagieren. Er duckte sich, und im selben Augenblick fuhr zischend ein Schwert durch die Luft, wo eben noch sein Kopf gewesen war.

Der zweite *ronin* war zur Hütte geschlichen und hatte sich dort versteckt und auf Yoshi gewartet. Er hatte das Schwert mit solcher Kraft geschwungen, daß die Klinge tief in einen der Holzbalken fuhr, die das Dach stützten. Fluchend zog er es aus dem Holz, und Yoshi hatte Zeit, sein Gleichgewicht wiederzufinden und den nunmehr nutzlosen Umhang abzuwerfen.

Der *ronin*, hatte den Vorteil, erhöht zu stehen, aber er konnte nicht zuschlagen, ohne sich weit vorzubeugen. Andererseits konnte Yoshi, der einen Meter tiefer stand als er, nicht ohne weiteres einen entscheidenden Angriff ausführen, hatte jedoch genug Raum, um nach den Beinen seines Gegners zu schlagen. Vor- und Nachteile waren ausgeglichen. Der *ronin* wußte, daß die Zeit für sein Opfer arbeitete — bald würden die Schüler zurückkehren. Er wartete, bis der Mond wieder zum Vorschein gekommen war, und sprang dann von der Veranda, wobei er einen seitlichen Hieb gegen Yoshis Brust führte. Yoshi wehrte den Schlag mit Leichtigkeit ab.

Im offenen Kampf wurde deutlich, wer der Überlegene war. Der *ronin* war zwar ein recht guter Schwertkämpfer, aber er hatte ein ausschweifendes Leben geführt und war Yoshi, der jahrelang täglich trainiert hatte, nicht gewachsen.

»Du wirst Kichibei bald Gesellschaft leisten«, höhnte Yoshi und zwang seinen Gegner mit einigen blitzschnellen Hieben, zurückzuweichen. »Sag mir, wie ihr mich gefunden habt.«

»Ich habe meinem Herrn Treue bis in den Tod geschworen. Du bist ein Hund und wirst sterben, wie du es verdient hast.«

»Kühne Worte für einen, der nur noch wenige Minuten zu leben hat. Sag mir, wie ihr mich gefunden habt, und ich werde dich schmerzlos in die Unterwelt schicken.«

Der *ronin* stieß einen Wutschrei aus und griff an. Sein Schwert blitzte im Mondlicht auf. Yoshi wehrte den Schlag ab, fing die Wucht des Angriffs auf und zwang den anderen in eine Stellung, in der er leicht zu verwunden war.

»Jetzt!« rief er, drehte sein Schwert in der Hand und schlug nach dem Schwertarm des *ronin*. Blut spritzte aus dem fast abgetrennten Arm.

Der *ronin* sank auf die Knie; sein Schwert war den kraftlosen Fingern entglitten. Er hatte große Schmerzen, aber sein Gesicht war von Haß verzerrt. »Kaneoki...« sagte er. »Wir haben dich durch Kaneoki gefunden.« Seine Stimme wurde schwächer. »Du wirst dich nicht mehr lange darüber freuen können, das zu wissen. Ich bin nicht allein.«

Yoshi zog sein kurzes Schwert und schlug dem sterbenden Mann den Kopf ab. Er wischte die Klinge am schwarzen Umhang des Toten ab.

Auf der Straße näherten sich Laternen und Stimmen. Die Schüler kehrten aus der Stadt zurück.

Yoshi fühlte sich plötzlich sehr müde.

29

Dieser arme Teufel hatte also nicht gewußt, daß Yoshi seinen Gefährten bereits ins Jenseits geschickt hatte. Yoshi war niedergeschlagen. Diese beiden Männer hätten ein nützliches Leben führen können. Sie hätten viele Kinder zeugen und große Taten vollbringen können, aber jetzt waren sie tot. Keiner würde sie vermissen oder um sie trauern. Wie viele Jahre hatten sie damit vertan, den Mörder ihres

Herrn zu finden? Hatte Kichibei soviel Treue überhaupt verdient?

Er betrachtete den Leichnam zu seinen Füßen und sinnierte über die Ironie des Schicksals. Wenn die Suche des *ronin* erfolglos geblieben wäre, wenn er Yoshi nicht gefunden hätte, dann wäre er jetzt noch am Leben.

Aber war Yoshis Plan, an Chikara Rache zu nehmen, nicht ebenso töricht? Und wenn er nach vielen Jahren schließlich so weit war, daß er diesen Plan verwirklichen konnte — wie würde es dann ausgehen?

Er schob diesen Gedanken beiseite.

Es bestand keine Notwendigkeit, den Schülern diesen Festtag zu verderben. Morgen war noch Zeit genug, die beiden Samurai zu beerdigen. Müde schleifte Yoshi die beiden Leichname durch das hohe Gras unter einen Kirschbaum. Er bedeckte sie mit Zweigen, um wilde Tiere fernzuhalten, wischte sich die Hände ab und kehrte in seine Hütte zurück.

Die Nacht war kühl geworden. Yoshi schürte das Feuer, zündete die Lampe wieder an und setzte sich an sein Pult, um die Ereignisse der Nacht niederzuschreiben. Das war schwieriger, als er gedacht hatte. Kaneoki! Kaneoki hatte ihn verraten. Morgen würde sich Yoshi mit ihm befassen — ganz gleich, was Ichikawa dazu sagte.

Yoshi legte den Pinsel beiseite. Er konnte sich nicht konzentrieren. Seine innere Spannung gab den sonst so eleganten Zeichen ein fahriges, unschönes Aussehen. Er legte noch etwas Holz nach und setzte sich, um sein Schwert zu polieren; es hatte ihm gute Dienste geleistet, dieses Schwert von Tomonari, dem Schwertschmied aus Bizen. Es hatte eine gute, scharfe Klinge, lag fest in der Hand und hatte eine ausgezeichnete Balance. Yoshi wischte den Stahl sorgfältig ab und ölte ihn ein, um den Schliff der Schneide zu schützen, die im Licht des Feuers leuchtete wie Wolken an einem Sommerhimmel.

Auf der Straße war es ruhig geworden; die Schüler hatten sich zu Bett gelegt. Um Mitternacht schlugen die Glocken des Tempels dumpf die Stunde der Ratte. Yoshi schob das

Schwert wieder in die rotlackierte Scheide und legte es auf das niedrige Tischchen neben seinem Bett. Er sprach sein Abendgebet und rollte sich in seine Decke.

Er konnte nicht einschlafen. Immer wieder erlebte er in Gedanken den Kampf auf dem Hof. Er analysierte jede seiner Bewegungen. Er hatte gut gekämpft. Das Wichtigste bei der Beurteilung eines Zweikampfes war, wer gesiegt hatte und wer gefallen war. Nach diesem Maßstab hatte Yoshi alles richtig gemacht. Er glaubte, den Schwertgriff in seiner Hand und den Widerstand zu spüren, als die Klinge in das Fleisch seines Gegners fuhr. Er konnte den schalen Geruch von Sake im Atem des *ronin* riechen.

Aber das war keine Einbildung! Etwas bewegte sich im Dunkel. Im schwachen Licht des Feuers blitzte eine niedersausende Klinge auf. All das spielte sich im Bruchteil einer Sekunde ab. In einer verzweifelten Anstrengung, der dunklen Gestalt, die mit dem Schwert auf seinen Kopf zielte, zu entkommen, rollte sich Yoshi von seiner Matratze.

Ein dritter *ronin!*

Yoshis plötzliche Bewegung hatte den Mann irritiert. Die Schwertklinge fuhr tief in Yoshis linke Schulter. Dieser Hieb hätte Yoshi töten sollen, und in seinem Eifer, seinem Opfer den Gnadenstoß zu versetzen, stürzte der Angreifer vorwärts und verfing sich in Yoshis Bettdecke.

Yoshis linke Hand war voller Blut. Er griff nach seinem Schwert, und es gelang ihm, es aus der Scheide zu ziehen, bevor der *ronin* noch einmal zuschlug. Diesmal parierte er im Liegen den Schlag mit seinem Schwert. Der *ronin* schrie vor Wut laut auf.

Yoshi lag halb hinter dem niedrigen Schreibpult. Er blutete stark aus der Schulterwunde, und seine Kräfte verließen ihn rasch. Der *ronin* stieß das Pult mit dem Fuß beiseite und trieb Yoshi weiter in die Ecke. Yoshi führte einen flachen Hieb gegen seinen Angreifer. Die Schneide fuhr in die Schienbeine des *ronin*. Er fiel rücklings gegen den Ofen, der auf Yoshis Strohmatratze stürzte. Sie fing sofort Feuer, die Flammen griffen auf den Umhang des Angreifers über, doch gelang es ihm trotzdem aufzustehen. Er taumelte auf Yoshi zu.

Der *ronin* bot einen grausigen Anblick: Sein Haar war versengt, sein Gesicht war eine schmerz- und wutverzerrte Maske. Mit übermenschlicher Anstrengung ließ er sein Schwert niedersausen und traf Yoshi über der Hüfte. Blut schoß aus der Wunde. Yoshi sank zurück und sah voll Schrecken, daß das Feuer näher kroch. Die Flammen hatten die Wände ergriffen und tanzten auf das strohgedeckte Dach zu. Der *ronin* schrie vor Schmerzen. Die Flammen blendeten ihn und versengten seine Haut. Er fiel auf die Knie und kroch, auf der Suche nach dem Ausgang, im Kreis umher.

Auch Yoshi hatte an vielen Stellen Brandwunden, und seine Lippen waren aufgesprungen. Trotz seiner Schmerzen zwang er sich dazu, sich in Bewegung zu setzen. Er kroch, eine breite Blutspur hinter sich herziehend, um den *ronin* herum. Gerade als das Dach in Flammen aufging und einstürzte, hatte er die Tür erreicht.

Yoshi ließ sich von der Veranda rollen. Er schlug auf dem Boden auf und verlor das Bewußtsein.

30

»Yoshi, kannst du mich hören?« Die Worte klangen wie durch Watte. Zunächst wußte Yoshi mit dieser Frage nichts anzufangen.

»Ichikawa?« fragte er verwundert.

»Ja, ja. Ich freue mich, daß du mich verstehen kannst.«

»Wo bin ich?« fragte Yoshi mit zitternder Stimme.

»In meinem Zimmer, Yoshi.«

»Was ist geschehen?«

»Kannst du dich nicht daran erinnern?«

»Ja... nein... da war irgend etwas. Ein dritter Angreifer... Warum bin ich hier?« Yoshi sah sich mühsam um. Er lag auf einem erhöhten Bett. Auf einer Seite stand ein verzierter Wandschirm, auf der anderen ein kleiner Ofen.

»Du warst sehr krank. Deine Wunden wären fast tödlich gewesen.« Ichikawa tätschelte aufmunternd Yoshis Hand. »Ich werde dir später alles erzählen. Jetzt mußt du essen.« Er hielt Yoshi eine Schale an die Lippen. Langsam trank Yoshi die Fleischbrühe. Er fühlte sich schwach, als sei er nicht er selbst. »Wie lange habe ich hier gelegen?« fragte er, als er die Schale ausgetrunken hatte.

»Wir haben dich am Morgen des sechzehnten Tages des siebten Monats vor deiner Hütte gefunden. Heute ist der zehnte Tag des achten Monats. Du bist drei Wochen lang bewußtlos gewesen.«

»Drei Wochen!« flüsterte Yoshi und schüttelte ungläubig den Kopf. »Ich beginne mich zu erinnern ... das Feuer ... die Schmerzen. Es tut mir leid ... es fällt mir so schwer zu sprechen ... ich bin so schwach.«

»Wenn du nicht so stark wie ein Ochse wärst, würdest du jetzt nicht mehr leben.«

»So schwach ...« Yoshis Stimme erstarb, und er fiel in einen unruhigen Schlaf.

»Ichikawa?« Yoshi erwachte vierzehn Stunden später. Er war verwirrt. Eine bleierne Schwere erfüllte ihn. Seine Stimme war ängstlich und heiser. Er tastete nach Ichikawas Arm.

»Ich bin hier, Yoshi«, sagte Ichikawa leise und beruhigend.

»Kaneoki? Wo ist er?« Yoshi zog an der Decke und versuchte sich aufzusetzen.

»Er ist verschwunden. An dem Tag, an dem wir dich fanden, hat er uns verlassen.«

»Kaneoki hat mich an die *ronin* verraten.«

»Ja, Yoshi. Ich fürchte, es war mein Fehler. Ich habe Kaneoki gesagt, daß du für Hanzo gearbeitet hast, und als er es den *ronin* weitererzählte, wußten sie, daß du derjenige warst, nach dem sie suchten.« Ichikawa hielt inne. »Kaneoki behauptete, ihn treffe keine Schuld, weil er betrunken gewesen sei. Aber ich glaube, er war neidisch auf dich, und darum hat er dich verraten.«

»Aber ... er ist verschwunden?« Yoshi ließ sich zurücksinken. Seine Stimme war leiser geworden, und sein Gesicht entspannte sich.

»Nach dem, was er getan hat, konnte ich ihn nicht behalten. Er hat mich angebettelt, bleiben zu dürfen, aber ich habe es ihm abgeschlagen. Als er ging, fluchte er und schwor Rache. Jetzt haben wir beide einen Feind.«

»Wie traurig, daß der Urheber seines eigenen Unglücks seinen Fehler nicht sieht«, sagte Yoshi. »Ich bin müde, bitte laßt mich schlafen.«

Am Morgen des siebzehnten Tages des achten Monats, eine Woche, nachdem Yoshi aus seiner Bewußtlosigkeit erwacht war, weckte Ichikawa ihn sanft und sagte: »Der Arzt Tanaka ist hier. Er wird dir helfen.«

Yoshi wandte gleichgültig den Kopf. Vor ihm stand ein kleiner, völlig kahler Mann. Das Gesicht des Arztes war sonnenverbrannt und faltig wie die Hänge des Berges Fuji — nur sein Schädel war glatt und hellhäutig. Seine kleinen schwarzen Augen verschwanden fast in den Falten seiner dunklen Haut. Er sprach mit dem pedantischen Tonfall eines Gelehrten.

»Bevor wir mit der Behandlung beginnen, müssen wir uns über gewisse grundsätzliche Kriterien Klarheit verschaffen«, sagte er. »Es ist offensichtlich, daß kein Einklang zwischen den Elementen und Euren Handlungen besteht.«

Der Arzt entrollte eine Schriftrolle, auf der die Zusammenhänge zwischen inneren Organen und äußeren Symptomen aufgezeichnet waren. Er legte die Rolle auf den Boden, so daß er jederzeit einen Blick darauf werfen konnte. Dann begann er, Yoshi zu untersuchen. Er fühlte die sechs Pulse, um festzustellen, ob zuviel Yin oder zuviel Yang für die Krankheit verantwortlich war. »Aha. Aha«, sagte er von Zeit zu Zeit.

191

Yoshi ließ die Untersuchung gleichgültig über sich ergehen. Ichikawa saß am Wandschirm und nickte jedesmal, wenn der Arzt »aha« sagte.

»Die Winde im Spätsommer können Schüttelfrost und Fieber erzeugen. Darum sollten die Türen und Fenster geschlossen bleiben.«

Ichikawa nickte.

Schließlich war der Arzt fertig. Er sah auf seine Schriftrolle und berechnete den günstigsten Tag für den Beginn der Behandlung. »In fünf Tagen, zu Vollmond, werden wir *moska* verbrennen. Offensichtlich leidet der junge Mann an zu viel Yin. Wenn wir das durch Zufuhr von Yang ausgleichen können, wird er geheilt sein.«

Wie versprochen kehrte Dr. Tanaka fünf Tage später mit einem Beutel pulverisierter Blätter, der *moska*, zurück. Er studierte anatomische und mathematische Diagramme sowie Aufstellungen der Elemente und der medizinischen Kräuter und entschied danach, an welchen Punkten die *moska* aufgelegt werden mußte. Hätte er einen Überschuß an Yang festgestellt, dann hätte er mit Akupunkturnadeln behandelt. Aber da er zu viel Yin diagnostiziert hatte, verbrannte er kleine *moska*-Kegel auf den zwölf *chi*-Kanälen, durch die Yin und Yang durch den Körper flossen.

Obwohl die Behandlung äußerst schmerzhaft war, verzog der Patient keine Miene, als das glimmende Kräuterpulver seine Haut verbrannte. Trotz der Behandlung trat keine Besserung ein, und schließlich mußte Dr. Tanaka zugeben, daß seine modernen Diagnose- und Therapiemethoden versagt hatten.

»Vielleicht«, sagte er, »befindet sich dieser Mann im Griff eines Dämonen. Vergeßt nicht: Er wurde in der Nacht des Totenfestes verwundet. Ich kann nur vermuten, daß ein auf der Suche nach seinem Heim umherirrender Geist die brennende Hütte gesehen und von dem Patienten Besitz ergriffen hat. Wenn dies der Fall ist, kann ich nichts ausrichten. Dann braucht er Priester und Exorzisten.«

Für Ichikawa war dies ein schwerer Schlag. Als Samurai und Schwertkämpfer hatte er wenig Vertrauen in die Priester und Magier.

»Wohin soll ich gehen? An wen soll ich mich wenden? Ihr müßt mir helfen. Dieser Mann ist ein lieber Freund. Ich kann ihn jetzt nicht im Stich lassen«, beschwor er den Arzt.

»Seine äußeren Wunden sind verheilt. Mehr kann ich nicht tun.«

Ichikawa durfte seinen *dojo* nicht vernachlässigen. Er nahm den Unterricht wieder auf. Einige fortgeschrittene Schüler wurden mit Yoshis Pflege betraut. Sie versuchten ohne Erfolg, ihn aufzumuntern.

Neue Schüler kamen in Ichikawas Schwertkampfschule. Sie tuschelten über den Mann, der in Ichikawas Zimmer lag, aus dem Fenster starrte und beim Anblick der fallenden Blätter weinte. Jeder kannte die Geschichte von Tadamori Yoshi ... wie er gegen drei *ronin* gekämpft und sie getötet hatte. Und jedesmal, wenn die Geschichte erzählt wurde, klang sie etwas dramatischer. Unterdessen saß ihr Held gleichgültig da und sah zu, wie sich die Blätter der Bäume verfärbten und zu Boden fielen. Der Wind trug sie davon, und bald darauf fiel der erste Schnee.

31

Am ersten Tag des Jahres 1177 stand der Kaiser um vier Uhr morgens auf und huldigte den vier Himmelsrichtungen, dem Himmel, der Erde und den Gräbern seiner Vorfahren. Dann betete er zu den Göttern um Unterwerfung der bösen Geister und bat seine Ahnen, ihm auch im kommenden Jahr beizustehen.

In den zehn Provinzen des Landes wurde ausgelassen gefeiert. Nur im *dojo* von Sarashina herrschte gedrückte Stimmung. In seiner schnörkellosen Soldatenhandschrift setzte Ichikawa einen Brief an Tadamori-no-Fumio auf.

Vor dem *dojo* feierte man mit Umzügen; drinnen jedoch herrschte Stille, die nur vom leisen Rascheln des Seidengewandes Ichikawas unterbrochen wurde, als er mit dem Pinsel die Schriftzeichen auf das Papier setzte, mit denen er Fumio um Hilfe bat.

Als er den Brief beendet hatte, rollte er ihn zusammen, steckte ihn in ein Bambusrohr, dessen Enden er versiegelte, und machte sich auf die Suche nach einem Boten.

Am dritten Tag des dritten Monats, als man das Schlangenfest feierte, war die Macht des Winters gebrochen. Die Nächte wurden milder, und der Kaiser entzündete Kerzen zu Ehren des Gottes des Nordsterns und des Großen Bären.

In den Gärten des kaiserlichen Palastes ließ man Schalen mit Wein auf dem Fluß treiben, und die Gäste nahmen sie aus dem Wasser, tranken aus ihnen und rezitierten bei jedem Schluck Gedichte. Später wurde ein Festessen gegeben, und danach tanzte und sang man bis zum Morgengrauen.

Während in der Hauptstadt gefeiert wurde, traf ein staubbedeckter Bote mit einer Botschaft, die an einem Stab über seiner Schulter hing, in Sarashina ein. Er lief durch die Stadt und blieb vor Ichikawas *dojo* stehen. Ichikawa unterbrach den Unterricht. Das Bambusrohr mit der Botschaft trug Fürst Fumios Siegel. Ichikawa entlohnte den Mann großzügig und erbrach mit zitternden Fingern das Siegel.

Nachdem er Fürst Fumios Brief gelesen hatte, entließ er die Schüler und eilte zu Yoshi. »Ich habe gute Neuigkeiten«, sagte er.

»Was gibt es?« fragte Yoshi gleichgültig.

»Du wirst nach Hause zurückkehren ... zu Fürst Fumio. Die besten Priester des Reiches werden kommen, um dir zu helfen.«

»Ich kann nicht nach Okitsu. Man wird erfahren, daß ich dort bin. Ich will meine Familie nicht in Schwierigkeiten bringen.«

»Unsinn! Das ist alles so lange her ... Dein Onkel

schreibt, daß es keine Schwierigkeiten geben wird. Was damals vorgefallen ist, ist längst vergessen«, antwortete Ichikawa.

»Ich bin dieser Hilfe nicht würdig«, sagte Yoshi.

»Aber Fürst Fumio besteht darauf. Er hat einen Reisewagen geschickt, der dich holen soll.«

»Wie hat mein Onkel erfahren, daß ich hier bin?«

Ichikawa legte Yoshi freundschaftlich die Hand auf die Schulter. »Vergib mir, daß ich eigenmächtig gehandelt habe ... Ich habe ihm am Neujahrstag geschrieben.«

»Das hättet Ihr nicht tun sollen«, sagte Yoshi teilnahmslos.

»Aber irgend etwas muß doch geschehen, Yoshi. Der Arzt ist machtlos, und auch ich kann nichts für dich tun. Du brauchst die Hilfe der Priester.«

»Die können mir nicht helfen.«

»Laß es sie wenigstens versuchen.« Ichikawa ging sorgenvoll auf und ab.

Yoshi wandte sein Gesicht zur Wand. »Was ist nur los mit mir? Alles, was ich tue, endet mit einer Katastrophe. Es wäre besser gewesen, wenn ich im Feuer umgekommen wäre.«

»Yoshi, wenn du nur wüßtest, wie sehr es mich schmerzt, dich so reden zu hören! Ich habe das Gefühl, als wäre es meine Schuld, daß du krank bist. Wenn ich auf dich gehört hätte, dann hättest du mit Kaneoki gekämpft, und diese Leiden wären dir erspart geblieben«, seufzte Ichikawa.

»Sucht die Schuld nicht bei Euch, *sensei*. Niemand hätte mehr für mich tun können als Ihr. Vielleicht habt Ihr recht — vielleicht können die Priester mir helfen. Wenn ich Euch damit einen Gefallen tun kann, werde ich zu meinem Onkel gehen.«

32

Es war eine anstrengende Reise. Der Ochsenkarren fuhr mit einer Geschwindigkeit von zwei oder drei Meilen pro Stunde. Man hatte den Sitz unter dem geflochtenen Aufbau des zweirädrigen Wagens dick gepolstert, um Yoshi die Reise so angenehm wie möglich zu machen.

Körperlich war Yoshi wiederhergestellt. Nur eine fünfzehn Zentimeter lange Narbe an seiner linken Schulter — eine Folge der Wunde, die Chikara ihm geschlagen hatte — und ein leichtes Hinken, das durch eine Verspannung der Muskeln entstanden war, die das Schwert des dritten *ronin* durchtrennt hatte, erinnerten ihn noch an seine Verletzungen. Das eigentliche Problem war in seinem Kopf. Seine Schwermut schien nicht weichen zu wollen.

Das Wetter gegen Ende des dritten Monats war außerordentlich gut. Es regnete nicht, und der Himmel blieb klar. Gemächlich fuhr der Wagen in südöstlicher Richtung über die Bergpässe. Ein- oder zweimal sah Yoshi neben der Straße Rehe stehen. Aber der Anblick der Natur beschwerte sein Herz nur mit unermeßlicher Traurigkeit. Er konnte sich an eine Zeit erinnern, als er den Frühling freudig begrüßt hatte. Nun jedoch wurde er bei jedem Zeichen neuen Lebens von Schwermut erfüllt.

TEIL VIER

33

»Onkel Fumio, er ist da!« rief Nami. Sie eilte auf der Suche nach ihrem Onkel durch den Hauptkorridor der Burg, sah in jeden Raum, an dem sie vorbeikam, und verkündete mit atemloser Stimme die gute Nachricht. Nami sah dem Wiedersehen mit Yoshi mit gemischten Gefühlen entgegen. Sie erinnerte sich an den unbeschwerten Sommer, den sie mit vierzehn Jahren verlebt hatte, und an Yoshis Liebesschwüre. Wie lange das her war! Ihre Wangen glühten, als sie daran dachte, wie sehr sie ihn, ihren älteren weltgewandten Vetter aus Kioto, verehrt hatte. Sie hatte Jahre gebraucht, um über diese kindliche Schwärmerei hinwegzukommen.

Natürlich war das damals ein anderer Yoshi gewesen, und sie war heute eine andere Nami. Die Situation hatte sich umgekehrt: Sie war nicht mehr ein junges, naives Mädchen, sondern die Frau eines Fürsten, und Yoshi war kaum mehr als ein gemeiner Arbeiter.

Aber warum fühlte sie dann tief in ihrer Seele und gut verborgen dieses leise Schuldgefühl, wenn sie daran dachte, wie sie ihn vor neun langen Jahren in der Aufregung der Hochzeitsvorbereitungen buchstäblich ignoriert hatte? Sie zuckte die Schultern. Sie wußte nicht, wie sie reagieren würde, wenn sie wieder vor ihm stand, aber sie würde ihr Bestes tun, ihre Fehler von damals wiedergutzumachen.

In den Jahren, die seit ihrer Hochzeit mit Fürst Chikara vergangen waren, hatte Namis Schönheit noch zugenommen. Ihre Haut sah immer noch aus wie feines Porzellan. Ihr zartes Gesicht war eingerahmt von ihrem langen Haar, das über einen blaßgrünen, an den Ärmeln hellbeige abgesetzten Kimono fiel. Die Seide raschelte leise, als sie durch die Räume der Burg eilte und nach ihrem Onkel rief.

Fumio war im hinteren Burghof und übte sich im Bogenschießen. »Warum bist du so aufgeregt?« fragte er, als sie ihn schließlich gefunden hatte.

»Yoshi ist da. Der Wagen ist gerade durch das Tor gefahren. In wenigen Augenblicken wird er vor dem Portal halten.«

»Warum hast du das nicht gleich gesagt?« Fumio ließ den Bogen fallen und zerrte den Köcher mit zitternden Fingern über seinen Kopf. Als er die Stufen zur Burg hinaufeilte, wäre er vor Aufregung fast gestolpert. Zum erstenmal seit fast neun Jahren würde er seinen Neffen wiedersehen. Mit großer Anstrengung zwang er sich, langsam zu gehen und seine Freude zu verbergen. Es ziemte sich nicht für einen Samurai, seine Gefühle zu zeigen, auch wenn Fumio über Yoshis Rückkehr überglücklich war. Er war so lange einsam gewesen ... Auch Fürstin Masaka, die wie eine Einsiedlerin lebte, war ihm keine Gesellschaft. Und Nami hatte in Chikaras Burg gewohnt — jedenfalls bis vor kurzem, als aufständische Bauern Chikara gezwungen hatten, nach Kioto zu fliehen. Das Alter hatte seine Spuren in Fumios Gesicht hinterlassen. Während Nami sich in diesen neun Jahren gar nicht verändert hatte, war Fumio deutlich gealtert. Sein Haar war schütter und grau geworden, und nur die aufrichtigen braunen Augen und die schwungvollen Bewegungen, die immer noch seine Kraft verrieten, erinnerten an den Fumio von früher.

Onkel und Nichte eilten zu der Veranda am Hauptportal. Gerade fuhr der Ochsenkarren vor.

Nur das Wissen, daß Yoshi krank war, hatte Fumio dazu bewogen, ihn nach Hause bringen zu lassen. Yoshi war ein Flüchtling, obwohl die Spitzel, die nach ihm Ausschau hielten, längst in die Hauptstadt zurückgekehrt waren. Nun, da Chikara in Kioto war, erschien es Fumio unwahrscheinlich, daß er von Yoshis Heimkehr erfahren würde. Und wenn es ihm trotzdem zugetragen werden sollte, würde es ihm wahrscheinlich gleichgültig sein. Fumio hätte das Schicksal jedoch nicht herausgefordert, wenn er es nicht für nötig gehalten hätte.

Die Vorhänge des Wagens wurden zurückgezogen. Fumio und Nami waren gespannt, wie Yoshi aussehen würde. Ein neunzehnjähriger Junge hatte die Burg verlassen — ein achtundzwanzigjähriger Mann kehrte zurück. Fumio war nicht sicher gewesen, ob er seinen Neffen erkennen würde, aber seine Sorge war unbegründet. Die monatelange Krankheit hatte Yoshi abmagern lassen; er sah aus wie der schlanke junge Mann von früher.

Yoshi kletterte aus dem Ochsenkarren. Er sah seine Verwandten an, und Tränen traten ihm in die Augen. Alle Männer weinen, wenn die Götter sich gegen sie wenden, aber der böse Geist, der von Yoshi Besitz ergriffen hatte, ließ ihm bei der kleinsten Gelegenheit die Tränen über die Wangen rinnen.

»Armer Yoshi.« Nami lief die Stufen hinunter auf ihn zur. Ihr Herz war voller Mitleid. Yoshi sah so verloren aus. Sie nahm seinen Arm und sagte: »Willkommen daheim. Du hast uns gefehlt.«

»Komm herein, mein Junge«, sagte Fumio und gab dem Kutscher ein Zeichen weiterzufahren. Er wandte das Gesicht ab, um seine übermächtigen Gefühle zu verbergen.

34

Fumio und Nami gaben sich Mühe, es Yoshi so bequem wie möglich zu machen. Sie hatten einen kleinen, hellen Raum für ihn hergerichtet. Leider führte die Schiebetür zu jener Veranda, auf der er am Tag von Genkais Tod mit seinem Vetter und Ietaka gesessen hatte. Yoshi wußte, daß Fumio und Nami es gut meinten; er brachte es nicht über sich, ihnen zu sagen, daß dieses Zimmer seine Depressionen nur noch verstärkte.

Sie brachten ihm Gedichtsammlungen, Pinsel, Tuschsteine, feines Papier und Farben — alles Dinge, mit denen er sich beschäftigen konnte. Aber er saß nur stundenlang teilnahmslos da und warf traurige Blicke durch die geöffnete Schiebetür auf die vertraute Aussicht.

Fumio oder Nami waren immer in Hörweite. Zunächst dachten sie, daß Ruhe, frische Luft und gute Ernährung seine Gesundheit wiederherstellen würden. Nami versuchte, ihn in Unterhaltungen zu verwickeln. Sie stellte ihm Fragen, erzählte Geschichten und erfand kleine Spiele, die ihn aufmunterten. Aber all ihre Mühe war umsonst. Jedesmal gab Yoshi nach einer Weile vor, müde zu sein, und wandte sich ab. Er zog sich immer weiter in sich selbst zurück, und Fumio und Nami warfen sich oft mitleidige Blicke zu. Offensichtlich litt Yoshi nicht an einer gewöhnlichen Krankheit.

Nachdem sie sich mehrere Tage lang erfolglos um Yoshi bemüht hatten, holten sie einen Priester. Er ließ sich von Yoshi die Geschichte seines Kampfes mit den drei *ronin* erzählen und kam zu dem Schluß, daß ein Dämon im Spiel war.

»Dieser Dämon ist der Geist des letzten *ronin*, der ihn geschickt hat, von dem Mann Besitz zu ergreifen, der seinen Tod verursacht hat«, sagte er.

»Könnt Ihr ihn retten?« fragte Nami.

»Ich habe Geister dieser Art schon oft ausgetrieben. Meine Gehilfen und ich sind Spezialisten auf diesem Gebiet.«

»Dann ist mein Neffe bei Euch in guten Händen«, sagte Fumio.

Es wurde beschlossen, daß der Priester und sein Medium am nächsten günstigen Tag mit der Austreibung des Geistes beginnen sollten. Dies würde, wie aus den astrologischen Tabellen hervorging, der siebente Tag des vierten Monats sein.

Der Raum, in dem die Zeremonie stattfinden sollte, lag nach Süden. Eine sanfte Brise wehte durch die leichten Fensterläden und brachte die Flammen der Räucherkerzen, die den Raum mit ihrem schweren, süßen Duft erfüllten, zum Flackern.

Der Priester sah imposant aus in seinem langen schwarzen Gewand. Er hatte sich einen nachtblauen Umhang um die Schultern gelegt, der in Gold mit den Tierkreiszeichen bestickt war. Zunächst warf er Reiskörner in die vier Ecken des Raumes, um vor dem Kampf gegen den bösen Geist, der von Yoshi Besitz ergriffen hatte, die Atmosphäre zu reinigen. Dann kniete er sich auf ein Kissen vor einem bemalten Wandschirm und sprach Gebete und Zaubersprüche.

Yoshi saß mit gekreuzten Beinen hinter dem Schirm, während Fumio und Nami sich in eine Ecke gekauert hatten und zusahen. Nur das Klappern der Läden und der tiefe Singsang durchbrachen die Stille. Der Priester sprach die magische Formel der Tausend Hände. Die Kerzen flakkerten und entwickelten ungewöhnlich viel Rauch. Yoshi merkte, daß sein Interesse erwachte.

»Buddha, wir flehen dich an, dieses unschuldige Opfer von dem bösen Geist zu erlösen, der von seinem Herzen Besitz ergriffen hat!« rief der Priester.

Sein Gehilfe ging an den Wänden des Zimmers entlang und streute Reis aus, während der Priester in einem fast unhörbaren Baß die Beschwörungen sprach. Plötzlich verdrehte er die Augen und rief mit donnernder Stimme: »Bringt die *yorimashi*.«

Das Medium, eine junge Frau in schwarzen Hosen und schwarzem Umhang, wurde hereingeführt. Sie hatte eine knollige Nase, hervorstehende Augen, und ihr Mund mit den vorstehenden Zähnen stand offen, aber herrliches, bläulich-schwarz schimmerndes Haar floß über ihre Schultern und ließ ihr bleiches Gesicht beinahe attraktiv aussehen. Sie sank neben dem Priester auf die Knie und verbeugte sich in die Richtung des Wandschirms. Der Priester gab ihr einen Stab aus lackiertem Holz, schloß die Augen, warf den Kopf in den Nacken und schrie die Gebete zur Zimmerdecke empor.

Den Zuschauern stieg der Rauch der Räucherkerzen beißend in die Nase. Nami verbarg das Gesicht hinter ihrem

Fächer. Sie zitterte vor dem Geist, der jetzt vertrieben werden sollte.

Das Medium warf den Kopf hin und her; das schwarze Haar wogte wie die Wellen in der Bucht von Suruga. Ihre Schultern zuckten, und sie hatte den Mund zu einem lautlosen Schrei aufgerissen. Unter der glatten Haut an ihrer Kehle traten die Adern hervor. Langsam hob sie die Arme. Ihre Hände waren zu Klauen verkrampft, ihre Finger unnatürlich gekrümmt. Sie bewegte sich, als kämpfe sie gegen eine unsichtbare Macht an.

Der Rauch der Räucherkerzen stieg in großen Wolken auf und erfüllte die Zwischenräume zwischen den Deckenbalken. Die Atmosphäre knisterte vor Spannung; auf einer unsichtbaren Ebene rangen große Kräfte miteinander.

Die *yorimashi* erhob sich und riß sich mit einem durchdringenden Schrei den Umhang vom Leib. Ihre weißen Brüste zuckten, als sei ein fremdes Wesen in sie gefahren. Sie sprach mit einer seltsam tiefen und heiseren Stimme.

»Ich bin der Geist von ...« Die Worte waren unverständlich. »Ich werde jetzt diese Welt verlassen und mich in die Unterwelt begeben. Ich verfluche euch ...« Wieder war die jetzt hellere Stimme unverständlich.

»Ich gehe jetzt«, schrie sie, »und liefere Tadamori Yoshi aus an ...« Diesmal erstarb die Stimme zu einem Murmeln, und das Medium brach zusammen und wälzte sich auf dem Boden.

Die Augen des Priesters waren immer noch geschlossen; während des ganzen Vorfalls hatte er ununterbrochen Gebete gesprochen. Jetzt stand er auf und streckte seine Arme aus. Seine Ärmel reichten bis zum Boden und gaben seiner Erscheinung etwas Dramatisches.

»Der *goho-doji* ist in die *yorimashi* gefahren.« Er griff unter seinen Umhang und zog eine Handvoll Reis hervor, den er auf die nackte Brust des Mediums streute. »Hiermit verbannen wir den bösen Geist!« schrie er. »Geh zurück in die Dunkelheit der Unterwelt!«

Die Luft wurde klarer. Der Rauch verschwand zwischen

den Dachbalken, und der Geruch der Räucherkerzen, der vor wenigen Augenblicken noch unerträglich zu sein schien, wurde angenehm süß. Es duftete nach Wiesenklee.

Nach und nach hörten die Zuckungen der Frau auf. Ihr Haar war wirr auf dem Boden ausgebreitet und rahmte ihr bleiches, tränenüberströmtes Gesicht ein.

Nami eilte zu ihr und brachte ihre Kleidung in Ordnung. Das Medium schlug die Augen auf und sah sich suchend nach dem Priester um.

Er trat zu ihr. »Geht es dir besser?« fragte er.

»Ich bin müde, sehr müde«, murmelte sie und strich sich das Haar aus dem Gesicht. »Der junge Mann ... ist er geheilt?«

»Es ist uns gelungen, den bösen Geist zu vertreiben. Es war der Geist des dritten *ronin*, wie wir vermutet haben. Wir werden seinen Namen wohl nie erfahren — er ist in die Unterwelt zurückgekehrt.«

»Wie können wir Euch danken?« fragte Fumio den Priester.

»Macht Euch darüber keine Gedanken. Ihr habt unseren Tempel unterstützt, und dafür schulden *wir* Euch Dank. Wir haben Euren Neffen Genkai geliebt, und seit seinem Tod habt Ihr unserem Tempel mehrmals Spenden zukommen lassen. Ihr wolltet zwar ungenannt bleiben, aber wir wissen es dennoch.«

Fumio verbeugte sich schweigend. Seine Großzügigkeit und Güte waren erwidert worden.

Der Priester wendete sich wieder der Frau zu und sprach ein abschließendes Gebet über sie. Als er fertig war, sagte sie: »Mit Eurer Erlaubnis würde ich gern zum Tempel gehen und den Göttern für ihre Hilfe danken.« Der Priester nickte, und sie ging hinaus.

Während sein Gehilfe die Kerzen, den Holzstab und die anderen Gegenstände, die für die Zeremonie unerläßlich waren, einpackte, sagte der Priester zu Fumio: »Der junge Mann wird bis morgen tief schlafen. Ich glaube, daß der böse Geist verschwunden ist. Trotzdem rate ich zur Vorsicht.

Diese Geister können sehr hartnäckig sein. Oft verbergen sie sich jahrelang und warten auf einen geeigneten Moment, um sich zu rächen.«

»Was können wir tun, um seine Gesundheit zu schützen?« fragte Fumio.

»Er braucht Ruhe und Ablenkung. Sorgt dafür, daß er nicht an die Vergangenheit denkt. Eure Nichte könnte ihm vorlesen und lange Spaziergänge an der frischen Luft mit ihm unternehmen. Das Wichtigste ist, daß er sich entspannt.«

»Wir stehen tief in Eurer Schuld«, sagte Nami.

»Unser Haus und alles, was darin ist, gehört Euch«, fügte Fumio hinzu.

Yoshi sagte nichts. Er war während der Zeremonie in einen tiefen, hypnotischen Schlaf gefallen.

35

Yoshis Genesung erschien wunderbar. Als er am nächsten Tag erwachte, schien die Mittagssonne in sein Gesicht, und im Garten zwitscherten die Vögel. Am Tag zuvor noch hätte er über ihren Gesang geweint; jetzt aber lächelte er.

Abgesehen von der ungewohnten Schwäche seiner Glieder hatte er sich nie besser gefühlt.

»Seit Stunden warte ich nun schon darauf, daß du aufwachst.« Neben seinem Bett saß Nami. Sie sprach schnell. »Wie geht es dir? Ist der böse Geist wirklich verschwunden? Warum lächelst du?«

»Langsam, langsam. Du bist zu schnell für mich«, sagte Yoshi und reckte sich genüßlich. »Ich habe heute keine Eile. Die Welt ist voller Freude und Schönheit — wie sollte ich da nicht lächeln? Ich bin aus einem furchtbaren Alptraum ins Leben zurückgekehrt.«

»Dann geht es dir wirklich besser?«

»Ja, die Krankheit ist verschwunden«, sagte Yoshi. Er hielt inne und schüttelte verwundert den Kopf. »Ich wollte nicht glauben, daß ein Priester mir helfen könnte. Aber ich hatte unrecht. Jetzt begreife ich, daß wir von Mächten umgeben sind, die wir nicht verstehen können.«

Nami lächelte und stand auf. Ihr war, als sei ihr eine schwere Last von den Schultern genommen worden.

»Willkommen daheim, lieber Yoshi«, sagte sie. »Ich werde dir Tee und Reiskuchen bringen.«

»Wo ist Onkel Fumio?«

»Du wirst ihn später sehen. Zuerst mußt du essen!«

Während Yoshi aß, betrachtete er Nami. Sie trug eine hellbeige *sakura*, die feuerrot gefüttert war. Durch die weiten Ärmel war ihr Unterkleid zu sehen, und ein Zipfel davon lugte auch unter dem Saum ihres Gewandes hervor. Yoshi gefiel diese Kombination. Solange er in der Gewalt des bösen Geistes gewesen war, hatte er weder Nami noch sonst jemandem Beachtung geschenkt. Jetzt war er von Liebe fast überwältigt. Es war, als habe er Okitsu nie verlassen, als habe Chikara nie existiert, als stünde nichts zwischen Nami und ihm. Er schüttelte den Kopf, um diese sinnlosen Tagträume loszuwerden.

»Ich habe meinen Schwur nicht vergessen«, sagte er. »Ich werde Genkais Tod rächen. Ich danke dir für alles, was du für mich getan hast, aber meine Haltung Fürst Chikara gegenüber bleibt dadurch unbeeinflußt.«

»Yoshi, ich bin immer noch deine Cousine und deine Freundin«, antwortete Nami leise. »Mein Mann hat vergessen, daß es dich gibt. Er hat viele Probleme, und dein Schwur ist ihm gleichgültig. Eines Tages wirst du sicher einsehen, daß es das beste ist, dich mit ihm zu versöhnen. Wie sollten wir sonst in Frieden unter einem Dach leben?«

Yoshi zuckte die Schultern. Nami wußte nichts von den vielen Nächten, in denen er voller Haß und Eifersucht auf Chikara eingeschlafen war. Chikara mochte Yoshi vergessen haben, aber Yoshi hatte Chikara nicht vergessen.

Aber wie auch immer — der böse Geist war verschwunden, und Yoshi brannte darauf, wieder ins Leben zurückzukehren. Er würde später mit Chikara abrechnen. Im Augenblick lag ihm mehr daran, die Monate nachzuholen, die er durch seine Krankheit verloren hatte.

»Wo ist meine Mutter?« fragte er. »Es wundert mich, daß sie nicht nach mir gesehen hat, als ich krank war.«

»Fürstin Masaka lebt zurückgezogener denn je. Wir sehen sie nur selten im Hauptgebäude. Sie verbringt fast die ganze Zeit im Nordflügel bei den Dienern.«

»Aber sie ist meine Mutter! Ich kann nicht glauben, daß ihr mein Zustand gleichgültig war«, sagte Yoshi.

»Aber nein, Yoshi. Natürlich hat sie sich Sorgen gemacht. Es verging kein Tag, an dem sie nicht ihre Zofe geschickt hat, um sich nach deiner Verfassung zu erkundigen. Sie liebt dich sehr. Du mußt versuchen, sie zu verstehen.« Nami suchte nach den richtigen Worten. »In unserem Land verachtet man sündige Frauen«, sagte sie schließlich. »Deine Mutter hat ihr Leben lang dafür gebüßt, daß sie deinen Vater nicht nennen konnte oder wollte. Sie hat versucht, ihren Fehler wiedergutzumachen, indem sie sich um Fumios Haushalt gekümmert hat. Sie ist eine pflichtbewußte Frau, und ihre Dankbarkeit gilt dem Mann, der sie in seine Obhut genommen hat. Sie verläßt den Nordflügel nur gelegentlich, wenn sie sich auf eine Pilgerfahrt begibt.

Ich bin sicher, daß es ihr Wunsch war, dich zu besuchen — aber sie wollte Fumio keine Gelegenheit geben, Anstoß zu nehmen. Frauen haben es schwer, aber deine Mutter ist klug. Sie hat sich mit ihrer Situation abgefunden und ist mit ihrem eingeschränkten Leben zufrieden.«

»Aha, und das bist du nicht?« Yoshi sah Nami scharf an.

»Nein! Ich bin nicht zufrieden damit, dem Haushalt eines Fürsten vorzustehen. Ich erwarte mehr vom Leben.« Nami holte tief Luft und fuhr fort. »Ich weigere mich, meine Tage damit zu verbringen, hinter einem Wandschirm zu sitzen und zu warten, daß mein Mann zu mir kommt. Ich werde dir etwas anvertrauen: Ich bin froh, daß Fürst Chikara in Kioto ist. Obwohl ich ihn liebe und achte, bin ich glücklicher hier, bei Onkel Fumio. Hier kann ich allein sein, ohne daß man gleich über mich redet. Nein, früher oder später werde ich mich wohl mit meinem Schicksal abfinden müssen, aber gegen ein Leben, wie deine Mutter es führt, werde ich mich so lange wie möglich wehren.«

»Und was ist mit Chikara? Kennt er deine Ansichten, und ist er damit einverstanden, daß du hier bist? Warum ist er allein nach Kioto gegangen?« wollte Yoshi wissen.

»Letztes Jahr ist ein Unglück über uns hereingebrochen. Die Bauern haben rebelliert und mit der Hilfe von Agenten der Minamoto die Burg und die Ernten verbrannt. Chikara ließ mich bei Onkel Fumio und floh mit dem, was er auf Karren mitnehmen konnte. Er lebt in der Hauptstadt, wo er gute Verbindungen zu wichtigen Männern hat. Es gehen Gerüchte um, daß er bald einen bedeutenden Posten im Kaiserlichen Rat erhalten wird. Er hat Onkel Fumio einen Brief geschrieben und ihn gebeten, mich nach Kioto zu schicken, damit ich dort seinen Haushalt führe. Ich habe mich geweigert, denn was meine Freiheit betrifft, bin ich ebenso hartnäckig wie du.«

»Ich? Hartnäckig?« Yoshi hob verwundert die Augenbrauen.

»Ja. Warum sonst hältst du noch nach so langer Zeit an deinem Racheschwur fest?«

»Aus Ehrgefühl!« antwortete Yoshi steif.

Der Nachmittag brachte eine angenehme Überraschung. Yoshi saß auf der Veranda, als ein Wagen am Hauptportal vorfuhr und ein großer, breitschultriger Mann ausstieg.

»Ietaka!« rief Yoshi.

Der Mann fuhr herum. Auf seinem runden Gesicht breitete sich ein Lächeln aus. »Yoshi! Du bist gesund! Laß mich dich ansehen.«

In recht unziemlicher Eile lief Ietaka auf Yoshi zu und legte ihm die Hände auf die Schultern. »Du weißt nicht, wieviel Vorwürfe ich mir gemacht habe! Ich hatte dich schon aufgegeben. Ich dachte, du seist im Fluß ertrunken, und dann kam die Nachricht, du seist hier und ... krank! Ach, Yoshi, ich bin ja so froh, dich zu sehen.«

»Und ich bin froh, dich zu sehen«, antwortete Yoshi strahlend. »Ich habe mir jahrelang Sorgen um dich gemacht. Ich bin sehr erleichtert, daß es dir gutgeht. Wie gedankenlos von mir, daß ich nicht an dich gedacht habe, als ich krank war! Komm, wir haben uns viel zu erzählen.«

Sie gingen hinein. Ietaka beschrieb seine Flucht nach Norden zu der Zeltstadt von Minamoto Yoritomo. »Die Minamoto haben mich als ihren Agenten nach Kioto geschickt. Mein Vorteil ist, daß ich den Akzent beherrsche, der bei Hofe gesprochen wird, und obwohl ich die meisten Politiker, mit denen ich zu tun habe, verachte, ist das die einzige Möglichkeit, meinen Idealen zu dienen. Eines Tages wird sich alles ändern, und ...«

Der Nachmittag verging mit Erinnerungen.

Abends kam die ganze Familie, mit Ausnahme von Fürstin Masaka, zusammen, um noch einmal Yoshis Geschichte zu hören. An einer Stelle unterbrach ihn Ietaka. »Bis wir zusammen nach Kioto gingen, kannte ich dich kaum«, sagte er. »Erst dort habe ich erkannt, daß du stark genug bist, Hindernisse zu überwinden, obwohl ich mir nicht hätte träumen lassen, daß du soviel erreichen würdest. Die Minamoto brauchen Männer wie dich. Zusammen könnten wir ...«

Fumio fiel ihm ins Wort. »Es war abgemacht, daß wir nicht über Politik reden! Ich will nicht, daß unser erstes Wiedersehen nach fast zehn Jahren verdorben wird.«

Yoshi führte seine Erzählung zu Ende, beantwortete Fragen und entschuldigte sich schließlich, um das einzige Mitglied der Familie aufzusuchen, das er noch nicht begrüßt hatte.

Yoshi kniete auf einem Kissen vor dem mit Vorhängen abgeteilten Podium, auf dem seine Mutter saß. Obwohl es draußen noch hell war, waren die Fensterläden geschlossen, so daß der Raum im Zwielicht lag.

Die Fürstin Masaka betrachtete ihren Sohn durch einen Spalt in den schweren Vorhängen. Sie war überglücklich, daß er da war, stellte ihm zahllose Fragen und Yoshi hörte die Freude in ihrer Stimme. Er erzählte ihr in verkürzter Form von seinen Abenteuern, angefangen von seiner Reise nach Kioto bis zu seiner Rückkehr nach Okitsu.

»Jetzt, da die Priester den Bösen Geist vertrieben haben, gibt es für mich nur noch ein Problem«, sagte er. »Wie kann ich weiterhin Namis Hilfe und Freundschaft annehmen, wenn ich doch weiß, daß ich irgendwann ihrem Mann gegenübertreten und Rache an ihm nehmen werde?«

Yoshi bemerkte, daß die Haltung seiner Mutter sich veränderte, als das Thema auf Chikara kam. Als er sie um ihre Meinung und ihren Rat fragte, wurde sie immer kühler.

»Ich war nie dafür, daß Nami Chikara heiratet«, sagte sie schließlich. »Der Mann ist ein Ränkeschmied, der nur seine eigenen egoistischen Ziele verfolgt. Aber selbst ich, die ich ihn schon vor Genkais Tod verabscheut habe, muß sagen, daß er genug gelitten hat.« Als sie fortfuhr, bebte Fürstin Masakas Stimme. »Chikara hat sein Land und seinen Reichtum verloren. Er ist nicht mehr jung, und er hat keinen Erben. Wir alle wissen, daß Nami ihre Pflichten vernachlässigt und ihm aus dem Weg geht.« Ihre Stimme wurde wieder fest. »Vergiß das Vergangene! Vergiß diesen Mann, der sich deiner gar nicht mehr erinnert!«

»Mutter, ich habe einen Eid geschworen. Ich kann ihn nicht zurücknehmen.«

»Du bist ein Dickkopf. Die Götter werden deine Rache nicht gutheißen. Hör auf mich, und vergiß Chikara! Es gibt wichtigere Dinge als eine halb vergessene Tat zu rächen.«

»Ich habe sie nicht vergessen«, sagte Yoshi.

Fürstin Masaka rang hilflos ihre kleinen, blaugeäderten Hände. Ihre Stimme klang niedergeschlagen. »Warum kann ich dich nicht davon überzeugen, daß du die wenigen Jahre, die die Götter dir geschenkt haben, verschwendest? Warum heiratest du nicht und hast Kinder? Ich wür-

de viel lieber deinen Haushalt führen, als von der Freundlichkeit meines Vetters Fumio abhängig zu sein.«
»Erst wenn ich meine Aufgabe erfüllt habe, Mutter.«
»Ach, mein armer, törichter Sohn!« rief Fürstin Masaka.

36

Nach einer Woche kehrte Ietaka nach Kioto zurück. Er gab Yoshi seine Adresse mit der Bitte, ihn zu besuchen.

Der Frühling ging ins Land, und Yoshi übte sich täglich im Schwertkampf. Mit dem ersten Glockenschlag des Seiken-ji-Tempel stand er auf und machte Lockerungs- und Schwertübungen. Er wiederholte den vorgeschriebenen Ablauf der Bewegungen so lange, bis sein Körper schweißbedeckt war. Er war berauscht vom Pulsieren des Blutes in seinen Adern und von dem Gefühl der Kraft, die in seine Muskeln zurückkehrte.

Die Frühlingssonne schien durch die Bäume, die den Hof einfaßten. Libellen schwebten wie schimmernde Regenbogen aus Licht und Farben über dem Gras. Yoshi atmete die nach Kiefernnadeln duftende Luft tief ein und dichtete:

»Die Glocken schlagen
im Tempel von Seiken-ji.
Die Kiefern lauschen,
und der Kuckuck singt goldene Lieder
zum Klang der Glocken.«

Es war gut, wieder ganz am Leben zu sein!

Die Nachmittage verbrachte er mit Nami, die ihm aus Romanen vorlas.

»Das Leben ist nicht so«, sagte er eines Tages. »Die Schlachten, von denen du liest, sind romantische Erfindungen. Ich weiß das. Männer bluten wie Schweine, die geschlachtet werden. Es ist nichts Ästhetisches dabei, wenn einem Mann die Gedärme heraushängen und er vor

Schmerzen stöhnt und versucht, sie wieder in seine Bauchhöhle zu schieben.«

»Oh, Yoshi! Du bist schrecklich! Bitte sprich nicht von solchen Sachen. Du verdirbst mir eines der wenigen Vergnügen, die ich habe.« Während sie sprach, ging ihr etwas auf, das sie den Atem anhalten ließ und ihr die Röte ins Gesicht trieb. Das Vergnügen bestand ja nicht darin, Romane zu lesen, sondern darin, die Nachmittage mit Yoshi zu verbringen. Es überkamen sie dieselben Gefühle, die sie mit vierzehn Jahren gehabt hatte, als ihr älterer Vetter aus Kioto zu Besuch gekommen war.

Der Frühling, die Nachmittagssonne, die sanft duftende Luft, die Brise, die durch den Kiefern strich, Yoshis Nähe — das alles verleitete sie, das Undenkbare zu denken. Was, wenn sie ...?

Buddha, gib mir Kraft, dachte sie. Ich darf nicht ...

Am ersten Tag des fünften Monats, als Nami gerade aus einem neuen Buch vorlesen wollte, verkündete Yoshi: »Ich muß noch üben. Mein Meister Ichikawa ist auf dem Weg hierher. Ich will mich darauf vorbereiten, mit ihm zu seinem *dojo* zurückzukehren.« Er stand auf und verbeugte sich. »Bitte entschuldige mich.«

Nami legte das Buch beiseite. »Willst du uns schon so bald verlassen?« fragte sie. Wieder stieg ihr die Röte ins Gesicht! Ein Gefühl der Einsamkeit überkam sie, und sie versteckte ihre Augen hinter ihrem Fächer. Chikara, Fumio, ihre Familie und ihre Pflichten waren vergessen. Sie brauchte ..., sie wollte ..., aber sie konnte es ihm nicht sagen.

Er betrachtete eine Blume, die er gerade gepflückt hatte. Er hatte nichts bemerkt.

»Ihr seid sehr gütig gewesen. Ohne eure Hilfe wäre ich noch immer ein wandelnder Leichnam«, sagte er. »Aber ich kann nicht für immer hier bleiben.«

»Warum nicht?« fragte sie. Ihr Herz schlug schneller, und ihre Oberlippe zitterte.

»Manchmal redest du wie ein Kind und nicht wie eine

verheiratete Frau. Du willst den Tatsachen nicht ins Angesicht sehen. Eines Tages wird dein Mann kommen und dich holen. Ich bin noch nicht bereit, ihm entgegenzutreten. Es gibt andere Dinge, um die ich mich zuerst kümmern muß ...« Yoshi kniete sich neben sie. »Es heißt, daß der Prinzregent Go-Shirakawa versucht, Taira Kiyomori dazu zu bringen, einen Waffenstillstand mit den Minamoto zu schließen«, sagte er ernst. »Wenn das geschieht, werden Taira und Minamoto in derselben Stadt leben und an denselben Ratsversammlungen teilnehmen. Und ich werde gebraucht, um Männer im Schwertkampf auszubilden.«

»Du hast gesagt, daß Männer nicht so sterben, wie es in den Romanen beschrieben wird. Und doch willst du ihnen zeigen, wie man sich gegenseitig abschlachtet. Das ist doch gegen jede Vernunft!«

Yoshi stand wieder auf. Mit hartem Gesicht sah er starr über Namis Kopf hinweg. »Du bist eine Frau. Ich kann von dir nicht erwarten, Dinge wie Pflicht oder Ehre zu verstehen«, sagte er mit fester Stimme. »Es ist das Vorrecht der Männer, ihren Herrn und sich selbst so gut zu dienen, wie sie nur können. Meine Aufgabe ist es, Männer auszubilden. Ich bin ein Schwertmeister, und ich fühle mich meinen Schülern und meinem *sensei* verpflichtet.«

»Dann bist du ein Dummkopf.« Nami schloß ihren Fächer, stand auf und lief mit raschelnden Gewändern hinaus. Yoshi blieb mit offenem Mund zurück. In letzter Zeit schien ihn jeder für einen Dummkopf zu halten. Frauen!

37

Am fünften Tag des fünften Monats feierte man das Irisfest. Überall in der Burg wurden kleine, mit Kräutern gefüllte und mit Irisblättern verzierte Baumwollsäckchen aufgehängt. Man befestigte bunte Bänder an Fensterläden und Giebeln, die Unglück und Krankheit fernhalten sollten, und die Diener hatten sich Irisblüten an die Ärmel gesteckt.

Am Vorabend des Festes traf Ichikawa in Okitsu ein. Er war müde und verschwitzt; die weite Reise von Sarashina hatte ihn sehr angestrengt, aber dennoch war er freundlich und höflich, als Yoshi ihm Fumio und Nami vorstellte. Ichikawa und Fumio tauschten einige Erinnerungen an ihre gemeinsamen Feldzüge aus — obwohl sie in denselben Schlachten gekämpft hatten, waren sie sich noch nie begegnet —, und danach unterhielt Ichikawa sich kurz mit Nami. Es war deutlich, daß er bezaubert war von ihrer Schönheit und ihrer Intelligenz, aber Yoshi sah, daß er müde war und daß die Unterhaltung ihn anstrengte.

Yoshi bat Fumio und Nami, sich zurückziehen zu dürfen. Er nahm Ichikawas Arm und zeigte ihm sein Zimmer. Als sie allein waren, sagte ihm Ichikawa, wie froh er darüber sei, daß Yoshi sich von seiner Krankheit erholt habe. Aber die Reise hatte ihn sehr angestrengt, und bald bat er Yoshi zu gehen. »Morgen werden wir mehr Zeit für einander haben ...«

Am nächsten Morgen schlug Yoshi Ichikawa vor, einen Ausflug in die Stadt zu machen, um den geschäftigen Vorbereitungen für das Irisfest zu entgehen. Gemächlich gingen sie die Straße hinunter. Es duftete nach Kiefernnadeln. In der Nacht hatte es geregnet, und kleine Insekten schwammen in den Pfützen. Im Gras glitzerten die Tautropfen. Der Gipfel des majestätischen Fuji war von Wolken verborgen. Auf der Suche nach Beute kreiste ein Falke mit trägen Flügelschlägen am Himmel.

»Du siehst gut aus, Yoshi«, bemerkte Ichikawa.

Das stimmte: Die Farbe war in Yoshis Gesicht zurückgekehrt, und sein durch die lange Krankheit geschwächter Körper hatte sich erholt. Er trug einen roten, golddurchwirkten Kimono über einem Untergewand aus weißer Seide. Der silberne Knauf seines Schwertes funkelte in der Sonne. Er ging aufrecht, mit hocherhobenem Kopf.

»Danke, *sensei*. Ich bin wieder ganz bei Kräften und bereit, in den *dojo* zurückzukehren.«

»Das ist gut. Ich brauche dich dort. Ich habe weder für dich noch für Kaneoki einen Ersatz gefunden.« Ichikawa bückte sich und pflückte eine rote Blume. Er roch an ihr und reichte sie Yoshi. »In letzter Zeit hatte ich wenig Gelegenheit, auf die Schönheit meiner Umgebung zu achten. Ich bin müde. Die politische Situation stellt für mich und unsere Schule eine Belastung dar. Wir haben mehr Schüler denn je, und gleichzeitig wird es immer schwieriger, Schwertmeister zu finden. Das liegt an den Spannungen, die zwischen Taira Kiyomori und den Tendai-Mönchen entstanden sind.

Kiyomori rüstet sich nicht nur für den unausweichlichen Kampf mit Yoritomo — er muß auch mit den Übergriffen der Klöster fertig werden. Die Kriegermönche sind zu Banditen geworden. Sie weiten ihre Macht aus, indem sie Menschen entführen, plündern und brandschatzen und alles zerstören, was sich ihnen entgegenstellt.

Kiyomori ist ein religiöser Mann. Trotzdem kann er die Übergriffe der Tendai-Mönche nicht hinnehmen. Er versucht, alle Schwertmeister anzuwerben, die nicht in den Diensten seiner Feinde stehen.«

»Kiyomori wird die Mönche besiegen«, antwortete Yoshi. »Aber das, was danach kommt, bereitet mir Sorgen. Wer soll ihn noch aufhalten, wenn er in seinen Armeen Männer hat, die meisterlich mit dem Schwert umzugehen wissen, wenn seine Truppen Erfahrungen gesammelt und seine Generäle Siege errungen haben? Heute ist Yoritomo ihm noch gewachsen, aber morgen schon kann Kiyomori unbesiegbar sein.«

»Die Probleme der Zukunft werden in der Zukunft gelöst werden. Im Augenblick ist weder Kiyomori noch Yoritomo stark genug, dem anderen eine entscheidende Niederlage beizubringen. Kiyomori wird sich zumindest für eine gewisse Zeit mit Yoritomo einigen müssen, oder sie beide werden in einem langen, unentschiedenen Kampf vernichtet werden.«

Die beiden Männer näherten sich dem Seiken-ji-Tempel. Sie konnten das Rauschen der Brandung in der Bucht von Suruga hören. Die Luft roch salzig.

»Können sie ein Abkommen schließen, ohne das Gesicht zu verlieren?« fragte Yoshi.

»Es gibt eine Möglichkeit. Go-Shirakara versucht, Kiyomori zu einer friedlichen Einigung mit den Minamoto zu zwingen. Wenn Kiyomori ihren Abgesandten eine gewisse Anzahl von Sitzen im Kaiserlichen Rat zugesteht, wird die Kriegsgefahr fürs erste abgewendet sein.«

Nach der letzten Biegung am Tempel lag die Hauptstraße von Okitsu vor ihnen. Sechs Männer, die Chikaras Wappen trugen, saßen streitend vor einem der Läden. Als Yoshi näherkam, löste sich ein Mann mit einem dunklen Gesicht von der Gruppe und entfernte sich die Straße hinunter.

»Diese Männer tragen das Wappen meines Todfeindes«, sagte Yoshi zu Ichikawa. »Daß sie hier sind, kann nur einen einzigen Grund haben. Wenn Chikara mit bewaffneten Kriegern gekommen ist, so bedeutet das, daß er von meiner Anwesenheit erfahren hat und mich gefangennehmen will, solange er die Macht dazu hat.«

»Das würde er nicht wagen. Diese Stadt gehört doch zum Gebiet der Minamoto.«

»Er ist ein mutiger Mann, und die Herrschaft der Minamoto ist hier nicht sehr gefestigt. Viele der örtlichen *daimyos*, darunter auch mein Onkel, unterhalten enge Verbindungen zu den Taira. Laßt uns umkehren, bevor sie mich erkennen«, drängte Yoshi.

»Ich trete nicht gern den Rückzug an«, sagte Ichikawa und lockerte sein Schwert in der Scheide. »Außerdem sind es nur fünf. Wir haben nichts zu befürchten.«

Während Ichikawa sprach, war der Mann, der die Gruppe verlassen hatte, am Ende der Straße aufgetaucht. Er rief jemandem hinter sich eine Frage zu. Die Antwort schien ihn zufriedenzustellen. Die Hand am Schwertgriff schritt er auf Yoshi und Ichikawa zu.

»Er will uns herausfordern«, sagte Yoshi. »Mir gefällt das nicht.«

»Wenn er mich zu sehr herausfordert, wird er mein Schwert an seinem Hals spüren«, flüsterte Ichikawa.

Der Mann mit den dunklen Gesicht war nähergekommen und machte keine Anstalten, ihnen auszuweichen.

»Aus dem Weg, ihr Hunde«, knurrte er und zog sein Schwert ein Stück aus der Scheide.

Ichikawa preßte die Lippen zusammen und verengte seine Augen zu Schlitzen. Sein kalter Blick veranlaßte den Samurai stehenzubleiben.

Yoshi bemerkte eine Bewegung hinter einem der Läden. Sein Herz schlug schneller. Er erkannte, daß der Mann für Verstärkung gesorgt hatte. Es war eine Falle! Während Ichikawa und Yoshi ihre Aufmerksamkeit auf den Samurai gerichtet hatten, waren seine fünf Gefährten verschwunden und zu den anderen gestoßen, die jetzt begannen, die beiden zu umzingeln. Hinter jedem Gebäude bewegte sich etwas. Wie viele mochten es sein?

»*Sensei!* Wir sind umzingelt«, sagte Yoshi und zog sein Schwert. Noch bevor es aus der Scheide war, hatte sich Ichikawa auf den Samurai gestürzt. Ohne einen Laut griff er an. Der Überraschungseffekt war auf seiner Seite, und der Samurai wich zurück. In nur vier Sekunden hatte Ichikawa ihn besiegt.

Plötzlich wimmelte es auf der Straße von Bewaffneten. Hinter jedem Haus tauchten schwarzgekleidete Samurai auf.

Yoshi stellte sich Rücken an Rücken mit Ichikawa. Gemeinsam konnten sie einer ganzen Armee mittelmäßiger Schwertkämpfer standhalten.

Die Angreifer waren sich selbst im Weg und richteten untereinander mehr Schaden an als bei ihren Gegnern.

Die Morgensonne hatte den Boden getrocknet. Staub stieg in großen Wolken auf und behinderte Angreifer und Verteidiger gleichermaßen. Mehrmals fuhr Yoshis Schwert, begleitet von Ichikawas Schlachtruf, in den Körper eines Gegners.

»Zurück, ihr Dummköpfe, bevor sie entkommen«, rief eine heisere Stimme.

Der Staub setzte sich. Yoshi entdeckte Kaneoki. Die

Narbe leuchtete rot auf seiner Stirn, und sein Mund war wutverzerrt. Kaneoki! Yoshi biß die Zähne zusammen, als er sah, wie der Verräter seinen Männern den Befehl zum Rückzug gab. Kaneoki, der dieselben Taktiken und Techniken wie Yoshi gelernt hatte, wollte Rache nehmen.

»Komm her, Kaneoki! Stell dich zum Zweikampf, wenn du es wagst!« rief Yoshi.

»Du glaubst wohl, ich sei ein solcher Narr wie du. Nein, wir werden euch beide töten, und ich werde lachen, wenn wir eure Köpfe zu meinem neuen Herrn bringen.«

»Ich habe versucht, mehr aus dir zu machen als du warst«, sagte Ichikawa traurig. »Ich hätte wissen sollen, daß aus Schlacke nie Gold werden kann.«

»Hört den gütigen Meister!« höhnte Kaneoki. »Ihr habt diesen Schwächling mir vorgezogen, der ich Euch jahrelang treu gedient habe. Jetzt werdet Ihr mit Eurem Leben dafür bezahlen, daß Ihr mich unterschätzt habt.«

»Du bist verrückt«, entgegnete Ichikawa. »Und wir sind noch nicht tot!«

»Zum Angriff!« schrie Kaneoki und schwenkte sein Schwert.

Während des Wortwechsels zwischen Ichikawa und Kaneoki hatte Yoshi die Gegner gemustert. Einschließlich der sechs, die an der Hauptstraße gewartet hatten, waren es fünfzehn Männer gewesen. Zwei von ihnen lagen tot auf der Straße, und zwei weitere hatten sich schwer verwundet unter das Vordach eines Kaufladens geschleppt. Hinter ihnen sah Yoshi einen kleinen Jungen mit weitaufgerissenen Augen durch die verschlossenen Fensterläden spähen. Es waren noch elf Feinde übrig, darunter auch Kaneoki, ihr Anführer. Offenbar hatte Chikara seine Männer geschickt, um Yoshi töten zu lassen, ohne seine eigenen Hände zu beschmutzen. Dieser Heuchler hatte Yoshi also keineswegs vergessen! Er würde sich wahrscheinlich bei Fumio und Nami entschuldigen und so tun, als trauere er um Yoshi.

Wütend ging Yoshi zum Angriff über. Er ließ Ichikawa

stehen und schlug und stach auf seine Feinde ein. Die Monate der Ruhe und die morgendlichen Übungsstunden gaben ihm eine Kraft und eine Schnelligkeit, der kein gewöhnlicher Samurai widerstehen konnte. Einem schlitzte er mit einem gewaltigen, senkrecht geführten Hieb den Bauch auf. Der Mann sank auf die Knie und hielt mit einer Hand die Wunde zusammen, während er sich mit der anderen auf der Straße aufstützte. Ein anderer Samurai rutschte in der Blutlache aus und verlor das Gleichgewicht. Bevor er auf dem Boden aufschlug, stieß ihm Yoshi sein Schwert in die Brust; die gekrümmte Klinge durchbohrte sein Herz. Er war tot, noch ehe der Staub sich gelegt hatte.

Bei einem brillanten Angriff tötete Ichikawa drei seiner Widersacher, obwohl einer von ihnen ihn dabei verwundete. Der Hieb hatte seinen Rückenmuskel verletzt und war schmerzhaft, aber nicht gefährlich.

Ichikawa biß die Zähne zusammen. »Bleib dicht hinter mir«, flüsterte er Yoshi zu, als die Samurai sich ungeordnet zurückzogen. Es waren nur noch sechs übrig, darunter auch Kaneoki.

Aber wo steckte er? Auf der Straße waren nur fünf Samurei. Aber es blieb keine Zeit, darüber nachzudenken, wo Kaneoki geblieben war, denn die fünf griffen erneut an. Yoshi fühlte einen Schmerz in der Hüfte, wo er von Kichibeis *ronin* verwundet worden war. Er ließ sich Zeit und beschränkte sich darauf, den Angriff abzuwehren. Auch die Angreifer waren vorsichtig geworden, aber dennoch gelang es Ichikawa, einen von ihnen zu entwaffnen und zu töten.

Plötzlich ertönte ein Ruf von einem der Läden, und die vier Samurai zogen sich zurück. Yoshi und Ichikawa standen allein auf der verlassenen Straße. »Sie haben genug«, sagte Ichikawa. Er verzog verächtlich den Mund über die Feigheit der Feinde.

»Ich traue ihnen nicht, Laßt uns warten, bis wir sicher sein können, daß sie weg sind.«

Aus dem Augenwinkel bemerkte Yoshi eine Bewegung. Er fuhr herum und sah den Lichtschimmer auf dem Schaft eines gespannten Langbogens. »Runter!« rief er und warf sich zu Boden. Ichikawa reagierte den Bruchteil einer Sekunde zu spät. Das Summen der Bogensehne, den dumpfen Aufprall des Pfeils, das Rascheln von Ichikawas Gewändern, als er zusammenbrach — das alles hörte Yoshi in einem einzigen, endlosen Augenblick. Eine Staubwolke hing über Ichikawas reglosem Körper. In der Stille, die sich herabsenkte, vibrierte leise die Bogensehne.

Dann brach die Hölle los. Mit einem wilden Wutschrei rannte Yoshi auf den Schützen zu, der den Bogen fallen ließ und sein Schwert zog. Es war Kaneoki. Seine rote Narbe leuchtete, sein Gesicht war zu einer Fratze verzerrt. »Komm doch, wenn du dich traust!« rief er.

Yoshi zögerte keinen Augenblick. Mit aller Kraft schlug er nach Kaneokis Kopf. Kaneoki parierte den Schlag. Die Klingen vibrierten, als würden sie im nächsten Moment brechen. Yoshis Gesicht war hochrot vor Wut über den hinterhältigen Mord an seinem Freund und Meister. »Widerwärtiges Ungeheuer! Bestie!« schrie er und seine Worte überschlugen sich, so daß sie klangen wie das Heulen eines wilden Tieres. Er achtete nicht auf Finessen, sondern führte seinen Angriff mit solchem Ungestüm, daß Kaneoki in die Gasse zurückweichen mußte.

Kaneoki verteidigte sich gut, aber seine feige und ehrlose Tat nahm ihm die Kraft, die nötig gewesen wäre, um Yoshis Attacke abzuwehren und selbst zum Angriff überzugehen. Unter Yoshis mächtigen Hieben zerbrach seine Klinge; verzweifelt zog er sein kurzes Schwert — zu spät! Sein Ende war gekommen. »*Esomono!* Fahr zur Hölle!« rief Yoshi und holte weit aus. Das Blut spritzte hoch auf, als Kaneokis Kopf zu Boden fiel.

Yoshi verschwendete keine Zeit. Er war an der Seite seines Meisters, noch bevor Kaneoki aufgehört hatte zu atmen. Der Pfeil war tief in die Brust eingedrungen; Ichikawa konnte sich nicht bewegen. Er hatte viel Blut verloren. Die Vorderseite seines Kimonos war mit Blut getränkt, und immer noch strömte es aus der Wunde. Yoshi kniete sich neben ihn. Hilflos mußte er zusehen, wie der alte Krieger gegen den Tod ankämpfte.

Chikaras Männer waren verschwunden. Die Straße war still und verlassen — bis auf Yoshi, Ichikawa und die Leichen der Gefallenen war niemand zu sehen. Nach einer Weile erschien ein brauner Hund und schnüffelte an einem der Toten. Er bellte und rannte mit eingezogenem Schwanz davon. Kleine Jungen kamen zögernd aus den Häusern und starrten mit aufgerissenem Mund auf diesen Anblick von Tod und Zerstörung.

Ichikawa hustete. In seinen Mundwinkeln erschien roter Schaum. »Laß mich«, keuchte er. »Geh zurück nach Sarashina. Kümmere dich um meine Schüler.«

»Ihr werdet mit mir kommen, *sensei*.« Yoshi konnte kaum sprechen.

»Nein, meine Zeit ist gekommen. Buddha holt mich zu sich in sein Westliches Paradies. Ich habe keine Angst. Versprich mir, daß du dich sofort aufmachst! Chikaras Männer werden bald zurück sein. Jetzt ist nicht die Zeit zu kämpfen. Ich sehe eine andere Zeit, wenn du auf ...« — Ichikawa hustete wieder — »treffen wirst, und dann wirst du Rache nehmen können.«

Yoshi wischte das Blut von Ichikawas Gesicht. Bei jedem Atemzug bildeten sich neue Blutbläschen auf den Lippen des Sterbenden. Wozu Rache? Dachte er und sprach ein stilles Gebet. Er versprach Buddha, daß er seinen Schwur vergessen würde, wenn nur sein *sensei* am Leben bliebe.

Die kleinen Jungen waren näher gekommen. Auch einige der Stadtbewohner waren hinzugetreten und flüsterten hinter vorgehaltener Hand. Der braune Hund kehrte mit einigen anderen zurück. Sie zerrten an den blutigen Kimonos der Toten und knurrten jeden an, der ihnen zu nahe kam.

Ichikawa stieß einen Seufzer aus; seine Augen schlossen sich, und sein Kopf fiel zur Seite gegen Yoshis Knie.

Lange Zeit rührte Yoshi sich nicht. Er dachte an die Stärke und die Güte, die das Leben seines Lehrers bestimmt hatten. Als er Ichikawa aufhob und den langen Rückweg zur Burg Okitsu antrat, war sein Gesicht tränenüberströmt.

38

Es war Spätsommer geworden, bevor Yoshi in den *dojo* von Sarashina zurückkehrte. Vor Monaten schon waren die Kirschblüten verblüht. Die Bäume waren dicht belaubt und voller Leben. Frösche, Vögel und Insekten quakten, sangen und zirpten im Kirschhain. Große schwarze Vögel saßen in den Zweigen und stießen heiser krächzende Warnlaute aus, wenn ein Wanderer sich näherte.

Das Schulgelände war fast so verwahrlost wie damals, als Yoshi es zum erstenmal gesehen hatte. Der Hof war unkrautüberwuchert. Am Portal blieb Yoshi stehen und lauschte auf die leisen Geräusche der Schüler, die in der Halle übten. Er zögerte vor dem Eintreten. Die Erinnerung an Ichikawas Bestattung schnürte ihm die Kehle zu: Der buddhistische Priester hatte Gebete gesprochen, während der Rauch aufstieg, um Ichikawas Seele in den Himmel zu tragen. Verbranntes Fleisch und Räucherwerk vermischten sich zu einem Geruch, der Yoshi immer an den Tod erinnern würde.

Fumio und Nami hatten an der Bestattung teilgenommen, obwohl sie Ichikawa erst am Abend vor seinem Tod kennengelernt hatten. Fumio weigerte sich zu glauben, daß der Kampf nicht Ichikawas und Yoshis Schuld gewesen war. »Ihr beide«, sagte er, »müßt die anderen herausgefordert haben. Chikara wußte nicht, daß du hier bist. Er hat dich völlig vergessen. Du bist so von ihm besessen, daß es nur ein böses Ende nehmen kann. Ich kenne Chikara — er ist ein ehrenwerter Mann und mit Sicherheit nicht dafür verantwortlich, daß seine Männer euch angegriffen haben. Das ist nicht seine Art. Er ist der vielleicht beste Schwertkämpfer der zehn Provinzen; wenn er dich töten wollte, hätte er dich schon längst zum Kampf aufgefordert.«

»Aber trotzdem: Es waren seine Männer, Onkel. Wenn er es nicht darauf abgesehen hatte, mich zu töten, warum hat er dann Kaneoki, meinem Todfeind, den Befehl über seine Samurai gegeben?« Für Yoshi war der Fall klar. Er war über Ichikawas Tod so verbittert, daß für ihn kein Zweifel an Chikaras Schuld bestand.

»Es könnte viele Gründe dafür geben.« Fumio machte eine ungeduldige Handbewegung.

»Das kann ich nicht glauben. Die Tatsachen sprechen nicht dafür. Chikara hat keine Interessen in Okitsu. Seine Ländereien hat er verloren. Was hätten seine Männer sonst hier tun sollen, wenn sie nicht den Auftrag hatten, mich zu töten?«

Fumio wollte das nicht einsehen; das Gespräch endete mit bitteren Vorwürfen.

»Ich verstehe dich nicht. Du bist ein erwachsener Mann, aber in dieser Angelegenheit denkst du wie ein Kind. Du hast keinen Begriff von Ehre oder Zurückhaltung«, sagte Fumio.

»Aber es wäre nicht ehrenhaft gewesen, vor unseren Angreifern zurückzuweichen.«

»Ich habe nicht gesagt, daß ihr hättet zurückweichen sollen, sondern daß Zurückhaltung manchmal ebenso wichtig ist wie Ehrgefühl. Du hast es dazu kommen lassen, daß sich Genkais Tragödie wiederholt hat. Du hast wieder einmal übereilt gehandelt und den Tod eines Menschen heraufbeschworen, den du geliebt hast. Wenn du einem Kampf aus dem Weg gegangen wärst, würde Ichikawa noch leben, und meine Beziehung zu Chikara wäre nicht noch mehr belastet.« Fumio sah ihn zornig an. »Er ist Namis Mann und eng mit unserer Familie verbunden. Wir können es uns nicht leisten zu vergessen, daß er, obwohl er keine Ländereien mehr besitzt, Einfluß bei Hofe hat.«

»So, er besitzt also Einfluß bei Hofe?« wiederholte Yoshi mit erhobener Stimme. »Und darum müssen wir vor ihm kriechen? Entspricht das deiner Vorstellung von Ehre, Onkel?«

»Du bist unverschämt und beleidigend«, entgegnete Fumio kalt. »Du willst nicht auf die Stimme der Vernunft hören. Alles, was wir besitzen, verdanken wir unserer Loyalität gegenüber den Taira.« Es entstand eine lange Pause. Beide Männer überdachten ihre im Zorn gesprochenen Worte. Gerade als Yoshi etwas antworten wollte, streckte Fumio seine Hände aus und sagte versöhnlich: »Ich verzeihe dir deine Respektlosigkeit, denn ich weiß, wie sehr Ichikawas Tod dich schmerzt.«

Fumios Worte wirkten wie eine kalte Dusche. Yoshi wurde blaß. Lieber Himmel, dachte er, vergelte ich so meinem Onkel seine Güte? Was habe ich gesagt? Er seufzte tief. »Du hast recht, Onkel.« Jetzt hatte er sich wieder in der Gewalt. »Ich hoffe, du verzeihst mir meine unbedachten Worte.«

Fumio hatte ihn richtig eingeschätzt. Yoshis Hilflosigkeit angesichts von Ichikawas Tod hatte ihn zu unbeherrschten Worten verleitet — und das konnte er sich nun nicht mehr leisten. Er war jetzt *sensei* einer Schwertkampfschule, und diese Position galt es ehrenhaft auszufüllen. Wenn Yoshi sich als unfähig erwies, auch in dieser Hinsicht in Ichikawas Fußstapfen zu treten, wäre das eine Nichtachtung des Meisters und seiner Lehren gewesen.

Mit dieser Erkenntnis und der damit verbundenen Entschuldigung hatte Yoshi den Wendepunkt seines Lebens erreicht. Von diesem Tag an war er der Schwertmeister!

Nami war untröstlich, als Yoshi ihr seine bevorstehende Abreise bekanntgab. »Du willst also deine Familie und deine Cousine, die dich liebt, verlassen«, sagte sie. »Ich bin einsam und habe hier keine Freunde. Mein Mann ist weit entfernt in der Hauptstadt, und obwohl Onkel Fumio mich freundlich behandelt, fühle ich mich in diesem Haus wie eine Fremde. Als du krank und hilflos hierher kamst, hatte mein Leben plötzlich einen Sinn. Ich dachte ...«

»Was hast du gedacht?« unterbrach Yoshi sie. »Hast du vergessen, was ich gesagt habe, bevor Ichikawa kam? Du bist eine verheiratete Frau, deren Mann — mein Feind — jederzeit zurückkehren kann, um dich zu holen. Mit seinen letzten Worten hat Ichikawa mir gesagt, daß Chikara und ich eines Tages aufeinandertreffen würden. Dieser Tag ist noch nicht gekommen. Jedenfalls bin ich in erster Linie für die Schule verantwortlich. Es tut mir leid, daß ich gehen muß — aber ich habe keine andere Wahl.«

»Dann ist es also ganz gleichgültig, was ich sage«, antwortete Nami. »Du wirst auf jeden Fall tun, was du willst.«

»Ich werde tun, was ich tun muß«, sagte Yoshi und hob seine Hand zu einer versöhnlichen Geste. Aber Nami hatte sich bereits abgewendet. Yoshi konnte sehen, wie bekümmert sie war. Den Grund dafür verstand er allerdings nicht; sie benahm sich, als habe er ihr ein Unrecht zugefügt. Nami hatte ihn aufopfernd gepflegt, als er sie gebraucht hatte. Wußte sie denn nicht, wie sehr er sie liebte? Er schloß verzweifelt die Augen. Nein, er hatte sich zu gut verstellt. Sie würde nie ahnen, welche Gefühle er vor ihr verbarg, weil sie mit Chikara verheiratet war.

Noch am selben Tag packte Yoshi seine Sachen und machte sich auf nach Sarashina.

Jetzt, da er vor dem Eingang des *dojos* stand, erfüllte ihn Reue. Hatte er Nami schlecht behandelt? Vielleicht hätte er ihr seine Liebe gestehen und bleiben sollen, ohne Rücksicht auf die Aufgaben, die auf ihn warteten. Nein, das war undenkbar! Er würde sie nur beschämt und ihr Kummer bereitet haben. Er hatte richtig gehandelt. Sein Abschied von ihr war kurz gewesen — nur so konnte er sich von ihr losreißen. Er hatte getan, was er für das Richtige gehalten hatte, und keiner konnte mehr von ihm erwarten.

Genug davon! *Shigata ga nai.* Was geschehen war, war geschehen, und er hatte Pflichten zu erfüllen. Er richtete sich auf, strich seinen Kimono glatt und ging hinein.

39

In seinem Testament hatte Meister Naonori Ichikawa Yoshi zu seinem Nachfolger bestimmt. Bis zu Yoshis Rückkehr hatten die beiden Assistenten Kojima und Tofushi den Unterricht geleitet und die Bücher geführt. Sie waren froh darüber, daß er wieder da war, und versprachen, ihm ebenso ergeben zu dienen wie Ichikawa. Sie waren keine überragenden Schwertkämpfer, aber was ihnen an Technik fehlte, machten sie durch Loyalität wett.

Die Unterrichtsgruppen waren voll belegt. Während Yoshis Abwesenheit waren viele Schüler aus Familien, die den Taira ergeben waren, infolge der wachsenden politischen Spannungen nach Hause zurückgekehrt — Sarashina lag tief im Gebiet der Minamoto. Ihre Plätze wurden von Tendai-Mönchen aus dem Kloster Enryakuji bei Kioto eingenommen.

Die Tendai waren eine politische Macht und ihr Glaube war fast zu einer Staatsreligion geworden. Sie befanden sich in ständigen Auseinandersetzungen mit den Herrschenden. Religion, Wirtschaft und Politik verband sich zu einer explosiven Mischung, und es geschah oft, daß Banden dieser kriegerischen Mönche gegen die kaiserliche Garde kämpften.

Obwohl die Tendai dafür sorgten, daß weder die Taira noch die Minamoto zu stark wurden, verachteten viele ihrer Anführer die korrupten Beamten am kaiserlichen Hof und sympathisierten mit Minamoto Yoritomo. Sie schickten Hunderte junger Mönche auf die Kampf-Schulen, um sie auf die große Schlacht zwischen den beiden mächtigen Familien vorzubereiten. Viele von ihnen kamen auch in das abgelegene Städtchen Sarashina.

Yoshi war zufrieden mit den jungen Mönchen und gratulierte seinen Assistenten zu ihren Erfolgen als Lehrer. Die Bücher, die Korrespondenz und der Haushalt waren jedoch vernachlässigt worden, und Yoshi mußte sich um alle Einzelheiten kümmern. »Stellt einen Gehilfen ein und laßt ihn den Hof aufräumen«, ordnete er an. »Die Wände müssen gestrichen werden. Hängt neue Plakate auf, und besorgt neue Ausrüstungen.«

Erst fünf Tage nach seiner Rückkehr hatte Yoshi die Dinge erledigt, die keinen Aufschub duldeten, und fand Zeit, eine Tasse Tee mit seinen Assistenten zu trinken. Er erzählte ihnen von Ichikawas Tod. Sie weinten, als Yoshi Kaneokis Verrat und Ichikawas Mut angesichts der erdrückenden Übermacht schilderte. Als Yoshi geschlossen hatte, verfluchten Kojima und Tofushi Kaneokis Namen für die nächsten zehntausend Generationen und wünschten ihm endlose Höllenqualen.

Als die Blätter der Kirschbäume sich rot färbten, verließen die jungen Männer, die ihre Ausbildung abgeschlossen hatten, die Schule, und neue Schüler aus den zehn Provinzen trafen ein. Man war auf sie vorbereitet. Das Schulgelände war sauber und ordentlich, die Schlafräume neu möbliert. Sie boten zwar keinen außergewöhnlichen Komfort, aber jeder Schüler hatte einen eigenen Schlafplatz, eine saubere Matratze, einen Tisch, ein lackiertes Regal und ein Kissen. Außerdem war jeder Raum mit einem Holzkohleofen ausgestattet.

Yoshi übernahm den Unterricht der Fortgeschrittenen. Vom frühen Morgen bis in die späte Nacht gab er Unterricht, führte die Bücher, schrieb Briefe und legte den Lehrplan fest. Abgesehen von gelegentlichen Schmerzen in der Hüfte fühlte er sich ausgezeichnet. Die Disziplin und die harte Arbeit taten ihm gut. Er beherrschte das Schwert immer besser, und an seinen Händen bildeten sich dicke Schwielen.

An den unterrichtsfreien Tagen übte Yoshi mit Kojima und Tofushi. Erst kämpfte er gegen jeden von ihnen, dann gegen beide gleichzeitig. Anfangs konnte er jeden der Männer ohne große Anstrengung besiegen; gemeinsam jedoch waren sie zu stark für ihn. Aber nach zwei Monaten gewann er immer häufiger gegen sie, obwohl auch sie immer besser wurden.

»Ihr seid jetzt ein größerer Schwertkämpfer als Ichikawa«, sagte Kojima eines Tages. Er wischte sich den Schweiß vom Gesicht und sah Yoshi bewundernd an.

»Das stimmt nicht! Ich werde meinen Meister nie übertreffen«, sagte Yoshi leise.

»Aber Ihr habt ihn schon übertroffen, *sensei*«, unterbrach ihn Tofushi. »Ich habe euch beide erlebt, und es liegt mir fern, ihn herabzusetzen, wenn ich sage, daß Ihr der bessere Schwertkämpfer seid. Wir haben heute gut gekämpft« — er nickte Kojima zu — »und doch konnten wir gegen Euch nichts ausrichten.«

Als Kojima und Tofushi gegangen waren, blieb Yoshi in dem leeren *dojo* und hing seinen Gedanken nach. Die letzten Strahlen der untergehenden Sonne ließen die Rüstungen und Schwerter, die an der Wand aufgereiht waren, aufblitzen. Es war still — nur eine Fliege summte in einer Ecke. Yoshi kniete auf dem Holzboden nieder, um zu meditieren. Er trug immer noch die Lederrüstung, die er für den Übungskampf angelegt hatte. Sein Schwert hatte er in die Scheide gesteckt und neben sich gelegt.

Die Wärme des Tages war bald verschwunden. Der Schweiß auf Yoshis Stirn trocknete, während er über Kojimas Worte nachdachte. Hatte er das Lob seines Assistenten aus falscher Bescheidenheit abgewehrt? Oder war er nur nicht bereit, seine Pflicht zu erfüllen?

Wußte Fumio, wie gut Yoshi war, als er Chikara den besten Schwertkämpfer der zehn Provinzen nannte? War die Zeit gekommen, Chikara gegenüberzutreten? Yoshi erinnerte sich an Ichikawas letzte Worte: Später einmal würde er auf seinen Feind treffen. War es jetzt soweit? Nein. Yoshi spürte Ichikawas Anwesenheit — sie war in dem stillen *dojo* fast mit Händen zu greifen. Ichikawa erinnerte ihn daran, daß er als Schwertmeister in erster Linie für die Schule verantwortlich war. Er durfte das, was sein Meister ihm hinterlassen hatte, nicht vernachlässigen und seine Schüler im Stich lassen, um selbstsüchtig Rache zu nehmen.

Yoshis Gesicht war unbewegt. In ihm jedoch herrschte

ein Durcheinander aus Fragen, Möglichkeiten und Zweifeln. Wie sollte er den richtigen Weg finden? Als er Ichikawas Geist um Rat fragen wollte, war dieser verschwunden.

Yoshi würde seine Entscheidungen selber treffen müssen.

Es wurde dunkel im *dojo*. Yoshis Gedanken wanderten von Ichikawa zu Genkai und Hanzo, die in der Blüte ihres Lebens getötet worden waren. Wie schmal war die Grenze zwischen Leben und Tod! Durch die geöffnete Tür betrachtete er die rotgoldenen Bäume. Einige Schmetterlinge flatterten unter ihnen umher. Schmetterlinge im Herbst waren ein seltener Anblick, dachte er. Das ganze Leben war nur ein kurzer Moment.

Während die Nacht hereinbrach, machte er traurig ein Gedicht:

>»Der schwarze Schmetterling
>zwischen den goldenen Blättern
>hinterläßt keine Spur.
>So werden auch wir, die wir das Leben
>   durchschreiten,
>bald in den Schatten verschwunden sein.«

40

Taira Kiyomori, der *daijo-daijin*, war ein untersetzter Mann mit breiten Schultern und einem dicken Bauch. Trotz seiner zweiundsechzig Jahre und seines Leibesumfangs war er im Vollbesitz seiner geistigen und körperlichen Kräfte. Gewiß — es hatte einiges darauf hingedeutet, daß er nicht gesund war, aber außer wenn er allein war, seine Hand gegen den Leib preßte und vor Schmerzen das Gesicht verzerrte, ließ er sich die Krankheit, die sich in seinem Körper ausbreitete, nicht anmerken. Vor etwa zwölf Jahren hatte Kiyomori den ersten Anfall gehabt und war Mönch geworden, um sich ein gutes Leben nach dem Tod zu sichern. Er trug ein schlichtes

Mönchsgewand, auf dem das Taira-Wappen eingestickt war. In der Öffentlichkeit verbarg er seine Gefühle hinter einem disziplinierten Äußeren, privat jedoch pendelte er zwischen Anfällen von Wut und Depression hin und her. Die Menschen in seiner engsten Umgebung schrieben diese Stimmungsschwankungen der Krankheit zu, die er vor der Welt verbarg. Er war ein gnadenloser Gegner, der skrupellos mit seinen Feinden verfuhr, aber ein getreuer Gefolgsmann der Fujiwara-Familie, die viele Hofämter besetzt hielt.

An einem Wintermorgen gegen Ende des Jahres 1179 kniete er vor dem Prinzregenten Go-Shirakawa. Er hütete sich, ein unbedachtes Wort zu dessen Vorschlägen zu äußern, obwohl er ahnte, daß diese ihn in große Schwierigkeiten bringen würden. Go-Shirakawa war der eigentliche Herrscher hinter dem Thron; seit über zwanzig Jahren übte er durch seine jüngeren Verwandten die Macht aus — der gegenwärtige Kaiser Antoku war erst zwei Jahre alt. Während des größten Teils dieser zwanzig Jahre hatte Kiyomori dem Regenten als Kanzler zur Seite gestanden.

»Die Mönche werden mit jedem Tag frecher«, sagte Go-Shirakawa. »Der Lärm ihrer aufrührerischen Versammlungen vor dem Palast dringt bis in unsere Gemächer.«

»Sie stellen keine Bedrohung dar, kaiserliche Hoheit. Wir brauchen so schlecht bewaffnete und ausgebildete Männer nicht zu fürchten.« Kiyomori senkte den Blick, um seinen Zorn zu verbergen. Obwohl er selber eine Mönchsrobe trug, hätte er die Tendai-Sekte gnadenlos zerschlagen, wenn Go-Shirakawa ihm freie Hand gelassen hätte.

»Dennoch wäre mir wohler, wenn wir uns mit den Minamoto darauf verständigen könnten, daß sie bei der Bekämpfung dieser Aufrührer mit den kaiserlichen Truppen zusammenarbeiten.«

»Ihr werdet Euch erinnern, kaiserliche Hoheit, daß ich kürzlich mit einer Bande dieser Mönche kurzen Prozeß gemacht habe. Sie waren keine Gegner für unsere wohlausgebildeten Truppen.« Aber wenn wir ihnen noch mehr Zeit geben, werden sie es bald sein, dachte er. Wir müssen schnell handeln.

»Hm. Ja, ich erinnere mich. Ich hatte den Eindruck, daß Ihr einen großen Fehler gemacht habt, als Ihr ihren Anführer gefoltert und getötet habt. Es hätte fast einen Aufstand gegeben.«

Das hatte sich im Jahr zuvor ereignet. Durch einen Spion bei den Minamoto hatte Kiyomori von einer Verschwörung erfahren, deren Ziel es gewesen war, ihn zu töten. Sie war von einem Mönch namens Seiko angeführt worden. Man hatte den Mönch gefangengenommen und die Verschwörung aufgedeckt. Was Kiyomori am meisten empört hatte, war die Tatsache, daß der Prinzregent von Anfang an von der Verschwörung gewußt und ihn nicht gewarnt hatte.

Als Kiyomori den Kopf des Mönches durch die Straßen der Hauptstadt hatte tragen lassen, hatten die Unruhen zugenommen. Dies und die Verschwörung hatte Kiyomori als Vorwand benutzt, einige Ratsmitglieder, die den Minamoto nahestanden, zu beseitigen und durch eigene Verwandte zu ersetzen.

»Wir haben nichts zu befürchten, kaiserliche Hoheit. Die Mönche sind unter Kontrolle«, wiederholte Kiyomori.

»Aber sie lassen sich in den Kampfkünsten ausbilden. Es wäre mir lieber, wenn wir wenigstens einen Feind ausschalten könnten, und infolge Eurer überstürzten Handlungsweise im vergangenen Jahr können wir nicht darauf hoffen, daß die Klöster sich mit uns verbünden.«

»Was schlagt Ihr also vor, kaiserliche Hoheit?« Kiyomori gelang es nur mit Mühe, seine Stimme zu beherrschen.

»Reicht den Minamoto die Hand. Bietet den gefährlichsten unter ihnen einen unwichtigen Platz im Rat an. So können wir sie wenigstens im Auge behalten.«

Go-Shirakawa versuchte, ihn dazu zu bewegen, politischen Boden aufzugeben, den er erobert hatte. »Ihr seid überaus weise, kaiserliche Hoheit. Einen solchen Plan auszuarbeiten, wird jedoch einige Zeit erfordern.« Innerlich lächelte Kiyomori. Es würde sehr lange dauern.

Als habe er Kiyomoris Gedanken gelesen, befahl Go-Shirakawa: »Unter keinen Umständen! Morgen muß der Plan fertig sein! Ich erwarte Euch persönlich in meinen Gemächern!«

»Wie Ihr befehlt, kaiserliche Hoheit.« Kiyomori berührte den Boden mit seiner Stirn. Nach außen hin gelassen erhob er sich und verließ rückwärtsgehend den Audienzsaal.

In seinen Gemächern stieß er seine Faust durch eine mit chinesischen Schnitzereien reich verzierte Wandtäfelung. Dann kniete er sich auf ein Kissen, preßte die Hand auf seinen Magen und verfluchte die Götter.

Kiyomori saß in seinem verdunkelten Gemach. Auf dem Schreibpult vor ihm lagen Pinsel und Tuschstein. Er hatte mehrere Stunden damit verbracht, seine Gedanken einem Tagebuch anzuvertrauen. Er schloß den Eintrag ab:

»Die Mächte des Bösen haben sich gegen mich verschworen. Manche behaupten, dahinter stecke der Geist des Mönches Seiko. Das mag sein. Doch trotz aller schlechten Omen werde ich die Macht durch meinen Enkel weiter ausüben. Selbst wenn ich falle, wird Antoku dem Namen der Taira zu noch größerer Herrlichkeit verhelfen.

Ich stehe vor einem schwierigen Problem: Wie kann ich Go-Shirakawa zufriedenstellen, ohne meinem Land und meinem Volk Schaden zuzufügen? Ein Schatten ist über uns gefallen, und die Zeiten werden schlechter. Die Götter wenden sich gegen einen, der sich immer bemüht hat, ihnen treu zu dienen ...«

Schließlich legte er seinen Pinsel beiseite und rief nach einem Diener. »Hol Minamoto Yorimasa!« befahl er.

Yorimasa war das einzige Mitglied des Minamoto-Clans, dem Kiyomori voll vertraute. Er war groß, von bleicher Gesichtsfarbe und hatte kürzlich nicht nur seinen fünfundsiebzigsten Geburtstag gefeiert, sondern auch seine Beförderung zum Beamten dritter Klasse, was für einen Minamoto ein hoher Rang war. Die Beförderung war zu spät gekommen — er konnte die damit verbundenen Privilegien bei Hof nicht mehr genießen. Vor über einem Jahr hatte er sich zurückgezogen und das Mönchsgelübde abgelegt. Er verbrachte seine Zeit damit, Gedichte zu schreiben, die ihm Ruhm im ganzen Land einbrachten, und seine Angelegenheiten zu regeln.

Vor zwanzig Jahren hatte Yorimasa entscheidend zu Kiyomoris Sieg im Heiyi-Krieg beigetragen. Diesen Krieg hatten die Taira gewonnen, weil er Kiyomori unterstützt hatte. Seitdem vertraute Kiyomori auf sein Schweigen und seine Diskretion. Yorimasa war das einzige Mitglied der feindlichen Familie, auf das er sich verlassen konnte.

Yorimasa trug eine schlichte Mönchsrobe; seine langen, schlanken Finger hielten einen fein verzierten Fächer, das einzige schmückende Beiwerk seiner Garderobe. Seine weiße Haut spannte sich über den Handrücken und ließ Adern und Gelenke hervortreten. Seine Augen lagen tief in den Höhlen und brannten wie von einem inneren Feuer. Go-Shirakawa stand hinter dem kindlichen Kaiser, und Kiyomori stand hinter Go-Shirakawa — aber Yorimasa stand hinter Kiyomori. Er war unauffällig. Nie versuchte er allzu offensichtlich, seinen Standpunkt durchzusetzen, aber seine ruhigen, wohlgesetzten Worte beeinflußten das Oberhaupt des Taira-Clans stark.

Yorimasa betrat den Raum und wartete schweigend, bis Kiyomori aufsah. Er verbeugte sich und klappte seinen Fächer zu. Der Raum war spärlich erleuchtet; die Ecken waren voller Schatten. In einem Becken brannte ein Kohlenfeuer und warf sein flackerndes Licht auf Kiyomoris angespanntes Gesicht.

»Kommt näher, alter Freund«, sagte Kiyomori.

»Wie kann ich Euch dienen?« fragte der alte Mann.

»Ich brauche einen Rat, und Ihr seid der einzige, dem ich vertrauen kann. Setzt Euch zu mir.« Kiyomori klatschte in die Hände. Diener erschienen und brachten Tee und Reiskuchen.

Kiyomori schenkte Tee ein und schilderte sein Gespräch mit Go-Shirakawa. Er schloß mit der Frage: »Was kann ich tun? Kann ich meinen Feinden Sitze im Rat geben, ohne mein Gesicht zu verlieren? Gibt es eine Möglichkeit, dem Befehl des Prinzregenten zu gehorchen, ohne meine Stellung zu untergraben?«

Yorimasa überlegte einen Augenblick. Er stellte seine Schale ab, hob die Faust und streckte einen knochigen Finger aus. »Ihr habt keine Wahl — es sei denn, Ihr wolltet Verrat am Prinzregenten üben.« Er hob den zweiten Finger. »Indem Ihr die Führer der Minamoto in den Rat holt, könnt Ihr sie im Auge behalten« — ein dritter Finger — »und ihre Verbindung zu Yoritomo und seiner nördlichen Armee unterbrechen.« Der vierte Finger: »Wenn die Anführer hier in der Hauptstadt sind, kann man die gefährlichsten unter ihnen unter Kontrolle halten.« Er schloß die Faust wieder. »Daraus könnt Ihr einen Vorteil schlagen. Im Falle eines Krieges könnt Ihr die Anführer der Minamoto ausschalten, ohne daß Eure Armeen die Stadt verlassen müssen.«

Kiyomori lächelte. Plötzlich wirkte sein Gesicht jünger. »Ihr seid ein weiser Ratgeber«, sagte er. »Ich werde einen Weg finden, Euch zu belohnen.«

»Eine gute Tat belohnt sich selbst. Ich brauche nichts. Ich stehe Euch immer zu Diensten.«

»Ich danke Euch, lieber Freund.«

Wenig später saß Yorimasa an seinem Schreibpult. Der Geruch eines Öllämpchens erfüllte den spartanisch eingerichteten Raum. Yorimasa schrieb einen Brief auf Pergament. Von Zeit zu Zeit verrieb er Wasser auf dem Tuschstein. Als die Botschaft fertig war, faltete er sie sorgfältig zusammen, setzte sein Siegel darauf und rief einen Diener.

»Sorg dafür, daß dies noch heute nacht durch Boten ins Lager von Minamoto Yoritomo gebracht wird.«

41

Im Winter des Jahres 1179 fiel außerordentlich viel Schnee, und im Frühling des Jahres 1180 schwemmte das Schmelzwasser einen großen Teil der Reisernte davon. Tagelange Regenfälle vollendeten das Zerstörungswerk. Aber noch andere Katastrophen deuteten auf den Zorn der Götter hin: In der Hauptstadt wütete ein großes Feuer, das sechzehn Adelspaläste und Hunderte anderer Häuser vernichtete. Danach wurde ein großer Teil der Stadt von Wirbelstürmen verwüstet. Die Erde bebte, und ganze Dörfer wurden unter Erdrutschen begraben.

Überall sah man, daß die Götter unzufrieden waren. In jeder Stadt gab es Bettler und heimatlose Kinder, die sich selbst durchschlagen mußten. Selbst gut gekleidete Leute boten die armseligen Reste ihrer Habe zum Tausch gegen etwas zu essen an.

Unterdessen herrschte unter den Gefolgsleuten der Taira am kaiserlichen Hof eine fast ebenso große Unruhe. Sie wurde hervorgerufen durch zwei Faktoren: die Tatsache, daß Gesandte der Minamoto Sitze im Kaiserlichen Rat erhielten, und Taira Kiyomoris Entschluß, die Hauptstadt von Kioto nach Fukuhara zu verlegen, einer kleinen Stadt an der japanischen Inlandssee.

Kiyomori hatte seit fast zwanzig Jahren einen Palast in Fukuhara. Aus Gründen der Staatsräson hatte er kürzlich beschlossen, daß die kaiserliche Familie und der Hof nach Fukuhara umziehen sollten, wo er sie besser überwachen konnte. Er benutzte die Katastrophen, die über Kioto hereingebrochen waren, als Vorwand, um Go-Shirakawa dazu zu bewegen, seinem Plan zuzustimmen.

Sobald der Beschluß bekanntgegeben war, wurden die Behörden nach Fukuhara verlegt. Die verärgerten Höflinge begannen ihren Exodus und reisten Kiyomori und der kaiserlichen Familie in die neue Hauptstadt voraus.

Durch heftige Regenstürme ritt Yoshi nach Süden. In den drei Jahren, die seit Yoshis Aufenthalt in Okitsu vergangen waren, hatte sich im Land einiges verändert. Ochsenkarren waren aus der Mode gekommen; Yoritomos Samurai aus dem Norden ritten Pferde, und diese neue Art zu reisen galt nicht mehr als barbarisch. Auch die Höflinge lernten nun reiten; überall ersetzten Pferde die Ochsen, und die Reise von den entlegeneren Provinzen in die Hauptstadt wurde dadurch merklich verkürzt.

Als Yoshi den Kamm des Berges Hiei überquerte, sah er im Tal zu seinen Füßen Kioto liegen. Die Stadt bot ein Bild der Verwüstung. Ein Drittel ihrer Häuser war durch Feuer, Wirbelstürme und Erdbeben zerstört.

Yoshi sah Bekanntmachungen, in denen der bevorstehende Umzug angekündigt wurde. Überall in der Stadt zerlegten Männer Häuser, um sie nach Fukuhara zu transportieren. Die einfachste Methode bestand darin, die Häuser den Yodo-Fluß, der direkt von Kioto nach Fukuhara floß, hinuntertreiben zu lassen. Yoshi ritt geradewegs zu Ietakas Haus. Es stand in einem der wenigen Viertel, die von Feuern und Wirbelstürmen kaum in Mitleidenschaft gezogen waren. Im Haus war alles ruhig. Yoshi stieg die Stufen zur Veranda hinauf und schlug auf den Gong. Erst beim drittenmal erschien hinter einer Ecke eine schläfrig wirkende Dienerin und sagte mißmutig: »Verschwindet! Er ist nicht zu Hause.«

»Wann wird er zurückkehren?«

»Er ist in der Sitzung des Kaiserlichen Rats. Er hat nicht gesagt, wann er wieder zurück sein wird.« Sie strich sich eine Haarsträhne aus dem Gesicht.

»Dann werde ich warten.«

»Wie Ihr wollt.« Sie musterte den verschmutzten und durchnäßten Reisenden von Kopf bis Fuß, schnaubte und verschwand wieder im Haus. Typisch Ietaka, eine mürrische Dienerin zu haben, die nicht wußte, was sich gehörte, dachte Yoshi.

Er führte sein Pferd zur Rückseite des Hauses und band

es an einem Pfosten unter dem vorspringenden Dach fest. Es war noch früh, und es konnte Stunden dauern, bis Ietaka zurückkehrte. Yoshi beschloß, sein Pferd hierzulassen und sich die Stadt näher anzusehen, anstatt tatenlos im Haus zu sitzen und zu warten. Der Wolkenbruch hörte langsam auf und ging in einen Nieselregen über.

Yoshi ging auf dem kürzesten Weg zur Hauptstraße. Er war entsetzt, daß viele der berühmten Silberweiden dem Feuer zum Opfer gefallen waren. Ihre geschwärzten Stämme wirkten wie Grabsteine, die an den Tod der großen Stadt erinnerten. Auf dem Weg die Suzaku-Oji hinunter zur Gojo-Straße klafften zwischen den Gebäuden oft Lücken, durch die man ungehindert bis zur Westlichen Mauer sehen konnte. Hunde, deren Rippen sich unter dem verfilzten Fell abzeichneten, durchstöberten die Ruinen auf der Suche nach etwas Eßbarem. Einmal sah Yoshi eine Ratte von der Größe einer Katze unter der Veranda eines teilweise zerstörten Hauses verschwinden. Am schlimmsten waren die Plünderer, die alles unter den Trümmern hervorzogen, was irgendwie von Wert sein konnte.

An der Ecke, wo er während seiner Jahre in Kioto gelebt hatte, war ein ganzer Häuserblock verschwunden. Nichts deutete darauf hin, daß hier jemals ein Haus gestanden hatte. Selbst die Steingärten waren verschwunden. Auf dem unkrautüberwucherten Grundstück standen große Pfützen. Nur hier und da erhob sich ein versengter Baumstamm.

Yoshi dachte darüber nach, wie sich seine Welt verändert hatte. Der Anblick der zerstörten Stadt schnürte ihm die Kehle zu. Plötzlich begann es wieder heftiger zu regnen. Lange Zeit stand er da, ohne auf den Regen zu achten, der an seinem aus Stroh geflochtenen Umhang hinabrann und platschend auf die Erde fiel.

Als Ietaka eine Stunde später die Stufen seines Hauses hinaufschritt, wartete Yoshi unter dem ausladenden Dach der Veranda.

»Yoshi!« Ietaka hob die Arme zum Willkommensgruß.

»Was für eine freudige Überraschung!« Er trat einen Schritt zurück, um Yoshi in Augenschein zu nehmen. Sein Gesicht hellte sich auf. »Du siehst gesund und stark aus. Amida Buddha, wie ich dich vermißt habe!«

»Und ich dich.«

Ietaka schüttelte den Kopf und seufzte. »Die Zeit vergeht zu schnell. Ich kann es kaum glauben, daß ich dich das letztemal in Okitsu gesehen habe, als du dich von deinen Verletzungen erholtest. Ist das wirklich schon drei Jahre her?« Er nahm Yoshis Arm und zog ihn ins Haus. »Was bin ich für ein schlechter Gastgeber! Verzeih mir, daß ich dich in diesem Wetter habe draußen warten lassen. Komm ins Haus. Du kannst dich abtrocknen und einen meiner Kimonos anziehen.«

»Ich habe meine eigenen Sachen mitgebracht. Sie sind noch in den Satteltaschen«, wandte Yoshi ein.

»Unsinn! Ich bestehe darauf. Du kannst später auspacken...« Ietaka führte Yoshi ins Haus. »Solange du in Kioto bist, wirst du hier leben.«

Es gab viel zu besprechen. Ietaka hörte entsetzt zu, als Yoshi seinen Kampf mit Chikaras Samurai und Ichikawas Tod schilderte. Er hatte bisher immer nur Gerüchte darüber gehört. Jetzt erfuhr er zum erstenmal, wie sich diese Tragödie wirklich abgespielt hatte.

»Er war ein großartiger Mann«, sagte er, als Yoshi geendet hatte.

»Und du, Ietaka? Erzähl mir über dich. Und dann will ich alle Neuigkeiten von der Familie hören.«

»Tja, ich weiß gar nicht, wo ich anfangen soll... Ich lebe hier in der Hauptstadt als Vertreter der Minamoto. Du wirst es nicht glauben... Ich bin jetzt ein gewähltes Mitglied des Kaiserlichen Rates. Durch einen unserer Leute beeinflußt, hat Kiyomori beschlossen, aus jeder der Nordostprovinzen einen Repräsentanten nach Kioto kommen zu lassen. Die Taira sitzen, wie du weißt, neben dem Minister zur Linken. Obwohl sie mehr Macht haben, sind wir ranggleich. Kannst du dir das vorstellen? Dein Vetter

Ietaka, der Umstürzler, ist jetzt ein Beamter sechsten Rangs.«

»Wir leben in einer seltsamen, verdrehten Welt, wenn ein Gauner wie du ein Amt am kaiserlichen Hof erhält«, sagte Yoshi und hob seine Sakeschale.

»Ja«, fuhr Ietaka fort, »und da ich ein Gauner bin, habe ich einen Freund, der ein hohes Amt bekleidet. Mit seiner Hilfe ist es mir gelungen, die Taira so zu beschäftigen, daß sie nicht dazu gekommen sind, etwas dagegen zu unternehmen, daß Yoritomo seine Armeen zusammenzieht. Yoritomo hat im ganzen Nordosten Soldaten ausgehoben, und ihr Anführer ist Go-Shirakawas Sohn, Prinz Mochihito. Mit ihm als Mitglied der kaiserlichen Familie können wir die Taira entmachten. Wenn wir verhindern können, daß Kiyomori von unseren Plänen erfährt, bevor wir bereit sind, werden wir in einigen Monaten den Sieg errungen haben.«

»Das klingt sehr einfach, mein Freund. Ich bin sicher, daß ihr auf Schwierigkeiten stoßen werdet.« Yoshi hielt inne. Obwohl er Ietakas Enthusiasmus bewunderte, war er mehr an Neuigkeiten aus der Familie als an Politik interessiert. Er räusperte sich. »Genug davon! Sag mir...«

Ietaka unterbrach ihn. »Das wird dich noch mehr überraschen: Wußtest du, daß mein Schwager, dein alter Feind, inzwischen Sprecher der Ratsmitglieder zur Linken geworden ist? Er ist hier, seit man ihn von seinem *shoen* vertrieben hat, und durch Schmeicheleien und Intrigen ist er in immer höhere Positionen aufgerückt.« Ietaka warf Yoshi einen verschwörerischen Blick zu. »Wenn du auch Mitglied des Rates wirst, kann ich dir eine Gelegenheit verschaffen, seinem Aufstieg Einhalt zu gebieten. Vielleicht kannst du deinen Schwur eher einlösen, als du gedacht hast.«

Trotz widerstreitender Gefühle blieb Yoshi ruhig. »Chikara!« sagte er. »Ich habe meinen Schwur nicht vergessen, aber im Augenblick haben andere Dinge Vorrang. Irgendwann werden wir uns gegenüberstehen. Die Zeit ist noch nicht gekommen.« Er schwieg und fuhr dann gedankenvoll fort: »Ich darf ihn nicht unterschätzen. Er ist ein rücksichtsloser und gefährlicher Mann. Nein, ich bin noch nicht bereit. Dein Angebot ist verführerisch, aber so, wie die Dinge liegen, würde mich nur eine direkte Herausforderung und ein Kampf mit Schwertern bis zum Tod zufriedenstellen.«

»Im Rat könntest du ihm mehr Schaden zufügen«, sagte Ietaka. »Ein Angriff auf seinen Stolz trifft einen Mann wie Chikara schwerer als ein Schwerthieb.«

Yoshi schüttelte den Kopf. »Frag mich doch später noch einmal, wenn du meine Hilfe wirklich brauchst. Aber jetzt sag mir: Was macht Chikara eigentlich im Kaiserlichen Rat?«

»Er ist ein gerissener Gegenspieler — das muß man ihm lassen. Er hält uns mit unsinnigen Zeremonien auf, so daß wir kaum zu wirklicher Arbeit kommen. Aber wir sind nicht dumm. Er legt uns hier Steine in den Weg, aber damit gibt er Yoritomo Zeit, seine Armee aufzustellen.«

»Und sein Privatleben? Wie geht es deiner Schwester Nami?«

»Nami scheint sich in ihr Leben gefügt zu haben. In den vergangenen zwei Jahren hat sie Chikaras Haushalt hier in Kioto vorgestanden. Ich habe sie nur selten zu Gesicht bekommen; in ihrer Position schickt es sich nicht, sich in der Öffentlichkeit zu zeigen.«

»Also hat sie ihre Hoffnung auf Unabhängigkeit begraben. Weißt du, als ich in Okitsu war, sind wir uns sehr nahe gekommen. Ohne ihre Hilfe hätte ich mich nicht so schnell und so vollständig erholt. Ich schulde ihr eine Menge.« Yoshi zupfte ein Stäubchen von seinem Ärmel und fragte mit gespielter Gleichgültigkeit: »Ist sie hier glücklich? Behandelt Chikara sie gut?«

»So gut, wie jeder andere am Hof seine Frau behandelt. Natürlich gibt es Gerüchte. Es ist ein offenes Geheimnis, daß er mehr als eine Geliebte hat. Trotzdem finde ich es merkwürdig, daß ein Mann, der so lange verheiratet ist, noch immer keinen Erben hat.« Ietaka hielt inne und sah Yoshi direkt an. »Man sagt, daß meine Schwester ihn nicht in ihr Bett läßt.«

Yoshi freute sich über dieses Gerücht. »Ich würde sie gerne wieder einmal besuchen«, sagte er, »aber ich weiß, daß das unmöglich ist, solange sie in Chikaras Haus lebt.«

»Aber es *ist* möglich, Yoshi. Chikaras *shinden* wurde von einem Wirbelsturm zerstört, und Nami wohnt im Augenblick wieder bei Onkel Fumio.«

»Bei Fumio? Soll das heißen, daß sie nach Okitsu zurückgekehrt ist?«

»Aber nein. Entschuldige, daß ich das nicht gleich gesagt habe. Der Onkel ist hier in Kioto.« Ietaka schüttelte den Kopf und fügte hinzu: »Ich dachte, du wüßtest Bescheid darüber.«

»Ich wüßte Bescheid? Amida Buddha! Ist mit Onkel Fumio irgend etwas nicht in Ordnung?«

»Oh, gesundheitlich geht es ihm gut. Es ist nur so, daß die Götter ihm anscheinend nicht mehr wohlgesonnen sind. Die Unruhen in den Provinzen haben auch auf sein *shoen* übergegriffen, und letztes Jahr war er gezwungen, in die Stadt zu ziehen.«

»Ich habe ihm einen Brief nach Okitsu geschickt. Jetzt weiß ich auch, warum er ihn nie beantwortet hat.«

»Er ist ein starrköpfiger Mann. Das Ganze ist einfach zu dumm. Ich könnte dafür sorgen, daß er geschützt wird, wenn er sich nur von den Taira abwenden und zu uns bekennen würde.«

»Wo wohnt er?« Yoshi fühlte sein Herz schneller schlagen. Durfte er hoffen, daß seine Familie in erreichbarer Nähe war?

»Deine Mutter, dein Onkel und meine Schwester wohnen innerhalb der neunfachen Mauern. Go-Shirakawa hat Fumio ein kleines Haus zugewiesen. Zur Sicherheit der Familie muß er dort bleiben, bis ein neues Haus für sie gefunden ist.«

»Wenn ich alles erledigt habe, würde ich sie gerne besuchen«, sagte Yoshi.

»Dann mußt du dich beeilen. Sie werden nämlich unter den ersten sein, die in die neue Hauptstadt Fukuhara umziehen.«

Aber Yoshi kam zu spät.

Bis er alle Einkäufe — Lederrüstungen, Übungsschwerter und verschiedenes Zubehör — erledigt hatte, waren mehrere Tage vergangen. Er versuchte mehrmals, zu seiner Familie vorzudringen, aber es war unmöglich. Die Palastwache ließ ihn nicht durch. Schließlich beschloß Yoshi, eine Botschaft zu senden.

Sie wurde, versehen mit einer Notiz des Haushofmeisters, zurückgeschickt: Fürst Fumio, Fürstin Masaka und ihre Nichte Nami waren am vorangegangenen Tag umgezogen. Sie befanden sich bereits auf dem Weg nach Fukuhara.

Yoshi war bitter enttäuscht. Am nächsten Tag gab er einem Fuhrmann den Auftrag, die Wagenladung mit neuen Ausrüstungsgegenständen nach Sarashina zu bringen und machte sich bereit, Kioto zu verlassen.

»Ich werde dich vermissen«, sagte Ietaka, »und ich hoffe, dich bald wiederzusehen. Es gibt nicht viele in der Stadt, die ich meine Freunde nennen könnte.«

»Ich werde zurückkehren, wenn meine Pflichten es zulassen«, sagte Yoshi, der bereits die Zügel seines Pferdes in der Hand hielt.

Ietaka runzelte die Stirn. »Unsere Schicksale sind auf merkwürdige Weise miteinander verwoben«, sagte er. »Ich habe das Gefühl, daß wir uns schneller wiedersehen werden, als du denkst, und dann wirst auch du vielleicht im Kaiserlichen Rat sitzen und mir in meinem Kampf gegen die Taira helfen.«

»Das halte ich für unwahrscheinlich.« Yoshi schmunzelte. »Viel Glück mit deinen Feinden. Möge Amida Buddha dich beschützen.«

Yoshi wendete sein Pferd und ritt auf das Stadttor zu.

Er sah sich noch einmal um. Ietaka stand mitten auf der Straße und winkte. Trotz seiner Größe sah er klein und verletzlich aus.

Ein Schauder überlief Yoshi. Es war, als habe ihn ein Geist aus dem Totenreich angerührt.

42

Im vierten Monat des Jahres 1180 waren Dürre und Hunger über das Land gekommen. Die Frühjahrsbestellung der Felder war ausgefallen, und die Getreideernte des Vorjahres war infolge der sintflutartigen Regenfälle verfault.

In Kioto gaben Familien ihre Häuser auf, und was sie zurückließen, wurde von umherschweifenden Banden geplündert. Ehemals hochgestellte Leute stöberten barfuß und ohne Kopfbedeckung in den Trümmern und kämpften um den Abfall. Auf den Straßen lagen von Ratten und Hunden angefressene Leichen. Verwesungsgestank hing über der Stadt. Die Häuser, die noch standen, verschwanden eines nach dem anderen — sie wurden abgerissen und als Brennholz verkauft.

Zuerst beteten die Bürger täglich in den Tempeln, die in der Umgebung der Stadt lagen. Als ihre Gebete nicht erhört wurden, tauchten auch rot und gold lackierte Holzstücke in den Brennholzstapeln auf; die verzweifelten Menschen rissen nun auch die Tempel ab. Die ganze Bevölkerung verwandelte sich in eine Armee barfüßiger Bettler, die ihre ausgemergelten Körper mit Lumpen bedeckten.

Die Schule in Sarashina verfügte über relativ große Vorräte an Getreide, die Yoshi bei seiner Rückkehr aus Kioto in weiser Voraussicht angelegt hatte. Es war notwendig geworden, das Vorratshaus durch die Schüler bewachen zu lassen. Die Stadtbewohner hätten die Vorräte geplündert, wenn ihre Angst vor den Schwertkämpfern sie nicht davon abgehalten hätte.

Hungersnot und Unruhen erschütterten das Land, und

bevor der vierte Monat vorüber war, machte Yoshi sich Sorgen um seine Familie. Wieder sattelte er sein Pferd und ritt nach Süden. Diesmal war er entschlossen, sie in Fukuhara zu finden.

Es gingen Gerüchte um, die Herrschaft der Taira neige sich dem Ende zu. Kiyomoris Auszug aus der Hauptstadt sei ein Zeichen der Schwäche, und mehr und mehr Adlige seien bereit, Prinz Mochihito und die Minamoto zu unterstützen. In dem bevorstehenden Kampf würde Fumios Familie Hilfe und Schutz gebrauchen können.

Yoshi packte so viel Getreide in die Satteltaschen, wie er, ohne Aufsehen zu erregen, mitnehmen konnte. Straßenräuber waren nicht die Ausnahme, sondern die Regel, seit die Lehnsherren, die über die Einhaltung der Gesetze zu wachen hatten, sich immer mehr zurückzogen und nur noch ihre eigenen Ländereien schützten. Selbst der beste Schwertkämpfer konnte nichts gegen eine Menge ausgehungerter Menschen ausrichten, die bereit waren, für eine Handvoll Reis zu sterben.

»Seid vorsichtig unterwegs, *sensei*«, sagte Kojima mit sorgenvoll gerunzelter Stirn, und Tofushi wiederholte die Bitte seines Freundes.

»Ihr seid brave Männer«, antwortete Yoshi. Seine Stimme war vor Rührung belegt. »Ich weiß, daß ich mich auf euch verlassen kann. Ich werde ruhig schlafen können, denn meine Schule ist bei euch in guten Händen. Und keine Sorge — ich werde vorsichtig sein.«

Die beiden reichten Yoshi einen Beutel mit Leckerbissen, die sie sich vom Mund abgespart hatten.

Yoshi schnürte es die Kehle zu, als er ihn entgegennahm. Er wußte, wieviel ihnen dieses Geschenk bedeutete.

»Ich danke euch«, konnte er nur murmeln.

Fukuhara war eingezwängt zwischen Bergen und Meer. Als Yoshi auf den Hügeln nördlich der neuen Hauptstadt angekommen war, hörte er das Rauschen der Wellen, die sich an der Küste südlich der Stadt brachen. Ein starker

Salzwassergeruch lag in der Luft. Der Wind trieb Gischt und Nebel, der aus dem brausenden Meer aufstieg, landeinwärts.

Yoshi ritt am neuen Palast vorbei. Es war ein beeindruckendes, massives Bauwerk, das sich an einen Hügel schmiegte. Die Wände bestanden aus runden Baumstämmen, die an den Enden so behauen waren, daß sie ineinanderpaßten. Ein merkwürdiges Gebäude — es wirkte solide und elegant zugleich. Samurai auf gepanzerten Pferden patrouillierten an der Einfriedung des Palastes. In der warmen Frühlingssonne schwitzten Pferde und Reiter gleichermaßen unter ihren Rüstungen. Der Seewind machte die Hitze erträglicher, sorgte jedoch auch für eine hohe Luftfeuchtigkeit, die das Atmen erschwerte.

Entlang der Hauptstraße wurden Häuser errichtet, wobei man Teile der Gebäude verwendete, die den Yodo-Fluß hinabgeflößt worden waren. Auf den engen Straßen eilten Männer in Arbeitskleidung hin und her. Einige waren Arbeiter, andere aber Höflinge, die ihre Kleider aus Seide und Brokat abgelegt hatten und nur noch Baumwollstoffe trugen, die der Pionieratmosphäre angemessen waren. Fukuhara bereitete sich auf die bevorstehende Ankunft Kiyomoris und des Hofstaates vor.

Vor einem fast fertiggestellten Gebäude hielt Yoshi an. Auf dem Dach waren Arbeiter damit beschäftigt, die letzten roten Dachziegel einzusetzen. Das Haus hatte drei Stockwerke — eine enorme Größe für Fukuhara — und gehörte offensichtlich jemandem, der ein hohes Amt bekleidete.

»Seid Ihr der Aufseher?« fragte er einen Mann, der mit wichtiger Miene auf und ab stolzierte. Er war groß, und sein Bauch wölbte sich über seinen *obi*.

»Wer fragt?« sagte der dicke Mann in einem Ton, als habe er es mit einem Untergebenen zu tun.

»Tadamori Yoshi, Erbe des Fürsten Fumio von Okitsu«, gab Yoshi zurück.

Auf der Stelle verwandelte sich die Arroganz des Mannes

in Unterwürfigkeit. »Ich bin Kurando, Vorarbeiter des großen Fürsten Chikara. Zu Euren Diensten.«

Chikara? Hier? Yoshi hielt den Atem an.

»Wo ist dein Herr, Kurando?« fragte er.

»Er ist in Kioto geblieben, um sich um Regierungsangelegenheiten zu kümmern, solange sein neues Haus noch nicht fertiggestellt ist.«

»Weißt du, wo ich Fürst Tadamori-no-Fumio finden kann?«

»Natürlich, Herr. Fürst Fumio wohnt mit seiner Familie in Kiyomoris Palast.«

Yoshi nickte knapp und wendete sein Pferd.

Erst am späten Nachmittag gelang es ihm, Fumio eine Nachricht zu schicken. Es war erstaunlich schwer, die Wachen zu bestechen. Gold interessierte sie nicht, aber einige Handvoll Getreide brachten schließlich einen von ihnen dazu, Fumio eine Botschaft zu überbringen und mit einer Antwort zurückzukehren.

Eine Stunde später saß Yoshi in einem luxuriös ausgestatteten Zimmer und prostete seinem Onkel mit einer Schale Sake zu. Schwere chinesische Stoffe schlossen den Wind aus und dämpften das ständige Rauschen des Meeres. Der Duft von Räucherwerk, das hinter einem reich verzierten Wandschirm brannte, vermischte sich mit dem allgegenwärtigen Salzgeruch.

Anfangs war Fumio wortkarg. Er nahm es Yoshi übel, daß dieser seit Ankunft in Sarashina nicht einen einzigen Brief geschrieben hatte. Der Kurierdienst war teuer und unzuverlässig, aber es wäre doch auch möglich gewesen, einen Brief zu schicken. Yoshi erklärte, das habe er getan, offensichtlich sei dieser Brief jedoch nicht abgeliefert worden.

Fumio war besänftigt. Und er freute sich, daß Yoshi daran gedacht hatte, trotz der Gefahren, die unterwegs lauerten, Getreide mitzubringen. Er dankte Yoshi überschwenglich und erklärte, daß es ihnen — obwohl er natürlich Yoshis Geschenk zu schätzen wisse — an nichts mangele. Fukuhara sei von den Katastrophen, die Kioto heimgesucht hatten, kaum in Mitleidenschaft gezogen worden, und der Hofstaat sei immer noch in der Lage, ein luxuriöses Leben zu führen.

Fumio stellte seinem Neffen unzählige Fragen über Sarashina und die Schule. Während Yoshi antwortete, musterte Fumio ihn eingehend. Yoshi sah stark und selbstbewußt aus. Seine Unterarme waren muskulös, und an seinen Händen hatte er dicke Schwielen.

»Du hast dich verändert, seit du dich von deinen Verletzungen erholt hast«, sagte Fumio. »Du scheinst größer und muskulöser geworden zu sein. Das Leben eines Schwertmeisters bekommt dir offenbar gut.«

»Danke, Onkel. Ja, es stimmt: Ich finde mein Leben angenehm. Ich arbeite hart und genieße es, Verantwortung zu tragen. Meine Pflichten finden ihren Lohn in sich selbst.«

»Ein sehr reifer Standpunkt«, lobte ihn Fumio. »Aber bei soviel körperlich anstrengender Arbeit ... Bereiten dir deine alten Wunden keine Beschwerden?«

»Manchmal, wenn ich mich überanstrenge, schmerzt meine Hüfte. Ich habe mir angewöhnt, nicht darauf zu achten.« Yoshi schenkte sich Sake ein. »Aber wir haben genug von mir gesprochen«, sagte er, nachdem er einen Schluck getrunken hatte. »Wie geht es meiner Mutter?«

»Die Fürstin Masaka hat sich verändert, und ich fürchte, nicht zum Guten. Seit Jahren schon lebt sie für sich, aber seit wir Okitsu verlassen haben, hat sie sich noch mehr zurückgezogen. Bevor du wieder aufbrichst, mußt du sie besuchen. Die arme Frau! Sie hat ein schweres Leben gehabt, und ich glaube, daß es sie aufmuntern wird, dich zu sehen.«

»Ich werde nicht gehen, ohne sie besucht zu haben. Es tut mir nur leid, daß ich nicht mehr Zeit habe.«

Fumio runzelte die Stirn. »Ich hatte angenommen, daß du länger bei uns bleiben würdest«, sagte er. »Du hast eine lange und gefährliche Reise hinter dir — da wirst du doch sicher nicht so schnell wieder aufbrechen wollen?«

»Ich fürchte, ich werde mich früh genug auf den Weg machen müssen, um vor Einbruch der Dunkelheit die erste

Poststation erreichen zu können.« Als er Fumios Enttäuschung bemerkte, erklärte Yoshi: »Ihr habt ein Haus, Essen und Kleidung und benötigt meine Hilfe nicht. Andererseits werde ich in Sarashina gebraucht. Die Reise hierher hat länger gedauert, als ich erwartet hatte, und auf dem Rückweg werde ich nicht schneller vorankommen.«

»Das tut mir leid«, sagte Fumio, »aber ich verstehe, daß du deine Pflichten nicht vernachlässigen kannst.« Er füllte die Schalen noch einmal. Die Flasche war leer.

»Bevor ich gehe«, sagte Yoshi, »würde ich gerne meine Cousine Nami besuchen. Ietaka hat mir gesagt, daß sie bei euch ist.«

Nach einem Augenblick des Schweigens sagte Fumio: »Nami ... ist ein Problem geworden.«

»Wie meinst du das?«

»Sie ist wie eine Nachtigall, die man aus ihrem Käfig befreit hat. Chikara ist ein altmodischer Mann, und wenn sie bei ihm ist, darf sie das Haus nicht verlassen. Aber jetzt, wo er weit entfernt ist, tut sie, was sie will. Sie bleibt nicht in ihren Gemächern. Sie benimmt sich wie ein Kind, zeigt sich in der Öffentlichkeit und reitet sogar! Offen gestanden finde ich ihr Betragen unerhört. Es wäre zu ihrem eigenen Besten, wenn sie das ändern würde, bevor Chikara hierher kommt.«

Fumio machte sich Sorgen über Nami, aber Yoshi fand diese Neuigkeiten erfrischend. Wenn er an Nami dachte, sah er sie immer vor sich, wie sie durch die Felder um Okitsu streifte, und die Vorstellung, daß sie sich Chikara in allem fügen und wie die anderen Frauen der gehobenen Schichten hinter einem Vorhang verbergen mußte, schmerzte ihn. Bei jeder anderen hätte er absoluten Gehorsam gegenüber dem Familienoberhaupt gutgeheißen, aber Nami war zu freiheitsliebend für ein solches Leben. Yoshi war stolz auf sie. Trotz der Tatsache, daß Chikara mit ihr verheiratet war, trotz der gesellschaftlichen Schranken, die zwischen ihm und Nami standen, war seine heimliche Liebe für sie so stark wie eh und je.

Yoshi unterdrückte ein Lächeln und wiederholte seine Bitte. »Ich würde sie gerne sehen, bevor ich meine Mutter aufsuche. Ich habe nicht vergessen, daß ich für ihre aufopfernde Pflege in Okitsu in ihrer Schuld stehe.«

»Wenn Chikara hier wäre, würde das unmöglich sein. Aber da er in Kioto weilt und sie in meiner Obhut ist, werde ich sie fragen, ob sie dich sehen will.«

43

Yoshi kniete in Gebetshaltung mit dem Rücken zur Tür auf einem reichverzierten, goldbestickten Kissen, als Nami lautlos den Raum betrat. Als sie ihn sah, röteten sich ihre Wangen. Sie hatte Schwierigkeiten zu atmen, und ihre Hände zitterten. Sie war in dem Glauben gewesen, gut auf diese Begegnung vorbereitet zu sein, aber sie hatte seine Wirkung auf sie unterschätzt. Trotz ihrer Verwirrung wurde ihr klar, daß dies der Mann war, den sie liebte. Ja, liebte! Selbst als sie gemeint hatte, Chikara zu lieben, hatte sie ihre wahren Gefühle nur von sich selbst verborgen. Die Zeit war gekommen, der Wahrheit über sich und Yoshi ins Gesicht zu sehen.

Wenn er doch nur ahnte, was sie für ihn empfand! Wenn sie nur den Mut hätte, es ihm zu sagen! Sie, eine verheiratete Frau! Es war undenkbar.

Vielleicht lag es daran, daß sie verheiratet war. Vielleicht zeigte er ihr deshalb nicht, daß er mehr für sie empfand als nur verwandtschaftliche Zuneigung. Oder — sie schob diesen Gedanken beiseite — vielleicht benahm sie sich auch nur wie ein dummes kleines Mädchen, und er empfand gar nicht dasselbe wie sie. Aber was würde sie tun, wenn er ihre Liebe erwiderte?

Sie nahm sich zusammen und räusperte sich.

»Nami!« Offensichtlich war er hocherfreut, sie zu sehen. Er sprang auf und nahm ihre Hand.

»Yoshi! Es ist so lange her, daß wir uns gesehen haben.

Du hättest uns wenigstens schreiben können, daß du wohlbehalten in Sarashina angekommen bist.«

»Es tut mir leid«, sagte Yoshi zerknirscht. Er erzählte ihr von dem verlorengegangenen Brief und seinem Besuch in Kioto, wo er sie nicht angetroffen hatte.

»Es scheint unser Schicksal zu sein, daß wir uns immer knapp verfehlen«, sagte Nami. »Ich habe schon fast nicht mehr daran geglaubt, daß wir uns noch einmal begegnen würden ..., und jetzt, wo du hier bist, willst du gleich wieder abreisen, sagt Onkel Fumio. Ich will unbedingt wissen, warum du nicht länger bleiben kannst.«

»Nami, liebe Nami. Ich bin gekommen, weil ich dachte, ihr bräuchtet meine Hilfe. Aber es geht euch gut, und es besteht keine Gefahr, solange ihr in Fukuhara bleibt. Es wäre verantwortungslos von mir, unter diesen Umständen länger zu bleiben ... Nein ..., ich werde noch heute abend aufbrechen. Meine Schule braucht mich nötiger als meine Familie.«

»Was weißt du von unseren Bedürfnissen!« Nami preßte die Lippen zusammen. Yoshis Selbstgerechtigkeit ärgerte sie. Er tat so, als wären sie nichts weiter als zufällige Bekannte. Sie wollte ihm weh tun, ihn dazu bringen, an etwas anderes als seine Schule zu denken. »Nie bist du dagewesen, wenn wir dich brauchten. Als wir Okitsu verlassen mußten ... warst du weit weg. Als die Wirbelstürme Kioto verwüstet haben ... warst du weit weg. Und jetzt, wo wir allein in dieser fremden Stadt sind ... wirst du wieder weit weg sein.«

»Nami — ich kann nicht vergessen, daß du nicht lange allein bleiben wirst. Bald wird Chikara hierher kommen. Ich kam heute morgen an seinem neuen Haus vorbei, und der Vorarbeiter sagte mir, es sei fast fertig. Es wird nicht mehr lange dauern, und dein Mann wird hier sein.«

Nami senkte schuldbewußt den Kopf. Yoshi konnte nichts dafür, daß er so war, wie er war. Sein Pflichtgefühl war wahrscheinlich eine der Eigenschaften, die sie so sehr an ihm liebte. Und als er davon sprach, daß sie zu Chikara zurückkehren würde, hatte seine Stimme unglücklich geklungen.

»Ich sehe diesem Tag nicht voller Freude entgegen«, sagte sie. »Ohne ihn bin ich glücklicher. Auf seine Art ist er immer rücksichtsvoll und gütig gewesen, aber ich erwarte mehr vom Leben als gelegentliche Besuche meines Mannes.« Sie tat einen tiefen Seufzer. »Anfangs war unsere Ehe glücklich. Chikara und ich verbrachten viel Zeit miteinander. Ich kümmerte mich um seine Gäste und versuchte, ihm bei seinem Aufstieg zu helfen. Wichtige Leute besuchten uns regelmäßig. Sie mochten mich, und Chikara gefiel es, daß ich eine so gute Gastgeberin war. Nachdem er fliehen mußte, baute er seine Verbindungen zum Hof aus. Er brauchte mich nicht mehr, und ich sah ihn immer seltener ... O ja«, fuhr Nami fort, als sie Yoshis Gesichtsausdruck sah, »ich weiß, daß er eine zweite Frau im Südosten der Stadt hat, und auch, daß er einige Geliebte besucht. Wir haben darüber gesprochen. Er sagt, das sei so üblich, und man würde ihn verachten, wenn er es nicht auch täte. Zum Teil ist das wohl meine Schuld, denn ich habe ihm in den ersten Jahren unserer Ehe keinen Erben geschenkt. Aber es macht mir nichts mehr aus. Das einzige, was für mich zählt, ist, daß ich das langweilige Leben der Frau eines hochgestellten Mannes satt habe, und doch werde ich mich bald wieder in diese Rolle fügen müssen. Vielleicht werde ich mir, wie so viele andere auch einen Geliebten nehmen, um etwas Abwechslung in mein eintöniges Leben zu bringen.«

Yoshis Herz schlug schneller. War das ein Hinweis? Nein! Er konnte nicht glauben, daß sie das ernst meinte. Peinlich berührt wechselte er das Thema. »Wirst du in Fukuhara bleiben?« fragte er.

»Natürlich. Unser Haus in Kioto steht nicht mehr. Alle Häuser sind abgerissen. Du warst ja selbst dort und hast dich davon überzeugen können, wie die Götter die Stadt zerstört haben.«

»Ja, ich habe gesehen, wie die Feuer und die Erdbeben

gewütet haben. Es muß schrecklich gewesen sein. Wie bist du Tod und Verletzung entgangen?«

»Als der Wirbelsturm kam, waren wir gerade im kaiserlichen Palast. Einige unserer Nachbarn hatten weniger Glück. Der Sturm hat sie getötet. Es kam alles so plötzlich — es brauste und donnerte, Bäume wurden entwurzelt und die Dächer von den Häusern gerissen.« Nami schauderte. »Selbst im Palast hörten wir es, und jenseits des kaiserlichen Gartens sah ich ganze Häuser durch die Luft fliegen. Es war ein entsetzlicher Anblick.«

»Arme Nami.« Yoshi legte teilnahmsvoll seine Hand auf ihren Arm. Sie lächelte tapfer. »Laß nur, so schlimm ist es nicht. Auch wenn du nicht bei uns bleibst, habe ich immer noch meine Freiheit, bis Chikara und Kiyomori mit dem Hofstaat kommen.« Das Lächeln verschwand. »Nachdem du nach Sarashina aufgebrochen warst, schickte Chikara nach mir, und ich reiste zu ihm nach Kioto. Ich war zwar nicht bereit, mich damit abzufinden, in meinen Gemächern auf ihn zu warten..., aber ich hatte keine andere Wahl. Hier, in Fukuhara, ist das anders. Wir führen hier ein fast ländliches Leben, und solange Chikara in Kioto ist, kann ich anziehen, was ich will, und gehen, wohin ich will, ohne daß man mich kritisiert.«

»Und so gefällst du mir am besten«, sagte Yoshi.

Nami versteckte ihr Gesicht hinter ihrem Fächer. »Das macht mich sehr glücklich.«

»Ja, im Norden tragen alle Frauen ihr Haar offen. Sie bevorzugen bequeme Kleidung und zeigen sich in der Öffentlichkeit. Ich habe mich daran gewöhnt.«

Nami runzelte die Stirn. »Alle Frauen? Ich nehme an, daß die Bauernmädchen in dir ihren romantischen Prinzen sehen.« Nami verglich Yoshi mit dem Prinzen Genji, dem berühmten Helden aus dem Roman der Fürstin Murasaka, dessen romantische Eskapaden die Fantasie der Hofdamen sehr beschäftigten.

Yoshi erkannte, worauf sie anspielte. »Du verstehst mich falsch«, sagte er. »Ich habe mit meiner Schule so viel zu tun, daß ich keine Zeit habe, mich mit Frauen abzugeben.«

»Ihr Pech«, sagte Nami und lächelte.

Yoshi schlug vor, einen Spaziergang in der Nachmittagssonne zu machen. Als sie hinausgingen, nahm er Namis Arm. Der Garten des Palastes glich dem des kaiserlichen Palastes in Kioto, wenn er auch kleiner war. Es gab einen künstlichen See, über den sich eine Holzbrücke schwang. An seinem Ufer wogte ein Bambusdickicht im Wind hin und her. Schwäne schwammen zwischen den Teichrosen umher und schreckten Frösche auf, und Insekten flogen von Blüte zu Blüte.

Sie gingen am Ufer entlang und sprachen von vergangenen Zeiten. Nami lachte hinter ihrem Fächer über Yoshis geistreiche Bemerkungen. Er konnte so charmant sein. In seiner Gegenwart fühlte sie sich jung und verführerisch, und es fiel ihr leicht, ihre gesellschaftliche Stellung zu vergessen.

Aus dem Augenblick heraus machte Yoshi ein Gedicht:
»Die weißen Schwäne
ziehen zwischen Seerosen
ihre Kreise.
Glückliche Erinnerungen an die Jugend
steigen auf.«

Nami war entzückt. Das war ihr romantischer Held, der Mann ihrer Träume. »Ich werde auch ein Gedicht machen«, sagte sie:
»Das Froschweibchen sitzt still
auf dem Seerosenblatt.
Seit Jahren wartet es
auf die Rückkehr des Prinzen,
der es vor langer Zeit dort zurückgelassen hat.«

»Sehr gut, Nami. Du bist eine schnelle Denkerin.«
»Überrascht dich das?«

»Nein, eigentlich nicht. Ich glaube, ich sollte aufhören, dich als Kind zu betrachten.«

Nami blieb stehen. Ihr Gesicht war auf der Höhe von Yoshis Brust. Langsam hob sie den Kopf. Ihre mandelförmigen braunen Augen verrieten Gefühle, die sie noch nie zuvor preisgegeben hatte. Ihr Lippen waren halb geöffnet. Mit kühner Entschlossenheit sagte sie:»Ja, ich bin kein Kind mehr, sondern eine Frau. Eine Frau, die Gefühle hat... Eine Frau, die mehr für dich empfindet, als du denkst.«

Yoshi war sprachlos. Eben noch hatten sie heiter geplaudert, und jetzt... Er spürte die Wärme, die Nami ausstrahlte, und zog sie instinktiv an sich. Erschrocken machte sie sich los. Was hatte sie getan? Das konnte nicht so weitergehen — das wäre sowohl Yoshi als auch ihr selbst gegenüber nicht recht gewesen. Es war ein schwerer Fehler gewesen, sich hinreißen zu lassen. Glücklicherweise hatte sie sich rechtzeitig wieder gefangen. Armer Yoshi! Sie hatte ihn verführt, und nun war er verwirrt. Um die Niedergedrücktheit, die sie überkam, zu verbergen, sagte sie:»Ich glaube, es ist Zeit, daß du deine Mutter besuchst.«

Die Fürstin Masaka saß hinter einem durchbrochenen Wandschirm in ihrem düsteren Zimmer, dessen Fensterläden geschlossen waren.

»Yoshi?« Ihre Stimme klang dünn und klagend. »Seit wann bist du hier?«

»Erst seit ein paar Stunden. Ich bin so schnell wie möglich zu dir gekommen.« Yoshi war bekümmert über die Veränderung ihrer Stimme. Sie hatte ihn nicht einmal gefragt, wie es ihm ging. Er würde sie nie verstehen.

»Wie lange wirst du bleiben?« unterbrach sie seine Gedanken.

»Ich muß heute abend noch zurück.«

»So bald? Amida Buddha, ich habe seit Jahren nicht mehr mit dir sprechen können. Eine Mutter muß sich hin und wieder mit ihrem Sohn unterhalten.« In ihrer Stimme lagen Bitterkeit und Resignation.

»Aber du hast doch Diener und Kammerzofen, mit denen du reden kannst«, sagte Yoshi ohne Überzeugungskraft.

»Das ist nicht dasselbe. Ich möchte noch etwas Zeit mit dir verbringen, bevor ich sterbe.«

»Aber Mutter, du wirst noch lange leben.« Yoshi fühlte sein schlechtes Gewissen. Warum war sie so verbittert? War das seine Schuld, weil er gegangen war, oder war das die Folge der Beschränkungen, denen Frauen unterworfen waren?

»Und was treibst du jetzt?« Ihre Stimme wurde schärfer. »Vergeudest du immer noch dein Leben damit, das Schicksal herauszufordern? Jagst du immer noch deiner fixen Idee nach, Rache an Fürst Chikara zu nehmen?«

»Es tut mir leid, Mutter, aber ich verstehe nicht, was du meinst.«

»Du hast recht. Ich bin nur eine kranke alte Frau, die in einem leeren Zimmer sitzt und an ihren Sohn denkt. Was weiß ich schon vom Leben?« Ihre Stimme war sarkastisch. »Ich weiß nur, daß mein einziger Sohn mich vor Jahren verlassen hat, und jetzt verläßt er mich schon wieder, kaum daß er gekommen ist. Und warum? Gib mir eine Antwort! Warum?«

Yoshi seufzte. »Wenn ich bleiben könnte, würde ich es tun«, sagte er.

»Und was hält dich ab?«

»Das verstehst du nicht«, sagte er hoffnungslos. »Ich liebe dich. Ich würde gerne bleiben. Leider ist das unmöglich.«

»Ich verstehe nur eines: Als ich meinen Sohn brauchte, hat er mich verlassen.« Es war still im Raum. Yoshi wußte nicht, was er noch sagen sollte. Fürstin Masaka machte einen letzten Versuch, ihn dazu zu bewegen, seine Pläne zu ändern.

»Ich bitte dich, ich flehe dich an, bei mir zu bleiben«,

sagte sie. Als er nicht antwortete, senkte sie ihre Stimme zu einem kaum noch vernehmbaren Murmeln. »Was kann schwerer wiegen als die Liebe einer Mutter?« fragte sie.

»Pflicht und Ehre«, antwortete Yoshi.

Traurig ritt Yoshi durch das Hügelland nördlich von Fukuhara. Es wurde dunkel; die Sonne war nur noch eine rote Scheibe, die im westlichen Meer versank. Auf der Suche nach Futter kreisten Möwen über dem aufgewühlten Wasser und stießen klagende Schreie aus. Der Abend wurde kühl. Auf den Dutzenden von kleinen Booten, die im Hafen lagen, rückten die Fischer enger zusammen.

TEIL FÜNF

44

Am Abend des fünfzehnten Tages des fünften Monats des Jahres 1180 war der dreiunddreißigjährige Prinz Mochihito, der Sohn des Prinzregenten Go-Shirakawa, allein in seinem Gemach im Takakura-Palast. Im Gegensatz zu vielen seiner Freunde, die nach Fukuhara gebeten worden waren, war Mochihito übergangen, ja ignoriert worden. Diese Beleidigung störte ihn nicht; der Takakura-Palast war von den Feuern und Wirbelstürmen, die einen großen Teil Kiotos verwüstet hatten, verschont geblieben, und Mochihito war ganz zufrieden damit, sozusagen im Exil zu leben, solange es derartig luxuriös ausgestattet war. Es war ein wunderschöner Tag gewesen. Vor kurzem erst waren die Kirschbäume aufgeblüht, und der Prinz — einer der besten Flötisten am Hof — hatte den ganzen Tag über unter ihren duftenden Zweigen gesessen und auf seiner Lieblingsflöte gespielt.

Nun, gegen Ende des Tages, saß er an einem Fenster und machte ein Gedicht. Er war nicht nur ein guter Musiker, sondern auch ein hervorragender Kalligraph und Dichter. Seine elegante Pinselführung und die ästhetische Qualität seiner Gedichte wurden weithin gerühmt.

>»Die Kirschblüten
>begrüßen den Frühling.
>Sie öffnen ihre Herzen
>den Klängen einer Flöte,
>die zu lange stumm war.«

Er legte den Pinsel beiseite und betrachtete die ausdrucksvollen Schriftzeichen auf dem Maulbeerpapier. Das Gedicht erfüllte sein Herz mit einer gewissen Traurigkeit. Er war selbst wie diese Kirschblüten — seine Talente waren lange verborgen gewesen. Er lächelte erfreut über diesen gelungenen Vergleich, und seine Augen verengten sich zu Schlitzen, als er daran dachte, daß er der Welt bald zeigen würde, was in ihm steckte. Er stand auf und trat an die Tür, die zur Veranda führte, um den Garten zu betrachten, den der Abend in Schatten tauchte.

Mochihito, der zweite Sohn von Go-Shirakawa, wäre der direkte Thronanwärter gewesen. Er war intelligent, belesen, künstlerisch begabt und musikalisch, und er besaß alles, was von einem Kaiser erwartet wurde. In seiner Jugend hatte Mochihito sich jedoch die Feindschaft der Kaiserin Kenshun-mon-in zugezogen und war von seinem rechtmäßigen Platz als Thronanwärter verdrängt worden.

Mit all seinen guten Eigenschaften war Mochihito keine Führerpersönlichkeit. Sein glattes, rundes Puddinggesicht wies nicht jene Sorgenfalten mächtiger Männer auf, die Entscheidungen zu treffen haben.

Der Klang einer Tempelglocke ließ ihn an jene Winternacht vor einigen Monaten zurückdenken, in der ihn überraschend ein Besucher aufgesucht hatte ...

Der Teich im Palastgarten war zugefroren. Heulend wirbelte der Wind Wolken feiner Schneekristalle auf. Mochihito erwachte vom Geräusch schwerer Räder, die auf dem Eis vor dem Portal des Palastes knirschten, als die Glocke zur Stunde des Ochsen schlug. Es war zwei Uhr nachts.

Furcht beschlich den Prinzen. Wollten ihn gedungene Mörder beseitigen? Er hatte weder ein Schwert noch ein Messer, um sich zu verteidigen — nur sein Pinsel und seine beiden Lieblingsflöten aus chinesischem Bambus lagen griffbereit. Das waren wohl kaum geeignete Waffen. Er zog sich die Kapuze seines Umhangs über den Kopf.

Als der Fremde die Stufen zum Portal hinaufstieg, fielen Eiszapfen klirrend von den Dachtraufen. Der Prinz hörte, wie er aufstampfte, um seine Schuhe vom Schnee zu befreien.

Der Gong erklang. Mochihito schauderte.

Ein Diener erschien. »Verzeihung, Herr, es ist ein Besucher gekommen, der darauf besteht, Euch zu sprechen. Er hat keinen Namen genannt und will sein Gesicht nicht zeigen.«

»Sag ihm, er soll weggehen«, murmelte Mochihito.

Eine andere Stimme unterbrach ihn. Der Fremde war dem Diener lautlos gefolgt und stand hinter ihm in der Tür. »Es ist sehr wichtig, Hoheit. Es wird von Vorteil für Euch sein, mich anzuhören.«

Die Stimme klang weich und kultiviert. Mochihito blickte auf und sah eine große, schlanke Gestalt, die von Kopf bis Fuß in groben Baumwollstoff gehüllt war. Auch das Gesicht war vom Tuch verborgen. Der Mann sah nicht gefährlich aus; er trug nicht einmal ein Schwert.

»Kommt herein und laßt mich Euer Gesicht sehen«, sagte Mochihito nervös.

Der Mann nickte dem Diener zu, der den Raum verließ und die Tür hinter sich zuschob.

»Ihr?« entfuhr es Mochihito, als der Mann das Tuch vor seinem Gesicht zurückschlug.

»Ja, Hoheit, ich bin es, Yorimasa, und ich bringe Euch Nachrichten von größter Wichtigkeit.«

Mochihito dachte, der alte Dichter sei verrückt geworden, aber als er zu sprechen begann, zogen seine dunklen, funkelnden Augen und seine durchscheinende Haut den Prinzen in Bann.

Yorimasa wußte aus langer Gewohnheit, welches diplomatische Geschick im Umgang mit Mitgliedern der kaiserlichen Familie vonnöten war, und wählte seine Worte sorgfältig. Seine Jahre im Dienst von Kiyomori und Go-Shirakawa kamen ihm jetzt zugute.

»Es ist traurig«, sagte er, »daß Ihr hier am Rande von Kioto im Exil leben müßt, Hoheit, während andere im kaiserlichen Palast wohnen. Ihr, der direkte Nachkomme von Amaterasu, seid der rechtmäßige Kronprinz.«

»Ja, es ist traurig ... Ich habe Feinde, die mir mein Recht auf den Thron streitig machen«, antwortete Mochihito mit vor Selbstmitleid weinerlicher Stimme.

»Vielleicht wird sich das im Lauf der Zeit ändern. Kiyomori wird mit jedem Tag schwächer, und Minamoto Yoritomo hat im Norden eine große Armee aufgestellt, um ihm die Macht zu entreißen. Ich bin von Yoritomo beauftragt, Euch die Krone anzubieten, wenn Ihr unsere Sache unterstützt.«

»Das wäre Verrat. Wenn ich den Vorschlag annehme und Kiyomori den Sieg davonträgt, werde ich den Kopf verlieren«, erwiderte Mochihito.

»Und ich den meinen«, sagte Yorimasa ungeduldig. »Unser Geheimnis wird wohlgehütet bleiben, bis die Zeit zum Zuschlagen gekommen ist.«

»Und wenn ich ablehne?« Mochihito versuchte, die Ungeheuerlichkeit dieses Angebotes zu ermessen.

»Dann werdet Ihr zusammen mit Kiyomori Euren Kopf verlieren.«

Yorimasa machte eine kurze Pause und deutete dann mit einem Finger auf den Prinzen. »Ihr solltet folgendes erwägen, Hoheit: Eine Hungersnot ist über unser Land gekommen. Täglich wenden sich mehr vor Hunger verzweifelte Menschen gegen die Taira-Herrscher. Je schwächer Kiyomori wird, desto stärker wird Yoritomo. Der Schnee dieses Winters wird die Hoffnungen der Taira auf eine Besserung im nächsten Jahr begraben. Kiyomoris Soldaten werden ihm davonlaufen, sobald er sie nicht mehr ernähren kann. Die Hauptstadt wird den Armeen des Nordens schutzlos preisgegeben sein.«

»Ich brauche Zeit zum Nachdenken«, sagte Mochihito.

»Sehr wohl. Ich werde in einer Woche wiederkommen. Wenn Ihr den Befehl gebt, werden die Truppen der Minamoto von allen Seiten angreifen, und das Volk wird auf ihrer Seite sein. Der Ausgang steht jetzt schon fest. Ihr werdet Kaiser von Japan werden.«

Mochihito war verwirrt, nachdem Yorimasa gegangen war. Seine Versprechungen hatten gut geklungen, aber was war, wenn die Minamoto scheiterten? Der Gedanke ließ ihn schaudern. Er betete zu Amida Buddha, er möge ihm helfen. Wie alle schwachen Menschen wollte er sowohl die Sicherheit der Gegenwart als auch die Belohnung der Zukunft, ohne ein Risiko einzugehen.

Am Morgen lud der Prinz seinen Stiefbruder Munenobu ein. Funken stoben von dem Feuer auf, das im Kohlenbecken brannte, und Rauch erfüllte den Raum. Draußen war es so kalt, daß kein Vogel zu sehen oder zu hören war. Das einzige Geräusch war das Knistern von Zweigen, die sich unter ihrer Schneelast bogen.

Munenobu war ein junger Mann mit traurigen Augen — weniger intelligent, weniger talentiert und weniger gutaussehend als Mochihito. Er trug einen kirschfarbenen Kimono und einen weißen Unterkimono, dazu weite, dunkelviolette Hosen. Ein weiteres Unterkleid mit einem dunkelroten Muster war duch die Ärmel des Kimonos zu sehen. Das hätte elegant gewirkt, wenn die Kleider nicht schon zu alt gewesen wären. Sie hatten ihre Frische verloren und hingen weich und formlos herunter.

»Munenobu, lieber Bruder«, begann Mochihito. Seine einschmeichelnde Stimme ließ Munenobu sofort auf der Hut sein. »An einem Tag wie diesem sollten wir am Feuer sitzen und miteinander reden. Wir wohnen im selben Palast, und doch sehen wir uns so wenig.«

»Du bist zu sehr mit der Musik und dem Hofzeremoniell beschäftigt und hast zu wenig Zeit, dich mit jemandem abzugeben, der so langweilig ist wie ich«, sagte Munenobu mit gespielter Bescheidenheit.

»Unsinn«, log Mochihito, der seinen Stiefbruder tatsächlich äußerst langweilig fand. »Es tut mir leid, daß wir nicht mehr Zeit miteinander verbringen. Vielleicht läßt sich das ändern.«

Trotz seines Mißtrauens war Munenobu geschmeichelt. »Das wäre schön«, sagte er.

»Das wäre es gewiß. Sag mir, Bruder, glaubst du, daß man uns in den kaiserlichen Palast holen wird, solange Kiyomori dort ist?«

»Dich vielleicht — mein Platz ist nicht dort.«

»Aber du glaubst, daß ich dorthin gehöre? Wie gut, daß

du das sagst.« Mochihito hielt inne. Er versuchte, ein unschuldiges Gesicht zu machen, als er sagte: »Glaubst du, daß ich die Anforderungen erfülle, die an einen Kaiser gestellt werden?«

»Aber gewiß. Niemand im kaiserlichen Palast schreibt so schön wie du, und deine Gedichte sind besser als die jedes anderen. Ich würde sagen, daß keiner so sehr geeignet ist wie du.« Mochihito bemerkte Munenobus Sarkasmus nicht.

»Danke, Bruder«, sagte er. »Ich werde Tee kommen lassen.«

»Ihr nennt Euch ›physiognomischer Berater‹, weil Ihr die Kunst beherrscht, in Gesichtern zu lesen«, sagte Prinz Mochihito zu dem kleinen, weißhaarigen Mann, der neben ihm saß.

»Das stimmt, Eure Hoheit. Durch Einsatz modernster Methoden — Methoden, möchte ich hinzufügen, denen man an den Fürstenhöfen Chinas mit größtem Wohlwollen begegnet ist — kann ich die Zukunft vorhersagen und die Fähigkeiten bestimmen, die in einem Mann, einer Frau oder einem Kind schlummern.« Der physiognomische Berater sprach leise und beugte sich zu ihm, als gebe er ihm höchst vertrauliche Informationen.

»Ist das wahr?«

»So wahr, wie mein Name Shonagon Korenaga ist. Meine Prognosen haben sich immer erfüllt.«

»Höchst interessant. Ich habe Euch natürlich nur aus reiner Neugier kommen lassen.« Mochihito gab sich große Mühe, uninteressiert zu wirken. Die Folge davon war, daß Korenaga sich fragte, was der Prinz in Wirklichkeit von ihm wollte.

»Ich verstehe«, sagte er und überlegte, wie er einen Vorteil aus der Situation schlagen könnte.

»Dann sagt mir also, was die Zukunft für mich bereithält«, forderte Mochihito ihn auf.

Korenaga stand auf. Er umkreiste den Prinzen und beugte

sich hinab, um seinen Kopf und sein Gesicht von nahem zu sehen.

»Das ist nicht einfach«, sagte er schließlich. »Diese Aufgabe erfordert all mein Können.«

»Ich werde Euch natürlich belohnen«, antwortete Mochihito, der seine Neugier kaum zügeln konnte.

»Natürlich«, sagte Korenaga. Er zog eine Schriftrolle hervor und breitete sie auf dem Boden aus. Sie enthielt Tabellen, die er für seine Berechnungen benötigte. Er vermaß mit großer Sorgfalt das Gesicht des Prinzen, die Größe des Kopfes, die Länge der Nase, den Abstand zwischen den Augen, die Form der Ohren und des Mundes. Er schloß die Augen und richtete Gebete an verschiedene Götter, in denen er sie um Beistand bat. Schließlich öffnete er die Augen und stand auf.

»Es besteht kein Zweifel«, sagte er, »daß Ihr überaus geeignet seid, ein hohes Amt zu bekleiden. Aus meinen Berechnungen geht hervor, daß Ihr ein Mann von scharfem Verstand und durch und durch königlichen Geblütes seid. Ich sehe eine glorreiche Zukunft an der Spitze unseres Volkes. Ihr werdet berühmt sein und ein hohes Alter erreichen.«

»Das geht aus Euren Tabellen hervor?«

»Das geht aus meinen Tabellen hervor.«

Die Tempelglocke warf ihren Klang über den Garten von Takakura. Der Mond stand hinter den Kirschbäumen. Seit zwei Stunden war der Prinz in den Anblick des Gartens versunken; es war bereits vier Uhr morgens, die Stunde des Tigers. Er dachte noch einmal an das erfreute Gesicht, das Yorimasa gemacht hatte, als er ihm seine wohlüberlegte Entscheidung mitgeteilt hatte. Es gab keinen Zweifel: Das Schicksal würde Prinz Mochihito, dem zweiten Sohn des Prinzregenten Go-Shirakawa, zulächeln. Er nahm seine Lieblingsflöte und spielte die Melodie »An einem Tag wie heute«. Draußen zeichneten sich die Umrisse der Kirschbäume im ersten zarten Licht der Morgendämmerung ab.

Als Yorimasa mitten in der Nacht gekommen war, um die Antwort des Prinzen zu hören, hatte ihm Munenobu geöffnet, der nicht schlafen konnte und die Diener weggeschickt hatte. Obwohl Yorimasas Gesicht nicht zu erkennen gewesen war, hatte Munenobu die große, schlanke Gestalt wiedererkannt. Er hatte Yorimasa zum Zimmer des Prinzen geführt und sich schweigend verbeugt. Und während der nächsten halben Stunde hatte er an der dünnen Wand des Nachbarzimmers gesessen und das Gespräch der beiden belauscht.

Er hatte noch lange auf seinem Bett neben dem Holzkohlenfeuer wachgelegen und überlegt, welche Auswirkungen das, was er gehört hatte, haben würde.

45

War der Himmel am fünfzehnten Tag noch blau gewesen, so brachte der sechzehnte graue, regenverheißende Wolken. Der Garten war nebelverhangen. Mochihito ärgerte sich, so wenig geschlafen zu haben. Er war mißmutig und gereizt und hatte keine Lust, sich mit Musik, Dichtkunst oder anderen Dingen, die ihn gewöhnlich erfreuten, zu beschäftigen. Dieser Tag war in jeder Hinsicht unheilvoll.

Am frühen Abend wurde ihm eine elegant zusammengefaltete Botschaft übergeben, die auf dickes rotes Papier geschrieben und mit Wachs versiegelt war. Der Bote, der darauf bestanden hatte, sie persönlich abzugeben, stand schweigend neben ihm.

»Müßt Ihr Euch so über mich beugen?« fuhr Mochihito ihn an. »Ich habe Euren Brief erhalten. Bitte entfernt Euch.«

»Es tut mir leid, Eure Hoheit, aber ich habe Befehl, zu bleiben, bis Ihr die Nachricht gelesen habt.«

»Wie ist Euer Name? Wer hat Euch geschickt?« Der Prinz preßte den Brief an seine Brust. Er hatte den Mund verächtlich gespitzt, und seine Stimme war schrill.

»Mein Name ist Ietaka. Der Brief wird alles erklären.« Ietaka sah Mochihito bedauernd an. Was für ein trauriger Anblick, dachte er.

»So geht wenigstens, bis ich ihn gelesen habe. Ihr könnt draußen warten.« Mit dem Brief in der Hand deutete Mochihito auf die Tür.

Ietaka zog sich zurück. Er trug einen formlosen braunen Umhang ohne Wappen oder Verzierung, und sein rundes, normalerweise freundliches Gesicht war grimmig. Er hörte ein Stöhnen. Der Prinz hatte den Brief gelesen.

Die Tür glitt auf. Mochihitos glattes, faltenloses Gesicht war vor Verzweiflung verzerrt, seine Augen unter den bemalten Augenbrauen blickten wild. »Eine Katastrophe«, murmelte er. »Wißt Ihr, was in dieser Botschaft steht?« Der Brief zitterte in seiner Hand.

»Ja. Ich komme direkt aus Fukuhara. Yorimasa hat mir befohlen, Euch in jeder nur möglichen Weise zu helfen.«

»Was soll das heißen? Was können wir tun?« jammerte der Prinz.

»Eure Hoheit, ich bin mit Situationen wie dieser ebensowenig vertraut wie Ihr. Ich bin einer der niederen Vertreter der Minamoto im Kaiserlichen Rat. Ich bin zwar nicht gerade ein Mann der Tat, aber Yorimasa hat mich beauftragt, Euch zu helfen. Wir müssen sofort nach Osten zum Kloster von Miidera aufbrechen. Der Abt wird uns eine Eskorte geben, die uns nach Nara begleiten wird, wo siebentausend Kriegermönche für Eure Sicherheit garantieren werden, bis Yoritomo die Taira besiegt hat.«

»Wieviel Zeit bleibt mir?«

»Keine, fürchte ich. Fürst Chikara hat Fukuhara kurz nach mir verlassen. Im Augenblick ist er in Kioto, wo er das Kommando über die dortige Garnison übernommen hat. Ich nehme an, daß er den Soldaten bereits den Befehl erteilt hat, Euch in Gewahrsam zu nehmen. Sie sind gewiß schon auf dem Weg hierher.«

»Meine Flöten! Ich muß meine Flöten mitnehmen.« Tränen strömten über die Wangen des Prinzen.

»Beeilt Euch!« Ietaka sah ungeduldig zu, wie Mochihito seine Flöten suchte. Kostbare Zeit wurde vergeudet, Zeit, die sie brauchen würden, wenn sie lebend entkommen wollten. Mit drängender Stimme fragte Ietaka: »Wer wohnt noch in diesem Teil des Palastes?«

»Nur mein Stiefbruder Munenobu«, antwortete der Prinz über seine Schulter.

»Ruft ihn. Er wird uns helfen müssen. Wir haben nur eine Chance, wenn wir uns verkleiden. Wenn wir den Feinden auf der Straße begegnen, dürfen sie uns nicht erkennen.«

»Und wie sollen wir das tun?«

»Ihr müßt Euch als Frau verkleiden. Euer Stiefbruder und ich werden Eure Kammerzofen sein. Ruft ihn!«

Wenige Augenblicke später stand Munenobu im Zimmer. Er sah Ietaka entsetzt an und wandte sich ab, als dieser ihn in den Plan einweihte. »Das ist Wahnsinn!« rief er. »Wir müssen uns ergeben.«

»Unmöglich! Das würde Verbannung oder sogar Tod für den Prinzen und das Ende von Yoritomos Plänen bedeuten«, sagte Ietaka.

»Was gehen mich seine Pläne an? Ich will nichts damit zu tun haben«, schrie Munenobu.

»Bruder, du mußt mir unbedingt helfen. Ich werde dich großzügig belohnen, sobald wir in Sicherheit sind. Komm, wir dürfen keine Zeit verlieren.« Noch während er sprach, löste Prinz Mochihito seinen Haarknoten. Die füllige Masse seines schwarzen Haars rahmte sein blasses, weiches Gesicht ein und veränderte sein Aussehen vollkommen. Er schickte seinen Bruder nach Frauengewändern, während er Puder auf sein Gesicht auftrug.

Munenobu kehrte mit einer kirschfarbenen chinesischen Jacke, einem goldgelben Untergewand und einem Umhang aus weißer Seide zurück. Innerhalb von Minuten war die Verkleidung perfekt. Erfreut stellte Mochihito fest, daß er mit diesen Frauengewändern praktisch nicht mehr zu erkennen war.

»Halt den Sonnenschirm über mich, Munenobu«, sagte

Mochihito mit der hohen Stimme einer feinen Dame. »Und Ihr, Ietaka, nehmt diesen Korb mit meinen persönlichen Gegenständen; tragt ihn auf dem Kopf, wie es sich für einen Diener gehört.« Er setzte einen breitkrempigen Strohhut auf, den er tief ins Gesicht zog, um seine Augen zu verbergen. Er sah aus wie eine reiche Städterin, die mit ihren Dienern unterwegs ist.

Die drei Flüchtlinge schlüpften durch eine Hintertür aus dem Palast, als ein Trupp der kaiserlichen Wache waffenklirrend vor dem Haupttor anhielt. Lautlos eilten sie die Straße entlang auf die östliche Stadtmauer zu. Als sie die Brücke über den Kamo überquerten, konnten sie das Lärmen im Palast hören. Auch auf der anderen Seite des Flusses fühlten sie sich nicht in Sicherheit. Der Gedanke an das Schicksal anderer Flüchtlinge trieb sie weiter, fort von den Straßen und in die Hügel, die Kioto umgaben.

Es war eine lange, beschwerliche Reise. Der Prinz und sein Stiefbruder trugen leichte Sandalen, die für einen kleinen Spaziergang in den Gärten des Palastes geeignet sein mochten, hier jedoch, in steinigem Gelände und mit einsetzendem Regen waren sie so gut wie wertlos. Mehr als einmal schrie der Prinz vor Schmerz und Ärger auf, wenn er sich seinen Fuß an spitzen Steinen oder Zweigen verletzte. Er hinterließ eine Spur dunkler Flecken, die jedoch bald vom Regen weggewaschen wurden. Die Umhänge wurden vom Gestrüpp zerrissen und waren bald völlig durchnäßt, aber die drei Reisenden hatten sie fest um sich gezogen, denn sie schützten sie ein wenig vor der kühlen Frühlingsluft.

Der Himmel über dem Biwasee hellte sich auf, als das Kloster in Sicht kam. Aus der Entfernung sah es klein und unscheinbar aus. Als sie näher kamen, stellten sie jedoch fest, daß es eine starke, von einem Graben umgebene Festung war.

Es hörte auf zu regnen, und die Sonne brach durch die Wolken. Ietaka und seine beiden Schützlinge stolperten über die Brücke in den Innenhof von Miidera. Mochihito war den Tränen nahe, Munenobu machte ein mißmutiges Gesicht. Innerhalb von Sekunden waren sie von Kriegermönchen umringt, die sie in das Kloster führten, wo der Abt sie erwartete.

46

Man bereitete den Flüchtlingen ein Bad und gab ihnen frische Kleidung — der Prinz bestand auf einen Kimono aus weißer Seide —, bevor man sie in den großen Speisesaal brachte. Dort tranken sie grünen Tee und erzählten dem Abt von ihrer Flucht aus den Palast von Takakura.

Der Abt hörte aufmerksam zu. Als sie geendet hatten, nickte er und spitzte die Lippen. »Wir haben euch erwartet«, sagte er. »Es war klug von Yorimasa, euch ostwärts zu uns zu schicken. Auf dem direkten Weg nach Nara wäre euch die Flucht nie geglückt. Es ist im Augenblick nicht förderlich, nach Süden zu gehen, und das wird noch einige Tage so bleiben.«

Die Sitte, gewisse Himmelsrichtungen zu bestimmten Zeiten zu vermeiden, wurde von Adligen bei all ihren Reisen beachtet. Da der Süden in der Woche, die auf den Fünfzehnten folgte, als gefährlich galt, hatte Yorimasa bestimmt, daß die drei in östlicher Richtung fliehen sollten, und einen Boten vorausgeschickt, der den Abt von Mochihitos Ankunft in Kenntnis setzen sollte. Der Abt hielt inne, als er den Ausdruck auf Mochihitos weichem Gesicht bemerkte. »Seid unbesorgt«, beruhigte er ihn. »Ihr seid hier in Sicherheit, bis eine Reise in den Süden unter günstigen Vorzeichen steht.« Wieder machte er eine Pause. »Dann werden wir allerdings vor dem Problem stehen, wo wir eine Eskorte für Euch hernehmen sollen. Leider haben wir nicht genug Männer, um Eure Sicherheit zu gewährleisten.«

»Aber wie sollen wir ohne den Schutz Eurer Mönche nach Nara kommen? Die Spione der Taira werden die Straßen im Auge behalten«, sagte Ietaka.

»Es tut mir leid«, antwortete der Abt, »aber ich kann Euch

nicht mehr als dreißig Krieger mitgeben. Unser gemeinsamer Freund Yorimasa wird vor Einbruch der Dunkelheit hier sein. Er kommt mit seinen Söhnen und einem Trupp Soldaten der Minamoto. Vielleicht weiß er einen Ausweg.«

»Das ist das Ende«, wimmerte Mochihito und wischte sich mit dem Ärmel die Tränen vom Gesicht. Er war untröstlich und beklagte sich den ganzen Nachmittag über bei Munenobu über das Schicksal, das ihm so übel mitspielte.

Am Abend kam Yorimasa. Anstelle der üblichen Mönchsrobe trug er über einem langärmeligen Gewand eine Kriegerrüstung. Er wurde von seinen beiden Söhnen begleitet. Nakatsuna, der Ältere, war ein großer, vierschrötiger Mann mit den abfallenden Schultern eines Ringers. Seine Beine waren so dick wie Baumstämme und krumm vom vielen Reiten. Er trug eine schwarze Rüstung über einem Gewand aus rotem Brokat, während sein jüngerer Bruder Kanetsuna in orange und blaue chinesische Seide gekleidet war. Kanetsuna glich seinem Vater: Er war groß und drahtig und hatte nicht nur Yorimasas tiefliegende Augen, sondern auch sein hartes, schmales Gesicht. Hinter ihnen ritt eine Kompanie Soldaten — weniger als fünfzig Mann!

Yorimasa war außer sich vor Wut, daß der Abt nur so wenige Kriegermönche zur Verfügung stellen konnte. Er hatte mit mehreren hundert Mann gerechnet. Yorimasa warf dem Abt vor, er wolle ihn verraten, und warnte ihn vor Yoritomos Zorn.

Der Mönch senkte den Kopf. »Es tut mir leid, Herr. Wir haben keine Erlaubnis, Mönche aus anderen Klöstern abzuziehen, und die Männer, die wir hier haben, reichen kaum aus, um uns gegen die Überfälle von Räubern aus den Wäldern zu schützen.« Mit ernstem Gesicht sah er auf. Seine Augen baten um Verständnis. »Ich sagte, ich könnte dreißig Mann entbehren ... Vielleicht könnte ich Euch ein Dutzend mehr mitgeben — aber das ist alles, was ich für Euch tun kann.«

»Werdet ihr uns so lange beschützen, bis ich weitere Truppen herbeordert habe?«

»Das werden wir, Herr — wenn es sein muß, mit unserem Leben«, versprach der Abt.

Yorimasa setzte sich neben Ietaka. Als er mißmutig auf den Hof des Klosters sah, glich er einem eingesperrten Tiger.

»In Nara erwarten uns siebentausend Kriegermönche«, knurrte er. »Aber sie nützen uns nichts, solange wir sie nicht erreichen können.« Er schlug mit der Faust auf das niedrige Tischchen. »Früher oder später wird Chikara herausfinden, wo wir sind. In der Zwischenzeit sitzen wir hier fest, bis eine Reise in südlicher Richtung unter günstigen Vorzeichen steht. Und selbst dann können wir uns ohne eine starke Eskorte nicht auf die Straße wagen. Wenn wir nur ein paar Soldaten mehr hätten ...«

»Herr, ich habe eine Idee«, unterbrach ihn Ietaka.

Der alte Mann sah ihn überrascht an. »Jeder Gedanke, der uns weiterhelfen könnte, muß in Erwägung gezogen werden«, sagte er.

»Ich habe einen Vetter, der in Sarashina eine Schwertkampfschule leitet. Unter seinen Schülern sind viele gutausgebildete Mönche. Wenn ich durch die Berge nach Norden reite und ihn um Unterstützung bitte, wird er uns gewiß helfen.«

»Falls er genug Männer hat und wir ihn davon überzeugen können, wie wichtig seine Hilfe für uns ist. Wie heißt Euer Vetter?«

»Sein Name ist Tadamori Yoshi. Sein Lehrer hieß Naonori Ichikawa.«

»Seine Schule hat einen guten Ruf. Ich habe von ihr gehört.« Yorimasa rieb sich sein Kinn. Gedankenvoll kniff er die Augen zusammen. »Was können wir diesem Yoshi bieten, damit er uns zu Hilfe kommt? Er ist ein Tadamori, und mit Ausnahme von Euch gehört die ganze Familie zu den treuesten Gefolgsleuten von Kiyomori.«

»Herr, dieser Tadamori ist kein Anhänger der Taira. Zwar hat er sich nie offen gegen sie gestellt, aber er hat immer auf eine Gelegenheit gehofft, ein Unrecht zu rächen, das Fürst

Chikara ihm zugefügt hat. Wenn ich ihm erzähle, daß Chikara an der Spitze unserer Feinde steht, wird er alles stehen und liegen lassen, um sich uns anzuschließen.«

»Sarashina? Der Weg dorthin ist beschwerlich. Vielleicht sollte ich lieber einen meiner Söhne schicken.« Yorimasa musterte Ietaka. Es würde katastrophale Folgen haben, wenn die Taira vom Aufenthaltsort des Prinzen erfuhren, bevor Ietaka zurückkehrte.

»Aber Yoshi wird nur auf mich hören. Wir haben uns in den vergangenen Jahren nur selten gesehen, aber ich weiß, daß ich mich auf seine Freundschaft verlassen kann.«

»Wir werden ihn für seine Hilfe mit Gold belohnen.«

»Nein! Gold interessiert ihn nicht ... aber Ihr könntet Euren Einfluß geltend machen, um ihm einen Sitz im Kaiserlichen Rat zu sichern. Das wäre schon genug.« Ietaka hatte das Gefühl, diesmal werde es ihm gelingen, Yoshi davon zu überzeugen, daß er im Rat Gelegenheit finden würde, Rache an Chikara zu üben. Wenn Yorimasa dafür sorgen könnte, daß Yoshi einen Sitz erhielt, würde er ein wertvoller Verbündeter der Minamoto sein, und Ietaka wäre wieder mit seinem Vetter vereint. Dieser Gedanke gefiel ihm.

»Einverstanden! Ihr wißt, daß ich jeden Einfluß bei Hof verlieren werde, wenn herauskommt, daß ich Prinz Mochihito geholfen habe. Aber es gibt andere, die weiter für unsere Sache eintreten werden. Heute abend noch werde ich eine Botschaft in die Hauptstadt schicken und einen Freund beauftragen, alles Nötige zu unternehmen, damit bei Eurer Rückkehr alles für Tadamori Yoshis Einzug in den Kaiserlichen Rat vorbereitet ist. — Nehmt Euer bestes Pferd und reitet nach Sarashina. Amida Buddha sei mit Euch.«

Ein Pferd wurde gesattelt. Es war braun, damit es im Wald weniger leicht auszumachen war. Ietaka warf sich einen schwarzen Umhang um und steckte ein Schwert in seinen *obi*. Ein gefährlicher Ritt lag vor ihm. Er würde, wenn möglich, jeden Kampf vermeiden, aber er wollte für alle Fälle gerüstet sein.

Das Pferd schnaubte erregt, stampfte mit den Hufen und

fiel in einen scharfen Trab. Ietaka sah sich noch einmal um. Auf dem Hof des Klosters saßen die Mönche und rezitierten im Chor *sutras*. Der Rauch der Küchenfeuer stieg in die Luft; Ietaka roch den Geruch von brennendem feuchten Holz, als er durch das verzierte Holztor, über die Brücke und quer über eine mit violetten Disteln übersäte Wiese ritt. Sobald er auf dem Bergpfad war, spornte er sein Pferd zum Galopp an. Bald hatte ihn der dunkle Kiefernwald verschluckt.

47

»Haltet euer Schwert gerade vor euren Körper. Es muß zu einem Teil eures Armes werden. Wenn Ihr euch bewegt, ist das Schwert und euer *chi* auf euren Feind gerichtet. Diese Technik nennt man die ›Libelle‹. Achtet darauf, wie mein Schwert einen Kreis beschreibt, und wie mein Körper in Einklang mit der Bewegung steht.« Yoshi führte die Übung vor. Der schimmernde Stahl wob ein Muster um ihn. Es war eine unglaublich schnelle Bewegung, die alle Richtungen abdeckte. Die Schüler sahen aufmerksam zu und versuchten, sich die Feinheiten des Bewegungsablaufs einzuprägen.

Als er die Vorführung beendet hatte, bemerkte er Tofushi, der am Eingang zur Halle stand und versuchte, ihn auf sich aufmerksam zu machen. Yoshi runzelte die Stirn. Während des Unterrichts durfte er nur in äußerst wichtigen Notfällen gestört werden.

»Was gibt es, Tofushi?« fragte er ungehalten.

»Ein Fremder möchte Euch sofort sprechen. Er sagt, er sei ein Freund.«

»Wo ist er?«

»Er erwartet Euch in Eurem Zimmer.«

»Bitte übernimm die Gruppe.« Yoshi verbeugte sich vor Tofushi und den Schülern, bevor er die Übungshalle verließ.

»Ietaka!« rief er, als er den staubbedeckten Reiter erkannte. »Was machst du hier? Setz dich doch. Ich werde uns Tee bringen lassen.«

»Nein, nein! Hör mir zu, Yoshi! Wir haben keine Zeit. Du mußt mir helfen, so wie ich einst dir geholfen habe.« Ietakas Stimme klang drängend. Er packte Yoshi am Arm und zog ihn zur Tür. Yoshi sah eine pochende Ader auf seiner blassen Stirn. Ietaka stand kurz vor einem Zusammenbruch.

»Alles, was du willst«, sagte Yoshi. »Wenn es in meiner Macht steht, kannst du auf mich rechnen. Aber erst muß du dich ausruhen. Sieh dich an — du bist völlig erschöpft. Wo hast du letzte Nacht geschlafen?«

»Das ist unwichtig. Ich bin zwei Nächte durchgeritten, ohne zu essen oder zu schlafen. Trotzdem müssen wir sofort aufbrechen.«

»Erst wenn du dich ausgeruht hast. Du wirst uns beiden einen Dienst erweisen, wenn du dich ein wenig entspannst, bevor du sprichst.« Yoshi führte Ietaka zu einem niedrigen Tisch und bat ihn, sich zu setzen. Er ließ den jungen Mann, der sich um den Haushalt kümmerte, Tee bringen. Ietaka rutschte ungeduldig hin und her.

Während sie heißen Tee schlürften, beschrieb Ietaka die Situation in Miidera. Er schloß seinen Bericht mit der Bitte an Yoshi, mit einigen seiner fortgeschrittenen Schüler zu helfen, Mochihito von Miidera nach Nara zu geleiten. »Es sind nur dreißig Meilen, und wenn er erst einmal in Nara ist, werden die Kriegermönche dort ihn beschützen. Die ganze Sache der Yoritomo steht auf dem Spiel. Ich werde bis zum Kamo-Fluß mitkommen und dann heimlich nach Kioto zurückkehren, um meine Position im Kaiserlichen Rat nicht zu gefährden.«

»Wer ist Euer Gegner?«

Ietaka ließ den Kopf hängen. »Dein alter Feind Chikara... an der Spitze von achtundzwanzigtausend Soldaten.«

»Und ihr wollt, daß ich den Prinzen mit dreißig Schülern, einer Handvoll Mönche und einer Kompanie von Yorimasas Soldaten beschütze?« frage Yoshi leise.

Ietaka nickte. »Ich würde dich nicht fragen, wenn du nicht unsere letzte Hoffnung wärst. Ich würde dir keinen Vorwurf machen, wenn du ablehnst. Immerhin ist es nicht dein Kampf.«

»Eine Gelegenheit, Chikaras Pläne zu durchkreuzen?« Yoshi machte eine Pause und sah seinen Vetter an. »Ich werde unter denjenigen, die Pferde besitzen, nach Freiwilligen suchen. Ich kann nicht für meine Schüler sprechen, aber auf mich kannst du rechnen ..., auch wenn ich es allein mit diesen achtundzwanzigtausend aufnehmen müßte.«

Ietakas Gesicht hellte sich auf. Die Müdigkeit, die seine Augenlider schwer und sein sonst rundes Gesicht schmal hatte werden lassen, fiel von ihm ab, und einen Augenblick lang lächelte er. »Du bist ein echter Freund«, sagte er.

Am selben Nachmittag brachen bei strahlendem Sonnenschein dreißig gerüstete Kriegermönche vom *dojo* nach Süden auf. Yoshi und Ietaka ritten an der Spitze. Yoshi trug eine schwarze, mit chinesischem Leder verbrämte Rüstung über einem scharlachroten Brokatgewand. Der leichte Panzer seines grauen Pferdes war mit gesprenkeltem Goldlack verziert. Neben ihm, auf seinem dunkelbraunen Pferd, ritt Ietaka. In seinem schwarzen Umhang war auch er eine beeindruckende Erscheinung.

Hinter ihnen ritt der Anführer der Schüler, ein Samurai, der vom Miidera-Kloster in den *dojo* gekommen war, um sich im Schwertkampf zu vervollkommnen. Er hieß Tsutsui-no-Jomyo-Meishu und hatte ein breites Gesicht, das auf große Körperkraft schließen ließ. Er trug eine schwarzverzierte Rüstung über einem gemusterten Gewand und einen aus fünf Platten geschmiedeten Helm, auch hatte er sich einen schwarzlackierten Bogen und einen Köcher mit vierundzwanzig Pfeilen umgehängt. In seiner Hand hielt er eine *naginata* mit weißem Griff, die aus einem eineinhalb Meter langen Hartholzschaft und einer fünfzehn Zentimeter langen, gekrümmten Klinge aus gehärtetem Stahl bestand. In seinem *obi* steckten zwei Schwerter. Er ritt, gefolgt von den anderen Kriegermönchen, auf einem pechschwarzen Pferd.

Yoshi war guter Stimmung. Die Aussicht, Chikara und einer erdrückenden Übermacht gegenüberzustehen, erfüllte ihn nicht mit Furcht, sondern mit freudiger Erregung. Er versuchte, Ietaka in ein Gespräch zu verwickeln, bis er sah, daß dieser es vorzog zu schweigen. Yoshi schrieb das Ietakas Müdigkeit zu und ritt einige Meter voraus. Er genoß die Szenerie und die Kühle der Luft.

Als sie den Fuß der ersten Bergkette erreicht hatten, lenkte Ietaka sein Pferd neben das seine. »Entschuldige bitte, Yoshi — ich war in Gedanken versunken.« Drei Vögel kreisten im Aufwind über dem Berghang. Die Erde war mit Ahornblättern und saftigen roten Beeren übersät, die von den Hufen der Pferde zertreten wurden, als sie unter den Bäumen hindurchritten.

»Das macht nichts, alter Freund. Es ist ein herrlicher Tag, und ich habe die Landschaft betrachtet und an unsere Aufgabe gedacht.«

»Schon vor dieser unglückseligen Angelegenheit war ich entschlossen, dich in Sarashina aufzusuchen.« Auf Ietakas Stirn glänzte der Schweiß. Der Ritt nach Sarashina hatte ihn erschöpft. Er besaß kaum noch Reserven. Er redete abgehackt, und er sprach seine Gedanken so aus, wie sie gerade kamen. »Ich weiß, daß du nicht darauf erpicht bist, uns in unserem Kampf gegen die Taira beizustehen. Aber es wird nicht mehr lange dauern, bis du dich wirst entscheiden müssen. Kiyomoris Stern ist im Sinken begriffen, er selbst ist krank und unentschlossen. Du weißt, daß Go-Shirakawa ihn gezwungen hat, einige von uns in den Kaiserlichen Rat aufzunehmen. Aber es gibt neue Schwierigkeiten. Chikara hat, auf Kiyomoris Anweisungen, zwei unserer Ratsmitglieder getötet. Er beleidigt sie, und wenn sie darauf reagieren, fordert er sie zum Duell heraus. Unsere Männer aber sind keine Krieger, sondern Politiker. Wenn wir dich überzeugen könnten, uns zu helfen, würde Chikara seine Taktik ändern müssen. Yoshi, wir brauchen dich.«

Ietakas Stimme verriet, wie ernst es ihm war. Dennoch wollte Yoshi nicht auf seine Bitte eingehen. Er sagte: »Es tut mir leid, Ietaka, aber ich bin für meine Schule verantwortlich. Obwohl ich auf deiner Seite stehe, bin ich nicht an Politik interessiert. Natürlich ist es eine Versuchung für mich, wenn du mir sagst, daß Chikara hinter all dem steckt, aber ich bin nicht bereit, das Leben eines Politikers zu führen. Und überdies«, fuhr er fort, »wäre ich am Hof ein Außenseiter. Es gäbe keine legale Möglichkeit für mich, euch zu helfen.«

Ietaka rutschte in seinem Sattel hin und her. Er zögerte einige Augenblicke, bevor er mit schneller, drängender Stimme sagte: »Ich muß dir ein Geständnis machen — mit Yorimasas Hilfe habe ich es in die Wege geleitet, daß du in den Rat gewählt wirst.«

»Unmöglich!« erwiderte Yoshi heftig.

Schweigend ritten sie weiter. Nur der Hufschlag der Pferde und das Klirren der Waffen und Rüstungen durchbrachen die Stille. Ietakas Kopf sank müde auf seine Brust. Seine Augen waren auf den Weg geheftet.

Meishu erschien an Yoshis Seite. »Wir werden bald den Kreuzweg erreichen«, sagte er. »Dort wird der Bote uns verlassen. Es ist die letzte Wegkreuzung vor Miidera.«

Es war ein langer, anstrengender Ritt gewesen. Yoshi dachte daran, daß sie in seiner Jugend, als man noch mit dem Ochsenkarren reiste, für diese Strecke drei Wochen gebraucht hätten, während man heute nur einen Tag und eine Nacht zu reiten brauchte. Er sah Ietaka an. »Da vorne, an der Kreuzung, werden wir uns trennen.« Yoshis Ton war kühl. Er war verärgert, weil sein Vetter eigenmächtig über ihn verfügt hatte, und er war wütend auf sich selbst, weil er ihm seine Bitte abgeschlagen hatte. Es war nicht anständig, ihn in diese Position zu drängen — die Politik der Taira war nicht seine Angelegenheit.

Ietaka nickte geistesabwesend. »Ich danke dir für deine Hilfe«, sagte er. »Bitte paß auf dich und den Prinzen auf. Wenn alles gutgeht, werden wir uns vielleicht doch noch in Fukuhara sehen ..., wenn du nicht zu spät kommst ...«

»Zu spät? Warum zu spät?« fragte Yoshi. Plötzlich erfüllte ihn Sorge. Ietaka machte ein verzweifeltes Gesicht.

»Nichts. Ich bin müde und weiß nicht, was ich sage.«

»Rede! Warum zu spät?«

»Du hast schon genug zu tun mit Yorimasa und dem Prinzen. Ich will dich nicht noch mehr belasten.« Ietaka wendete sein Gesicht ab.

»Unsinn. Sag es mir, bevor wir uns trennen müssen.«

»Wenn du scheiterst, wird es ohne Bedeutung sein...« Ietakas Stimme verlor sich.

»Ich verstehe nicht.«

»Ach, Yoshi«, sagte Ietaka mit einem tiefen Seufzer, »ich bin als nächster an der Reihe. Obwohl er mein Schwager ist und Nami versucht hat, sich für mich einzusetzen, ist Chikara entschlossen, mich zu töten. Täglich fordert er mich heraus. Wie lange kann ich seine Beleidigungen noch ignorieren? Wie lange kann ich diese erniedrigende Behandlung noch ertragen?« Ietaka hielt inne. »Du siehst, meine Lage ist aussichtslos. Selbst wenn du morgen kommen würdest, wäre es wahrscheinlich zu spät, mir zu helfen.« Yoshi wollte ihn unterbrechen, aber er hob die Hand. »Du riskierst dein Leben für die Minamoto, um mir einen Gefallen zu tun. Mehr darf ich von dir nicht verlangen. Am besten vergißt du, was ich gesagt habe... Ich muß meine Probleme selbst lösen.«

Blind für die Schönheit der Landschaft ritt Yoshi weiter. Es war fast acht Uhr, die Stunde des Hundes, und die untergehende Sonne schien auf das tiefblaue Wasser des Biwasees. Weit unten bildeten violett blühende Büsche einen dunklen Teppich, der auf das hohe Tor und die geschwungene Brücke von Miidera zuführte. Die Türme des Klosters ragten wie Pfeile in den blauen Himmel auf. Im Hof des Tempels gingen Mönche auf und ab oder standen in Gruppen beisammen wie schwarzgefiederte Krähen. Sie hatten die sich nähernden Krieger noch nicht bemerkt.

Meishu ritt an Yoshis Seite. Von Zeit zu Zeit sah er seinen

sensei an und fragte sich, was ihn so nachdenklich gemacht haben mochte.

Yoshis Gedanken waren bei Ietaka. Er hatte Ietaka gesagt, er solle ihn um Hilfe bitten, wenn er sie brauchte. Nun war es soweit, und Yoshi konnte ihm diese Bitte nicht abschlagen. Er durfte nicht zulassen, daß ein weiteres Mitglied seiner Familie — und obendrein einer seiner wenigen Freunde — seinem Erzfeind zum Opfer fiel. Sein Leben schien immer mehr mit dem Chikaras verwoben zu sein. Er sah sich selbst in einem unablässigen Tanz zu einer Musik, die Chikara machte. Chikara, Chikara! Der Name beherrschte all seine Gedanken. Immer mußte er vor Chikara fliehen und sich verstecken. Seit Genkais Tod hatte er sich zweimal ein neues Leben aufgebaut, und jedesmal war er schließlich gezwungen gewesen zu fliehen.

Nein, er würde nicht mehr fliehen! Er hatte Ietaka versprochen, den Sitz im Rat anzunehmen. Am Kreuzweg hatte er unwillig sein Einverständnis gegeben, unglücklich darüber, daß ihm eigentlich keine andere Wahl blieb. Aber jetzt wußte er, daß diese Entscheidung richtig gewesen war. Wenn er nicht bei dem Versuch starb, Mochihito nach Nara zu bringen, würde er Mitglied des Kaiserlichen Rates werden, und die Gelegenheit zur Rache, die Ichikawa vorausgesehen hatte, würde sich ergeben. Er würde Chikara von Angesicht zu Angesicht gegenüberstehen.

Der Ruf einer Wache brachte ihn in die Gegenwart zurück.

»Wir sind da«, sagte Meishu.

48

»Heute nacht! Wir müssen noch heute nacht aufbrechen«, sagte der hagere alte Mann energisch.

»Meine Männer sind erschöpft. Sie müssen sich ausruhen, und sie brauchen Zeit, ihre Pferde zu füttern. Wir müssen unsere Ungeduld zügeln; letzten Endes werden wir mehr erreichen, wenn wir jetzt besonnen vorgehen«, antwortete Yoshi.

»Mit jeder Minute rückt der Feind näher. Dennoch habt Ihr recht — Eure Entscheidung ist weise. Ich heiße Euch bei uns willkommen.« Yorimasa verbeugte sich. »Wir werden vor Mitternacht aufbrechen. Wenn die Glocke schlägt, werden wir unterwegs nach Nara sein.«

»Einverstanden.«

Yoshi gab seinen Männern den Befehl, die Pferde zu füttern und sich auszuruhen. Danach kehrte er zu Yorimasa und seinen Söhnen, dem mächtigen Nakatsuna und dem drahtigen Kanetsuna, zurück. »Tadamori-no-Fumio ist Euer Pate?« fragte der alte Mann. Als Yoshi schweigend nickte, fuhr er fort: »Warum habt Ihr Euch dann entschlossen, uns bei diesem hoffnungslosen Auftrag beizustehen?«

»Dies ist eine Gelegenheit, meinem Vetter einen Freundschaftsdienst zu vergelten und mich an einem Feind zu rächen«, antwortete Yoshi. Dann fragte er seinerseits: »Aber Ihr bekleidet bei Hof ein hohes Amt und habt Kiyomoris Vertrauen — warum riskiert Ihr in dieser Sache Euer Leben?«

»Mein Leben liegt hinter mir«, erwiderte der alte Mann. »Ich habe vieles, was ich getan habe, zu bereuen, nicht aber das, was ich jetzt tue. Mein Zögern im Hogen-Krieg hat damals zur Niederlage meiner Familie geführt. Das habe ich oft bitter bereut! — Diesen Fehler will ich jetzt wiedergutmachen. Seit Jahren habe ich so getan, als sei ich ein Freund von Kiyomori, während ich insgeheim Yoritomo unterstützt habe. Die Ironie liegt darin, daß der alte Dichter Yorimasa bei diesem Abenteuer sterben wird — ein Minamoto bis zuletzt.« Sein Gesicht verzog sich zu einem freudlosen Lächeln.

Yorimasas vierschrötiger Sohn Nakatsuna sagte mit ruhiger, fester Stimme: »Es besteht kein Grund, an den Tod zu denken, Vater. Wir werden siegen und im Triumph an der Spitze von Yoritomos Armeen nach Kioto zurückkehren.«

Während Yorimasa und seine Söhne sich mit Yoshi berieten, gingen der Prinz und sein Stiefbruder nebenan auf und ab.

»Das alles macht mich sehr nervös. Ich finde keinen Augenblick Ruhe«, sagte Mochihito.

»Ich auch nicht«, antwortete Munenobu. »Ich finde diese ungehobelten Krieger abstoßend. Wir sollten uns ergeben. Kiyomori würde es nicht wagen, uns etwas anzutun. Die Verbannung wäre besser als diese Qualen.«

»Meinst du? Alles wäre gutgegangen, wenn Kiyomori unseren Plan nicht entdeckt hätte. Ich frage mich, wer der Verräter war. Nur wenige wußten ...«

Munenobu unterbrach ihn schnell. »Spiel doch etwas auf deiner Flöte«, schlug er vor. »Vielleicht bringt uns das auf andere Gedanken.«

Das Gesicht des Prinzen hellte sich sofort auf. Alle Gedanken an Verrat waren vergessen. Leise begann er mit einigen unbeschwerten Tanzmelodien, wie sie auf den Reisfesten gespielt wurden. Nach und nach wurde die Musik langsamer und trauriger, bis Monenobu ihn bat aufzuhören.

»Anstatt mich aufzuheitern, läßt deine Musik mich unserem vergangenen Glück nachtrauern«, sagte Monenobu. »Ihre Schönheit erfüllt mich mit unerträglicher Schwermut. Bitte hör auf ... mir zuliebe.«

Der Prinz setzte die Flöte ab und steckte sie sorgfältig unter seinen weißen Unterkimono. Mit traurigen Augen sah sein Stiefbruder ihm zu.

Kurz bevor die Tempelglocken Mitternacht schlugen, weckten Yoshi und Yorimasa Meishu; gemeinsam rüttelten sie dann die schlafenden Soldaten wach.

Nur das Rascheln der Gewänder und das leise Klirren von Metall, das erklang, als Rüstungen und Schwerter angelegt wurden, durchbrach die Stille im Kloster. Die Mönche hatten schon lange zuvor die Rezitation ihrer Abend-*sutras* beendet und sich in ihre Schlafräume zurückgezogen.

»Habt Ihr wohl geruht, kaiserliche Hoheit?« fragte Yoshi den Prinzen.

»Nein, ich habe kein Auge zugetan. Ich wollte, wir hätten diese ganze Sache hinter uns«, antwortete der Prinz mißmutig.

Yorimasa und seine Söhne führten den Zug an. Mochihito und Munenobu ritten in der Mitte auf den sanftmütigsten Pferden — der Prinz war kein guter Reiter und fürchtete sich vor den großen Streitrössern. Yoshi und Meishu waren die Kundschafter. Sie ritten voraus und achteten auf jedes Anzeichen von Gefahr. Alle Reiter außer Mochihito trugen dunkle, weiche Kleider über ihren Rüstungen, um das Klirren von Metall auf Metall zu dämpfen und um zu verhindern, daß die Panzer das Licht des zunehmenden Mondes reflektierten. Mochihito hatte darauf bestanden, eine weiße Seidenrobe zu tragen, die ihn als Abkömmling der Götter auswies. Yorimasa hatte sich mit Yoshi beraten, ob es ratsam war, darauf zu bestehen, daß der Prinz sich, wie die anderen, dunkel kleidete. Sie waren zu dem Ergebnis gekommen, daß Mochihitos scheinbarer Mut, auch wenn er der Eitelkeit entsprang, die Moral heben würde und das Risiko einer Entdeckung rechtfertigte. Dunkel gekleidete Reiter würden den Prinzen abschirmen und verhindern, daß das weiße Gewand sie alle verriet.

Sie ritten am felsigen Ufer des Biwasees entlang, umgingen die Stadt Otsu, überquerten leise die Tokaido-Straße und verschwanden im Dunkel des Bergwaldes.

Als der Prinz zum zweitenmal von seinem Pferd gefallen war, sah Yorimasa ein, daß es unmöglich war, auf dem Bergpfad weiterzureiten. Er beriet sich mit Yoshi und Meishu. Meishu schlug vor, dem Fluß Uji zu folgen. Zahlreiche Nebenflüsse mündeten von Süden nach Osten in diesen tiefen und reißenden Fluß, aber wenn sie sich auf seinem nordwestlichen Ufer hielten, würden sie relativ ungehindert vorankommen.

Obwohl dies nicht der kürzeste Weg war, würden sie so die Stadt Uji erreichen, die auf halbem Weg nach Nara lag. Von da aus waren es nur noch fünfzehn Meilen über eine weite Ebene, die sich zwischen der Straße und den umliegenden Bergen erstreckte. Sie würden schnell und sicher reiten und dabei die Hauptstraße vermeiden können.

»Dann wollen wir also diesen Weg nehmen«, entschied Yorimasa. »Chikara und seine Soldaten werden inzwischen unterwegs nach Miidera sein. Wir müssen Nara erreichen, bevor sie uns den Weg abschneiden können.«

So schnell sie es im schwachen Mondlicht wagten, ritten die Männer weiter und erreichten schließlich Uji. Der Prinz fiel noch mehrere Male vom Pferd, und da Yorimasa nicht riskieren wollte, daß Mochihito sich ernstlich verletzte, beschloß er, trotz der Gefahr, eingeholt zu werden, daß sie am Byodo-in auf der anderen Seite der Brücke über den Uji rasten würden.

Das Byodo-in war eine Residenz, die über hundert Jahre zuvor für einen Fujiwara-Kaiser gebaut worden war, der das Mönchsgelübde abgelegt hatte. Seit vielen Jahren diente es den Mönchen von Miidera als Tempel. Sein elegantes, herrlich verziertes Dach erhob sich über den Ufern des Uji-Flusses. Der Tempel war umgeben von hohen, gerade gewachsenen Birken, deren weiße Stämme im Mondlicht wie Wächter wirkten. Vor seinem Eingangstor standen blühende Kirschbäume, deren weiße Blütenblätter in den Fluß fielen, wo sie wie die Seelen Verstorbener von der Strömung davongetragen wurden.

Um einen Überraschungsangriff ihrer Verfolger zu verhindern, befahl Yorimasa den Mönchen, die Brücke bis auf die Tragbalken abzureißen. Der Fluß war so breit und so reißend, daß nur ein Verrückter versuchen würde, ihn zu durchqueren.

Während sie noch arbeiteten, verschwand der Mond und ein Gewitter zog auf. Donner rollte, und Blitze zuckten nieder. Ein Wolkenbruch ließ den schäumenden Uji-Fluß weiter anschwellen.

49

In voller Rüstung bot Fürst Chikara ein imposantes Bild. Sein dunkles Raubvogelgesicht wurde von einem gehörnten Helm überschattet. Seine weiße Lamellenrüstung war mit weinrotem Leder verziert; ein weißer Umhang, auf dem zwei Drachen in einem Meer aus Wolken miteinander kämpften, hing ihm über den Rücken. In seinem *obi* steckten zwei Schwerter, und an seinem mit goldenem und weinrotem Garn bestickten Sattel war ein lackierter Bogen befestigt.

Mit fester Hand hielt Chikara seinen Schimmel im Zaum, während er seine Soldaten zur Eile antrieb. Sein Mund war eine dünne, harte Linie, und er biß die Zähne zusammen, um seine Ungeduld zu verbergen, als die schwerfällige Masse der Soldaten langsam die Richtung ihrer Bewegung änderte. Spione hatten Chikara gesagt, Prinz Mochihito sei in Miidera. Daraufhin hatte er seine Armee von achtundzwanzigtausend Männern in einem anstrengenden, schnellen Nachtmarsch dort hingeführt — nur um festzustellen, daß sein Opfer entkommen war.

Er hätte Miidera am liebsten in Schutt und Asche gelegt, aber Kiyomori hatte ihm befohlen, die Mönche nicht zu hart anzufassen. Nun stand also ein Wettlauf nach Nara bevor. Wenn Mochihito und seine Begleiter zuerst dort eintrafen, war alles verloren.

»Schneller, Hauptleute! Macht den Männern Beine!« Nur unter Aufbietung seiner ganzen Willenskraft gelang es ihm zu verhindern, daß seine Backenmuskeln zuckten.

»Ja, Herr.« Die Hauptleute ritten vor und zurück und schrien die Soldaten an, sie sollten schneller laufen. Aber der Lärm der achtundzwanzigtausend Männer und fünfzehntausend Pferde, die auf der dunklen und engen Straße zusammengedrängt waren, machte es schwierig, die Befehle zu verstehen. Pferde schnaubten und wieherten, Waffen und Rüstungen klirrten, und die Männer fluchten.

Es war eine undisziplinierte und schnell zusammengetrommelte Armee. Sie bestand aus dreitausend Fußsoldaten, fünfzehntausend berittenen Samurai — viele von ihnen verärgert darüber, daß man sie aus den Betten geholt und zu einem Marsch gezwungen hatte, der wenig Aussicht auf Ruhm oder Belohnung bot — und fast zehntausend Knappen und Dienern, die den Pferden ihrer Herren folgten und die allgemeine Verwirrung noch steigerten. Auf Befehl ihrer Herren liefen sie umher und versuchten herauszubekommen, warum ein Teil der Truppen schwenkte, während der Rest noch auf das Kloster zumarschierte.

Es verging über eine Stunde, bevor die über eine Meile lange Marschsäule sich neu formiert hatte. Der Lärm und die Verwirrung, der Staub, den die Hufe der Pferde aufwirbelten, und die Dunkelheit der Nacht machten es unmöglich, das Manöver schneller auszuführen. Der Mond, der vorher hell geschienen hatte, verbarg sich jetzt hinter dicken, tiefhängenden Wolken. Die Armee hatte die fünf Meilen von Kioto nach Miidera in weniger als einer Stunde zurückgelegt, und jetzt mußte sie — in absoluter Dunkelheit — wieder fast bis zurück zur Hauptstadt marschieren. So sehr die Hauptleute ihre Männer auch antrieben — es dauerte doch zwei Stunden, bevor sie die Straße erreicht hatten, die in südlicher Richtung nach Nara führte. Diese Straße war älter, und die Soldaten kamen noch langsamer voran als zuvor.

Chikara war außer sich vor Wut. Er fluchte, trieb seine Hauptleute unablässig an und versprach, während er an der Marschsäule auf und ab ritt: »Eine Belohnung für denjenigen, der den Prinzen zuerst erreicht.«

Plötzlich begann es heftig zu regnen. Männer und Pferde waren bald mit Schlamm bedeckt, der unter den Tausenden von Hufen aufspritzte. Die Fußsoldaten grummelten unzufrieden vor sich hin, während die berittenen Samurai laut fluchten — viele von ihnen saßen schon fünf Stunden in voller Rüstung im Sattel.

Mit dem ersten Morgenlicht hörte es auf zu regnen, und die Späher der Vorhut erreichten den Uji-Fluß. Sie entdeckten das Lager von Yorimasa und Prinz Mochihito und ließen sogleich dreimal den Kriegsruf erschallen — das war die übliche Warnung, bevor der eigentliche Kampf begann.

Die Männer des Prinzen, die sich vor dem Byodo-in ausgeruht hatten, sprangen auf und erwiderten den Ruf.

Chikara ritt an der Seite der ersten Reiterkompanie, als er die Schreie hörte. »Zum Angriff!« rief er, gab seinem Pferd die Sporen und riß sein Schwert aus der Scheide. »Gold für den ersten Mann, der die Feinde erreicht!«

Der Befehl zum Angriff wurde von den Kommandeuren der Kompanien begeistert wiederholt, und die riesige Armee stürzte vorwärts, um die zahlenmäßig weit unterlegenen Feinde niederzumachen. Blindlings spornten die Reiter ihre Pferde an. Sie verließen die Straße und wirbelten nasse Erde und Grasfetzen auf. Die ersten erreichten das Flußufer; sie sahen die Reste der Brücke und den Uji-Fluß, der Zweige, Kirschblüten und andere Dinge, die die lange Frühjahrsregenzeit in den Fluß geschwemmt hatte, davontrug. Sie wollten umkehren und die anderen warnen. »Halt!« riefen sie. »Die Brücke ist verschwunden, und der Fluß ist angeschwollen. Haltet an, bevor es zu spät ist!«

Einige hörten die Rufe über dem Rauschen des Flusses und dem Donnern der Hufe, aber die Reiter, die ihnen folgten, drängten so ungestüm nach, daß es unmöglich war, zu wenden oder anzuhalten.

»Fürst Chikara!« rief einer der Hauptleute. »Die Reiterei wird in den Fluß gedrängt!«

Wenn Chikara das gehört hatte, so ließ er es sich nicht anmerken. Er hatte seinen Mund zu einem Triumphschrei verzerrt. »Zum Angriff!« schrie er immer wieder. »Ich will ihre Köpfe!« Er hörte die Schreie der Männer in der Vorhut, nahm aber an, es handele sich um Kampfrufe.

»Nehmt sie gefangen! Nehmt sie gefangen!« befahl er und schwenkte sein Schwert.

Die Reiter und Pferde der ersten Kompanie fielen in den reißenden Uji und wurden davongetragen, als seien sie nicht schwerer als die Kirschblüten, die auf der Wasseroberfläche trieben.

Fünfzig, hundert, einhundertfünfzig Männer fielen schreiend und zappelnd in die tosenden Fluten. Chikara erreichte schließlich das Ufer und sah, daß die Brücke zerstört war. Er wendete sein Pferd und befahl den Männern anzuhalten. Diejenigen, die ihn hörten, zügelten ihre Pferde — aber obwohl diese sich mit den Hufen in die Erde stemmten, wurden auch sie in den Fluß gedrückt.

Fünfundzwanzig, fünfzig Reiter stürzten hinab. Bevor Chikaras Befehl gehorcht wurde, hatte er mehr als zweihundert Männer verloren.

Die Sonne stieg höher. Ihre Strahlen fielen zwischen Wolkenfetzen hindurch auf das dunkle, mit Blütenblättern übersäte Wasser des Flusses. Von den Reitern und den Pferden, die hinabgestürzt waren, war nichts mehr zu sehen.

Chikara war wutentbrannt. Der Feind war ihm fast ausgeliefert, und dennoch konnte er ihm nichts anhaben.

Reiter ritten am Ufer auf und ab, drohten mit den Fäusten und verfluchten die Mönche, die knapp außer Schußweite waren.

50

Der Uji bildete eine offenbar unüberwindliche Barriere. Chikara und seine Hauptleute ritten zu den ersten Kompanien der Reiterei.

»Absitzen! Führt die Pferde nach hinten. Die besten Bogenschützen ans Ufer!« Chikaras Stimme ging fast unter im Lärm der Reiter und im Rauschen des Uji. Schließlich war die Ordnung wiederhergestellt, und die Kompanieführer führten seine Befehle aus.

Zweihundert Bogenschützen nahmen ihre Positionen am Ostufer ein. Ihr Anführer Kazusa-no-Kami Tadakiyo schoß den Summpfeil ab, der nach den Kriegsregeln den Angriff ankündigte. Er wurde von einem Summpfeil Meishus erwidert. Die Schlacht war eröfnet. Die Breite des Uji bewirkte, daß nur wenige Pfeile der Taira ihr Ziel fanden. Wenn sie das andere Ufer erreichten, war ihre Wucht so abgeschwächt, daß sie wirkungslos an den Rüstungen der Kriegermönche abprallten.

Jeder Samurai in Chikaras Armee hatte vierundzwanzig Pfeile, und jeder, der seinen letzten verschossen hatte, wurde durch einen anderen Samurai ersetzt. Den ganzen Morgen über hielten Chikaras Bogenschützen den Prinzen und seine Eskorte im Byodo-in in Schach.

Yorimasa rief Yoshi zu sich. Yoshi eilte zu dem alten Mann, der, den Helm in der Hand, dastand. Sein langes weißes Haar wehte wie ein Wimpel in der leichten Brise. »Sie werden nicht so dumm sein, den ganzen Tag über so weiterzumachen«, sagte Yoromasa. »Selbst einer so großen Armee gehen irgendwann einmal die Pfeile aus. Sie werden bald versuchen, den Fluß zu überqueren. Wir müssen dafür sorgen, daß sie so lange wie möglich wütend und unbeherrscht sind. Es ist nur eine Frage der Zeit, bis uns die Mönche von Nara zu Hilfe eilen. Ich habe einen Plan, wie wir in der Zwischenzeit dem Prinzen die Flucht ermöglichen können.«

Yoshi beugte sich respektvoll. »Was sollen wir tun?« fragte er.

Der alte Mann rieb sich das Kinn. »Wir brauchen jemanden, der ihren besten Mann zum Zweikampf herausfordert.«

»Laßt mich das tun«, sagte Yoshi.

»Nein, nein. Ich möchte Euch an meiner Seite haben. Haben wir keinen anderen, der stark genug ist, ihren besten Mann aufzuhalten?«

»Meishu ist jedem Taira gewachsen.« Yoshi zeigte stolz auf den Mönch, der vor den anderen stand und Pfeile auf das andere Ufer schoß. Yorimasa sah, daß Meishu seinen Bogen über fünfzehn Handbreit spannte, während die feindlichen Bogenschützen nur dreizehn Handbreit schafften. Meishus Pfeile fanden ihr Ziel. Sie durchbohrten die Rüstungen der Feinde und töteten sie, während die Geschosse der Taira-Bogenschützen keinen Schaden anrichteten. Yorimasa nickte voller Anerkennung über Meishus

Kraft und Mut. »Holt ihn her«, sagte er zu Yoshi. Yoshi verbeugte sich und eilte, ohne auf die Pfeile zu achten, die rings um ihn her niedergingen, zu Meishu.

»Bist du bereit, ihren besten Mann zum Zweikampf herauszufordern, Meishu?« fragte Yoshi.

»Gern, *sensei*. Heute bin ich allen überlegen. Es ist, als hätte ich übernatürliche Kräfte. Gebt mir eine Gelegenheit, und ich werde es Euch beweisen«, antwortete Meishu mit siegessicherem Lächeln.

»Gut. Du sollst deine Gelegenheit haben. Kämpfe gut und halte ihren Mann so lange wie möglich auf. Wir hoffen, daß bald Verstärkung aus Nara eintreffen wird. Wir müssen Zeit gewinnen.«

»Ich werde lange und gut kämpfen. Und wenn ich ihren besten Mann getötet habe, werde ich den nächsten herausfordern. Ich weiß nicht, wieviel Tausend es sind, aber wenn nötig werde ich jeden einzelnen von ihnen besiegen.«

Yoshi schlug Meishu auf die Schulter. »Das war gut gesprochen«, sagte er. Er trat zurück und verbeugte sich feierlich. »Und nun geh und fordere sie heraus.«

Meishu befahl den anderen Mönchen, ihre Pfeile in die Köcher zu stecken und zurückzutreten. Er nahm seinen Helm ab, trat mit weit ausgestreckten Armen an den Rand der Brücke und stieß einen Schrei aus, um das Tosen des Flusses zu übertönen. Einige Pfeile wurden auf ihn abgeschossen, aber er wich ihnen mit Leichtigkeit aus. Nach und nach hörten die Bogenschützen auf der anderen Seite des Flusses auf zu schießen und warteten gespannt, was er zu sagen hatte.

Ein, zwei Minuten sagte Meishu nichts. Einige der Feinde traten nervös von einem Fuß auf den anderen. Einer ließ seine Bogensehne summen, um böse Geister abzuwehren. »Ich bin Tsutsui-no-Jomyo Meishu. Einige von euch können sehen, daß ich allein hier stehe. Die anderen mögen meine Stimme hören«, rief er schließlich. »Ich bin ein Priester aus Miidera, ein Nachkomme des großen Priesters Hidesato, der den Taira Masakado in Shimosa besiegte und sich dadurch unsterblichen Ruhm in den zehn Provinzen erwarb. Wen gibt es, der mich nicht kennt, einen Krieger, der tausend Männer wert ist? Wer von euch ist tollkühn genug, sich mir im Zweikampf entgegenzustellen?«

Meishu verschränkte die Arme über der Brust und sah seine Feinde herausfordernd an.

Er brauchte nicht lange zu warten.

Ein Apfelschimmel löste sich aus der Menge und tänzelte auf den Brückenkopf zu. Das Pferd war gepanzert, und auf dem himmelblau bemalten Sattel glänzte eine goldene Sonne. Der Reiter saß hoch aufgerichtet. Er trug eine schwarzverbrämte rote Rüstung, einen Helm mit zwei Hörnern aus Metall, zwei Schwerter, eine *naginata* und einen rotlackierten Bogen.

»Mein Name ist Motozane. Ich bin neunzehn Jahre alt. Meine Familie stammt ab von dem großen Omuro, der den Piraten Sumitomo besiegte und vor zwölf Generationen Land und Reichtümer für meine Familie erwarb. Ich fürchte niemanden. Meine Familie steht in der Schuld des Taira Kiyomori, und ich bin bereit, es mit jedem Krieger der Minamoto aufzunehmen, der es wagt, sich mir entgegenzustellen.«

Damit stieg Motozane von seinem Pferd und ging, seine eineinhalb Meter lange *naginata* in der Hand, auf die Brücke zu. Nur ein schmaler Holzbalken war zwischen ihm und seinem Feind.

Meishu setzte seinen Helm auf, klappte den Nackenschutz herunter, zog Schuhe und Beinschienen aus und sprang auf den Tragbalken der Brücke. Mit bloßen Füßen schritt er auf dem schmalen Balken über den tosenden Fluß, als spaziere er die Suzaku-Oji in Kioto hinunter.

Sein junger Gegner tat es ihm nach. Auch er zog seine Schuhe aus, sprang auf den Balken und trat auf Meishu zu.

Meishu hielt seine eigene *naginata*, deren gekrümmte Schneide gefährlich funkelte, abwartend vor seinen Körper. Motozane griff als erster an. Er führte einen blitzschnellen

Hieb nach den Beinen seines Gegners. Normalerweise diente dies lediglich dazu, einen Feind aus dem Gleichgewicht zu bringen, aber auf diesem schmalen Balken konnte ein solcher Angriff leicht todbringend sein, da er nicht erfolgreich abgewehrt werden konnte. Meishu blieb nur ein Ausweg: Mit angezogenen Knien sprang er hoch in die Luft. Mit einem Zischen, das selbst über dem Rauschen des Wassers zu hören war, fuhr die Schwertlanze unter ihm hindurch.

Katzenhaft landete Meishu wieder auf dem Balken. Er hatte mit seiner eigenen *naginata* bereits ausgeholt. Das Ende der Waffe in der rechten Hand haltend und sie mit der linken führend, ließ er die Klinge mit unglaublicher Geschwindigkeit niedersausen. Als Motozane den Hieb mit seiner *naginata* parierte, brach ihr Schaft in der Mitte entzwei. Motozane ging in die Knie, fing sich jedoch schnell genug, um sein langes Schwert ziehen zu können. Er hätte dem nächsten Hieb ausweichen können, wenn er einen Schritt zurück gemacht hätte, aber das wäre ein Eingeständnis seiner Niederlage gewesen. So blieb er stehen und versuchte, Meishus zischende *naginata* mit seinem Schwert abzublocken.

Zu spät!

Die fünfzehn Zentimeter lange Klinge am Ende der Waffe traf mit großer Wucht auf seinen Helm. Die Metallschichten hielten stand, wenn auch eines der Hörner abbrach und wirbelnd ins Wasser fiel. Verzweifelt versuchte Motozane, das Gleichgewicht zu bewahren. Noch im Fallen führte er einen Schlag mit dem Langschwert gegen seinen Gegner. Er taumelte rückwärts — seine rote Rüstung glich einem Bluttropfen, der einen Herzschlag lang bewegungslos in der Luft hing —, dann fiel er hinab und verschwand in den Fluten des Uji.

Chikara, der dem Zweikampf vom Ufer aus zugesehen hatte, schrie auf vor Wut. »Zehn Goldstücke für denjenigen, der den Mönch tötet!«

Fünfzig Samurai sprangen gleichzeitig von ihren Pferden, banden ihre Beinschienen los und rannten auf die Brücke zu.

Je nach persönlicher Vorliebe hielten einige Schwerter, andere *naginatas* in der Hand. Wo die Brücke aufhörte, konnte nur ein Kämpfer nach dem anderen weitergehen. Alle Disziplin war vergessen. Die Samurai kämpften untereinander um die Ehre und die versprochene Belohnung.

Meishu wartete. Er achtete auf jede Einzelheit seiner Umgebung. Der Himmel war hellblau, und die Sonne hatte den Zenit bereits überschritten. Eine Schar Wildgänse flog mit klagenden Rufen über den Fluß. Die Tausende von Pferden, die sich am Zugang zur Brücke drängten, stampften und schnaubten nervös.

Der erste Samurai hatte die Mitte der Brücke erreicht. In seinem Übereifer verlor er das Gleichgewicht, noch bevor er den ersten Hieb ausgeführt hatte. Den zweiten, der sogleich seinen Platz einnahm, ereilte dasselbe Schicksal. Der dritte Mann war vorsichtiger. Behutsam, mit ausgestrecktem Schwert tastete er sich heran. Mit einem gewaltigen Angriff trat Meishu ihm entgegen. Er bewegte sich auf dem fünfzehn Zentimeter breiten Balken mit derselben Sicherheit wie in der Übungshalle des *dojo*. Bevor der vorsichtige Samurai Gelegenheit zu einem Konterschlag hatte, war er bereits einmal, zweimal, dreimal von Meishus *naginata* getroffen. Auch er stürzte in den Fluß.

Der vierte Angreifer ließ sein Schwert mit rasender Geschwindigkeit durch die Luft wirbeln. Ohne Rücksicht auf sein eigenes Leben stürzte er sich blindlings in den Kampf. Mühelos wehrte Meishu den ersten Angriff ab, sparte seine Kräfte und versuchte, Zeit zu gewinnen. Dieser Verrückte würde sicher ausrutschen und in den Fluß fallen. Meishu hatte recht, aber bevor der vierte Mann hinabstürzte, fuhr seine Schwertklinge durch den Schaft von Meishus *naginata*, so daß dieser gezwungen war, die jetzt nutzlose Waffe fortzuwerfen und sein Schwert zu ziehen.

Den nächsten acht Männern begegnete er mit meisterhafter Schwertführung. Er schwang seine Waffe im Zickzack-Stil, in der verwobenen, der kreuzweisen, der umgekehrten Libellen-, der Mühlrad-, der Acht-Seiten-auf-einmal-Fechtweise und schickte sie, einen nach dem anderen, in den Fluß.

Der dreizehnte Mann kam schnell und mit gesenktem Kopf auf ihn zu. Mit beiden Händen führte Meishu einen Hieb auf die Mitte des Helms. Der Helm gab nach und das Schwert fuhr bis in das Brustbein des Mannes, wo es stekkenblieb. Als der Leichnam von der Brücke fiel, brach Meishus Schwertklinge am Heft ab.

Meishu trat zurück und wischte sich den Schweiß vom Gesicht. Er hatte gut gekämpft und dreizehn Gegner besiegt. Auch wenn er jetzt getötet würde, würde sein Ruhm als Krieger die nächsten Generationen überdauern. Für einen langen Augenblick betrat kein Gegner die Brücke. Dann sprangen mit gellendem Kriegsruf weitere Männer auf den Balken, um Meishu herauszufordern. Er zog sein kurzes Schwert, und selbst so schwer benachteiligt gelang es ihm, die nächsten fünf Männer mit gewaltigen Hieben zu besiegen.

Obwohl er mehrfach verwundet war, hielt Meishu immer noch die Brücke, als Yoshi den Balken betrat und ihm befahl, sich zurückzuziehen. »Gebt mir noch ein Langschwert, und ich werde ihre ganze Armee besiegen, *sensei*«, sagte der Mönch. »Und das ganz allein.« Sein Gesicht glühte vor Kampfeifer.

»Nein, du mußt ausruhen, deine Rüstung wechseln und dir neue Waffen holen. Widersprich mir nicht! Geh, bevor der nächste kommt. Wenn du dich beeilst, wirst du Gelegenheit zu weiteren Kämpfen haben.« Yoshis strenger Ton brachte Meishu zur Besinnung. Er sah ein, daß sein *sensei* recht hatte. Vorsichtig, um nicht das Gleichgewicht zu verlieren, duckte er sich, damit Yoshi über ihn hinwegspringen konnte.

»Ich werde so schnell wie möglich zurückkommen«, sagte Meishu. Yoshi war bereits mit seinem ersten Angreifer beschäftigt und antwortete nicht.

Erschöpft ging Meishu zum Byodo-in zurück, wo Yorimasa und Prinz Mochihito ihn herzlich begrüßten und ihm gratulierten. Er legte seine Rüstung ab; sie hatte dreiundsechzig Beulen — fünf Hiebe waren durch sie hindurchgedrungen und hatten ihm kleine Verletzungen zugefügt. Er säuberte die Wunden und verband sie. Danach wollte er seine Rüstung wieder anlegen, doch Yorimasa hielt ihn davon ab.

»Nein«, sagte er. Er hatte Meishu am Arm gepackt. »Ihr habt hier genug für uns getan. Ich habe eine wichtigere Aufgabe für Euch.« Meishu wollte ihm widersprechen, aber Yorimasa schüttelte den Kopf. »Unser Schicksal hängt von Euch ab. Ich hatte gehofft, die Mönche von Nara würden nach Norden marschieren, wenn wir nicht am ersten günstigen Tag bei ihnen ankommen würden. Offenbar bleiben sie jedoch, wo sie sind, und erwarten meine Befehle. Infolgedessen werden sie nicht rechtzeitig hier sein, um uns zu retten. Wir haben nur eine Chance, wenn Ihr ihrem Kommandeur heimlich eine Botschaft überbringt. Sagt ihm, daß wir belagert werden, und führt ihn mit seinen Kriegern zu uns. Wenn die Taira Euch erkennen, werden sie unseren Plan erraten; sie dürfen Euch also nicht sehen. Macht Euch auf den Weg, schnell!«

Meishu ging nicht gern, obwohl er um die Bedeutung seines Auftrages wußte. Ohne die Unterstützung der Kriegermönche von Nara würde alles verloren sein. »Und was wird aus meinem *sensei*?« fragte er, während er sich einen langen Umhang mit Kapuze überwarf.

»Sobald du unterwegs bist, werden wir ihn ablösen. Er ist für uns zu wertvoll, um ihn aufs Spiel zu setzen. Auch mit ihm haben wir wichtige Pläne«, antwortete Yorimasa.

»Seht ihn nur an«, sagte Meishu und zeigte auf Yoshi, dessen Schwert aufblitzte. »Er ist der beste Krieger in ganz Japan.«

»Ich weiß«, sagte Yorimasa, »und Ihr seid gewiß der Zweitbeste.«

Meishu verbeugte sich ehrerbietig und machte sich, ohne ein weiteres Wort zu verlieren, auf den weiten Weg nach Nara.

51

Wütend verfolgte Chikara die Zweikämpfe auf der Brücke. Seine ganze Armee wurde aufgehalten, und er war gezwungen, das Spiel seiner Feinde mitzuspielen. Aber Einhalt zu gebieten wäre angesichts der Herausforderung unehrenhaft und mit einem unerträglichen Gesichtsverlust verbunden gewesen. Während er mißmutig über dieses Dilemma nachdachte, überbrachte ihm ein Kundschafter eine Botschaft. Chikara las sie schnell. Sein Gesicht wurde grau. »Ruf die Hauptleute. Bring sie sofort zu mir!« befahl er seinem Diener.

Innerhalb von Minuten hatte sich mehr als zwei Dutzend Samurai-Hauptleute um Chikaras Schimmel geschart.

Die Sonne war bereits tief gesunken, und langgestreckte violette Wolken segelten über den dunkler werdenden Himmel wie Fischerboote über die Bucht von Suruga. Auf der Brücke war Yoshi von einem anderen Kriegermönch abgelöst worden, der, angespornt durch sein und Meishus Beispiel, tapfer kämpfte.

Chikara schilderte seinen Hauptleuten die Situation. »Wenn wir den Mann auf der Brücke töten, wird ein anderer seinen Platz einnehmen. Ihre Hinhaltetaktik hat uns schon viel zu lange aufgehalten. Wir müssen auf die andere Seite gelangen — und zwar schnell. Ich habe erfahren, daß eine Armee von Kriegermönchen in Nara bereitsteht; sie kann sich jeden Augenblick in Bewegung setzen. Ihr alle wißt, wie wichtig unser Auftrag ist. Wenn wir versagen, erwartet uns der Tod — wenn wir Erfolg haben, eine Belohnung.« Er sah seine Hauptleute der Reihe nach an, bis sie unruhig in ihren Sätteln hin und her rutschten. Keiner wollte das Schweigen brechen. Wer würde der erste sein, der Chikara einen Vorschlag machte, was zu tun sei?

Schließlich sagte einer der älteren Hauptleute: »Wir könnten den Fluß weiter östlich oder westlich überqueren.« Alle sahen ihn an, als sei er verrückt, bis er hinzufügte: »Es gibt einige Stellen oberhalb des Yodo, des Moarai und des Kawachiji, wo wir hinüber können. Überall sonst haben die Regenfälle den Uji zu sehr anschwellen lassen.«

Chikara hörte sich das mit düsterem Gesicht an. »Wenn wir einen großen Umweg machen, verlieren wir Zeit und geben den Mönchen von Nara Gelegenheit, die Eskorte des Prinzen zu verstärken. Wenn sie eintreffen, wird Mochihito in Sicherheit sein«, sagte er und sah den Mann stirnrunzelnd an.

Ein jüngerer Hauptmann, der vielleicht infolge seiner Jugend tollkühn genug war, diesen Vorschlag zu machen, warf ein: »Laßt die Hasenherzigen den Fluß oberhalb des Yodo überschreiten — das ist nicht die Art eines Samurai. Wir wissen doch, daß früher tapfere Krieger den Tonegawa-Fluß überquert haben, nachdem ihre Boote zerstört waren. Sie schwammen mit ihren Pferden durch das Wasser und dasselbe können auch wir tun. Wenn wir auf diesem Ufer bleiben, wird man mit Recht sagen, wir hätten versagt. Denkt daran: Wenn wir ertrinken, heißt das nichts weiter, als daß wir den Tod finden.«

Die anderen jungen Hauptleute stimmten ihm zu.

Chikara gebot den älteren und erfahreneren Männern, die zur Vorsicht rieten, zu schweigen. »Die Jüngeren sollen vorausgehen. Wir haben keine andere Wahl. Wir müssen den Prinzen aufhalten oder die Konsequenzen tragen.«

Der junge Hauptmann, von dem der Vorschlag stammte, sagte: »Wir können den Fluß überqueren, wenn wir das Ufer schnell hinter uns lassen und unsere Pferde gegen die Strömung lenken. Der Uji ist nicht tiefer oder reißender als der Tonegawa. Es war mein Urgroßvater, der die Streitmacht der Ashikaga durch den Fluß führte und sich damit unsterblichen Ruhm erwarb, und ich, Ashikaga Matataro Tadatsuna, werde unsere Truppen anführen, damit sie den verräterischen Prinzen töten.«

Chikara musterte den jungen Mann. Er war groß, nicht älter als zwanzig Jahre und trug eine goldverbrämte rote Rüstung, die sich von seiner elfenbeinfarbenen blassen Haut absetzte.

»Euer Mut wird belohnt werden«, sagte Chikara. »Aber zuerst nehmt fünf Hauptleute und ihre Samurai und führt sie hinüber ..., wenn genügend überleben, wird der Rest der Armee Euch folgen.«

»Gern, Fürst Chikara. Einige von uns werden sterben, aber die anderen werden das Ufer erreichen und Euch den Weg weisen.«

Aus dem Dutzend der jungen Männer, die sich freiwillig meldeten, wählte Tadatsuna fünf aus. Er bestieg sein Pferd und ritt auf den Fluß zu. »Kommt, ihr Tapferen, folgt mir, und ihr werdet Ruhm und Reichtum gewinnen!« Hinter ihm, getragen von einer Welle der Begeisterung, galoppierten die fünf Hauptleute Jamakami, Fukasu, Ogo, Sanuki und Hirotsuna. Ihnen folgten dreihundert Mann, die Schlachtrufe ausstießen und ihre Pferde in das Wasser trieben.

Hinter dem Byodo-in war die Sonne bereits halb untergegangen. Mit jeder Minute wurden die Schatten länger. Die Samurai lenkten ihre Pferde mit fester Hand zum gegenüberliegenden Ufer, das bereits im Dunkel lag. Tadatsuna hielt sich an der Spitze. Er stand in den Steigbügeln und rief den anderen Anweisungen zu. »Bleibt zusammen! Achtet nicht auf die Pfeile der Feinde! Laßt die Zügel nicht aus der Hand. Schießt nicht zurück! Senkt den Kopf, stellt euch in die Steigbügel und haltet euch schräg zur Strömung!«

Jedesmal, wenn eines der Pferde unterzugehen drohte, erschien Tadatsuna in seiner roten und goldenen Rüstung auf wunderbare Weise an seiner Seite und verhinderte, daß es von der Strömung davongerissen wurde.

»Haltet euch fest im Sattel. Haltet die Köpfe eurer Pferde hoch. Schnell, beeilt euch!«

Tadatsuna erreichte das steile Ufer und rief den Mönchen, die das Byodo-in verteidigten, seine Herausforderung zu. »Ich bin Ashikaga Matataro Tadatsuna, Sohn des Ashikaga Taro Tochitsuna von Shimotsuke, Nachfahre des großen Kriegers Tawara Roda Hidesato. Ich ziehe mir den Zorn der Götter zu, weil ich meine Waffen gegen den kaiserlichen Prinzen richte, aber ich verdanke den Taira mein Leben und mein Vermögen; ich fordere jeden heraus, der es wagt, mir entgegenzutreten.« Er trieb sein Pferd die Böschung hinauf und griff die Mönche an, die mit gespannten Bogen am Tor des Byodo-in standen.

Nachdem er gesehen hatte, daß es Tadatsuna gelungen war, den Fluß zu überqueren, gab Chikara seiner Armee den Befehl, ihm zu folgen. Zweihundert Mann stark warfen sich die Reiter in den reißenden Fluß. Als die erste Gruppe im Wasser war, blieben die Samurai, die unterhalb ihrer Kameraden den Fluß überquerten, fast trocken; einige Augenblicke lang staute die große Zahl der Pferde das tosende Wasser auf. In der Mitte des Flusses wurden einige Pferde umgerissen, fielen gegen ihre Nachbarn und setzten eine Kettenreaktion in Gang. Hunderte wurden davongespült. Das verzweifelte Wiehern der Pferde und das Klirren von Metall erscholl über dem Fluß. Rote, grüne, blaue, weiße, goldene Rüstungen wurden mitgerissen und verschwanden wie Herbstblätter. Als die Armee das gegenüberliegende Ufer erreicht hatte, waren sechshundert Männer ertrunken.

Am Tor des Byodo-in kämpften die Kriegermönche von Miidera, die Soldaten von Yorimasa und die Schüler von Sarashina einen heldenhaften Kampf. Chikaras Samurai stiegen ab; auf diesem engen Raum waren Pferde nur hinderlich. Das Wiehern durchgehender Pferde und das Geschrei von Männern erfüllte die Luft, als die zahlenmäßig überlegene Armee der Taira von den wenigen Männern, die Prinz Mochihito beschützten, aufgehalten wurde.

Yorimasa, Yoshi und die beiden Söhne Yorimasas versperrten den Zugang zum Tor und wehrten die Feinde mit Schwertern und *naginatas* ab. In dem engen Torweg konnten nicht mehr als sechs Männer gleichzeitig angreifen, und nach dem ersten Zusammenprall machte das Kampfgetümmel es unmöglich, Pfeile abzuschießen.

Immer wieder streckte Yorimasa Feinde nieder, die fünfzig Jahre jünger waren als er. Yoshi war stolz, neben ihm kämpfen zu dürfen. Es würde eine Ehre sein, an der Seite dieses großen Heerführers und Dichters zu fallen..., auch wenn keiner von ihnen bereit war, sein Leben aufzugeben.

Yoshi setzte die Acht-Seiten-auf-einmal-Fechtweise ein. Seine Klinge blitzte auf und durchschnitt die Rüstung der Feinde. Der erste, der fiel, war der kühne junge Mann in der roten Rüstung, der sie kurz zuvor herausgefordert hatte. Ein Schwertstreich traf ihn im Gesicht, und als er zurückwich, fuhr Yoshis Schwert unter seine Halsbeuge und trennte ihm den Kopf ab. Das Blut, das aus der Wunde sprudelte, hatte dieselbe Farbe wie seine Rüstung. Ein anderer Samurai nahm seinen Platz ein, und dann noch einer, und noch einer...

Yoshi zählte nicht, wie viele Männer er tötete. Er bemerkte, daß Yorimasa sich vom Tor zurückgezogen hatte. Ein schneller Blick sagte ihm, daß Yorimasa nicht mehr kämpfen würde; ein großer Kriegspfeil hatte seinen Schwertarm durchbohrt und das Ellbogengelenk zerschmettert.

Die Feinde vergrößerten ihre Anstrengungen, den verwundeten Dichter zu erreichen. Im Tor drängten sich die Krieger dicht an dicht. Männer, die kleinere Wunden empfangen hatten und zusammenbrachen, wurden von anderen totgetreten. Yorimasas zweiter Sohn Kanetsuna ritt mit vor Sorge verzerrtem Gesicht herbei und beugte sich herab, um seinen Vater in den Sattel zu heben. Gerade als ihm das gelungen war, wurde er selbst vom Pferd gerissen. Er fiel auf die Knie und versuchte, wieder auf die Beine zu kommen. Im Zwielicht der Abenddämmerung sah Yoshi, daß ein Samurai ihm auf den Rücken sprang, bevor er aufstehen konnte. Die beiden Gestalten verschwanden im allgemeinen Kampfgetümmel. Als Yoshi ihn wieder sah, hielt Kanetsuna den Kopf seines Feindes in der Hand, war aber von fünfzehn Samurai umzingelt, die ihm den Weg zu seinem Vater abgeschnitten hatten. Selbst aus der Entfernung konnte Yoshi sehen, daß seine tiefliegenden Augen vor Kampflust funkelten. Kanetsuna konnte seinem Vater wohl nicht mehr helfen, aber er war entschlossen, es zu versuchen — und wenn er dabei sterben mußte. Mit der Kraft der Verzweiflung schwang er seine beiden Schwerter in der Mühlrad-Fechtweise und streckte zahlreiche Feinde nieder.

Aber das Ende war unausweichlich. Kanetsuna war verloren.

Yoshi überließ seinen Platz am Tor zwei Mönchen und eilte Yorimasa zu Hilfe; der alte Mann hatte große Schmerzen und Yoshi erkannte, daß er des Pferdes, das scheute und ängstlich wieherte, nicht Herr werden konnte. Yoshi packte die Zügel und führte den verwundeten Yorimasa zum Haus. Als er sich umblickte sah er, daß ein feindlicher Samurai Kanetsunas Kopf in die Höhe hielt. Nach einem tapferen Kampf war Yorimasas jüngster Sohn gefallen. Yoshi fluchte leise. Er wollte Kanetsunas Tod rächen, aber er wußte, daß es wichtiger war, Yorimasa in Sicherheit zu bringen. Voll Bedauern wandte Yoshi seinen Feinden den Rücken, half vorsichtig dem alten Mann vom Pferd und trug ihn in das Byodo-in.

Yorimasas älterer Sohn Nakatsuna, der gesehen hatte, daß ein feindlicher Samurai den Kopf seines Bruders hochhielt, geriet in wilde Wut. Er setzte seine Körpergröße und seine mächtigen Schultern ein, um sich einen Weg durch die Taira-Soldaten hindurchzubahnen, ohne auf die vielen Wunden zu achten, die ihm dabei geschlagen wurden. Er tötete den Mann, der seinen Bruder geköpft hatte, nahm Kanetsunas Haupt an sich und brachte es zum Haus, wo er es unter der Veranda begrub. Die Taira sollten nicht den Triumph haben, den Kopf von Minamoto Kanetsuna auszustellen!

Nakatsuna war durch seine schweren Wunden so geschwächt, daß er nicht weiterkämpfen konnte. Tod oder Gefangennahme standen kurz bevor. Er fiel auf die Knie und befahl einem seiner Diener, ihm dabei zu helfen, *seppuku* zu begehen.

Als Yoshi und der alte Mann eintraten, sahen sie Nakatsuna, der sich das Schwert in den Bauch stieß, während sein Diener neben ihm stand, um ihn zu enthaupten und seinen Kopf zu verbergen.

Yorimasa keuchte vor Schmerzen, als Yoshi ihm half, sich zu setzen. Er hatte seine beiden Söhne tapfer kämpfen und sterben sehen, und jetzt fühlte er, daß der Tod auch ihm und seiner — fast verlorenen — Sache nahte. Es war besser, so zu sterben, als noch länger unter der Herrschaft der Taira zu leiden. Es war nicht alles verloren — nein, es gab noch Hoffnung. Der junge Schwertmeister würde nicht sterben, wenn auch der Rest seiner Krieger fallen sollte.

Mit seiner unverletzten Hand packte Yorimasa Yoshis Ärmel. »Ihr müßt den zweiten Teil meines Plans ausführen«, sagte er. »Sobald ich tot bin, müßt Ihr Euch den weißen Umhang des Prinzen überwerfen und losreiten. Achtet darauf, daß die Taira Euch bemerken. In der Dunkelheit werden sie überzeugt sein, daß Ihr Mochihito seid. Lockt sie vom Byodo-in weg, damit der Prinz Gelegenheit hat zu entkommen. Ihr dürft nicht versagen, Yoshi, sonst sind wir umsonst gestorben. Ich habe dem Prinzen eingeschärft, sich zu verstekken, sobald Ihr fortgeritten seid. Denkt daran: Die Minamoto brauchen Mochihito.«

»Ja, Herr, ich werde alles tun, was Ihr gesagt habt.«

»Gut! Nun tötet mich und verbergt meinen Kopf. Chikara soll ihn nicht auf dem Marktplatz ausstellen dürfen.«

»Ich kann Euch nicht töten«, sagte Yoshi.

Yorimasa runzelte die Stirn. »Dann gebt mir Euer kurzes Schwert. Wenn ich tot bin, schlagt mir den Kopf ab und versteckt ihn.« Er sah Yoshi flehentlich an. »Das müßt Ihr mir versprechen.«

»Ich verspreche es.« Yoshi mußte die Zähne fest zusammenbeißen, damit ihn seine Gefühle nicht überwältigten.

Er gab dem alten Mann sein kurzes Schwert. Mit einem Kopfnicken nahm Yorimasa es entgegen. Draußen tobte die Schlacht. Einer nach dem anderen fielen die Verteidiger. Trotz des Schlachtlärms blieb Yorimasa ruhig. Ohne auf die Schmerzen in seinem Arm zu achten, zog er seine Rüstung aus und streifte sein langärmliges Gewand ab, so daß er bis zum Gürtel nackt war.

Yoshi konnte den Anblick von Yorimasas zerbrechlichem Körper kaum ertragen. Die Haut des alten Mannes war fast durchscheinend, und jede Rippe zeichnete sich deutlich ab. Aus der Wunde am Ellbogen floß das Blut langsam den Arm hinunter auf das Schwert. Yoshi schnürte es die Kehle zusammen. Sein Mund war trocken. Er wollte dem alten Mann etwas Tröstendes sagen. Eure Söhne sind für eine gute Sache gestorben ... Ihr werdet leben ... Eure Sache wird siegen ... Euer Leben war nicht umsonst ... Wir werden entkommen ... Die Gedanken, die Dinge, die er sagen wollte, hallten in seinem Kopf wider — und doch kam kein Wort über seine Lippen.

Yorimasa wandte sich nach Westen und sprach zehnmal das Gebet *Namu Amida Butsu*. Dann kniete er nieder und schob die Ärmel seines Gewandes unter seine Knie, damit er im Sterben nicht nach vorn fallen würde. Mit beiden Händen hob er das kurze Schwert an seine Stirn.

»Ich habe mein Leben so weise und so gut gelebt, wie ich konnte. Es stimmt mich traurig, daß ich mitansehen mußte, wie meine Söhne vor mir starben. Nun ist meine Zeit gekommen. Bevor ich sterbe, richte ich eine letzte Bitte an Amida Buddha: Möge er es zulassen, daß Kronprinz Mochihito entkommen kann und daß die Minamoto den Sieg erringen. Mein Leben lang bin ich ein Dichter gewesen, und in diesen letzten Augenblicken will ich, in der Hoffnung, Unsterblichkeit zu erringen, ein Gedicht machen.«

Er beugte den Kopf und sagte mit fester Stimme:

»Wie ein toter Baum,
der keine Triebe mehr hervorbringt —
so bin ich.
Mein Leben endet in Trauer,
ohne Hoffnung, jemals noch Früchte
zu tragen.«

Er stieß sich das Schwert in die linke Seite und zog es langsam nach rechts. Blut quoll aus der Wunde; er beugte sich vor und rief: »Jetzt!«

Yoshi konnte vor Tränen kaum etwas sehen, als er Yorimasas Qualen mit einem Schwertstreich beendete.

Über den letzten Worten des alten Mannes hatte Yoshi die Schlacht draußen vergessen. Nun sah er, daß die Verteidiger das Tor aufgegeben hatten und zum Haus zurückwichen. Schnell wickelte er Yorimasas Kopf in ein Tuch und rannte aus dem Zimmer zu Prinz Mochihito und Munenobu, die in einem Winkel kauerten. »Gebt mir Euren weißen Umhang«, verlangte er. Er packte den Prinz an den Schultern und riß ihn hoch. »Beeilt Euch — wenn nicht um Euretwillen, so wenigstens um Yorimasas willen! Bevor er starb, sagte er mir, Ihr wüßtet, was Ihr zu tun habt, wenn ich losreite. Ich werde die Taira ablenken, um Euch Gelegenheit zu geben zu entkommen. Versteckt Euch gut! Fürst Chikara darf Euch nicht finden. Wenn er Euch entdeckt, werden wir umsonst gestorben sein.«

Obwohl der Prinz alles mit Yorimasa abgesprochen hatte, war er entsetzt über das Ungestüm dieses blutbespritzten Kriegers. Er gab Yoshi seinen Umhang und wagte nicht, die Fragen zu stellen und die Zweifel zu äußern, die ihn vor Furcht zittern ließen. Yoshi zog sich seine Rüstung aus und warf sich die weiße Robe über. Yorimasas Kopf unter dem Arm verließ er das Haus durch den Hintereingang, wo sein Pferd angebunden war. Er stieg auf, wendete es und galoppierte zwischen den Kämpfenden hindurch zum Tor hinaus. Die weiße Robe flatterte hinter ihm her, als er am Ufer des Uji entlang ritt, bis er für einen Augenblick außer Sicht der Feinde war. »Amida Buddha, ich gebe die Seele dieses tapferen Mannes in deine Obhut!« rief er und warf Yorimasas Kopf in den Fluß.

Hinter sich hörte er Schreie. Man hatte die weiße Robe erkannt. »Prinz Mochihito versucht zu entkommen! Hinterher! Tötet den Verräterprinzen! Gold für den Mann, der mit seinem Kopf zurückkehrt!«

Yoshi galoppierte südwärts über die Ebene auf die sicheren Berge zu. Vor ihm lagen fünf Meilen durch offenes Terrain. Die Nacht war dunkel — der Mond war glücklicherweise hinter Wolken verborgen. Von irgendwoher ertönte der melancholische Ruf einer Eule. Weit hinter ihm schien die Erde unter den Hufen Tausender Pferde zu beben.

Die Aussicht auf Belohnung trieb die Samurai an. Wie eine riesige Hundemeute, die eine frische Spur gefunden hat, jagten sie über die Ebene und verfolgten den Mann mit dem weißen Umhang. Durch zwei Dinge war Yoshi ihnen gegenüber im Vorteil: Da er seine Rüstung abgelegt hatte, war er leichter als sie, und außerdem fehlte es den Samurai an Disziplin. In ihrem Eifer, sich die Belohnung zu verdienen, kämpften sie miteinander um die Plätze in der ersten Reihe. Langsam gewann Yoshi Vorsprung. Fast hatte er die ersten Hügel erreicht. Immer wieder tauchte der Mond zwischen den Wolken auf. Der Hufschlag und das angestrengte Schnaufen seines Pferdes waren die einzigen Geräusche, die Yoshi hören konnte. Die Verfolger waren weit zurückgefallen.

Nach dem Lärm und dem Getümmel der Schlacht am Byodo-in erschien Yoshi die Nacht still und friedlich. Er dachte darüber nach, wie tragisch der Kontrast zwischen diesem Blutbad und den eleganten Säulen und der leichten Architektur des alten Hauses gewesen war. Wie vergänglich waren doch Leben und Werke der Menschen!

Der Mond verschwand wieder hinter Wolken, als Yoshi den Rand des Waldes erreichte, der sich bis zu den Bergrücken hinaufzog. Er schien endlich in Sicherheit zu sein. Wenn Yoshi erst einmal in den Bergen war, würde kein Reiter ihn finden können. Da tat sein Pferd einen Fehltritt, rutschte aus und brach sich das Bein. Yoshi flog über den Kopf des Tieres hinweg zu Boden.

52

Im Byodo-in kämpften die wenigen verbliebenen Verteidiger einen völlig aussichtslosen Kampf gegen die Übermacht ihrer Feinde. Sie wurden immer weiter zurückgedrängt, und einer nach dem anderen ging heldenmütig in den Tod.

Chikara ritt auf seinem Schimmel um das Kampfgetümmel herum und gab den Soldaten Anweisungen, die Verteidiger einzukreisen. Er war versucht gewesen, mit der ganzen Armee die Verfolgung des Reiters mit dem weißen Umhang aufzunehmen, aber ..., es war zu einfach ... Der Mann war so augenfällig im gegebenen Augenblick aufgetaucht. Außerdem ritt er sehr gut, Chikara aber wußte, daß der Prinz ein schlechter Reiter war. Der sechste Sinn, der ihn zum Führer gemacht hatte, sagte Chikara, daß der Prinz noch irgendwo im Byodo-in sein mußte.

Einige Verteidiger hätten im Schutz der Dunkelheit entkommen können, aber die Ehre galt ihnen mehr als das Leben. Immer kleiner wurde der Kreis, in dem Schwerter und *naginatas* aufblitzten, bis schließlich nur noch ein Mann übrig war — ein riesiger Mönch, der sein Schwert wie ein Besessener schwang. Ein Kreis aus Stahl umgab ihn, und diejenigen, die ihm zu nahe kamen, mußten feststellen, daß sein Schwert ihre Rüstungen durchschnitt, als seien sie aus Papier. Fünfhundert Mann bedrängten ihn von allen Seiten, während der Riese sich mit der Acht-Seiten-auf-einmal-Fechtweise verteidigte.

Es war nur eine Frage der Zeit. Das Klirren von Metall auf Metall, das Stöhnen, Schreien und Keuchen ging plötzlich in einem Brüllen unter: Der Mönch war im Blut seiner Feinde ausgerutscht und zu Boden gestürzt. Mit einem Triumphschrei stürzten die Angreifer sich auf ihn. Ihr letzter Feind war gefallen.

Chikara war nicht zufrieden. »Verteilt euch um das Haus«, befahl er. »Der Prinz mag sich irgendwo hier versteckt haben. Sucht jeden Meter des Hofes ab, vom Tor bis zu den Stufen des Hauses. Der Mann, der ihn findet, wird eine besondere Belohnung erhalten.«

Chikara ging in den Hauptraum des Gebäudes, um die Durchsuchung des Hauses zu überwachen. Überall waren wunderschöne Stellwände und Wandbehänge zerbrochen und zerrissen worden. Der Kampf hatte die dünnen Wände und die geflochtenen Vorhänge zerstört. Chikara war einen Augenblick lang von diesem Bild der Verwüstung deprimiert. Er bedauerte den Verlust dieser kostbaren Kunstobjekte mehr als den Verlust der zweitausend Männer, die in der Schlacht gefallen waren. Es war die Aufgabe von Soldaten, zu kämpfen und zu sterben. Sie konnten ersetzt werden — die Stellwände und Bilder nicht.

Chikara wäre beinahe über den verstümmelten Körper Yorimasas gefallen. Er erkannte ihn an der Rüstung und am Alter und an seinem schmächtigen Körper. Voller Anerkennung nickte er. Dieser Mann war gestorben, wie es sich für einen Samurai ziemte, und indem er Chikara der Genugtuung beraubt hatte, seinen Kopf auszustellen, hatte er einen kleinen Sieg errungen.

Im Haus war niemand mehr am Leben. Chikara schritt zu der an der Rückseite gelegenen Veranda, um den Garten und den künstlichen Teich zu betrachten und die Soldaten zu überwachen, die die Baumgruppen und den Bambushain durchsuchten, wobei sie Rufe und Flüche ausstießen, um etwaige Flüchtlinge, die sich dort versteckt haben mochten, aufzuscheuchen.

Chikaras Kopf fuhr herum. Er sah eine Bewegung unter der geschwungenen Brücke zu seiner Linken, einen hellen Fleck, der sich in den Schatten zurückzog. Das Licht des Mondes war auf ein blasses Gesicht gefallen. Er sprang von der Veranda und folgte dem Lauf des künstlichen Baches zur Brücke. Der Mond, der den Flüchtigen verraten hatte, versteckte sich voller Scham wieder hinter den Wolken. Im Zwielicht sah Chikara blasse Lotusblüten über der Wasseroberfläche. Frösche beschwerten sich quakend über die Störung, als er vorbeiging. Hier, im Garten, war nicht gekämpft worden — hier bot sich das Bild einer friedlichen Frühlingsnacht, die nicht durch Waffengeklirr gestört worden war.

Ein Kirschbaum breitete seine Zweige über die eine Seite der alten Brücke. Als Chikara sich näherte, stolperte Prinz Mochihito hinter dem Baum hervor, fiel auf die Knie und bettelte um Gnade.

Was für ein widerwärtiger Anblick! Chikara hatte die Göttlichkeit der kaiserlichen Familie, die über so viele Generationen hinweg von Amaterasu, der Sonnengöttin, abstammte, nie in Frage gestellt. Dies aber war kein Gott — dies war nicht einmal ein Mann. Wenn der Prinz weniger unterwürfig gewesen wäre, hätte Chikara sein Leben schon aus Achtung vor der kaiserlichen Familie geschont — der Anblick dieser weibischen Gestalt jedoch, die um Gnade flehte, war unerträglich.

Mit einem Schwerthieb machte er der jämmerlichen Vorstellung ein Ende. Prinz Mochihitos Kopf fiel zu Boden und rollte an den Rand des Wassers, das das grasbewachsene Ufer benetzte.

Chikara hob den Kopf auf und rief den Männern, die das Bambusgebüsch am Ende des Gartens durchsuchten, zu: »Hierher! Unsere Suche ist vorbei. Ihr alle werdet eine Belohnung erhalten.«

Als sie herbeigekommen waren befahl er ihnen, eine Trage für den Leichnam zu bringen. Er wickelte den Kopf in ein Tuch und übergab ihn einem Samurai; nach ihrer Rückkehr nach Kioto würde er ihn Kiyomori übergeben.

Zitternd lag Munenobu, der Stiefbruder des Prinzen, zwischen den Wasserpflanzen im Teich. Er hatte sich dort versteckt und Mochihito gedrängt, dasselbe zu tun. Aber Mochihito hatte sich geweigert und Munenobu hatte sich tief in den Schlamm am Rand des Teiches eingegraben. Die Wasserpflanzen verdeckten sein Gesicht und erlaubten ihm zu atmen, ohne sich zu verraten. Obwohl die Soldaten, die mit gezogenen Schwertern die Büsche und den Bambushain durchstöberten, ihm Angst machten, war er geblieben, wo er war.

Er hörte Chikaras Ruf und das rauhe Lachen der Männer, die knapp zwei Meter von ihm entfernt vorbeigingen. Er drückte sich tiefer in den Schlamm und sah mit Entsetzen, wie die Samurai den enthaupteten Leichnam auf eine Trage hoben und davontrugen.

In der Dunkelheit war Munenobu sich zunächst nicht sicher, ob es sich tatsächlich um den Prinzen handelte. Aber als die Soldaten auf seiner Höhe waren, fiel etwas aus dem Gewand des Toten auf den Boden und rollte auf Munenobu zu. Der Mond, der den Prinzen verraten hatte, beleuchtete voller Scham die Szene. Nur Zentimeter vor Munenobus Gesicht lag die Lieblingsflöte seines Stiefbruders, die Flöte, die Mochihito so wundervoll zu spielen verstanden hatte ..., die Flöte, die er so geliebt hatte. Ein Schauder überlief Munenobu. Es gab also keinen Zweifel: Der Leichnam war der des Prinzen.

Munenobu wollte zu ihm rennen, sich über ihn werfen und für das, was er getan hatte, um Vergebung bitten. Eifersucht hatte ihn dazu gebracht, seinen Stiefbruder zu verraten — aber jetzt bewirkte die Furcht, daß er kein Glied rühren konnte. Seine Beine zitterten, und er konnte kaum atmen. Wie sehr er sich auch schämte — er wagte es nicht, den Teich zu verlassen.

Die ganze Nacht über lag er im dunklen Wasser und hörte, wie die Soldaten die Brücke reparierten. Als sie gegen Morgen nach Kioto aufbrachen, stieg Munenobu aus dem Teich. Sein ganzer Körper tat ihm weh. Mit ungelenken Bewegungen hob er die Flöte auf und betrachtete sie. Schmerz und Reue übermannten ihn, und in einem plötzlichen Impuls schleuderte er die Flöte so weit er konnte in den Teich, als könne er sich an ihr mit einer schrecklichen Krankheit anstecken.

Danach saß er, durchnäßt und unglücklich, stundenlang im Garten des Byodo-in und weinte um den Prinzen, diesen sanften Menschen, der sich nur für Musik und Kalligraphie interessiert hatte und der für seinen törichten Ehrgeiz hatte sterben müssen. Und er weinte um sich selbst, einen Feigling, der zu schwach gewesen war, mit den anderen Verteidigern des Byodo-in wie ein Mann zu sterben.

53

Gegen Morgengrauen hastete Yoshi den Berg hinauf. Eine ganze Armee war ihm auf den Fersen. Füchse, Hasen, Hirsche und Vögel flohen vor den Soldaten, die sich krachend ihren Weg durch das Unterholz bahnten. Da die gepanzerten Pferde die Steigung nicht bewältigen konnten, waren die Männer abgestiegen. Sie verfluchten das schwierige Gelände. Mit Ausnahme einiger weniger waren die meisten nicht klug genug gewesen, ihre hinderlichen Rüstungen abzulegen, aber dennoch holten die Samurai auf. Yoshis alte Hüftwunde pochte schmerzhaft. Der Sturz vom Pferd, der Kampf und die Flucht hatten ihn erschöpft. Mit jeder Minute wurden seine Bewegungen langsamer.

Die Sonne stieg höher. Obwohl es erst Frühling war, würde es ein heißer Tag werden; der Tau auf den Blättern war bereits verdunstet. Yoshi hörte die Verfolger immer näher kommen. Vor ihm tauchte ein Wasserfall eines Nebenflusses des Kizu-Gama auf. Verzweifelt kletterte Yoshi am Flußufer entlang darauf zu. Unzählige Beeren hoben sich rot von der dunklen Uferböschung ab, und der Schatten der Kiefern, die über den Fluß hingen, machte die Hitze erträglicher. Der Wasserfall war über sechs Meter hoch. Yoshi konnte nicht weiter; in der Hoffnung, unentdeckt zu bleiben, schob er sich in eine Nische hinter dem niederstürzenden Wasser.

Durch das Dröhnen des Wasserfalls konnte er die Rufe seiner Feinde hören. Langsam wurden sie leiser. Yoshi blieb, wo er war. Er schmiegte sich an den Felsen und wagte es erst am späten Nachmittag, als es mehrere Stunden lang still gewesen war, sein Versteck zu verlassen. Er wußte nicht, daß die Soldaten kurz vor Mittag zurückbeordert worden waren. Als Yoshi schließlich wieder im Freien stand, brach er am

Flußufer zusammen und ließ sich von der Sonne trocknen und wärmen.

Am nächsten Tag wurde Yoshi, der langsam auf der Straße in Richtung Nara ging, von Meishu und der Vorhut der Kriegermönche von Nara eingeholt. Sie hatten Munenobu gefunden, der ihnen erzählte, wie der Prinz getötet worden war. Es blieb ihnen nichts weiter übrig, als nach Nara zurückzukehren. Meishu half Yoshi hinter sich auf sein Pferd.
Bedrückt kamen sie in der alten Stadt an: Ihre Mission war gescheitert. Der Prinz war tot, und Chikara hatte triumphiert.

TEIL SECHS

54

Im zwölften Monat des Jahres 1180, zur Zeit der Großen Buße, herrschte unter den Mitgliedern des Hofstaates allgemeine Freude: Kiyomoris Versuch, die Hauptstadt nach Fukuhara zu verlegen, war gescheitert. Wieder war Kioto die offizielle Residenz, und die Höflinge nahmen voller Begeisterung ihre zeremoniellen Pflichten wahr. Im zwölften Monat herrschte rege Geschäftigkeit; die Große Buße dauerte vom neunzehnten bis zum einundzwanzigsten Tag. In diesem Zeitraum hielten Priester jede Nacht Gottesdienste ab, in denen um die Vergebung der Sünden gebetet wurde, die man während des Jahres begangen hatte. Eine Abordnung von Mönchen trug die Bronzestatue der Göttin der Gnade zu ihrer Empore im kaiserlichen Palast. Rings um die Statue stellte man Bilder auf, die die verschiedenen Strafen der Hölle zeigten, damit diejenigen, die keine Reue bewiesen, sehen konnten, was sie erwartete.

Die meisten der Höflinge waren jedoch zu beschäftigt, um sich über Reue oder Gnade Gedanken zu machen; trotz ihrer Befriedigung über die Rückkehr nach Kioto gab es viel zu erledigen. Die meisten waren sehr davon in Anspruch genommen, den Wiederaufbau ihrer Häuser zu überwachen. Zwischen der Eröffnung des Palastes von Fukuhara im sechsten Monat und der Rückkehr des Hofstaates nach Kioto im zwölften Monat war die kaiserliche Stadt weiter verfallen. Feuer, Wirbelstürme und Erdbeben hatten sie schwer verwüstet. Nach sechs Monaten völliger Vernachlässigung glich die Stadt außerhalb der Palastmauern einer Wildnis. Tiere aller Art, Vögel und Insekten lebten in dem Unterholz, das die einstigen Prachtstraßen überwuchert hatte. Die Portale ehemals beeindruckender Häuser waren zusammengebrochen und nur noch als Brennholz zu gebrauchen, und ganze Gärten waren von der Natur zurückerobert worden.

Diejenigen, die das Glück hatten, innerhalb der Palastmauern zu leben — wo Arbeiter seit Monaten damit beschäftigt waren, alles für die Rückkehr Go-Shirakawas und Kiyomoris vorzubereiten — wurden unter einer Lawine von Papier, die die Bürokratie produzierte, begraben. Auch während der Bußübungen und der Reparaturarbeiten gingen die Regierungsgeschäfte weiter. Ein typisches Beispiel für die Arbeitsweise der Verwaltung war das Dekret, das Tadamori Yoshi zum Mitglied des Kaiserlichen Rates machte. Es durchlief den gesamten kaiserlichen Beamtenapparat.

Ietaka hatte, als Mitglied des Rates, die Berufung noch in Fukuhara verfaßt. Das Schriftstück war, nach einiger Zeit, im Sekretariat Go-Shirakawas eingetroffen, wo es, bevor man es ihm vorlegte, ins Chinesische übertragen wurde. Erst mehrere Wochen nachdem Ietakas Vorschlag abgegeben worden war, lag die chinesische Version, in herrlicher Kalligraphie auf schwerem Maulbeerpapier geschrieben, auf Go-Shirakawas Schreibtisch; er trug das Datum ein und setzte seine Unterschrift darunter.

Ein Sekretär nahm das Dekret und schickte es an den Minister für Zentrale Angelegenheiten. Der Minister studierte das Dokument sorgfältig — obwohl seine Zustimmung automatisch war. Nachdem eine gewisse Zeit vergangen war, um zu zeigen, daß der Minister eine sorgfältig erwogene Entscheidung getroffen hatte, unterschrieb er es und ließ es seinem ersten Sekretär zukommen.

Der erste Sekretär versah es, nachdem er es einige Wochen hatte liegen lassen, mit dem Vermerk »erhalten« und gab es an den zweiten Sekretär weiter, der das Schriftzeichen für »ausführen« daraufsetzte. Nachdem das Dokument von den kaiserlichen Sekretären geprüft und abgeschrieben, vom Prinzregenten unterzeichnet, vom Minister für Zentrale Angelegenheiten bestätigt, von seinem ersten Sekretär überprüft und vom zweiten Sekretär unterschrieben worden war, wurde es in die Schreibstube gebracht, wo es abgeschrieben und dem Vorsitzenden des Großen Staatsrates übergeben wurde, der eine weitere »Bestätigung des Empfangs« ausstellte. Wieder wurde das Dekret Go-Shirakawa zur formellen Bestätigung vorgelegt und landete dann in der Schreibstube, wo zahlreiche Kopien angefertigt wurden. Diese wurden dem Großkanzler und von jedem Mitglied des Rates, das von der Ernennung betroffen war, unterzeichnet.

In Fürst Chikaras neuem Haus in Kioto — einem der neuerrichteten Gebäude innerhalb der Palastmauern — gab es an dem Tag, an dem ihm das Dokument zur Unterschrift vorgelegt wurde, eine heftige Diskussion. »Dieser Tadamori Yoshi hat mir ständig Ärger bereitet. Er ist ein Teufel, der nur auf die Erde geschickt wurde, um mich für meine Sünden in einem früheren Leben zu bestrafen«, sagte Chikara wütend.

Sein jüngerer Bruder Kagasuke, der ihn im Rat vor seinen Gegnern abschirmte und ihn bei seinen politischen Entscheidungen unterstützte, bemerkte: »Wenn er dir soviel Schwierigkeiten macht, warum überläßt du ihn dann nicht mir? Ich werde schon dafür sorgen, daß du Ruhe vor ihm hast.«

Chikara runzelte die Stirn. »So einfach ist das nicht«, sagte er. »Einmal hatte ich ihn schon fast in meiner Gewalt«, Chikara schüttelte den Kopf, »aber er ist mir entkommen.«

»Dann sollten wir einfach nicht unterschreiben. Wir können es ja so einrichten, daß dieses Dokument irgendwo in den Behörden verlorengeht.« Kagasuke lehnte sich befriedigt zurück. Er war davon überzeugt, daß das Problem damit gelöst war.

Chikara spitzte die Lippen und erwog diesen Vorschlag. Schließlich sagte er: »Nein! Ich glaube, es ist besser, wenn er hier ist, wo wir ihn im Auge behalten können.« Und damit unterschrieb er die Ernennungsurkunde und rief nach einem Boten, der sie zum kaiserlichen Palast zurückbringen würde. Wenn sie mit dem Kaiserlichen Siegel versehen war, würde Yoshi im Kaiserlichen Rat der rechtmäßige Vertreter Okitsus sein.

Nachdem der Bote gegangen war, nahm Chikara gedankenverloren einen Schluck Sake. Als er sprach, war in seiner Stimme eine Müdigkeit, die ihn älter erscheinen ließ als sechsundfünfzig Jahre. Er sprach so leise, daß Kagasuke sich vorbeugen mußte, um ihn zu verstehen.

»Ich habe das Gefühl«, sagte Fürst Chikara, »daß das Problem, das dieser böse Geist aufwirft, bald erledigt sein wird.«

55

Gegen Ende des Jahres ritt ein erschöpfter Reisender auf der Suche nach der Schwertkampfschule von *sensei* Tadamori Yoshi durch die menschenleeren Straßen von Sarashina. Die Stadt lag unter einer dicken Schneedecke. Aus den Gebäuden stieg Rauch auf; bei einer solchen Kälte ging man nur vor die Tür, wenn es absolut unumgänglich war. Die Luft war klar, und der eiskalte Wind hatte die Nase des Reiters gerötet.

Kurz außerhalb der Stadt hörte er ein klagendes Quietschen. Ein Schild, das an Ketten aufgehängt war, schwang im Wind hin und her. Er zog die eisverkrusteten Augenbrauen zusammen und las die kalligraphischen Schriftzeichen, die besagten, daß dies die Schwertkampfschule von Tadamori Yoshi sei. Er nickte und lenkte sein Pferd durch das Tor.

»Mein Name ist Hiromi.« Der Reiter saß in Yoshis Arbeitszimmer und aß kleine Stückchen Tintenfisch, die er mit heißem Tee hinunterspülte. Während er sich innerlich und äußerlich wärmte, wich die bläuliche Farbe langsam aus seinem Gesicht.

Yoshi musterte ihn eingehend, diesen Fremden, der aus der Kälte gekommen war und behauptete, eine Botschaft von Ietaka zu haben. Er war ein schmächtiger Mann, und das einzige Auffallende an ihm waren seine intelligenten Augen, seine vorstehenden Zähne und sein schmales Gesicht, das einen gewissen Sinn für Humor verriet. Obwohl er kein einnehmendes Äußeres besaß und ihn niemand für einen Krieger hätte halten können, war er Yoshi auf den ersten Blick sympathisch. Er hatte das Gefühl, ihm trauen zu können.

»Ihr seid also den ganzen weiten Weg über gefährliche Straßen und durch kaltes Wetter gekommen, Hiromi-san, um mir Nachricht von Ietaka zu bringen. Laßt uns offen miteinander reden. Wir sind hier nicht in der Hauptstadt — wir verschwenden keine Zeit mit Zeremonien und höflichen Floskeln, sondern sagen, was wir denken. Ich habe Ietaka versprochen, daß ich ihm eines Tages helfen würde, und ich nehme an, Ihr seid hier, um mich in seinem Namen um Hilfe zu bitten.«

»Ja, ich bin in der Tat gekommen, um Euch um Hilfe zu bitten.« Hiromi hielt seine Schale so fest, daß sich die Knöchel weiß färbten. Er sprach mit ernster Stimme. »Allerdings nicht für Ietaka. Dafür ist es zu spät.«

Yoshi fuhr auf. Irgend etwas war nicht in Ordnung — warum sonst war an Ietakas Stelle ein Fremder gekommen? »Sagt mir — was ist mit Ietaka?«

»Vor drei Wochen«, sagte Hiromi, »schlug Ietaka, als Reaktion auf eine Beleidigung, ein anderes Ratsmitglied ins Gesicht. Sie duellierten sich. Ietaka — dieser Hitzkopf — ist tot. Das ist alles.«

Yoshi beugte sich vor und packte Hiromi am Arm. »Nein, das ist noch nicht alles«, sagte er. »Wer hat ihn getötet?«

»Das ist unwichtig. Das Ganze gehört zu Kiyomoris Plan, die Anhänger der Minamoto aus dem Rat zu entfernen. Ietaka war nicht der erste.« Hiromi setzte seine Schale ab. Seine Hand zitterte. Plötzlich waren ihm die Anstrengungen der Reise und das Gewicht der schlechten Nachricht, die er überbrachte, anzusehen.

»Für mich ist das sehr wichtig.« Yoshi ignorierte Hiromis Unbehagen und fuhr fort: »Wer hat ihn umgebracht? Chikara?«

»Nein. Es war nicht Chikara; es war sein Bruder Kagasuke.«

»Kagasuke befolgt nur Chikaras Befehle. In meinen Augen ist Chikara dafür verantwortlich, obwohl ich überrascht bin, daß er einen anderen schickt, jemanden umzubringen.«

»Chikara hat es nicht nötig, seine Feinde selbst zu erledigen. Vor zwei Monaten hat er bei Ishibashiyama in den Bergen von Hakone einen großen Sieg errungen. Dies und die Vereitelung von Prinz Mochihitos Flucht waren in diesem Jahr die einzigen beiden Siege der Taira. Chikara hat einen kometenhaften Aufstieg hinter sich; er ist der einzige der Taira, der den Minamoto die Stirn bieten kann, und viele sehen in ihm Kiyomoris Nachfolger.«

»Chikara als *daijo-daijin* wäre für Japan eine Katastrophe. Glücklicherweise ist es unwahrscheinlich, daß es dazu kommt.«

»Aber nicht unmöglich! Kiyomori ist todkrank. Er weiß, daß er bald sterben wird. Er hat seinen Sohn Munemori zum Vorsitzenden des Rates gemacht und Chikara nicht nur zum Minister zur Linken ernannt, sondern ihn auch beauftragt, die Ratsmitglieder der Minamoto zu beseitigen. Damit will er zweierlei erreichen: Munemori soll den Rat fest in der Hand haben, und Chikara soll sich den Unwillen des Prinzregenten zuziehen. Was seinen Sohn betrifft, so ist ihm sein Plan jetzt mißlungen: Munemori ist ein Dummkopf, der von den anderen Mitgliedern des Rates niemals anerkannt werden wird.

Mit seiner Absicht, Chikara zu neutralisieren, hat Kiyomori auch nur teilweise Erfolg gehabt. Chikara ist ein großer Held. Er und Nagasuke achten immer sorgfältig darauf, daß sie nicht die Herausforderer, sondern die Herausgeforderten sind. Go-Shirakawa ist zwar wütend darüber, daß sein Edikt, die Minamoto zum Rat zuzulassen, umgangen wird, aber er kann nichts dagegen tun, daß ein Samurai seine Ehre verteidigt. Er hat jedoch Respekt vor Chikara und würde ihn Munemori vorziehen.«

Yoshi hörte ihm zu und nickte von Zeit zu Zeit. Er wußte

jetzt, was er zu tun hatte. Als Hiromi geendet hatte, sagte Yoshi: »Ich habe über den Vorschlag, den Ietaka mir gemacht hat, lange nachgedacht. Ich bin kein gewöhnlicher Samurai, der keine Gnade kennt und keine Gefühle zeigt. Ich bin ein Schwertmeister, und mein Handeln folgt einer höherstehenden Moral. Bis heute war ich davon überzeugt, daß es unmoralisch wäre, meine überlegene Beherrschung des Schwertes auszunutzen und politische Gegner zu töten. Aber Ietakas Tod hat das geändert; mir ist klar geworden, daß man Chikaras Treiben ein Ende setzen muß. Wenn ich jetzt nicht handle, ziehe ich Ietakas Andenken in den Schmutz.

Ich werde Ietakas Platz im Rat einnehmen, und ich werde alles tun, um seinen Tod zu rächen. Ietaka soll nicht umsonst gestorben sein. Tadamori Yoshi oder Taira-no-Chikara ... einer von uns beiden muß sterben.«

Als Hiromi sah, daß Yoshi bereit war, die Ernennung zum Mitglied des Kaiserlichen Rates anzunehmen, erschien ein breites Lächeln auf seinem gelehrten Gesicht. »Ich spreche für uns alle, wenn ich Euch im Rat willkommen heiße. Ietaka hat sein Haus für Euch hergerichtet. Das Gebäude wird gerade instandgesetzt, und ich bin sicher, daß Ihr Euch dort wohl fühlen werdet.«

»Ich danke Euch, Hiromi.«

»Nicht ich bin es, dem Ihr danken müßt. Bevor er starb, sagte Ietaka, Ihr würdet erst nach seinem Tod nach Kioto kommen. Er hatte keine Angst zu sterben, denn er wußte, daß sein Tod helfen würde, das zu erreichen, wofür er ein Leben lang gekämpft hat. Er war davon überzeugt, daß Eure Fähigkeiten die Verhältnisse ändern und die verbleibenden Ratsmitglieder der Minamoto vor dem Tod bewahren werden.«

»Wissen die anderen Ratsmitglieder, welchen Beruf ich ausübe?«

»Nein. Wir werden Euch lediglich als Vertreter Okitsus vorstellen und es den Feinden überlassen herauszufinden, welche Fähigkeiten Ihr besitzt.«

»Ich werde sie nicht provozieren«, sagte Yoshi.

»Das wird auch nicht nötig sein. Es wird gewiß nicht lange dauern, bis sie Euch beleidigen. Es paßt Chikara und Kiyomori nicht, daß verstorbene Vertreter durch neue ersetzt werden. Sie haben es darauf abgesehen, so viel Fucht zu verbreiten, daß kein Minamoto es wagt, einen Sitz im Rat anzunehmen.«

»Heute nacht werde ich zu Amida Buddha beten, Ietakas Seele ewige Ruhe und Frieden zu schenken. Was soll man von einer Zeit halten, in der ein so friedlicher und sanfter Mensch wie Ietaka einen so sinnlosen Tod sterben muß? Und dennoch hat er auf seine Weise zu der Veränderung beigetragen, die gewiß kommen wird.«

»*Namu Amida Butsu*«, sagte Hiromi.

Am letzten Tag des letzten Monats des Jahres 1180 bereitete man sich im Ministerium für Zentrale Angelegenheiten in Kioto darauf vor, bei einer besonderen Geisteraustreibung mitzuwirken, die von den Yin-Yang-Meistern vorgenommen wurde. Ein kaiserlicher Beamter probierte das rote Hemd und die goldene Maske an, die er in der kommenden Nacht tragen würde, wenn er als Geisterjäger durch den Palast marschieren, Pfeile in den Himmel schießen, seine Bogensehne summen lassen und auf seinen Schild schlagen würde, um die bösen Geister des alten Jahres zu vertreiben. Ähnliche Rituale würden in allen anderen Häusern der Hauptstadt stattfinden.

Einige hundert Meilen entfernt brachen zwei in dicke Winterroben gehüllte Reiter von Sarashina nach Süden auf. Die Zeremonien, die in der Stadt abgehalten wurden, in die sie reisten, interessierten sie nicht. Auf der endlosen verschneiten Ebene waren sie nur als kleine schwarze Punkte auszumachen.

Die Sonne stand tief am Himmel, hatte aber keine Kraft — Amaterasu hatte sich weit von ihrem Volk entfernt. Die Landschaft war still, unwirtlich und farblos. Sollte das Ende der Welt kommen — und viele in der Hauptstadt waren davon überzeugt —, dann würde es an einem Tag wie diesem geschehen.

Schneefalken kreisten in der Luft und hielten Ausschau nach weißen Kaninchen, die sich aus ihren Bauten gewagt hatten. Ein Falke sah eine kaum wahrnehmbare Bewegung und stürzte sich mit unglaublicher Geschwindigkeit auf seine Beute. Die Reiter setzten ihren Weg fort, ohne das Drama, das sich hinter ihrem Rücken abspielte, zu bemerken.

56

Als Yoshi durch das Tor zum Regierungspalast schritt, in dem sich die Halle des Kaiserlichen Rates befand, bot sich ihm ein Bild erlesener, gepflegter Schönheit. Schnee bedeckte den Garten. Ein künstlicher Bach und ein Teich plätscherten leise und hoben sich schwarz von ihrer weißen Umgebung ab. Die Geländer der kleinen Holzbrücken trugen dikke Schneepolster. Die Nasen und Wangen der Ratsmitglieder, die sich wie große, dunkle Vögel durch den Garten bewegten, waren von der kalten Luft gerötet. Sie gingen im Gänsemarsch zur Halle, auf deren Steinfundament sich rotlackierte Säulen erhoben, die ein reichverziertes grünes Dach stützten.

Yoshi ging langsam hinter Hiromi. Von irgendwoher ertönte eine Tempelglocke, die die Stunde des Hasen schlug. Es war sechs Uhr morgens, die Zeit, um die die Beamten zum Dienst erschienen. Anläßlich seiner ersten Vorstellung im Rat hatte Yoshi seine Kleidung sorgfältig gewählt. Unter seinem Umhang trug er einen hellgrünen Kimono, der sich von dem dunklen, blauvioletten Unterkimono abhob. Da er diesen nicht hochgebunden hatte, war seine Farbe bei jedem Schritt deutlich zu sehen.

Die Zusammenkünfte des Kaiserlichen Rates folgten einem beeindruckenden Reglement. Heute trug jedes der vierundvierzig Ratsmitglieder die vorgeschriebene Hofkleidung: einen schwarzlackierten *koburi*, einen grauen Umhang, einen gemusterten Kimono, seidene *hakama*, dick gepolsterte Schuhe, einen Stab, der den Rang bezeichnete, und ein gemustertes Band über dem *obi*. Wortlos nahmen sie ihre Plätze ein. Die große Halle erstreckte sich bis in die dunklen Winkel des Regierungspalastes. In regelmäßigem Abstand erhoben sich zu beiden Seiten schwarze Säulen aus poliertem Holz. Die Decke war doppelt so hoch wie in anderen Räumen und bestand aus verzierten, überkreuzten Balken. An den Wänden standen runde Kupferbecken, in denen Holzkohle und Räucherwerk brannte. Einige Öllampen gaben ein flackerndes Licht. Bis auf ein langes, V-förmiges Podium, auf dem Kissen aus besticktem Brokat lagen, war der große Saal leer. Gegenüber dem Podium, am Stirnende, stand ein gewaltiger Wandschirm, der mit einem allegorischen Gemälde verziert war, das die Schöpfung Japans durch den Gott Izanage und die Göttin Izanami darstellte.

Hinter diesem Wandschirm war der Platz des Prinzregenten Go-Shirakawa.

Ihm gegenüber, im Zentrum des Podiums, saß Kiyomori auf einer quadratischen, fünfzehn Zentimeter erhöhten Plattform. Als *daijo-daijin* war er das Oberhaupt des Rates.

Zu seiner Linken saß Fürst Chikara. Während Kiyomori, wie es sich für einen buddhistischen Mönch ziemte, in dunkle Brauntöne gekleidet war, trug Chikara eine Farbkombination, die als »rote Pflaumenblüte« bekannt war: Durch die Ärmel seines scharlachroten Kimonos war das dunkle Violett seines Unterkimonos zu sehen.

Ihm gegenüber saß der Minister zur Rechten. Die Ratsmitglieder zur Linken und die Ratsmitglieder zur Rechten — zweiundzwanzig auf jeder Seite des V — waren nach ihrem Rang geordnet: Nach den Ministern kamen die hohen und die mittleren Ratsmitglieder, gefolgt von den unteren Ratsmitgliedern, den mittleren und unteren Revisoren, den Schriftführern und, ganz zuletzt, den Unterschriftführern.

Yoshi saß auf der rechten Seite neben Hiromi im unteren Drittel. Seine Ernennung zum unteren Ratsmitglied hatte ihn automatisch in den fünften Rang erhoben.

Kiyomori eröffnete die Sitzung mit einem Gebet an Amida Buddha und wandte sich Fürst Chikara zu. »Mein Sohn, Fürst Munemori, ist heute unpäßlich. Der Minister zur Linken wird daher den Vorsitz führen.«

Chikara verbeugte sich feierlich und hob seinen Stab, um die Sitzung für eröffnet zu erklären. Nachdem die Formalitäten erledigt waren, verlas er eine Liste der Themen, die behandelt werden sollten. Der erste Punkt der Tagesordnung war die Begrüßung eines neuen Mitgliedes.

»Ich stelle Tadamori Yoshi vor, den Vertreter Okitsus. Er nimmt den Platz eines Ratsmitgliedes ein, das kürzlich einen unglücklichen Unfall hatte.« Mit einem Nicken erteilte Chikara Yoshi das Wort.

»Ich danke für die Gelegenheit, meine Stimme in diesem erlauchten Rat zu Gehör bringen zu dürfen«, sagte Yoshi, »obwohl ich nicht sicher bin, ob mein Urteil so weise oder wohlabgewogen sein wird wie das des Mannes, dessen Platz ich einnehme.

Man sagt, wir lebten in einer Zeit ohne Gesetz und Moral ... In einer Zeit, die viele als die Vorbereitung auf das Ende der Welt ansehen. Ich glaube nicht an das Ende der Welt, trotz der Probleme, vor die wir durch die Launen der Natur gestellt sind. Krankheiten, Feuer und Hungersnöte haben unserem Land schweren Schaden zugefügt; schlimmer jedoch ist die politische Zwietracht, die den Bruder gegen den Bruder aufgebracht hat und unser Land in einer Zeit, da es stark sein muß, geschwächt hat. Ich glaube, daß aufrechte Männer, denen das Wohlergehen der kaiserlichen Familie am Herzen liegt, uns vor dem Untergang bewahren können, wenn sie sich zu Wort melden und die Zuhörer ihren Rat befolgen.

Ich komme in Frieden und Freundschaft. Ich hege die Hoffnung, daß der Zusammenbruch abzuwenden ist, wenn die Taira und die Minamoto zusammenarbeiten. Sollten sie das nicht tun, dann liegt allerdings eine hoffnungslose Zukunft vor uns.

An diesem meinem ersten Tag als Ratsmitglied versichere ich unseren Kaiser meiner Dienste. Ich will alles tun, um ihn vor den Machenschaften jener Selbstsüchtigen zu schützen, die sich hinter ihm verstecken und ihn hintergehen.«

Unter den Ratsmitgliedern zur Linken erhob sich empörtes Gemurmel. Eine bösartige Stimme zischte: »Sein erster Tag könnte auch sein letzter sein.« Yuritaka, der Berater des Kaisers, eilte hinter den Wandschirm, um ihm Yoshis Rede zu überbringen.

Mit unbewegtem Gesicht beugte sich Kiyomori zu Chikara und flüsterte ihm etwas ins Ohr. Chikara nickte und wendete sich wieder der Ratsversammlung zu. Er hielt seinen Stab in die Höhe, bis Ruhe eintrat.

»Unser neues Ratsmitglied spricht harte Worte. Vielleicht ist Tadamori Yoshi sich über ihre Tragweite nicht im klaren. Die Beleidigung anderer Mitglieder des Rates wird die Zusammenarbeit, von der er gesprochen hat, kaum fördern, aber wir begrüßen seinen Eifer und verstehen seine Ungeduld. Vielleicht wird er lernen, sich zu beherrschen, und lange genug leben, um dem Kaiser in den kommenden Jahren gut zu dienen.«

Als er diese leise Drohung äußerte, verzog Chikara keine Miene. Nur sein Bruder Kagasuke, der neben ihm saß, sah das Pochen der Ader an seinem Kinn. Chikara fuhr fort, als sei nichts gewesen: »Zum zweiten Punkt der Tagesordnung. Wie sollen wir mit den verräterischen Mönchen von Miidera verfahren? Der Rat ist bisher zu keiner Entscheidung gekommen. Sollen wir das Vermögen des Klosters einziehen oder lediglich die Anführer bestrafen? Wir müssen vor Ende der Woche einen Beschluß fassen. Bitte zuerst die Meinung der unteren Ratsmitglieder.«

57

Chikara und Kagasuke waren allein; die anderen Ratsmitglieder hatten den Saal verlassen. Es war zugig und kühl, die Holzkohlenfeuer in den Kupferbecken gaben nur wenig Wärme ab, und die Öllampen erhellten nur einen kleinen Teil des riesigen Raumes. Neben dem schwarzen Brokatgewand seines Bruders wirkte Chikaras roter Kimono in dem weiten Saal wie ein Blutstropfen.

Aus Kagasukes Gesicht sprach Wut und Verwirrung. »Ich verstehe das nicht«, sagte er. »Er hat uns beleidigt, und doch hast du ihn nur leicht getadelt. Wir hätten ...«

Chikara unterbrach ihn. »Kiyomori hat mir befohlen, nichts zu unternehmen und seine Beleidigungen zu ignorieren. Glaub mir, Bruder — das ist mir nicht leichtgefallen. Ich fühle Zorn in mir aufsteigen, wenn ich nur daran denke.«

»Trotz seiner Anordnung wäre Kiyomori erleichtert, wenn wir dieses Problem ohne sein Wissen lösen würden. Noch ist es nicht zu spät — ich könnte uns diesen Yoshi vom Hals schaffen.« Kagasuke war ein hervorragender Kämpfer, der stolz auf seine Körperkraft war und jede Gelegenheit wahrnahm, sie zur Schau zu stellen. Während die Höflinge und die Hofdamen Chikara und sein soldatisches Auftreten akzeptierten, fanden sie Kagasuke aber eher komisch und hatten ihm den Spitznamen »Metzger« gegeben. Seit Chikara ihn zum Hauptmann der Inneren Palastwache gemacht hatte — wodurch er automatisch einen Sitz im Rat erhielt — war Kagasuke diesem Spitznamen auf eine Art und Weise gerecht geworden, die die Hofdamen sich niemals hatten träumen lassen.

»Sei unbesorgt«, sagte Chikara. »Kiyomori ist klug; wenn sein Körper auch hinfällig ist, so arbeitet sein Gehirn doch einwandfrei. Er weiß, daß, wenn die Minamoto in dem Rat vertreten sind, der die Zerstörung von Miidera anordnet, die Kriegermönche sie ebensosehr hassen werden wie uns. Indem wir die Minamoto im Rat lassen, verteilen wir die Verantwortung und zwingen die Mönche zur Neutralität. Irgendwann werden wir die Mönche besiegen, ihr Land an uns bringen und so für den Verlust unseres *shoen* in Okitsu mehr als entschädigt werden. Erst wenn der ganze Rat der Einziehung des Besitzes von Miidera zugestimmt hat, werden wir uns mit Tadamori Yoshi befassen.«

»Ich hoffe, du wirst es mir überlassen, ihn persönlich ins Jenseits zu schicken«, sagte Kagasuke grimmig.

»Ich bin nicht so sicher. Er ist kein gewöhnlicher Mann. Seit Jahren verfolgt er mich wie ein böser Geist. Ich habe so ein Gefühl, daß das Schicksal eingreifen wird und daß ich Yoshi allein gegenüberstehen werde.«

Schon vor dem Umzug des Hofes nach Fukuhara stand es mit Kiyomoris Gesundheit nicht zum besten. Nach der Rückkehr nach Kioto fiel es ihm immer schwerer, an den Sitzungen und Zeremonien teilzunehmen, die die Anwesenheit des Großkanzlers erforderten. Manchmal spuckte er morgens Blut und hatte das Gefühl, sein Magen brenne wie Feuer. Mit jeder Woche fehlte er häufiger in der Ratsversammlung.

Er brüskierte Chikara, der stark genug gewesen wäre, die Sitzungen auch in Kiyomoris Abwesenheit zu leiten, indem er seinen Sohn Munemori zum Vorsitzenden des Rates ernannte. Chikara hatte Kiyomori gebeten, ihm diese Position zu überlassen, aber seit Yorimasas Verrat traute der kranke alte Mönch nur noch seinem eigenen Fleisch und Blut. Je mehr sich sein Gesundheitszustand verschlechterte, desto mehr wuchs sein Mißtrauen gegenüber allen, die nicht zu seiner unmittelbaren Familie gehörten. Unglücklicherweise erwies sich seine Entscheidung als katastrophal: Munemori war nicht nur inkompetent und reichlich dumm, sondern er wurde auch von Go-Shirakawa verachtet, der alles tat, um ihn bloßzustellen. Um sein Gesicht nicht zu verlieren, schützte Munemori Krankheit vor und war bei den Ratsversammlungen oft nicht anwesend. Darunter litt sein Verständnis der politischen Feinheiten, das ohnehin nicht sehr entwickelt war. Die Minamoto machten sich diese Situation zunutze und spielten den einfältigen Munemori gegen den gerissenen Go-Shirakawa aus. Munemoris häufige »Krankheiten« und seine Unfähigkeit, seine Verbündeten zusammenzuhalten, führten zu einer überraschenden Niederlage für Fürst Chikara. In Yoshis erster Woche als Ratsmitglied war Chikara dafür eingetreten, das Kloster von Miidera und seine Ländereien zu konfiszieren. Obwohl die Anhänger der Taira ihn normalerweise geschlossen unterstützt hätten, beschlossen nun einige, verwirrt durch Munemoris unentschiedene Haltung, nichts zu tun. Statt dessen stimmten sie dafür, die Beschuldigungen, die gegen das Kloster erhoben wurden, noch einmal zu überprüfen und einen weiteren Bericht anzufordern. Das bedeutete eine erneute Verzögerung, und die Ländereien des Klosters würden bis auf weiteres nicht neu aufgeteilt werden.

Durch die Gefangennahme und Hinrichtung von Prinz Mochihito hatte Chikara an Ansehen gewonnen; nun jedoch mußte er feststellen, daß er nicht mehr ein Held war, der auf seine Belohnung wartete, sondern lediglich einer von vielen Fürsten, die kein Land besaßen.

Am achtzehnten Tag des ersten Monats, einen Tag nach der Abstimmung über Miidera, wurde die Sitzung des Rates früher als sonst beendet, damit man Gelegenheit hatte, dem Wettkampf der Bogenschützen zuzusehen, der den Abschluß der Neujahrsfeierlichkeiten bildete.

Der Wettkampf wurde im Garten des kaiserlichen Palasts vor einem langen Pavillon veranstaltet, dessen rote Wände schwarz und gold eingefaßt waren. Die ganze Breitseite dieses Gebäudes wurde von einer zwei Meter breiten Veranda eingenommen. Sie hatte ein schwarzlackiertes Geländer, und in der Mitte führten zehn breite Stufen zu ihr hinauf. Der Prinzregent saß hinter einem Wandschirm am Kopf der Treppe. Goldbemalte, in Tierköpfe auslaufende Dachbalken schützten die Veranda vor Schnee. Es waren Holzkohlebekken aufgestellt, die so viel Wärme abgaben, daß warm gekleidete Zuschauer im offenen Teil der Veranda nicht zu frieren brauchten.

Ratsmitglieder vom fünften Rang aufwärts waren mit ihren Frauen, ihren Geliebten und ihren Konkubinen gekommen. Von den ranghöchsten Männern des Hofes war nur Fürst Chikara nicht erschienen; er war wütend und enttäuscht über seine Niederlage im Rat und wollte seinen Gegnern keine Gelegenheit geben, sich an seiner schlechten Stimmung zu weiden. Bei dem Wettkampf sollte ermittelt werden, ob die Innere oder die Mittlere Palastwache über die besseren Schützen verfügte. Als Hauptmann der Inneren Palastwache war Kagasuke gezwungen, daran teilzunehmen. Nichterscheinen bedeutete Disqualifikation, und das wiederum wäre ein Gesichtsverlust, den er auf jeden Fall vermeiden mußte.

Traditionsgemäß wählte jeder Hauptmann vier Männer aus, die zusammen mit ihm selbst eine Mannschaft bildeten. Kagasuke, der seinen Ärger hinter einem gleichgültigen Gesicht verbarg, traf seine Wahl schnell.

Ein drei Meter breiter, etwa sechzig Meter langer Streifen, an dessen Ende buntgeschmückte Ziele standen, war von Schnee befreit worden.

Die Offiziere der Wache trugen ihre schönsten Rüstungen: die der Mittleren Palastwache waren hellgrün mit weißen Verzierungen, die der Inneren Palastwache blauviolett mit schwarzen Lederverbrämungen. Jeder Mann trug einen Köcher mit Pfeilen, die in derselben Farbe wie seine Rüstung lackiert waren.

Go-Shirakawa gab ein Zeichen, man möge beginnen. Es wurden Lose gezogen; die Innere Wache unter Kagasuke hatte den ersten Schuß. Yoshi, der inmitten einer Gruppe von Anhängern der Minamoto am Ende der Veranda saß, bemerkte, daß alle Teilnehmer ausgezeichnete Bogenschützen waren. Jeder spannte seinen Bogen mindestens fünfzehn Handbreit weit, ohne sich übermäßig anzustrengen. Die Schützen stießen kleine Atemwölkchen aus, als sie die Bogen spannten und ihre Pfeile abschossen. Lange Zeit lagen beide Mannschaften Kopf an Kopf. Amüsiert stellte Yoshi fest, daß viele der Hofdamen, die kurz zuvor noch Abscheu über diese Zurschaustellung roher Kriegskunst gezeigt hatten, nun den Wettkampf durch die Schlitze der Sichtblenden aufmerksam verfolgten und die Männer anfeuerten.

Als die beiden Hauptleute sich auf den letzten Schuß vorbereiteten, hatte die Mittlere Wache einen kleinen Vorsprung. Kagasuke schoß zuerst. Anscheinend mühelos spannte er seinen Bogen siebzehn Handbreit weit. In seiner leuchtend bemalten Rüstung wirkten seine Schultern und Arme gewaltig. Er zog die Sehne bis zu seiner Wange, zielte sorgfältig und ließ den Pfeil los. Wie von Zauberhand gelenkt, landete er fast genau im Zentrum des Ziels. Der Schaft zitterte leicht in der kalten Luft, während Kagasuke lächelnd den Bogen sinken ließ.

Obwohl Yoshi Kagasuke verachtete, war er unter den ersten, die diesem ausgezeichneten Schuß applaudierten. Ihn zu überbieten, würde fast unmöglich sein.

Der andere Hauptmann spannte seinen Bogen. Sein Gesicht war ruhig und konzentriert. Siegesgewiß ging Kagasuke bereits auf die Stufen zur Veranda zu, um den Preis aus Go-Shirakawas Händen entgegenzunehmen.

Der Pfeil schoß durch die Luft.

Er schob Kagasukes Pfeil beiseite und landete genau im Zentrum. Einen Augenblick herrschte absolute Stille. Dann brach der Beifall los. Kagasuke erstarrte. Sein Hals färbte sich rot, als er begriff, was geschehen war. Er wandte sich um und sah, daß der Pfeil seines Gegners genau im Zentrum der Zielscheibe steckte. Der sichere Sieg war ihm entrissen worden. Zornig sah er die applaudierenden Zuschauer an. Direkt vor ihm saß das neue Ratsmitglied Tadamori Yoshi und klatschte in die Hände. Kagasuke hatte einen Meisterschuß getan. Er hatte den Preis und die Belohnung, die mit dem Sieg verbunden waren, verdient. Dieser Emporkömmling auf der Veranda mußte auf geheimnisvolle Weise etwas mit seiner Niederlage zu tun haben. Es ergab zwar keinen Sinn, aber Kagasuke wußte, daß es stimmte. Chikara hatte Yoshi einen bösen Geist, einen Fluch genannt. In diesem Moment beschloß Kagasuke, sich zu rächen — ganz gleich, was Kiyomori oder Chikara sagen mochten.

58

Nach dem Wettbewerb mischte sich Yoshi im Pavillon unter die ausgelassene Menge der farbenfroh gekleideten Gäste. Zum erstenmal seit er eine Woche zuvor in die Hauptstadt gekommen war, nahm er am gesellschaftlichen Leben teil. Die bürokratischen Vorgänge hatten ihn so sehr in Anspruch genommen, daß er außerhalb der Sitzungen des Kaiserlichen Rates mit niemandem außer Hiromi Kontakt gehabt hatte. Nun befand er sich inmitten von Gästen, die in bestickte chinesische Jacken, elegante Reitkostüme, reich verzierte Umhänge und königsblaue, leuchtend rote und apfelgrüne Kimonos gekleidet waren. Die kräftigen Farben der Männer mischten sich mit den zarteren der Damengewänder: hellgrün, pfirsichfarben, kirschblütenweiß und pastellrosa.

Yoshi hatte vergessen, welcher Aufwand am Hof getrieben wurde: Unbekümmert wurde der Reichtum zur Schau gestellt. Aus den fernsten Provinzen Japans, aus Korea und China waren die erlesensten Delikatessen herbeigeschafft worden. Musikanten spielten auf Flöten, Trommeln, Glocken, Lauten und Zithern. Tänzer aus Korea und Indien sowie Akrobaten aus China traten auf. Der Sake floß in Strömen, und die Gäste lachten und drängten sich von einer extravaganten Vergnügung zur nächsten. Yoshi ging von Gruppe zu Gruppe ... Hier spielten fünf Musikanten eine wehmütige Version von »An einem Tag wie heute«, dort begleiteten sich indische Tänzer auf Fingerzimbeln.

Am späten Nachmittag verabschiedeten sich die älteren Gäste, und die Stimmung wurde ausgelassener: Junge Männer borgten sich von den Musikern Instrumente aus und sangen für ihre Freunde; andere veranstalteten improvisierte Tanzwettkämpfe. Yoshi wurde in einen Dichtwettstreit hineingezogen, bei dem er allerdings von den anderen Teilnehmern mühelos geschlagen wurde.

Am Abend erhellten Fackeln und Laternen die Veranda und den Garten. Die Temperatur war gestiegen, und warm gekleidete Gäste konnten auf den von Schnee geräumten Wegen auf und ab gehen und den Mond betrachten.

Gerade als Yoshi gehen wollte, ertönten vom Eingang her aufgeregte Stimmen: Die alte Kaiserin Ken-shun-mon-in war mit ihren Hofdamen erschienen, und alles drängte sich in ihre Nähe.

Yoshi stand nicht weit weg vom Eingang entfernt, als die Kaiserin mit ihren Hofdamen vorbeiging. Unter ihnen erkannte er Nami. Nami! Sein Mund wurde trocken, und sein Herz schlug schneller. Er versuchte vergeblich, einen Blick von ihr zu erhaschen. Sie verschwand in der Mitte der Gruppe, ohne erkennen gegeben zu haben, daß sie ihn gesehen hatte.

Er konnte das Fest nicht verlassen. Er mußte mit ihr sprechen, mußte sie wissen lassen, daß er in der Nähe war.

Die Kaiserin hatte sich zu Go-Shirakawa in einen privaten Raum begeben, der durch bewegliche Trennwände vom Rest des Pavillons abgeteilt war..., und alle Aufmerksamkeit richtete sich auf diesen Teil des Saales.

Go-Shirakawa veranstaltete dort ein Fest für die Bogenschützen der Inneren und Mittleren Palastwache. Gegen Ende des Abends sollten die Sieger öffentlich geehrt werden. Bis dahin ließ Go-Shirakawa sie mit erlesenen Köstlichkeiten bewirten. Sieben der acht Schützen genossen die Aufmerksamkeit des Prinzregenten — der achte aber, Kagasuke, war dabei, sich zu betrinken, und schenkte den anderen keine Beachtung. Er hatte rote Flecken im Gesicht, und seine dicken Lippen glänzten von Sake.

Als Nami mit Ken-shun-mon-in eintrat, nickte Kagasuke mißmutig. Das herzliche Lächeln seiner Schwägerin deprimierte ihn nur noch mehr. Warum war sie ohne ihren Mann gekommen? Und warum hatte Chikara seinen eigenen Bruder im Stich gelassen, als er ihn brauchte? Nein — das war ungerecht. Kagasuke wußte, warum Chikara nicht gekommen war. Auch er selbst wäre lieber woanders gewesen. Er runzelte die Stirn ... Nami hätte nicht ohne ihren Mann kommen dürfen, selbst wenn die Kaiserin sie einlud. Sie hätte Unpäßlichkeit vorschützen können. Was war nur mit diesem Land los? Konnte ein Fürst nicht mehr Respekt von seiner Frau erwarten?

Es war schon spät, als Go-Shirakawa schließlich befahl, die Stellwände zu entfernen, und mit seinen Gästen zwei Trinksprüche auf die Bogenschützen ausbrachte — einen für die Gewinner und einen für die Verlierer. Kagasuke, der halb betrunken war, erhob sich mühsam und versuchte, aufrecht vor dem Prinzregenten zu stehen, aber ohne Erfolg. Er taumelte und wäre gefallen, wenn sein Stellvertreter ihn nicht gestützt hätte. Er konnte nur verschwommen sehen. Plötzlich merkte er, daß er Sake auf seinen Kimono geschüttet hatte. Sein Gesicht wurde vor Scham noch röter.

Die Gäste drängten sich um die Bogenschützen. Sie applaudierten dem schlanken, gutaussehenden Hauptmann der Mittleren Palastwache und lachten hinter ihren Fächern, als man auf den Verlierer Kagasuke trank. In seinem Mund vermischte sich der Geschmack des Sake mit dem von Galle — es war ein bitterer Moment in seinem Leben. Er rülpste, und zu seinem Schrecken lief ihm der Wein, ohne daß er es verhindern konnte, in einem dünnen Rinnsal aus dem Mundwinkel. Als er ihn mit dem Handrücken abwischte, sah er auf und bemerkte, daß seine Schwägerin jemandem in der Menge freundlich zulächelte. Ihre Lippen formten die Worte: »Besuch mich, sobald du kannst« und deuteten einen Kuß an.

Mit blutunterlaufenen Augen sah Kagasuke sich um und versuchte herauszufinden, wem diese Botschaft zugedacht war.

Tadamori Yoshi! War es möglich, daß Nami und Yoshi ein Verhältnis hatten? Dieser Ausdruck auf ihrem Gesicht! Das war nicht die schickliche Zuneigung, die Vetter und Cousine füreinander empfanden. Er wußte mit schrecklicher Gewißheit, daß er Zeuge gewesen war, wie zwei Liebende in der Öffentlichkeit eine Botschaft ausgetauscht hatten. Wer, außer ihm, hatte es bemerkt?

Seinem Bruder konnte er nichts von dieser Ungeheuerlichkeit sagen; er würde selbst handeln müssen, um die Ehre der Familie wiederherzustellen. Nach dem Wettkampf hatte er beschlossen, Yoshi zu töten, um sich an ihm zu rächen. Nun aber ging es um die Ehre seiner Familie. Yoshi mußte sterben, und nach seinem Tod würde Kagasuke dafür sorgen, daß seine zuchtlose Schwägerin ihre gerechte Strafe fand.

Yoshi hatte die Nachricht verstanden. Er wußte nicht, zu welchen Schlüssen Kagasuke gekommen war. Es erfüllte ihn mit Freude, daß Nami gesund und glücklich aussah und eine bedeutende Position in der Umgebung der Kaiserin innehatte. Er wußte, daß es unmöglich sein würde, sich ihr zu nähern, solange sie bei der Kaiserin war. Genug ... er war zufrieden. Er würde ihr bei nächster Gelegenheit eine Botschaft schicken und sie um ein Zusammentreffen unter vier Augen bitten.

Es war Zeit zu gehen. Yoshi warf sich seinen Umhang über und trat auf die Veranda. Die Nacht war angenehm und ganz und gar nicht kalt. Nicht nur der Mond, sondern auch die Fackeln und Laternen beleuchteten die Szenerie. Er atmete die mit dem Duft von Räucherwerk geschwängerte Luft tief ein.

»Hier ist noch ein Bewerber«, sagte eine joviale Stimme neben ihm.

»Ein unverbrauchtes Talent, würde ich sagen«, sagte ein anderer.

Yoshi stand auf der obersten Stufe, umringt von Höflingen und ihren Damen, die ihn bestürmten, sich an ihrem Dichtkunstwettbewerb zu beteiligen. Geisterhaft weißgepuderte Gesichter und geschwärzte Zähne tanzten im Schatten des Vordaches auf und ab. Die Männer lachten unmäßig über ihre eigenen Witze und wischten Yoshis Proteste mit ihren Fächern beiseite.

»Ihr dürft nicht gehen, bevor Ihr nicht ein Gedicht zum besten gegeben habt«, sagte ihr Wortführer mit schwerer Zunge. Yoshi lächelte amüsiert. Sie waren allesamt ziemlich betrunken. Er legte seine Stirn in Falten, als denke er angestrengt nach. Wenn der Wegezoll in einem Gedicht bestand, nun, dann würde er diesen Preis eben bezahlen.

Die Männer kicherten erwartungsvoll. »Das wird gut«, sagte eine weißgeschminkte Dame. »Ich fühle es einfach.«

Niemand bemerkte Kagasuke, der eilig aus der Tür trat.

Es waren nur ein paar Meter bis zur Treppe, und Kagasuke drängte sich durch die Höflinge, als seien sie nicht vorhanden. Gerade wollte Yoshi sein Gedicht rezitieren, doch im nächsten Augenblick taumelte er gegen das kalte Geländer der Treppe und hielt sich fest, um nicht in den Schnee zu fallen.

»Tölpelhafter Bastard«, knurrte Kagasuke. »Du mußt wohl erst noch lernen, daß man Höhergestellten Platz macht.«

Yoshi hatte sein Gleichgewicht wiedergefunden. Die Höflinge und Hofdamen sahen mit schreckgeweiteten Augen zu, wie er seinen Kimono glättete und gelassen das Gedicht vortrug, das er eben gemacht hatte:

»Wilde Tiere leben
in den dunkelsten Tiefen des Waldes.
Geschlossene Mäuler verbergen
das Schimmern der scharfen Zähne
im kalten Licht des Mondes.«

Jemand lachte nervös. Ein anderer klatschte, und im nächsten Augenblick plauderten alle wieder, als wäre nichts geschehen.

Kagasuke war ausgeschlossen. Wie ein riesiger Frosch stand er da. »Ich kann vielleicht keine Gedichte machen«, fuhr er Yoshi an, »aber immerhin habe ich es nicht nötig, mich hinter Weibern zu verstecken.«

Langsam hob Yoshi den Kopf und sah Kagasuke mitleidig und traurig an. Eine plötzliche Stille hatte sich über die Gruppe gesenkt. Auf ein Zeichen von Yoshi wichen alle zurück, so daß die beiden Männer sich gegenüberstanden.

»Kagasuke«, sagte Yoshi ruhig, »Ihr wißt nicht, was Ihr tut. Der Wein und die Enttäuschung über Eure Niederlage haben Euch verwirrt. Ihr wäret gut beraten, Euch zu entschuldigen und Euch zurückzuziehen, solange Ihr das noch könnt.«

Die Gäste hielten den Atem an. Kagasuke fühlte die Wut in sich aufsteigen. Seine Halsmuskeln zuckten. Brüllend machte er drei Schritte auf Yoshi zu und zielte mit der Faust auf seinen Kopf. Yoshi duckte sich mühelos, glitt hinter Kagasuke und gab ihm einen kleinen Stoß. Der Schwung seiner eigenen Faust zog Kagasuke voran; vor den Augen der Zuschauer stolperte er über Yoshis Fuß, fiel über das niedrige Geländer und verschwand.

Die Nächststehenden sahen, daß Kagasuke in eine Schneewehe gestürzt und vollständig unter Schnee begraben war.

Zehn Sekunden lang herrschte Stille. Der Mond schien auf bleiche Gesichter und offenstehende schwarze Münder.

Wie ein prähistorisches Ungeheuer erhob sich Kagasuke aus dem Schnee und stieg über die Brüstung. Sein Haar war wirr, und Schneeklumpen klebten in seinem Gesicht. Niemand lachte. Kagasuke hatte sein Schwert halb gezogen; er zitterte vor unterdrückter Wut.

»Ich bin Taira Kagasuke. Elf Generationen meiner Vorfahren waren Taira-Krieger. Mein Vater kämpfte unter Kiyomori in der Schlacht von Hogen, und mein Großvater erwarb sich in den Kriegen gegen die Emishi Ländereien und Reichtümer. Ich fürchte niemanden und werde meine Ehre bis zum Tod verteidigen. Ich fordere Euch heraus zum Zweikampf Mann gegen Mann — morgen, zur Stunde des Hasen.«

»Wie Ihr wollt«, sagte Yoshi und verbeugte sich gelassen.

59

Kagasuke war allein. Die Wirkung des Weins war verflogen, er war wieder nüchtern und hatte sich von seinem Rausch erholt. Nur sein Magen fühlte sich an, als habe er Essig getrunken. An der Wand über ihm hing ein Öllämpchen und warf ein flackerndes Licht auf sein mürrisches Gesicht. Er starrte in das Holzkohlenfeuer, verwirrt von einem Gedanken, der am Rand seines Bewußtseins aufgetaucht war. Irgend etwas war falsch. Yoshi hätte Angst haben müssen. Statt dessen machte er einen überaus selbstsicheren Eindruck. Kagasuke hatte erreicht, was er sich vorgenommen hatte: Yoshi hatte seine Herausforderung angenommen. Warum verspürte er dann keine Befriedigung?

Das Problem war nicht der Wein und der üble Geschmack, den er im Mund hatte. Er wollte ein Held sein und stand doch da wie ein Tölpel.

Kagasuke hatte nicht das Gefühl, schlecht zu sein. In seinen Augen war er ein ehrenwerter Mann, und doch hielten ihn viele am Hof für gefühllos und brutal. O ja, er wußte, welchen Spitznamen sie ihm gegeben hatten. Der Metzger! Das war bitter. Sie glaubten, ihm überlegen zu sein, mit ihren Gedichten und ihren Wohlgerüchen. Zugegeben — er konnte nicht schön schreiben, und auch in den anderen feinen Künsten konnte er nicht brillieren. Er war ein Krieger, und der Umgang mit Waffen war das einzige, das er perfekt beherrschte. Man sagte ihm nach, er sei der Lakai seines Bruders. Das stimmte — aber war das nicht eine ehrenhafte Stellung für einen, der die Autorität des höheren Ranges respektierte? Er war stolz darauf, den Namen der Taira zu führen, und versuchte, ihm in jeder Hinsicht gerecht zu werden. Ja, er war neidisch auf seinen Bruder und auf die Leichtigkeit, mit der dieser sich zwischen der Welt der Krieger und der des Hofes hin und her bewegte. Er selbst hätte das auch gern gekonnt. Die Höflinge würden staunen, wenn sie wüßten, daß der »Metzger« oft nächtelang wachlag und sich selbst verfluchte, weil er es an Witz und Charme nicht mit ihnen aufnehmen konnte.

Morgen, zur Stunde des Hasen, würde er Yoshi töten und die Ehre seiner Familie wiederherstellen. Wie er diesen überheblichen Emporkömmling aus Okitsu haßte! Chikara nannte Yoshi einen bösen Geist, der auf die Erde gekommen war, um sie beide heimzusuchen. Nun, morgen würde er diesen Geist zurück in die Unterwelt schicken. Dort sollte er zehntausend Jahre umherirren und auf seine nächste Wiedergeburt warten.

Kagasuke verspürte keine Furcht. Er hatte zu viele Kämpfe gewonnen, um an sich zu zweifeln. Mit dem Schwert, der *naginata*, dem Bogen oder den bloßen Händen kamen ihm nur wenige gleich. Seine Stimmung besserte sich, als er an den bevorstehenden Kampf dachte. Er war sich seiner völlig sicher. Die Geister der Unterwelt würden Yoshi beistehen müssen, wenn er mit dem Leben davonkommen wollte. Kagasuke legte sich auf sein Lager, zog sich die Decke bis zum Kinn und war einige Sekunden später eingeschlafen. Er schnarchte laut, und um seinen Mund spielte ein siegessicheres Lächeln.

Yoshi war von Ratsmitgliedern der Minamoto umringt. Vier von ihnen redeten nervös auf ihn ein, nur Hiromi selbst schwieg.

»Ihr hättet seine Herausforderung nicht annehmen dürfen. Er ist einer der besten Kämpfer, die die Taira haben. Eure einzige Hoffnung liegt darin, Kioto zu verlassen. Geht, solange Ihr noch könnt ... Versteckt Euch«, sagte einer.

»Eine Entschuldigung würde ihn vielleicht davon abbringen, auf dem Zweikampf zu bestehen«, sagte ein anderer ohne Überzeugungskraft. »Wenn nicht, werdet Ihr dasselbe Schicksal erleiden wie Ietaka.«

»Wir sind Politiker, keine Krieger, Yoritomo sollte lieber Samurai in den Rat entsenden.«

»Es ist ungerecht, daß wir uns von den Taira umbringen lassen sollen.«

Yoshi hörte ruhig zu und bot seinen Gästen Tee und Reiskuchen an. Sie ahnten nichts von seinen Fertigkeiten, und ihre Ratschläge, wie er sein Leben retten könnte, waren gut gemeint. Für sie war Yoshi ein stiller, bescheidener Mann, der sich gern im Hintergrund gehalten hätte. Sie hatten seine kultivierte Konversation gehört, seine Kalligraphie bewundert und seine einfühlsamen Gedichte genossen. Yoshi war offensichtlich kein Kämpfer, sondern ein friedliebender Mensch, und ein Zweikampf mit Kagasuke würde gleichbedeutend sein mit Selbstmord.

»Ich werde tun, was ich tun muß«, sagte Yoshi als Antwort auf ihre Bemühungen, ihn vor einer unbedachten Handlung zu bewahren.

Angesichts der hartnäckigen Gelassenheit ihres todgeweihten Freundes gingen den anderen Ratsmitgliedern langsam die Argumente aus. Es gab nichts mehr zu sagen. Sie schüttelten unglücklich den Kopf und verabschiedeten sich von Yoshi.

Hiromi ging als letzter. Er umarmte Yoshi, trat zurück und verbeugte sich. »Möge Amida morgen früh mit Euch sein«, sagte er, drehte sich um und eilte den anderen nach.

Das kalte Mondlicht hatte die Welt in unheimliches Schwarz und Weiß getaucht. Hier und da erhob sich ein Baum aus dem wogenden Meer von Schnee. Von den Hügeln im Norden drang durch das Klagen des Windes der melancholische Ruf einer Eule.

Die Tempelglocken schlugen zur Stunde des Hasen. Am Horizont zeigte sich das erste Licht des neuen Morgens. Vom fernen Berg Hiei ertönten andere Glocken. Der Wind blies feine Schneekristalle vor sich her. Sie blieben wie Sterne an den Haaren und der Kleidung der beiden Männer hängen, die wie Gestalten in einem Traum aufeinander zugingen.

Yoshi trug einen weichen, wollenen Umhang über einem weiten Kimono. Seine Kleidung bot keinen Schutz, gestattete ihm jedoch schnelle Bewegungen. Er erreichte den Mittelpunkt des Feldes als erster und erwartete Kagasuke wie ein Racheengel.

Kagasuke bot einen furchteinflößenden Anblick; er hatte seine ganze Kampfausrüstung angelegt. Die blau-violette Rüstung sah im Mondlicht grau aus. Sein Helm war mit dem Gesicht eines gehörnten Teufels verziert. Ein eiserner Kragen mit metallenem Latz schützte seinen Hals. Darunter trug er einen Leibpanzer und ein Kettenhemd, das mit Leder verbrämt und mit kleinen Quasten verziert war und Brust und Unterleib bedeckte. Auf Leder aufgenähte Eisenlamellen panzerten seine ganze rechte Seite und seinen Rücken. Eine dicke Lederschürze war unter den Schulterklappen befestigt und reichte bis zu seinen Schienbeinen, die von drei schwarzlackierten Eisenplatten geschützt wurden. An den Füßen trug er dicke Stiefel aus Bärenfell. Kagasuke war von Kopf bis Fuß gepanzert. Er sah nicht aus wie ein Mensch, sondern wie eine praktisch unbesiegbare Kampfmaschine.

Der Wind und das Schneetreiben nahmen zu. Eine dünne weiße Schicht bedeckte lautlos die beiden Männer. Kagasuke zog sein langes Schwert. Die schwere Rüstung beeinträchtigte seine Schnelligkeit kaum. Yoshi wehrte seinen Schlag mit einer blitzartigen Parade ab, und sein sofortiger Ausfall ließ Kagesukes Brustpanzer dumpf erklingen.

Ein kalte gelbe Sonne erschien am grauen Horizont, während die beiden Männer einander umkreisten. Yoshis Vorteil der größeren Schnelligkeit wurde teilweise ausgeglichen durch die tückischen Bodenverhältnisse, die eine ausgefeilte Beinarbeit gefährlich machten. Selbst der beste Angriff konnte durch ein Stück Eis unter dem Schnee vereitelt werden. Kagasukes Rüstung dagegen hatte den Nachteil, daß sich nasser Schnee zwischen den Lamellen festsetzte und die Bewegungen erschwerte. Immer wieder traf Yoshis Schwert auf Leder und Stahlplatten. Immer wieder schlug Kagasuke nach seinem Gegner, der geräuschlos auswich. Der Zweikampf wäre so lange unentschieden geblieben, bis einer der beiden vor Erschöpfung einen Fehler gemacht hätte, wenn Yoshi nicht, durch seine alte Hüftwunde behindert, auf einem Stück Eis zu Fall gekommen wäre. Sein rechter Fuß rutschte aus, und er fiel hin. Er hatte kaum den Boden berührt, als er schon zur Seite rollte.

Mit einem Triumphschrei sprang Kagasuke vor — und erlitt dasselbe Schicksal. Seine beiden Beine rutschten nach vorne weg. Das Gewicht seiner Rüstung beschleunigte den Fall. Krachend schlug er auf dem Eis auf und lag da wie eine riesige umgedrehte Schildkröte. Das Schwert war seiner Hand entglitten. Benommen ruderte er mit den Armen.

Im nächsten Augenblick war Yoshi wieder auf den Beinen. Er stürzte sich auf Kagasuke, kniete sich mit einem Bein auf seine Brust und setzte ihm die Spitze seines Schwertes an die Kehle. Er zögerte, und die Klinge zitterte. Aber als Kagasuke mit haßerfüllten Augen versuchte ihn abzuwerfen, biß Yoshi die Zähne zusammen und flüsterte: »Für Genkai! Für Ietaka!« und stieß das Schwert durch einen Spalt in der Halsberge. Kagasuke bäumte sich auf und fiel zurück in den Schnee.

Die Sonne war gerade hoch genug gestiegen, um auf die langsam größer werdende Blutlache unter dem Kopf des toten Mannes zu scheinen.

Eine Stunde nach der Eröffnung der Sitzung des Kaiserlichen Rates trat das jüngste Mitglied ein und setzte sich auf seinen Platz. Das Kissen neben dem Minister zur Linken blieb leer. Alle Vertreter der Minamoto nahmen an, Yoshi habe den selbstmörderischen Zweikampf mit Kagasuke vermieden — alle bis auf Hiromi, der fast unmerklich lächelte und Yoshi kurz die Hand auf die Schulter legte.

Fürst Chikara, Minister zur Linken, unterbrach sich in seiner Rede und biß sich auf die Lippen. Wo blieb Kagasuke? Er war immer pünktlich, außer wenn er sich mit einem Minamoto duellierte. Chikara hatte noch nicht von dem Zwischenfall gehört, der in der vergangenen Nacht stattgefunden hatte, aber er hatte bemerkt, daß Hiromi gelächelt, Yoshi die Hand auf die Schulter gelegt und ihm anerkennend zugenickt hatte. Er hatte das dumpfe Gefühl, daß er seinen

Bruder nie mehr lebend wiedersehen würde. Unwillkürlich erschauerte er. Die Geister der Vergangenheit hatten ihre Schatten auf ihn geworfen. Würde das nie aufhören?

60

Nachdem man den Hauptmann der Inneren Palastwache, dessen sonst gerötetes Gesicht totenbleich war, gefunden hatte, wurden unter den Taira die verschiedensten Vermutungen über den Verlauf des Zweikampfes geäußert. Überall stand man in kleinen Gruppen beisammen und stellte Spekulationen darüber an, wie Kagasuke getötet worden war. Wie konnte dieser Mann aus Okitsu, ein Niemand, ein unbekannter Emporkömmling, den mächtigen Kagasuke in fairem Kampf besiegt haben? Obwohl Kagasuke nicht einmal bei seinen eigenen Leuten sehr beliebt gewesen war, erkannten doch alle sein Können im Umgang mit Schwert und Bogen an; er war, abgesehen von Fürst Chikara, ihr bester Kämpfer.

Die Anhänger der Minamoto dagegen waren äußerst zufrieden. Sie befragten Hiromi über Yoshis Herkunft, und nach einigem Sträuben erzählte er ihnen alles. Zum erstenmal, seit sie Zutritt zum Kaiserlichen Rat erhalten hatten, bewegten sich die Minamoto im Palast ohne Angst.

Yoshi blieb in seinem Zimmer. Er war tief bedrückt. Hanzo hatte ihn gelehrt, daß ein Schwert ein Spiegel der Seele seines Besitzers sei. Ein schlechtes Schwert bedeutete eine schlechte Seele. Vor Ietakas Tod hatte Yoshi sich geweigert, seine Fähigkeiten als Schwertmeister gegen seine Feinde einzusetzen. Ja, gewöhnliche Samurai mochten sich duellieren und Männer töten, die ihnen in Kraft und Können unterlegen waren — bei einem, der nichts weiter war als ein Krieger, war das in Ordnung. Aber Yoshi war ein Meister und mußte sich an höheren moralischen Maßstäben messen lassen.

Ietaka war gerächt. Das hatte sich Yoshi nun schon unzählige Male gesagt, und doch erfüllte ihn dieser Gedanke nicht mit Befriedigung. Der Anblick Kagasukes, wie er mit durchgeschnittener Kehle auf dem Rücken im Schnee lag, war nichts, an das man sich gern erinnerte.

Yoshi nahm einen Pinsel und ein Blatt Maulbeerpapier.

>>Ein seltsames, wildes Tier
wohnt tief in meiner Seele.
Es wendet seinen Kopf
vor dem Tod, der mich bald
in die Finsternis stürzen wird.<<

Ein Schauder überlief ihn, als er die letzten Zeichen dieses düsteren Gedichtes auf das Papier setzte. Er schob den Tuschstein beiseite und wusch seinen Pinsel aus. Er hatte sich zu lange sinnlosen Selbstbetrachtungen hingegeben und hätte gern geschlafen, aber der Schlaf wollte nicht kommen. Yoshi betrachtete die flackernde Flamme des Öllämpchens und dachte an Fumio, seine Mutter und Nami. Besonders an Nami. Wie oft hatte er in kalten und einsamen Nächten wie dieser an ihr letztes Gespräch in Fukuhara gedacht! Wie oft hatte er vor dem Einschlafen in Gedanken ihre Stimme gehört: »Es wird Zeit, daß du das Kind vergißt und mich als die Frau siehst, die ich bin«, und »... vielleicht werde ich mir, wie so viele andere auch, einen Liebhaber nehmen, der meine Langeweile vertreibt.« Heute nacht sah Yoshi sie so vor sich, wie sie während des Festes im Pavillon des Kaisers erschienen war. Wie wunderbar sie ausgesehen hatte, als sie ihm den Kuß und die Botschaft »Besuch mich, sobald du kannst« zuhauchte. Ihre glänzenden Augen, ihre kleine Nase, ihr weiches Kinn, ihr feines Haar... Yoshi sehnte sich nach dem scheinbar Unerreichbaren, und in diesem Moment erkannte er, was er schon längst hätte sehen sollen. Trotz der Tatsache, daß sie Chikaras Frau war, erwiderte Nami seine Liebe. Allein in seinem kalten Bett wußte er, daß sie ihm ihre Gefühle gezeigt hatte, und er stöhnte über seine Dummheit, die das nicht hatte wahrhaben wollen. Er mußte zu ihr ... ganz gleich, welche Folgen das haben würde. Er mußte zu ihr und ihr sagen, daß er sie liebte. Das Leben eines Schwertmeisters erschien ihm plötzlich hohl und leer im Vergleich zu dem Leben, das er führen könnte, wenn Nami sein wäre. Ihre Liebe, ihre Wärme, ihre Nähe — das war es, was das Leben lebenswert machte, und weder Ehre noch Pflicht konnten das ersetzen.

Er löschte die Lampe, drehte sich auf die Seite und zog die Decke über die Schultern. Morgen, sagte er sich, werde ich zu ihr gehen.

Er ahnte nicht, daß eine Gruppe von Ratsmitgliedern der Taira etwas plante, das sein Leben verändern würde.

Am Morgen des zwanzigsten Tages beugten sich die Weiden zu beiden Seiten der Suzaku-Oji unter der schweren Last frisch gefallenen Schnees. Über dem Südwesten der Hauptstadt, wo viele Arme und Hungrige in der kalten Nacht gestorben waren, kreisten schwarze Vögel. Mönche stapften durch den Schnee und suchten nach den Leichen der Erfrorenen, um ihnen mit roter Farbe das Zeichen »A« auf die Stirn zu schreiben, damit Amida Buddha sich ihrer Seelen annahm. Im Garten des Palastes schlugen schwatzende Diener gegen die Weiden, Kiefern und Kirschbäume, damit der Schnee von den Ästen fiel, während andere auf den Veranden mit langen Stöcken die Eiszapfen abschlugen, die von den Dachtraufen hingen.

In Begleitung von Hiromi und einigen anderen Freunden betrat Yoshi den Saal, in dem die Ratsversammlungen stattfanden.

Eine Gruppe von Ratsmitgliedern der Taira erwartete sie.

Einer von ihnen trat vor und sagte mit lauter Stimme, die Minamoto seien Feiglinge und Tadamori Yoshi sei der größte Feigling von allen. Darauf folgte die übliche Herausforderung, die mit den Worten endete: »... und ich, obgleich ich dieser Aufgabe unwürdig bin, stelle mein Schwert in den Dienst der Fürsten der Taira und fordere alle, die sich mir stellen wollen, zum Zweikampf auf Leben und Tod heraus.«

Der schlanke junge Mann trug einen pflaumenfarbenen Kimono, auf dessen Vorder- und Rückseite das Tairawappen eingestickt war. Er war Yoshi bei den Sitzungen wegen seiner Ruhe und seinen intelligenten Bemerkungen aufgefallen.

»Ich habe keinen Streit mit Euch, Shigei«, sagte Yoshi. »Und ich trage kein Schwert. Daher bitte ich Euch: Laßt uns in Ruhe.« Yoshi hatte freundlich und gelassen gesprochen, aber seine Worte zeigten keine Wirkung.

»Dann stimmt es also: Ihr seid ein feiger Emporkömmling, dem es nur durch hinterhältige Machenschaften gelungen ist, Hauptmann Kagasuke zu ermorden.«

»Wenn ein unnötiger Kampf durch mein Eingeständnis, ein Feigling zu sein, vermieden werden kann, dann gebe ich zu, ein Feigling und ein Emporkömmling zu sein, obwohl ich sagen muß, daß ich kein Mörder bin.«

Die Ratsmitglieder der Minamoto sahen Yoshi entsetzt an. Sie hatten darauf gehofft, daß ihr neuer Held jede Gelegenheit nützen würde, seinen Namen zu verteidigen. Nun waren sie erschüttert über seine offensichtliche Feigheit.

Auch Shigei war zunächst sprachlos. Diese Reaktion hatte er nicht erwartet. Zornig über sein Schweigen sahen ihn seine Freunde an. Er sprach zunächst stockend: »Wir Taira sind davon überzeugt, daß Kagasuke einem heimtückischen Mord zum Opfer gefallen ist.« Shigei hielt inne und sah sich hilfesuchend unter seinen Freunden um. Dann gab er sich einen Ruck und fuhr mit erhobener Stimme fort: »Wollt Ihr uns glauben machen, Ihr hättet Kagasuke in einem offenen Zweikampf besiegt? Nein! Ich glaube Euer Geständnis nicht. Wenn Ihr meine Herausforderung nicht annehmt, werde ich dafür sorgen, daß Ihr wie ein gemeiner Krimineller bestraft werdet.«

»Wie Ihr wollt«, sagte Yoshi mit einem bedauernden Achselzucken. »Da Ihr mir keine andere Wahl laßt, nehme ich Eure Herausforderung an. Ich überlasse Euch die Wahl der Zeit und des Ortes.«

»In einer Stunde, auf dem Friedhof auf der Spitze des Berges Hiei«, sagte Shigei.

Yoshi verbeugte sich.

Es war Nachmittag, als Yoshi bedrückt vom Berg Hiei herabstieg. Ein starker, böiger Wind trug Schneekristalle mit sich, die den Rücken seines Kimonos wie feine Nadeln durchbohrten. Der Schnee auf den Feldern war geschmolzen und wieder gefroren, und der ständige Wind hatte ihn glattpoliert, so daß er im bleichen Licht der Sonne abweisend schimmerte. Das Bild, das die Landschaft bot, entsprach Yoshis Stimmung. Hinter ihm lag der Friedhof mit seinen Hunderten von schneebedeckten Grabsteinen, jeder von ihnen eine Erinnerung an eine Seele, die sich im ewigen Kreislauf von Leben und Tod befand.

Nur ein Leichnam lag dort, der keinen Grabstein hatte: Shigei.

Yoshis Schwert schlug an seine Seite und ließ ihn nicht vergessen, was er getan hatte. *Schlechtes Schwert, schlechte Seele.* Diesmal war es Mord gewesen. Shigei war jung, stark und aggressiv..., und verstand die Klinge nicht besser zu führen als die Anfänger im *dojo* von Sarashina.

Der Kampf hatte nur zehn Sekunden gedauert. Das Schwert in beiden Händen haltend hatte Shigei ihn erwartet. Die Klinge hatte im Winkel von fünfundvierzig Grad nach oben gezeigt. Er schien seiner selbst sicher, als Yoshi sein eigenes Schwert zog und es auf den Boden gerichtet hielt. Mit einem gewaltigen Schrei, der die innere Kraft auf den Gegner richten sollte, stürzte sich Shigei auf Yoshi, der nach links auswich und sein Schwert in die Brust seines Gegners stieß. Shigeis eigener Schwung und die Kraft hinter Yoshis Klinge trieben die Spitze tief zwischen seinen Rippen hindurch in sein Herz. Er erstarrte mitten in der Bewegung. Sein Schwert war noch immer auf den Punkt gerichtet, an dem sein Gegner gestanden hatte. Dann brach er langsam zusammen und fiel mit dem Gesicht nach unten in den Schnee.

Yoshi drehte den Leichnam auf den Rücken. Er kniete neben ihm nieder und sprach traurig ein Gebet, in dem er die Seele des jungen Mannes Buddha anvertraute. Dann schloß er den blutverschmierten Kimono über der Wunde und trat den langen, einsamen Rückweg an.

Es sprach sich herum, daß Yoshi ein Schwertmeister war; plötzlich forderte ihn niemand mehr heraus, und er konnte sich auf den bürokratischen Papierkrieg konzentrieren, der ihn ständig beschäftigt hielt. Bei nächster Gelegenheit schickte er Nami eine Botschaft und bat sie um die Erlaubnis, sie zu besuchen. Er legte ein Gedicht bei, das sie an den Tag erinnern sollte, an dem sie im Garten von Koyomoris Palast in Fukuhara spazieren gegangen waren.

»Die Schwäne ziehen immer noch
ihre Kreise zwischen Seerosen.
Sie haben nicht vergessen,
daß sie einst einen warmen Wanderer
an glückliche Zeiten erinnerten.«

Am nächsten Nachmittag erhielt er die Antwort — eine mit einem Seidenband umwundene und versiegelte Schriftrolle. Mit zitterndem Finger erbrach er das Siegel. Der Brief enthielt ein Gedicht, das in anmutigen Schriftzeichen auf schwerem roten Papier geschrieben war:

»Das Seerosenblatt
treibt auf dem Wasser,
auf ihm ein Froschweibchen.
Geduldig wartet es
auf den schönen Prinzen.«

Was für ein kluges, schönes, talentiertes Mädchen sie doch war! Er liebte sie von ganzem Herzen!

Noch am selben Abend würde er zu ihr gehen.

Während Yoshi Namis Gedicht las, kamen in einem Gasthaus im nordöstlichen Viertel der Stadt sechs Männer zusammen. Der Raum war an allen vier Seiten mit Bambusvorhängen abgeteilt. Er enthielt nur zwei Kerzen, die in hohen Kerzenhaltern steckten, einige Kissen und einen viel zu kleinen Ofen.

»Er muß sterben«, sagte der Anführer der sechs Männer.

»Darüber sind wir uns einig. Wann und wie soll es geschehen?«

»Ich hoffe nur, wir machen keinen Fehler. Wir überschreiten unsere Befugnisse, wenn wir ohne Chikaras Wissen Entscheidungen treffen«, sagte ein Mann, der bedeutend älter war als die anderen.

»Chikara ist zu vorsichtig geworden. Wir können nicht warten, bis er etwas unternimmt.« Der Anführer war ein Höfling mit einem runden Gesicht, der zischend durch eine Lücke zwischen seinen Vorderzähnen ein- und ausatmete. Er sprach mit ernster Stimme, und die anderen jungen Männer nickten zustimmend.

Der ältere Mann war der einzige, der zögerte. »Dennoch — wir hintergehen unseren Führer«, gab er zu bedenken. Er holte tief Luft und sah die anderen nachdenklich an. »Und wenn es fehlschlägt?«

»Wir sind sechs, und er ist allein. Es kann nicht fehlschlagen. Ich habe erfahren, daß er eine Botschaft an Chikaras Frau geschickt hat. Es ist unsere Pflicht, den Mann zu töten und den Minister vor einem Skandal zu bewahren. Yoshi wird die Frau im Palast besuchen. Vielleicht noch heute nacht. Wenn er herauskommt, werden wir ihn erwarten.«

»Ich bin dabei.«

»Ich auch.«

»Ich auch.«

»Und was, wenn ...?«

»Still! Wir werden ihn gemeinsam beseitigen. Ihr seid entweder für uns oder gegen uns. Entscheidet Euch«, zischte der Anführer.

Unter diesem Druck willigte der ältere Mann schließlich ein. »Ich werde mitmachen.« Trotz der Kälte im Raum trat ihm der Schweiß auf die Stirn.

»Also heute nacht. Wir treffen uns am Osttor der Palastmauer. Dort muß er auf dem Weg nach Hause vorbeikommen. Jeder, der nicht im Palast lebt, muß ihn vor Morgengrauen verlassen. Bereitet Euch auf eine lange Nacht vor, und denkt daran, wie man uns morgen beglückwünschen wird. Wir werden etwas tun, wozu anderen Männern der Mut fehlt, und wir werden reich belohnt werden.«

61

Zur Stunde des Vogels stand Yoshi vor der Tür von Chikaras Haus. Die Sonne war bereits untergegangen, und das Palastgelände lag still unter einer dicken Schneedecke. Alle Amtsgeschäfte waren seit Stunden beendet; auf den verschneiten Straßen war keine Menschenseele zu sehen. Ein Diener öffnete und führte Yoshi in das mittlere Zimmer, in dem Nami hinter einem Vorhang auf ihn wartete.

Yoshi kniete sich auf ein Kissen.

»Unser Umgang miteinander ist wieder recht förmlich geworden«, sagte er und glättete den Kimono über seinen Knien.

»In Kioto ist das unumgänglich. In der Vergangenheit hat mein Betragen oft unerwünschtes Aufsehen erregt. Ich versuche lediglich, mich den Regeln, die am Hof gelten, anzupassen.«

Namis Stimme war durch den Vorhang gedämpft. Sie klang kühl und distanziert. Nach dem, was Yoshi im kaiserlichen Pavillon gesehen hatte, war das nicht das, worauf er gehofft hatte.

»Ich bin enttäuscht. Nach so vielen Monaten der Trennung hatte ich mit einem wärmeren Empfang gerechnet.« Yoshi beugte sich vor. »Erinnerst du dich an den Nachmittag, den wir gemeinsam in Fukuhara verbracht haben?« Er versuchte, durch den Vorhang zu sehen.

Sie rührte sich nicht. »Wir sind nicht in Fukuhara«, sagte

sie. »Wir sind in der Hauptstadt, und hier muß ich mich anders benehmen. Man erwartet von mir, daß ich meinem Mann gehorche.«

»Ich hasse diese Förmlichkeit, die zwischen uns steht. Sie ist unnötig. Ich kenne dich nun schon so lange, daß du dich nicht hinter einem Vorhang zu verstecken brauchst. Ich möchte offen mit dir sprechen, und dieser Vorhang hindert mich daran.«

»Aber ich kann mir die Unabhängigkeit, die ich einst besaß, nicht mehr leisten. Ich habe meine Freiheit immer genossen, und ich hasse es, mich so zu verstecken, aber Chikara besteht darauf. Das ist sein gutes Recht, und ich gehorche ihm.«

Hatte er sie da schluchzen hören?

»Und deshalb sitzt du also hinter einem Vorhang ...?«

»Ja! Bitte versteh mich — ich bin nicht glücklich damit. Früher einmal habe ich gehofft, daß mein Leben anders aussehen würde ..., aber es sollte nicht sein.« Nami seufzte.

»Vielleicht ist es noch nicht zu spät. Ich habe in den letzten Tagen viel nachgedacht ... Es waren beunruhigende Gedanken. Ich zweifle an dem einsamen Leben, das ich als Schwertmeister führe.« Yoshi räusperte sich und fuhr fast unhörbar fort: »Ich bin stolz auf meine Fähigkeiten, und ich führe ein ehrenhaftes Leben — aber Stolz und Ehre sind nicht genug. Etwas Wichtiges fehlt in meinem Leben.« Wieder machte Yoshi eine Pause. »Ich habe viel nachgedacht, und meine Gedanken betreffen dich.«

»Wie kann das sein?«

»Nami, ich liebe dich. Seit Jahren schon liebe ich dich. Aber ich war blind und habe nie gemerkt, daß auch du mich liebst. Wie konnte ich nur so dumm sein? Weil du verheiratet bist, habe ich meine Gefühle sogar vor mir selbst verborgen. Aber jetzt habe ich keine Zeit mehr zu verlieren. Wenn du mich so liebst, wie ich dich liebe, dann will ich, daß du Chikara verläßt. Ich will dich heiraten und Kinder haben. Ich will, daß du in meinem Hause lebst. Ich will, daß du immer bei mir bist.«

»Yoshi!« Namis Stimme klang bestürzt. »Du hast mir nie gezeigt, daß du mich liebst. Du stellst mir Fragen, auf die ich nicht vorbereitet bin und die ich nicht beantworten kann. Ich soll Chikara verlassen? Du weißt, daß ich das nicht tun kann. Er würde mir das nie vergeben und sich rächen, indem er Onkel Fumio und unsere Familie zugrunde richtet. Ich soll dich heiraten? Kinder haben? Yoshi, obwohl es mich glücklich macht, das zu hören, ist es doch unmöglich. Ich dachte, du wüßtest, daß ich dich liebe. Als du krank, von einem Dämon besessen in Okitsu warst ..., als du mich in Fukuhara besucht hast ..., da dachte ich, du hättest meine Liebe bemerkt und wolltest sie nicht haben.« Namis Stimme wurde so leise, daß Yoshi sich vorbeugen mußte, um sie verstehen zu können. »Ich liebe dich mehr als mein eigenes Leben — aber was du vorschlägst, ist unmöglich.«

»Unmöglich? Das darfst du nicht sagen. Wir haben unser ganzes Leben noch vor uns.«

»Nein. Nein. Es ist unmöglich«, antwortete Nami. Yoshi hörte, daß sie weinte. »Ich bin sehr unglücklich, aber ich muß Chikaras Wünsche respektieren. Du darfst nie mehr herkommen. Wenn er wüßte, daß du hier bist, würde er uns beide töten. Nur weil ich wußte, daß er nicht da ist, habe ich es gewagt, dich einzuladen. Wir dürfen uns nie wieder hier sehen.«

»Sprich nicht von Wagnis! Du hast gerade gesagt, daß du mich liebst. Soll ich das vergessen?«

»Es wird unser Geheimnis bleiben.«

»Nein!« rief Yoshi. »Ich habe in den letzten Tagen viel über mich gelernt. Ich brauche dich, um mein Leben vollkommen zu machen. Jetzt, da ich weiß, daß du meine Liebe erwiderst, werde ich jeden Augenblick meines Lebens eifersüchtig auf ihn sein. Ich hasse ihn schon genug, auch ohne diese Eifersucht.«

Yoshi senkte den Kopf. Er hatte einen Kloß im Hals, der sich nicht hinunterschlucken ließ.

»All die Jahre ...«, flüsterte Nami.

Yoshi schob seine Hand durch den Spalt im Vorhang und

legte sie in die ihre. »Obwohl du seine Frau bist, kann ich dich nicht aufgeben.«

Nami schob mit ihrer freien Hand den Vorhang beiseite. Ihre großen, dunklen Augen glänzten. Sie zog Yoshi an sich. »An dem, was morgen geschieht, können wir nichts ändern; wir haben nur heute nacht. Laß uns zusammen sein, solange wir können. Nichts soll zwischen uns stehen.«

Yoshi schlüpfte durch den Vorhang in das Zwielicht des Raumes dahinter. Nami schloß ihn in die Arme und drückte sein Gesicht gegen ihre Brust.

»All die Jahre, in denen du mich behandelt hast wie ein Kind«, sagte sie, »habe ich mich danach gesehnt, daß du mich berühren würdest wie ein Mann. Vielleicht ist heute nacht alles zu Ende, aber plötzlich ist mir alles gleichgültig. Was auch geschieht — wir werden immer an diese Nacht zurückdenken können.«

»Nein, Nami — dies ist kein Ende, sondern ein Anfang. Nichts wird uns mehr trennen können, auch Chikara nicht.«

»Wenn du doch nur recht hättest! Schon der Gedanke daran läßt mich zittern. Fühl nur, wie mein Herz schlägt.« Yoshi legte seine Hand auf ihre Brust und streichelte sie, bis Nami stöhnte.

»Das ist schöner, als ich es mir je erträumt habe«, flüsterte sie zärtlich.

Nami erwachte mit einem Ruck. »Yoshi, wach auf«, sagte sie. »Es ist fast Morgen.« Sie schmiegte sich an ihn, ihr Gesicht an seinem Hals. »Dir so nahe zu sein ... Ein Teil von dir zu sein ...« In plötzlicher Panik fuhr sie zurück. »Laß mich nicht aufwachen, dies alles soll nicht nur ein Traum gewesen sein! Laß mich nicht allein! Ich will diese Nacht nicht vergessen. Nimm mich in die Arme, Yoshi ..., halt mich fest! Ich will nicht, daß der Morgen kommt.«

Er preßte sie an sich. »Ich auch nicht«, sagte er, und eine böse Vorahnung mischte sich in sein Glück.

Die ersten niederen Beamten eilten durch die engen Straßen auf die Palastmauer zu. Sie wirbelten Schnee auf, und aus ihren Mündern stieg weiß der Atem. Viele trugen Schwerter unter ihren Umhängen. Die Glocken hatten soeben zur Stunde des Tigers geschlagen, und außerhalb der Palastmauern lauerten im Schutz der Nacht Räuber und Wegelagerer allen auf, die unbewaffnet waren.

In den Schatten am Taiken-Mon-Tor wartete ein bewaffneter Mann. Er trat von einem Fuß auf den anderen und blies immer wieder in die Hände, um sie zu wärmen. Er trug eine Mönchskutte mit einer Kapuze und musterte jeden, der vorbeiging. Auf seiner Kleidung war kein Wappen oder Abzeichen. Diejenigen, die ihn bemerkten, machten einen weiten Bogen um ihn. Einem bewaffneten Mönch, der bei Morgengrauen an einem Tor stand, ging man am besten aus dem Weg.

Irgendwo krähte ein Hahn, und am Horizont im Osten zeigte sich das erste Licht des Tages. Der Wind hatte nachgelassen, und die Straßen lagen still da.

Mehrere Höflinge kamen nacheinander aus dem Tor in der Palastmauer; es war die Stunde, in der Liebende voneinander Abschied nehmen mußten. Wer die Nacht in den Armen einer Frau verbracht hatte, war jetzt auf dem Heimweg.

Eine Gestalt trat durch das Taiken-Mon Tor. Der Mann hinkte leicht; sein Gesicht war von einem breitkrempigen Strohhut verborgen, der seinen Kopf wie ein Helm bedeckte. Ein Lächeln spielte um seine Lippen. Er ging leichten Schrittes, die Augen auf die Straße geheftet.

Der Mann in der Mönchskutte trat auf die Straße und folgte seinem Opfer lautlos. Er zog sein Schwert und gab fünf anderen Männern, die ein Stück weiter die Straße hinunter in Hauseingängen gewartet hatten, ein Zeichen. Sie traten wie Schatten aus ihren Verstecken und versperrten die schmale Straße. Alle trugen schwarze, bis zum Boden reichende Umhänge mit Kapuzen, die ihre Gesichter verbargen. Ihre gezogenen Schwerter schimmerten im Licht der aufgehenden Sonne.

Im selben Augenblick, in dem Yoshi sie sah, spürte er, daß sich ein Mann von hinten näherte. Instinktiv trat er zur Seite und zog sein Langschwert. Mit einer blitzschnellen Körperdrehung schlug er nach dem Angreifer. Mit voller Wucht traf die Klinge den Mann, der stumm zu Boden fiel. Der Triumphschrei, den er gerade hatte ausstoßen wollen, blieb ihm im Hals stecken.

Yoshi ließ sein Schwert sinken und ging langsam auf die Männer zu. »Ich habe kein Gold«, sagte er. »Macht Platz! Ich habe nichts mit euch zu schaffen. Laßt mich durch!«

Der Anführer der Vermummten hob sein Schwert und trat einen Schritt vor. »O doch, Ihr habt etwas mit uns zu schaffen. Ihr seid ein Mörder! Wir sind hier, um den Tod von Kagasuke und Shigei zu rächen. Eure letzte Stunde ist gekommen!«

Yoshi ging weiter. »Macht Platz und laßt mich durch«, sagte er ruhig.

Sein Herausforderer zögerte und versuchte, Yoshis Gesichtsausdruck unter dem Hut zu erkennen. Dann stieß er einen Wutschrei aus und sprang vor. Yoshi wich nach links aus, trat in den Rücken des Angreifers und führte einen diagonalen Hieb, der die Wirbelsäule durchtrennte. Der Mann tat noch drei Schritte, bevor er vornüber in den Schnee fiel.

Mit einem Schrei stürzten sich zwei weitere Männer auf Yoshi. Ungeschickt behinderten sie sich gegenseitig in der engen Gasse. Keiner von ihnen kam dazu, einen Schlag anzubringen: Dem einen schlitzte Yoshi die Kehle auf, dem anderen stieß er sein Schwert in den Bauch.

Die beiden letzten Männer standen unschlüssig in der Mitte der Straße. Yoshi streckte ihnen sein blutiges Schwert entgegen und ging auf sie zu. »Verschwindet!« sagte er. »Noch ist es Zeit.« Nervös wichen sie zurück. Yoshi folgte ihnen. An einer Ecke stand eine steinerne Straßenlaterne. Er stampfte mit dem Fuß auf und stieß einen durchdringenden Schlachtruf aus. Die beiden verschwanden um die Ecke und rannten davon.

Yoshi wischte die Klinge seines Schwertes ab und steckte

es in die Scheide, bevor er zurück zu den Männern ging, die er tödlich verletzt hatte. Einer von ihnen lebte noch. Yoshi schlug seine Kapuze zurück und erkannte ihn als einen von Shigeis Freunden. Seine Angreifer waren keine Samurai gewesen. Wie töricht von ihnen, einem Schwertmeister aufzulauern!

Yoshi kniete neben dem Mann nieder. »Wer hat Euch geschickt?« fragte er.

»Der Plan stammte von ...« Der Mann hustete Blut und murmelte etwas Unverständliches. »Ich war dagegen ... ich habe ihnen gleich gesagt ...« Er erschauerte.

»Von wem stammte der Plan? War es Chikara?« drängte ihn Yoshi.

»Chikara ... Plan ... Chikara ...« Die Stimme erstarb.

Mit zusammengebissenen Zähnen stand Yoshi auf. Seine Augen funkelten. Also steckte tatsächlich Chikara dahinter! Er zog sein Schwert und hielt es vor sein Gesicht. »Ich schwöre bei Amida Buddha, beim Kriegsgott Hachiman, daß ich Chikara töten werde.« Mit einem wütenden Ruck schob er das Schwert wieder in die Scheide. Klickend schnappte der Verschluß ein.

Am Boden versuchte der Sterbende, etwas zu sagen. »Chikara ...«, murmelte er. »Er weiß nichts ... Unsere Idee ... Chikara ... weiß nichts.«

Yoshi war bereits weitergegangen und hörte nichts.

Der älteste und besonnenste der fünf Männer hustete, zuckte noch einmal und ließ sein Gesicht in den kühlen Schnee sinken.

62

Bei der nächsten Zusammenkunft des Kaiserlichen Rates blieben auf Chikaras Seite des Podiums mehrere Kissen unbesetzt. Chikara kam zu spät, nahm hastig seinen Platz ein und schien das Fehlen der Männer nicht zu bemerken. Yoshi ließ ihn nicht aus den Augen. Er wollte sich die Enttäuschung auf dem Gesicht des Ministers zur Linken nicht entgegen lassen, wenn dieser bemerkte, daß das Opfer seines Anschlags noch lebte und die Mörder, die er ausgesandt hatte, fehlten. Chikara verzog jedoch keine Miene; er nickte Yoshi sogar kühl zu, als ihre Blicke sich begegneten.

Kiyomori eröffnete die Sitzung — Munemori war wieder einmal »unpäßlich« —, verbeugte sich vor Chikara und überreichte ihm seinen Stab zum Zeichen, daß Chikara die Sitzung leiten sollte. Kiyomori war bleich und hatte tiefe, dunkle Ränder unter den Augen. Von Zeit zu Zeit würgte ihn ein krampfartiger Husten. Yoshi wandte seine Aufmerksamkeit dem *daijo-daijin* zu: Kiyomori war ein todkranker Mann, und es war offensichtlich, daß er trotz seines Reichtums und seiner Macht bald sterben würde.

Während die Mitglieder des Rates Reden hielten, schweiften Yoshis Gedanken weit ab. Wie war es möglich, in einem Augenblick so hoch über andere Menschen erhoben zu werden und im nächsten tief zu sinken? War ein böser Geist daran schuld? War sein Schwert, das immer im Dienst des Guten gestanden hatte, schlecht geworden? Veränderte man sich, sobald man Macht besaß? Machten Yoshis Fähigkeiten ihn zu mehr — oder zu weniger — als andere Männer? Und wenn er sein Können als Schwertmeister einsetzte, um Chikara zu töten — würde Nami das verstehen? Fragen über Fragen. Sie tauchten schneller auf, als er Antworten finden konnte. Äußerlich war er ruhig, aber in ihm herrschte Chaos. Er hatte keine andere Wahl — er mußte Chikara herausfordern! Wenn Yoshi nicht rasch handelte, würde Chikara wieder Männer schicken, die ihm auflauerten. Und das nächstemal würden es keine im Schwertkampf unerfahrenen Politiker, sondern kampferprobte Samurai sein.

Er durfte nicht mehr zögern ..., er mußte ihn herausfordern!

In der Sitzungspause verließ Kiyomori den Saal, und die Ratsmitglieder standen in Gruppen beieinander, diskutierten die Themen, die zur Sprache gekommen waren, und stellten Vermutungen über die unerwartete Abwesenheit so vieler Vertreter der Taira an. Yoshi sprach mit einigen Ratsmitgliedern der Minamoto, als er Chikara in einer Gruppe in der Nähe entdeckte. Yoshi verbeugte sich und entschuldigte sich, dann trat er, zur Verwunderung der Minamoto, die ihm folgten, auf Chikara zu.

»Fürst Chikara«, sagte er mit lauter Stimme, »Ihr seid ein Hund.« Sofort verstummten alle Gespräche im hohen Saal. Die Holzkohlenfeuer in den Kupferbecken schienen lauter zu knistern als sonst. Yoshis Stimme hallte in den dunklen Zwischenräumen zwischen den Deckenbalken wider. »Nein«, fuhr Yoshi fort, »Ihr seid weniger als ein Hund. Hunde halten wenigstens zusammen. Ihr aber schickt Hunde aus, einen Tiger anzugreifen, und wendet Euch ab, wenn der Tiger zurückschlägt.«

Die Ratsmitglieder der Taira traten zurück, so daß zwischen Yoshi und Chikara eine Gasse entstand. Einige machten bestürzte Gesichter, andere lächelten befriedigt: Nun würde ihr Anführer etwas gegen diesen jungen Emporkömmling unternehmen müssen. Chikaras Mund war eine dünne Linie, seine Augen waren fast geschlossen. Es kostete ihn große Anstrengung, sich zu beherrschen. Mehrere Sekunden vergingen, bevor er antwortete. Obwohl seine Worte höflich waren, klangen sie drohend. »Entschuldigt, junger Mann«, sagte er. »Seid Ihr ein Tiger?«

»So ist es. Und seid Ihr ein Hund?«

Ein nervöses Kichern durchbrach die drückende Stille. Einer der Umstehenden schnappte hörbar nach Luft.

»Ich glaube, Ihr seid zu weit gegangen, junger Mann. Meine Verbindung zu Eurer Familie wird Euch nicht vor den Folgen dieser Beleidigung schützen. Entschuldigt Euch auf der Stelle!«

»Es gibt nichts, für das ich mich entschuldigen müßte. Ich schlage vor, wir lassen meine Familie aus dem Spiel und regeln diese Angelegenheit, wie es sich für Ehrenmänner gehört.«

Die Ratsmitglieder stellten sich hinter ihren jeweiligen Anführer. Feindselige Blicke wurden gewechselt. Niemand lächelte. Weder Yoshi noch Chikara konnten zurück.

»Nun gut.« Mit steinernem Gesicht verbeugte Chikara sich höflich. »Wir wollen die Punkte, die heute nachmittag noch zu behandeln sind, erledigen, ohne den Großkanzler mit dieser Angelegenheit zu behelligen — er fühlt sich nicht wohl. Morgen, wenn ich mit Euch fertig bin, werde ich ihm erklären, was zwischen uns vorgefallen ist. Wenn Ihr einverstanden seid, werden wir uns um Mitternacht, zur Stunde der Ratte, zum Zweikampf mit Schwertern treffen.«

»Auf dem Friedhof nördlich des Palastes«, antwortete Yoshi und verbeugte sich ebenso kühl wie Chikara.

»Einverstanden.«

Chikara drehte sich auf dem Absatz um und kehrte zu seinem Platz zurück, um die Nachmittagssitzung zu leiten. Die Dinge hatten eine schlechte Wendung genommen. Das konnte kein gutes Ende finden. Aber es mußte sein. Dieser böse Geist mußte ein für allemal vernichtet werden. Chikara hatte keine Angst vor dem Zweikampf. Er hatte schon andere Schwertmeister besiegt, und obwohl er nicht mehr jung war, wußte er, daß er die Kraft, die Schnelligkeit und die Fähigkeit besaß, Yoshi zu schlagen. Er verfluchte das Schicksal, das ihn in eine so schwierige Lage gebracht hatte. Um Mitternacht würde er Yoshi töten und dann versuchen, die Beziehung zu seiner Frau und zu Fumio wiederherzustellen.

Kurz vor Ende der Sitzung änderte Chikara seinen Entschluß. Nami würde die Nacht im Haus von Fumio verbringen. Bevor er Yoshi gegenübertrat, würde Chikara ihr und ihrem Onkel alles erklären. Er wußte, daß der alte Mann trotz seiner schroffen Art seinen Neffen liebte. Aber er war ein Samurai, und er würde verstehen, daß der Ehrenkodex Chikara keinen anderen Ausweg ließ als den, Yoshi zu töten.

Am frühen Abend traf Chikara in Fumios Haus ein. Mit ungewohnter Bescheidenheit bat er Fumio um eine Unterredung in einer wichtigen Angelegenheit. Nachdem sie Platz genommen hatten, erklärte er die Situation. Er schloß seinen Bericht mit den Worten: »Euer Neffe setzt den Taira schlimmer zu als eine ganze Kompanie von Bogenschützen der Minamoto. Kurz nach unserer Rückkehr aus Fukuhara hat er meinen Bruder Kagasuke getötet. Kurz darauf brachte er Shigei um, einen unseren treuen Anhänger im Kaiserlichen Rat. Wenn das so weitergeht, wird er allein das Kräfteverhältnis nach und nach umkehren. Und Go-Shirakawa wird sich an unserer Niederlage weiden.« Er machte eine Pause. »Wegen meiner Verbindung zu Euch und Eurem Haus habe ich Euren Neffen gewähren lassen. Aber diesmal ist er zu weit gegangen. Er hat mich direkt herausgefordert, und ich habe angenommen. Es tut mir leid, aber ich hatte keine andere Möglichkeit.«

»Das schmerzt mich, aber ich muß Euch recht geben«, seufzte Fumio. »Ich wollte, es wäre anders — aber Yoshi hat sich, seit er Okitsu verlassen hat, zu sehr verändert. Ihr werdet ihn verstehen, wenn Ihr Euch vor Augen haltet, was er durchgemacht hat. Zuerst ist Genkai von Eurer Hand gefallen ...« Chikara wollte ihn unterbrechen, aber Fumio hob die Hand. »Ja, ich weiß, daß das ein unglücklicher Zufall war, aber Yoshi war jung und hitzköpfig. Vergeßt nicht: Er hätte an diesem Tag fast sein Leben verloren und mußte fliehen. Und später hat Kagasuke seinen Vetter Ietaka getötet, und sein geliebter *sensei* Ichikawa fiel Euren Samurai zum Opfer. Ist es da ein Wunder, daß er sich gegen uns gestellt hat? Obwohl das, was nun kommen wird, mich mit Schmerz erfüllt, weiß ich nicht, wie es sich vermeiden ließe.« Fumio wedelte heftig mit dem Fächer; der Raum war sehr warm. Schwere Vorhänge schlossen die Kälte aus, und im Ofen brannte ein großes Holzkohlenfeuer.

Die beiden Männer saßen an einem niedrigen Tisch. Fumio hatte seine Hand auf eine geschnitzte, mit roten Einlegearbeiten verzierte Armstütze gelegt. Öllampen hingen von der Decke und tauchten den Raum in weiches Licht.

»Ich achte Euch sehr«, sagte Chikara leise. »Vielleicht liegt es daran, daß ich alt werde, aber ...« Er zögerte. »Mir liegt mehr an Eurer Freundschaft als an Yoshis Tod.«

»Seid Ihr sicher, daß Ihr ihn besiegen werdet?« Nur die

Tatsache, daß er nervös mit einer leeren Teetasse spielte, verriet Fumios Gefühle.

»Natürlich. Mein lieber Fumio, er ist zwar ein Fechtlehrer — an einer bekannten, aber kleinen Schule in Sarashina — und hat zwei Duelle gewonnen. Aber Shigei war ein Dilettant, und Kagasuke mag ein guter Kämpfer gewesen sein, aber ich war ihm immer weit überlegen. Euer Neffe wird von meiner Hand sterben.«

Chikara senkte seinen Blick.

»Unser Leben ist so kurz. Wie traurig, daß es dazu kommen muß«, sagte Fumio leise.

»Ich bin gekommen, weil ich Feindschaft zwischen uns vermeiden wollte, alter Freund. Ich hoffe, Ihr werdet keine Blutrache nehmen wollen, wenn ich Euren Neffen getötet habe.«

»Fürst Chikara, Ihr handelt als Ehrenmann. Wie kann ich Euch die Schuld geben? Ich habe gehört, wie Yoshi Euch beleidigt hat. Ich wollte, er wäre ein Höfling geblieben. Vor Jahren, als er vom Hof zu uns zurückkehrte, war ich sehr unglücklich über die Art und Weise, wie er sich verändert hatte. Ich habe gebetet, er möge ein Mann werden und sein geziertes Benehmen ablegen — und das ist nun daraus geworden. Ich wollte, es wäre möglich, noch einmal von vorn anzufangen.«

Fumio war überwältigt von Sehnsucht nach vergangenen Zeiten und Reue über ungenutzte Gelegenheiten. Chikaras Appell an seine Freundschaft hatte ihn so tief bewegt, daß es ihm schwerfiel, Haltung zu bewahren. Er räusperte sich, um seine Rührung zu verbergen.

Chikara bemerkte nichts davon. Er war selbst in Gedanken versunken, die um die Vergangenheit kreisten. »Noch einmal von vorn beginnen ... Ja ..., wenn das möglich wäre. Manchmal glaube ich, unser Leben wäre anders verlaufen, wenn nur ...« Er verstummte und sah nachdenklich in seine Schale. »Sagt mir: Ist meine Frau heute abend bei Euch?«

»Ja, sie ist bei Fürstin Masaka im Nordflügel. Seit unserer Rückkehr aus Fukuhara ist meine Schwester krank.«

»Weiß sie von meinem bevorstehenden Zweikampf mit Yoshi?«

Chikara schien besorgt. Fumio verstand das als Bemühung, der Familie zusätzlichen Schmerz zu ersparen.

»Wir hielten es für das Beste, ihr nichts zu sagen. Es würde sie nur aufregen.«

»Es schmerzt mich, daß ich ihr noch mehr Kummer bereite. Schon einmal, vor langer Zeit ...« Chikara versank wieder in Gedanken an die Vergangenheit. »Wie wundersame Wege das Schicksal geht. Ich fürchte, ich werde durch dieses Duell meine Frau verlieren. Wird sie mir verzeihen, wenn ich ihren Lieblingsvetter töte? Yoshi verfolgt mich! Ich glaube fast, daß ich ihm in einem früheren Leben großes Unrecht zugefügt habe. Unsere Leben sind so miteinander verbunden ... Könnte es sein, daß Geister im Spiel sind?« Chikara senkte den Kopf. Traurig sah er in seine Schale. Das Licht der Lampen und des offenen Feuers warf tiefe Schatten auf sein Gesicht und ließ ihn älter und verletzlicher aussehen.

Eine Tür des Zimmers glitt auf, und kühle Luft strömte herein.

»Oh, entschuldigt ..., ich wußte nicht ...« In der Tür stand Nami und verbarg das Gesicht hinter ihrem Fächer.

»Tritt ein«, sagte Fumio und erhob sich. »Dein Mann ist hier.«

»Ich werde mich sofort umziehen. Ich bin nicht angemessen gekleidet, um ihm gegenüberzutreten.« Nami war bestürzt. Mit Chikaras Anwesenheit hatte sie nicht gerechnet, und sie war sicher, daß ihr Gesicht ihr heimliches Treffen mit Yoshi gestern nacht verraten würde.

»Unsinn! Fürst Chikara wird keinen Anstoß an deiner Kleidung nehmen. Was ist in dich gefahren? Warum diese plötzliche Bescheidenheit?« sagte Fumio.

»Ich halte mich an deine Anweisungen, Onkel. Ich werde sofort gehen.« Sie versuchte, die aufsteigende Röte in ihrem Gesicht zu verbergen und wandte sich zum Gehen.

»Komm her, Nami. Seit unserer Hochzeitsnacht hast du mich immer wieder darum gebeten, als Gleichgestellte behandelt zu werden. Warum gehst du mir jetzt aus dem Weg?« fragte der arglose Chikara.

»Vielleicht habe ich gelernt, wo mein Platz ist«, antwortete Nami mit leisem Sarkasmus. Sie sah Chikara mit einem verschlossenen Blick an.

Chikara lächelte kühl. »Genug davon. Ich habe dir etwas Wichtiges mitzuteilen.«

Nami gab nach; sie nickte gehorsam und nahm in einer Ecke des Zimmers Platz, wo ihr Gesicht im Schatten blieb.

Chikara erzählte ihr von seinem bevorstehenden Zweikampf mit Yoshi, um sie auf den seiner Meinung nach unvermeidlichen Ausgang vorzubereiten. Als er sagte, daß Yoshi von seiner Hand sterben werde, ließ Nami erschrocken ihren Fächer fallen, und ihr Gesicht verriet ihre Gefühle. Bei Buddha, dachte Chikara, ist er vielleicht ihr Geliebter? Plötzlich wurde ihm klar, daß Namis Gefühle für Yoshi weit über das hinausgingen, was man als verwandtschaftliche Zuneigung bezeichnen konnte. Wie immer das Duell auch ausgehen mochte — er, Chikara, würde nicht der Sieger sein. Nami würde zwar seine Frau bleiben, aber er würde ihr nie mehr vertrauen können.

Die Grausamkeit und die Unberechenbarkeit des Schicksals ließen ihn mitten in seiner Rede innehalten. Er fühlte sich alt und müde. Mit einem ausdruckslosen Blick sah er Nami an. Es fiel ihm schwer, sich zu konzentrieren. Ihr bekümmertes Gesicht machte seine Absicht, ihr seine Beweggründe zu erklären, zunichte. »Yoshi ... Yoshi!« dachte er. »Was hast du mir angetan?« Er senkte seinen Blick. »Warum verfolgt er mich?« fragte er mit hoffnungsloser Stimme.

Namis Kinn zitterte. »Er glaubt, viele gute Gründe zu haben. Im Gegensatz zu dir, einem reifen, besonnenen Mann, ist er jung und dickköpfig. Was kann ich sagen oder tun, damit du ihn verschonst?«

»Nichts! Ich erfülle meine Pflicht nicht gern, aber ich bin ein Samurai-Fürst. Ich kann über seine Beleidigungen nicht hinwegsehen.« Bei den letzten Worten hatte Chikara seine Stimme erhoben. Leiser fuhr er fort: »Unglücklicherweise ist mir diese Situation aufgezwungen worden. Ich kann Yoshi nicht verzeihen, auch wenn ich seine Beweggründe verstehe. An dem Schicksal, das er erlitten hat, trage ich keine Schuld. Du weißt, daß Genkais Tod ein Unfall war, und was den Zwischenfall mit seinem *sensei* betrifft — wie kann er mich dafür verantwortlich machen? Ich bin nur nach Okitsu gekommen, um dich zu sehen. Und dann dein Bruder, Ietaka ... Ganz gleich, was alle glauben — Kagasuke hat gegen meine Anweisungen gehandelt. Was immer es ist, das Yoshi mir vorwirft — ich trage keine Schuld daran.«

»Vielleicht war es wirklich nicht deine Schuld. Aber trotzdem kannst du versuchen, das Geschehene wiedergutzumachen. Als deine Frau bitte ich dich, meinen Vetter zu verschonen.« Nami brach in Tränen aus.

Chikara sah sie bitter an. »Ich sehe, daß du mehr als bloße Zuneigung für ihn empfindest«, sagte er.

Fumio, der nicht verstand, welche Richtung das Gespräch genommen hatte, unterbrach ihn. »Ich werde das nicht zulassen«, sagte er und hob die Hand, als Chikara ihm ins Wort fallen wollte. »So sehr ich meinen Neffen auch liebe — ich werde nicht erlauben, daß Ihr Euch entehrt, um ihn zu schonen. Ihr werdet kämpfen, ohne Rücksicht darauf, wieviel Schmerz es Euch bereitet. Eure Ehre muß verteidigt werden.«

»Nein, Onkel«, schluchzte Nami. »Du mißverstehst mich. Ich will nicht, daß mein Mann seine Ehre aufgibt. Ich will nur, daß er das Leben deines armen, törichten Neffen schont. Daß er Yoshi am Leben läßt.«

Chikara sah sie lange an. Dann ging er zu ihr, legte seine Hand unter ihr Kinn und hob ihren Kopf. Er wischte ihr eine Träne von der Wange. »Du mußt ihn sehr lieben«, sagte er und ließ seine Hand sinken. Bevor Nami etwas antworten konnte, war Chikara aufgestanden und zur Tür gegangen. »Obwohl du meine Frau bist, habe ich dich für immer verloren. Ich werde das, was von meiner Ehre übriggeblieben ist, mit aller Kraft verteidigen. Heute nacht werde ich auf Leben und Tod mit ihm kämpfen.«

63

Gegen acht Uhr abends, zur Stunde des Hundes, empfing Chikara eine Delegation von Ratsmitgliedern der Taira. Sie erzählten ihm, was morgens vorgefallen war. Wegen seiner Inanspruchnahme durch die Sitzung des Rates, seiner Konfrontation mit Yoshi und seines Besuches bei Fumio und Nami war Chikara das einzige Mitglied des Kaiserlichen Rates, das noch nichts von dem fehlgeschlagenen Überfall auf Yoshi wußte. Er blieb äußerlich ruhig, innerlich jedoch war er außer sich vor Wut. Nun war ihm klar, warum Yoshi ihn beleidigt hatte. Yoshi *mußte* ja glauben, daß Chikara für diesen Hinterhalt verantwortlich war.

Chikara sprach mit beherrschter Stimme. »Morgen«, sagte er zu seinen Besuchern, »werde ich die beiden bestrafen, die töricht genug waren zu überleben. Und zwar nicht nur für ihren Ungehorsam, sondern auch für ihre Feigheit. Sie hätten kämpfen und für ihre Ehre sterben sollen.« Er machte eine Pause. »Was kann man mit solchen Schwächlingen erreichen? Manchmal glaube ich, es wäre besser, wenn die Minamoto den Sieg über uns davontragen würden.«

Nachdem die Männer sich verabschiedet hatten, kniete Chikara vor einer kleinen Buddhastatue nieder, um zu beten. In seinem dunklen Kimono war er in dem von nur einer Kerze beleuchteten Raum kaum auszumachen. Sein Langschwert lag vor ihm auf dem Boden. Er starrte auf die funkelnde Klinge. Es gab noch einen anderen Ausweg ... Er konnte Yoshi das Leben schenken und Nami glücklich machen.

Chikara zog sein kurzes Schwert. Er hielt die fünfundzwanzig Zentimeter lange Klinge an seine Stirn. Der kühle, glatte Stahl schien seine fieberhaft dahinrasenden Gedanken zu beruhigen. *Nein!* Nur ein Feigling würde sich für Selbstmord entscheiden. Er schauderte vor Abscheu. Wie konnte er das auch nur in Betracht ziehen? Unter diesen Umständen wäre *seppuku* ein unehrenhafter Tod. Er schob das kurze Schwert wieder in die Scheide und stand entschlossen auf. Yoshi mußte sterben!

Während Chikara zu Buddha betete, wurde eine verhängte Sänfte durch die Stadt getragen. Vor Yoshis Haus hielt sie an; die beiden Passagiere stiegen aus, bezahlten die Träger und schritten durch den Schnee zum Eingang des Hauses. Beide trugen einen weiten Umhang mit einer Kapuze, die ihr Gesicht verbarg.

Auf ihr Klopfen erschien ein Diener.

»Wer seid ihr?« fragte er mißtrauisch. Es war ungewöhnlich spät für einen Besuch.

»Unsere Namen sind unwichtig. Wir sind gekommen, um mit deinem Herrn zu sprechen.« Der Kleinere der beiden reichte dem Diener eine Münze. Dieser verbeugte sich und ließ sie ein. Während sie warteten, schüttelten sie den Schnee von ihren Gewändern. Sie hörten Yoshi nicht eintreten. Schweigend musterte er sie, um sicher zu sein, daß sie unbewaffnet waren. Als er sich davon überzeugt hatte, daß sie nicht in feindlicher Absicht gekommen waren, räusperte er sich. Die Besucher wandten sich ihm zu; ihre Gesichter waren immer noch unter den Kapuzen verborgen. »Willkommen«, sagte Yoshi. »Was kann ich für Euch tun?«

»Yoshi, ich bin's«, antwortete der Größere und schlug seine Kapuze zurück.

»Nami!« Er wollte zu ihr eilen und sie an seine Brust drükken, aber die Anwesenheit ihres Begleiters hielt ihn ab. »In einer solch kalten Nacht hätten du und dein Freund das Haus nicht verlassen sollen.«

»Freund?« sagte der zweite Besucher und streifte den Umhang ab. »Ich bin doch gewiß mehr als ein Freund!«

»Mutter! Verzeih mir. Ich habe dich nicht erkannt«, sagte Yoshi erstaunt. »Euer Kommen war so geheimnisvoll — ihr tragt weite Umhänge und Kapuzen und habt meinem Diener nicht gesagt, wer ihr seid. Als er euch anmeldete, wußte ich nicht, was ich davon halten sollte. Legt eure Umhänge ab und tretet ein. Ich werde Tee kommen lassen.«

Sobald er seine Mutter gesehen hatte wußte Yoshi, was der Grund für diesen Besuch war. Er überlegte fieberhaft, wie er dieser Situation begegnen sollte.

Nachdem sie Platz genommen hatten, betrachtete Yoshi das Gesicht seiner Mutter. Wie alt und zerbrechlich sie geworden war! Ihr Haar war schneeweiß, feine Falten bedeckten ihre Wangen und ihre Stirn, und ihre Hände zitterten. Es erfüllte ihn mit Traurigkeit, daß ihr, die in ihrer Jugend eine berühmte Schönheit gewesen war, das Alter so sehr anzusehen war.

Als habe sie seine Gedanken gelesen, sagte Fürstin Masaka: »Ja, das Alter hat seine Spuren hinterlassen.«

»Für mich bist du schön, Mutter, und ich fühle mich durch deinen Besuch geehrt. Ich freue mich sehr, dich zu sehen«, entgegnete Yoshi.

»Abgesehen von meinen Pilgerreisen ist dies seit vielen Jahren das erstemal, daß ich meine Gemächer verlassen habe. Ich muß mit dir über eine wichtige Angelegenheit sprechen.«

»Ja, Mutter. Ich kann mir denken, warum du gekommen bist«, sagte Yoshi. Er widmete seiner Teetasse ungewöhnlich viel Aufmerksamkeit.

»Mein Sohn, wie oft habe ich dir schon geraten, deinen Streit mit Fürst Chikara zu begraben?« Fürstin Masakas Stimme bebte. »Vielleicht mißt du den Bitten einer alten Frau keine Bedeutung bei — darum bitte ich dich diesmal für Nami. Sie hat mir gesagt, was ihr füreinander empfindet. Sie ist bereit, Chikara zu verlassen und zu dir zu kommen, wenn du heute nacht einen Zweikampf vermeidest. Ich möchte meine letzten Lebensjahre mit meiner Schwiegertochter in deinem Haus verbringen. Gemeinsam werden wir alles tun, um dein Leben erfüllt und glücklich zu machen.« Fürstin Masaka wendete sich Nami zu und fuhr fort: »Nami wird dir sagen, wie sehr wir dich brauchen.«

Yoshi gebot ihr mit erhobener Hand zu schweigen. »Ihr kommt zu spät«, sagte er. »Ich kann nicht zurück. In einigen Stunden werde ich auf Chikara treffen, und dann werden wir diese Angelegenheit regeln.«

Verzweifelt rief Nami aus: »Yoshi, ich liebe dich! Ich zweifle nicht an deinem Mut oder an deinem Ehrgefühl. Ich werde dich nicht weniger achten, wenn du nicht mit Chikara kämpfst. Es ist *nicht* zu spät! Komm mit mir. Wir werden noch heute nacht Kioto verlassen und ein neues Leben beginnen.«

»Es tut mir leid. Meine Ehre gebietet, daß ich mich Chikara zum Zweikampf stelle.«

Unvermittelt begann Fürstin Masaka zu weinen. Nami legte einen Arm um ihre schmalen Schultern und versuchte, sie zu trösten. Schließlich sank die alte Frau erschöpft in sich zusammen. Aus ihrem faltigen Gesicht sprach unermeßlicher Kummer. »Mein Sohn ...«, seufzte sie, »in einige Stunden wirst du einem der besten Schwertkämpfer Japans gegenüberstehen. Nami und ich werden dich zu einem Zeitpunkt verlieren, wo wir dich mehr denn je brauchen.«

»Ihr werdet mich nicht verlieren. Ich fürchte Chikara nicht. Ich bin ein Schwertmeister«, sagte Yoshi schlicht.

»Chikara ist kein Bauerntölpel!« rief Fürstin Masaka. »Ja, wir wissen, daß du in Sarashina eine Schwertkampfschule geleitet hast. Dennoch — Chikara hat viele der berühmtesten Meister besiegt. Er ist gerissen und besitzt große Erfahrung.« Sie hielt inne und fuhr dann verzweifelt fort: »Im Vergleich zu ihm bist du nur ein kleiner Junge.«

»Yoshi«, fiel Nami ein, »deine Mutter hat recht. Du mußt diesen Kampf vermeiden! Ich bitte dich — hör mich an. Ich werde Chikara verlassen und mit dir ein neues Leben beginnen. Wir werden Kioto und Chikara hinter uns lassen. Wir können nach Norden gehen, nach Kamakura, wo Yoritomo seine Armeen sammelt. Dort werden wir glücklich sein.«

»Nami, warum willst du mich nicht verstehen? Mein Leben, meine Ehre, meine Zukunft hängen von diesem Zweikampf ab. Warte bis morgen, dann werden wir zusammen sein.«

»Du wirst nicht zurückkehren. Über uns allen hängt ein Fluch«, sagte Fürstin Masaka, bevor Nami antworten konnte. Mit einer dramatischen Geste hob sie die Hand und fuhr fort: »Ich werde dir eine Geschichte erzählen, die ich noch nie erzählt habe. Hör gut zu. Dann wirst du verstehen, warum du nicht gegen Fürst Chikara kämpfen darfst.« Sie holte tief Atem. »Vor vielen Jahren, bevor du geboren wurdest, war ich eine stolze Hofdame. Die anderen waren neidisch auf mich, denn ich war der Liebling der Kaiserin und genoß Privilegien, die gewöhnlich nur höhergestellten Frauen zustanden. Die anderen Hofdamen gingen mir aus dem Weg; ich hatte keine Freunde, ich war unglücklich und einsam.

Nur einen Mann gab es, der freundlich und aufmerksam zu mir war. Er war jung und stark, und bald hatte ich mich in ihn verliebt. Ob es nun Liebe oder Einbildung war — jedenfalls konnte ich nicht schlafen, weil ich immer an diesen gutaussehenden Krieger denken mußte. Und tagsüber träumte ich unablässig von uns und unserer — wie ich glaubte — gegenseitigen Liebe.

Und ich war eifersüchtig! Ja, ich, die man von klein auf dazu erzogen hatte, Eifersucht als die schlimmste aller Sünden zu betrachten, verzehrte mich vor Eifersucht, wenn er nur mit einer anderen sprach.

Ich träumte also von einer großen Liebe, die nur in meiner Einbildung existierte. O ja, ich machte mich ziemlich lächerlich. Ich war jung und unerfahren, und was ich für meine geheimsten Gefühle hielt, war für jedermann deutlich zu sehen.

Du kannst dir vorstellen, wie groß mein Schmerz war, als ich erfuhr, daß der Mann, den ich liebte, sich für eine andere Hofdame der Kaiserin interessierte. Schmerz? Es war mehr als das. Ich konnte weder essen noch schlafen. Selbst die Kaiserin machte eine Bemerkung darüber, wie schlecht ich aussah. Schließlich machte ich einen Plan: Ich würde meine Schönheit so einsetzen, wie Frauen es immer schon getan haben.

Männer sind Wachs in den Händen einer entschlossenen Frau, und mein Held war keine Ausnahme. Ich lud ihn in mein Gemach ein. Es war das erstemal, daß ich jemals einen Mann hinter meinen Vorhang gebeten hatte, und obwohl ich völlig unerfahren war, verbrachten wir eine wunderbare

Nacht miteinander. Ich war mir sicher, daß er mich heiraten würde. Mit dem ersten Hahnenschrei verließ er mich, und ich verbrachte den ganzen nächsten Tag damit, auf sein Gedicht und seinen Brief zu warten. Aber nichts geschah. Statt dessen hörte ich, daß er meine Rivalin besucht hatte.

Ich war jung und stolz — zu jung und zu stolz, um die spöttischen Blicke und das Kichern der anderen Hofdamen ertragen zu können. Ich mietete einen Wagen, verließ Kioto und fuhr zu einem Tempel auf dem Berg Hiei. Ich wollte Nonne werden. Der Abt bemerkte jedoch meinen Kummer und meine Verwirrung und riet mir, noch zu warten.

Bald merkte ich, daß ich das Gelübde nicht würde ablegen können — ich war schwanger. Vergeblich betete ich zu Buddha, er möge mir einen Weg weisen. Kurz bevor meine Zeit gekommen war, schickte mich der Abt schließlich nach Okitsu.«

Fürstin Masakas Stimme war immer leiser geworden. Sie legte Yoshi ihre Hand auf den Arm und schluchzte. »In der Nacht meiner Ankunft wurdest du geboren. Die Götter waren zornig auf mich und hatten einen Sturm geschickt. Voller Angst und Scham verschwieg ich den Namen deines Vaters, und nicht einmal er weiß, daß du die Frucht unserer Liebe warst.«

»Arme Mutter!« rief Yoshi und legte seine Hand auf die ihre. »Warum hast du mir das nicht früher erzählt? Ich hätte es verstanden. Du hast viel zu lange für deine Jugendsünde gebüßt. Aber nun ist die Geschichte heraus, und du kannst mir die Wahrheit sagen: Wer ist mein Vater?«

Fürstin Masaka mußte den Namen zweimal wiederholen, bevor Yoshi begriff, was sie gesagt hatte. »Fürst Chikara«, sagte sie. »Fürst Chikara.«

64

Nachdem Nami und seine Mutter gegangen waren, kauerte Yoshi vor dem Kohlenbecken und starrte in die Flammen. Die Worte seiner Mutter hatten seine Welt auf den Kopf gestellt. Zuerst hatte er es nicht glauben wollen, aber dann hatte ihn Schrecken und tiefe Verzweiflung überkommen. Hilflos wurde er in einem Meer von Gefühlen hin und her geworfen. Chikara, der dreizehn Jahre lang das Ziel seiner Rache gewesen war, dieser Teufel, dessen Bild seit Genkais Tod vor Yoshis Augen gestanden hatte, war sein Vater, und mit einem Schlag schien alles, war Yoshi angetrieben hatte, ausgelöscht. Wie sollte er mit dieser Schicksalswendung, die sein ganzes Leben in Frage stellte, fertigwerden? Es war mehr, als er ertragen konnte. Was für ein furchtbares Mißverständnis! Wie anders wäre alles gekommen, wenn nur einer von ihnen die Wahrheit gekannt hätte! Fürstin Masaka hatte nicht das Recht gehabt, die Wahrheit vor ihnen zu verbergen; es war unnatürlich, Vater und Sohn zu Feinden werden zu lassen.

Als er seinen ersten Schock überwunden hatte, versuchte Yoshi, sich über seine Gefühle klarzuwerden. Hatte es ihn belastet, seinen Vater nicht zu kennen? In seiner Kindheit hatte ihm Fumio, wenn auch nur mit bescheidenem Erfolg, den Vater ersetzt. Yoshi hatte es an nichts gefehlt — abgesehen von der Sicherheit und der Liebe, die ein normales Familienleben bot. Rückblickend sah er, daß sein Leben in zwei Richtungen gleichzeitig verlaufen war: Er hatte sich an Chikara rächen wollen, und unbewußt hatte er in Fumio, Hanzo und Ichikawa eine Vaterfigur gesucht. Hanzo hatte ihm Liebe, ein Zuhause und die Gelegenheit gegeben, seine Körperkraft zu entwickeln. Ichikawa war mehr als nur ein Schwertkampflehrer gewesen: Er hatte den Stahl, den Hanzo geschmiedet hatte, zu einer meisterlichen Klinge geschliffen. Aber so wichtig sie ihm auch gewesen waren, und so sehr er sich angestrengt hatte, in ihnen einen Ersatz seines tatsächlichen Vaters zu sehen — weder der Schwertschmied noch der Schwertmeister hatten seine Sehnsucht stillen können. Yoshi erkannte, daß er, ohne es zu wissen, sein ganzes Leben lang nach der Liebe gesucht hatte, die ihm in seiner Kindheit gefehlt hatte. Eine Weile hatte er geglaubt, sie bei Hanzo und später bei Ichikawa zu finden. Aber jetzt war er selbst ein Schwertmeister und brauchte weder einen richtigen Vater noch einen Ersatz dafür. Diese Einsicht würde ihm die Kraft geben, Chikara auf dem Friedhof entgegenzutreten.

Worin also bestand ihre Beziehung zueinander? Konnte es so etwas wie Liebe zwischen Ihnen geben? Eine Verbindung, die er bis jetzt nicht wahrgenommen hatte? Obwohl Chikara ihm nur Schmerzen zugefügt hatte, war Yoshi doch sein Fleisch und Blut, und irgendwo in Yoshis Herz mußte es ein Gefühl der Liebe und der Zuneigung zu ihm geben. Würde er es entdecken können? Yoshi starrte in die glühenden Kohlen. So sehr er sich auch erforschte — er fand nichts als tiefe Verwirrung.

Er mußte sich fragen, ob es nicht sinnlos war, auf eine Versöhnung zu hoffen. Die Geschichte seiner Mutter war der letzte Beweis dafür, daß die Geisterwelt sein Schicksal mit dem seines Vaters verknüpft hatte. Wieviel Schmerz hatten sie einander zugefügt!

Er hielt die Hände über die Glut, und obwohl er spürte, wie die Kälte aus seinen Fingern wich, zitterten sie, als habe er Schüttelfrost. Die schreckliche Geschichte, die man ihm in seiner Kindheit erzählt hatte, fiel ihm wieder ein — von dem Vater, der, ohne es zu wissen, seinen Sohn getötet und dann *seppuku* begangen hatte. Würde auch sein Leben so enden? Oder würde die Tragödie umgekehrt verlaufen? Würde der Sohn seinen Vater töten? Sein Blick fiel auf sein Schwert, und er wünschte sich, er könnte den einfachen Weg gehen, den es ihm anbot. Er, Tadamori Yoshi, der so lange von einem Vater geträumt hatte, den er nicht kannte, der sich einen Helden vorgestellt und Fantasiegeschichten ausgedacht hatte, würde bald seinem Vater in einem Kampf auf Leben und Tod gegenüberstehen.

Nein! Sie waren vom selben Fleisch und Blut. Er konnte es nicht tun. Er würde zu Chikara gehen, sich zu seinen Füßen niederwerfen und ihm die Wahrheit sagen. Vater, würde er rufen, ich bin dein Sohn!

Aber diese Träume kamen nur daher, daß er wie hypnotisiert in die Glut starrte. Yoshi zwang seine Gedanken in die Gegenwart zurück. Es war sinnlos, an Versöhnung und Vergebung zu denken. Dafür war es zu spät.

Von weit entfernt hörte er eine Tempelglocke schlagen. Es blieben ihm noch zwei Stunden. Er würde zu Amida Buddha und zum Kriegsgott Hachiman beten, damit sie ihn leiteten und ihm Stärke verliehen.

Nachdem er seine Gebete gesprochen hatte, wählte Yoshi mit großer Sorgfalt seine Kleidung aus: einen bequemen Kimono und eine weite *hakama*, damit er sich ungehindert bewegen konnte, und dicke Stiefel aus Bärenfell, damit seine Füße warm blieben und er nicht im Schnee ausglitt. Er polierte noch einmal die Klingen seiner Schwerter und steckte sie dann, eins über dem anderen, in seinen *obi*.

Es war Zeit, auf den Friedhof zu gehen.

Ein Viertelmond stand am Himmel; der Monat näherte sich seinem Ende. Die Nacht war klar, so daß die Götter die Schlacht genau würden verfolgen können. Hohe, schneebedeckte Kiefern reckten ihre Äste gen Himmel, als flehten sie zum Mond und zu den Sternen. Ein Bambushain erhob sich aus dem wogenden Meer von Schnee und wisperte leise im Nordwind.

Der Weg war steil und steinig. Er führte vom nördlichen Stadttor von Kioto bergauf zu dem alten Friedhof. Yoshi ging langsam. Bei jedem Schritt spürte er die Steine unter den Sohlen seiner Stiefel. Als er durch das Friedhofstor trat, hörte er die Glocken der tausend Tempel auf dem Berg Hiei. Ihr klarer Klang brach sich an den Reihen der Grabsteine. Nebelfetzen hingen in der Luft über den Gräbern. Zwanzig Generationen von Kriegern, Höflingen und Edelmännern waren hier begraben.

Chikara erwartete ihn.

Eben noch war niemand zu sehen gewesen, aber im nächsten Augenblick war Chikara Yoshi mit einem Schritt hinter einem Grabstein hervor in den Weg getreten. Yoshi blieb stehen. Mit einer einzigen, fließenden Bewegung zog er sein Schwert und hielt es im Winkel von fünfundvierzig Grad auf Chikaras Kehle gerichtet. Die Jahre seiner Ausbildung hatten ihm blitzschnelle Reaktionen verliehen. Sein Kopf war so klar wie ein Bergsee. Der Mann, dem er gegenüberstand, war nicht sein Vater, sondern nur ein Gegner, den er besiegen mußte.

Chikara hatte seine Knie leicht gebeugt. Ohne sich zu verkrampfen, stand er sicher da. Er hatte die Arme hoch erhoben, und die Spitze seines Schwertes zeigte nach hinten, so daß er einen senkrechten Hieb auf Kopf oder Körper führen konnte. Yoshi machte einen kleinen Schritt und tastete mit den Zehen nach einem sicheren Halt. Chikara verlagerte sein Gewicht auf eine Seite und sprang dann mit unglaublicher Geschwindigkeit vor. Er führte einen doppelten Angriff — zuerst auf den Körper, dann auf den Kopf. Yoshi parierte die Schlägen instinktiv; klingend prallten die Schwerter aufeinander. Seine linke Hand hielt den Schwertknauf, seine rechte umfaßte den Griff unmittelbar vor dem Heft. Seine Arme waren entspannt, doch auf seinen Handflächen bildete sich leichter Schweiß. Wieder nahm er die mittlere Haltung ein, bei der die Spitze seines Schwertes auf die Kehle des Gegners zielt. Blitzschnell sprang er auf Chikara zu und versuchte, seine Deckung zu unterlaufen. Diese Taktik war schon vielen Gegnern zum Verhängnis geworden, aber diesmal hatte er keinen Erfolg. Als habe er Yoshis Gedanken gelesen, trat Chikara einen Schritt nach links, wich dem Schlag aus und führte im Gegenangriff einen Querhieb auf Yoshis Bauch. Yoshi spürte die Klinge durch seinen Kimono fahren. Sie verfehlte ihn nur um einige Millimeter. Er warf sich zur Seite und machte einen erneuten Angriff. Sein Schwert stieß auf keinen Widerstand, und daher dachte er, der Schlag sei ins Leere gegangen. Einen Augenblick lang war er ohne Deckung; in Erwartung des tödlichen Hiebes, der jetzt kommen mußte, verkrampfte sich sein Magen. Aber Chikara war einen Schritt zurückgewichen und gab Yoshi damit die Gelegenheit, sich wieder zu sammeln — und an der Spitze von Yoshis Schwert glänzte Blut. Sein Schlag hatte Chikaras linke Hand getroffen und den Ringfinger und den kleinen Finger abgetrennt.

Schon in der ersten halben Minute hatte Yoshi seinen ersten Treffer gelandet. Beide Männer keuchten vor Anstrengung. Chikara nahm sein Schwert in die rechte Hand und wickelte, ohne Yoshi aus den Augen zu lassen, ein Stück Tuch um seine Linke, das er mit den Zähnen festzog. Der Wind strich zwischen den Grabsteinen hindurch und kühlte den Schweiß, der den beiden Kämpfenden auf die Stirn getreten war.

Yoshi nahm wieder eine Verteidigungsposition ein. Er zwang sich, sich zu entspannen; die kleinste Verkrampfung seiner Schulter konnte seine Niederlage bedeuten. Mit der verwundeten linken Hand zog Chikara sein kurzes Schwert. Die Schmerzen, die er haben mußte, waren seinem Gesicht nicht anzusehen.

Yoshi griff an; mit katzengleicher Präzision schlug er zu — abwärts, schräg, schräg, abwärts. Es war eine unglaublich schnelle Serie von Schlägen, und jeder wurde von Chikara pariert. Das Tuch um seine Hand war mit Blut getränkt. Jedesmal, wenn er mit seinem kurzen Schwert einen Schlag abwehrte, flogen kleine Blutstropfen durch die Luft, die in der kalten Luft sofort froren und im Licht des Viertelmondes glitzernd wie feiner roter Schnee zu Boden fielen. Die beiden Männer umkreisten sich vorsichtig und suchten nach einer Öffnung in der Deckung des Gegners. Yoshi war noch nie jemandem begegnet, der über Chikaras Reaktionsschnelligkeit verfügte. Selbst mit einer verwundeten Hand blockte er Yoshis beste Angriffe ab.

Yoshi hatte Schwierigkeiten zu schlucken; sein Mund fühlte sich an, als sei er mit Watte gefüllt. Seine Lungen schmerzten von der kalten Luft, und sein Atem ging immer schneller. Zum erstenmal ließ seine Konzentration nach —

ihm wurde klar, daß er vielleicht seinen Meister gefunden hatte. Aber dann griff Chikara an, und Yoshis Nervosität war vergessen. Er wich zurück. Wegen des kurzen Schwertes, das Chikara in der linken Hand hielt, durfte er ihn nicht zu nah herankommen lassen. Obwohl Chikara das Langschwert mit einer Hand führte, bebte Yoshis Klinge bei jedem Schlag, den er parierte.

Bisher war der Kampf unentschieden verlaufen: Jeder Angriff wurde vereitelt, jeder Gegenangriff stieß entweder ins Leere oder wurde pariert. Aber schon bald wirkte sich Yoshis Jugend zu seinen Gunsten aus. Chikara griff weniger häufig an, seine Schläge wurden langsamer und verloren an Kraft. Der große Altersunterschied machte sich bemerkbar. Chikara wich zurück, und Yoshi, der den Sieg schon zum Greifen nah sah, stieß immer heftiger nach. Plötzlich waren sie zwischen den Grabsteinen. Das war Chikaras Absicht gewesen: Er sprang hinter einen der Steine in Deckung, um wieder zu Atem zu kommen.

Yoshi trat zurück und ließ sein Schwert sinken, um Chikara herauszulocken. Aber der rührte sich nicht; er atmete tief durch und schöpfte neue Kraft.

Yoshi spürte die Schärfe des Windes und erkannte, daß diese Kampfpause zu seinem Nachteil war. Seine Hände wurden taub vor Kälte. Er trat einen weiteren Schritt zurück, und seine Wachsamkeit ließ für den Bruchteil einer Sekunde nach.

Mit einem markerschütternden Schlachtruf sprang Chikara über den Grabstein. Sein Umhang blähte sich auf, und für Yoshi sah es so aus, als verdeckten riesige Fledermausflügel den Mond. Blitzend fuhr Chikaras Schwert durch die Luft. Yoshi taumelte zurück. Über seiner Hüfte klaffte in seinem Kimono ein langer Schnitt, und innerhalb von Sekunden war der Stoff mit Blut durchtränkt. Er fiel auf die Knie. Chikara holte zu einem klassischen Angriff auf den Kopf aus, und die Klinge hätte wohl Yoshis Schädel gespalten, aber dazu kam es nicht mehr. Yoshi hatte seinem Vater von unten das Schwert in den Bauch gestoßen.

Chikara ließ seine Waffen fallen und preßte die Hände auf die Wunde. Mit einem Schrei stürzte Yoshi auf ihn zu und wollte ihn auffangen, aber die Wunde an seiner Hüfte hatte ihn geschwächt, und gemeinsam sanken sie auf die Knie. Blut sprudelte über Chikaras Hände und vermischte sich in einer immer größer werdenden Lache mit dem Yoshis. Angesichts der Größe seiner Wunde war es offensichtlich, daß für Chikara keine Hoffnung mehr bestand.

Yoshi ließ ihn vorsichtig zu Boden gleiten und legte ihn auf den Rücken. Mit einer Hand stützte er seinen Kopf. Die Augen des alten Mannes begannen bereits glasig zu werden; er fühlte sich leicht an, als verlasse sein Gewicht und seine Kraft zusammen mit der Seele den Körper. Yoshi sah in das Gesicht seines Feindes — seines Vaters — und war erschreckt darüber, daß es das Gesicht eines alten Mannes war.

»O ihr Götter, was habe ich getan?« rief Yoshi laut.

Chikara stöhnte vor Schmerzen. Er hustete Blut. »Bitte«, flüsterte er, »mach ein Ende ... Du hast gesiegt ... Erlöse mich.« Er fuhr sich mit der blutüberströmten linken Hand über die Kehle.

»Ich kann nicht«, murmelte Yoshi und wendete entsetzt den Blick ab.

»Du mußt!« stieß Chikara mit letzter Kraft hervor. »Hat das Schicksal dich geschickt ..., mir diese letzte Schmach anzutun ...? Was habe ich getan, um dies zu verdienen ...?«

Yoshis Herz krampfte sich zusammen. Er wollte sagen: »Vater, vergib mir. Ich bin dein Sohn.« Aber wie konnte er das? Wie konnte er einem Menschen, der nur noch wenige Minuten zu leben hatte, diesen Schmerz zufügen?

»Bitte«, stöhnte sein Vater.

Vorsichtig zog Yoshi seine Hand unter Chikaras Kopf hervor und wischte ihm die Lippen mit seinem Stirnband ab. Dann hob er, ohne nachzudenken, sein Schwert und erlöste Chikara mit einem blitzschnellen Schlag von seinen Leiden.

»Schlechtes Schwert, schlechte Seele«, flüsterte er. Er

fühlte sich leicht wie eine Feder, und gleichzeitig stieg Übelkeit in ihm auf. Dieser Sieg war zu teuer erkauft gewesen. Er öffnete seinen Kimono und untersuchte seine Hüfte. Mit jedem Herzschlag trat Blut aus der Wunde. Er riß ein Stück von seinem *obi* ab und stillte die Blutung.

Yoshis Feind, sein Vater, war tot. Sein eigener Sohn hatte ihn getötet. Was würde Nami, was würde seine Familie sagen? Welchen Sinn würde von nun an sein Leben haben? War sein Leben bis jetzt schlecht gewesen? Warum warf Buddha die Menschen in dieses Leben, wo sie solche Qualen zu ertragen hatten?

Er kniete im roten Schnee neben dem Leichnam. Das fast geschlossene Auge von Tsukiyomi, dem Mondgott sah kalt auf ihn herab. Yoshi wußte, was er zu tun hatte.

Er löste seinen *obi*, legte sein Schwert mit einer zeremoniellen Geste auf den Boden und streifte seinen Umhang und seinen Kimono ab, so daß sein Oberkörper entblößt war. Dann hob er sein kurzes Schwert hoch. »Amida Nyorai, der du dein Licht in allen zehn Richtungen der Erde erstrahlen läßt, nimm einen, der deinen Namen anruft, in dein Himmelreich auf!« rief er. Der Wind strich seufzend über den Friedhof. »Schenke mir ewigen Frieden, und vergib mir, was ich getan habe.«

Die Stille schien von geisterhaften Stimmen erfüllt. Yoshi, den der Blutverlust und der Kampf mit Chikara geschwächt hatte, verfiel in eine Art Tance. Er hörte einen brummenden Ton. Es klang wie das Summen der tiefen Saite einer *biwa*. Obwohl er reglos kniete, schien sich die Welt um ihn zu drehen. In seinem Kopf ertönte eine Stimme; sie zischte bösartig und stieß schreckliche Flüche aus. Ohne zu wissen wie wurde Yoshi klar, wem sie gehörte. Er hatte den Mann nie kennengelernt, aber er erkannte seine Stimme. Higo! Es war der Geist des *ronin*, den der Exorzist in Okitsu in die Unterwelt verbannt hatte.

Ein unablässiger Strom von Beschimpfungen ging auf Yoshi nieder. So haßerfüllt war die Stimme, daß er die einzelnen Worte kaum verstehen konnte. »Bastard! Glaubst du, du seist besser als dein Vater? Glaubst du, du seist ein Schwertmeister? Schwein! Abschaum! Bald wirst du hier bei mir sein. Dann werden wir sehen, wie es dir ergeht. Du hast deinen eigenen Vater ermordet, so wie du vor langer Zeit meinen Herrn ermordet hast. Welche Sünden ich auch auf mich geladen habe — einen Vatermord habe ich nie begangen. Ich war ein ehrenhafter Samurai, und doch hast du mich zu zehntausend Jahren in der Unterwelt verdammt. Und dort werde ich dich erwarten, und wenn ich zweimal zehntausend Jahre warten müßte. Nichts wird dich vor meiner Rache bewahren können. Bald wirst du mir gehören!«

Yoshi versuchte, die Stimme aus seinem Kopf zu vertreiben, aber sie redete ohne Unterlaß weiter, und bald darauf gesellte sich eine zweite dazu. Das war Kaneoki, der Yoshi verhöhnte. »Er hat seinen Vater umgebracht«, flüsterte Kaneoki. »Was kann man von einem Bastard, einem schmutzigen Graveur, schon anderes erwarten?«

Yoshi mußte die Geisterstimmen zum Schweigen bringen. Er krampfte seine Hände um den Griff des kurzen Schwertes und drückte die Spitze in das nackte Fleisch unter seinen linken Rippen. Seine Finger waren fast gefühllos und gehorchten ihm nicht mehr. Jetzt! dachte er. Er vergrößerte den Druck und fühlte die Spitze eindringen. Er war völlig verwirrt, und mit jeder Minute ging sein Atem schneller und flacher. Die Wunde hatte wieder begonnen zu bluten. Er wurde immer schwächer. Die Kälte umschloß ihn von allen Seiten. Die Echos in seinem Kopf wurden lauter und verwirrender. Jetzt hörte er andere Stimmen und spürte die Anwesenheit anderer Schatten rings um ihn her. Nach und nach bekamen sie Konturen. Da war Genkai. Und dort waren Hanzo, Ichikawa und Ietaka! Tränen traten ihm in die Augen, und sein Herz wurde leichter. Aus dem Westlichen Paradies waren seine Freunde gekommen. Aber würden sie ihm helfen nach dem, was in dieser schrecklichen Nacht geschehen war? Hatten Higo und Kaneoki nicht ausgesprochen, was die Geister über ihn dachten? Er konnte seinen früheren Freunden keinen Vorwurf machen, wenn sie sich gegen ihn stellten. Er hatte das schändlichste aller Verbrechen begangen.

Yoshi wollte das Schwert tiefer in seine Seite stoßen, aber sein Arm war zu schwach, und seine Finger glitten vom Schwertgriff ab.

Aber was war das? Wirbelnde Planeten, Sterne und Sonnen tanzten vor seinen Augen, und vor ihnen schwebte die Gestalt von Genkai. Er hatte die Faust über dem Kopf geballt, warf Reis auf die Geister von Higo und Kaneoki und trieb sie zurück in die Unterwelt. »Amida Nyorai, eile einem zu Hilfe, der dich braucht!« rief Genkais Schatten, während Higo und Kaneoki in das Dunkel der Nacht zurückwichen. Das letzte, was Yoshi von ihnen sah, bevor sie im Nichts verschwanden, war die rote Narbe auf Kaneokis Stirn.

Genkai und Yoshis andere Freunde waren aus dem Westlichen Paradies herbeigeeilt, um ihm zu helfen. Genkais Gestalt verwandelte sich in eine Säule von Licht, und an seiner Stelle erschien der mächtige Umriß von Hanzo. Sein mächtiger Kopf hob sich gegen den Mond ab. Mit schroffer Stimme sagte er: »Yoshi, trotz allem, was heute nacht hier geschehen ist, bist du ein guter Junge. Du hast das Böse immer bekämpft und du hast nie einen im Stich gelassen, der dich um Hilfe gebeten hat. Für mich warst du ein Geschenk der Götter, ein Lieblingssohn des Buddha. Dein Schwert und dein Herz sind rein, und ich bin immer noch stolz darauf, dich meinen Sohn nennen zu dürfen.«

Hinter Hanzo stand Ichikawa und nickte voller Verständnis. Die Vision war so stark, daß Yoshi die Sterne, die durch Ichikawas Körper funkelten, kaum erkennen konnte. »*Seppuku* ist keine Lösung«, sagte sein *sensei*. »Heute nacht hast du tapfer und gut gekämpft. Jetzt mußt du dich dem Leben zuwenden und lernen, ohne Haß zu sein. Wenn du jetzt stirbst, ergibst du dich den bösen Geistern der Unterwelt. Diesen Triumph darfst du ihnen nicht gönnen. Lebe!«

Über seiner Vision hatte Yoshi seine Wunde fast vergessen. Er war auf eine andere Ebene des Bewußtseins gehoben worden, und der Schmerz in seiner Hüfte ging zurück, bis er ganz verschwunden war; gleichzeitig wurden die Stimmen um ihn lauter und deutlicher. Ichikawa trat zurück, die scheinbare Festigkeit seines blauen Gewandes löste sich in unzählige Punkte auf, die sich verfärbten und eine neue Vision bildeten. Diesmal war es Ietaka. Er trug einen dunkelgelben Kimono mit einem braunen geometrischen Muster. »Mein lieber Vetter«, sagte er, »du hast getan, was du mußtest. Niemand kann dir eine Schuld geben. Du hast einen großen Sieg für das Land errungen. Seine Zukunft ist wichtiger als das Leben eines Menschen.«

»Aber er war mein Vater«, flüsterte Yoshi und packte den kalten Griff seines kurzen Schwertes fester.

Die Geister schwebten zwischen den Grabsteinen — ein Flirren aus Gelb, Blau und Braun — und sprachen im Chor. Ihre Stimmen verschmolzen mit dem tiefen Ton der *biwa*. »Du darfst dich nicht töten, Yoshi. Du mußt weiterleben. Mach an Nami und deiner Mutter wieder gut, was du und dein Vater ihnen zugefügt haben.« Und über den anderen Stimmen hörte Yoshi die Worte Genkais: »Amida Buddha segne dich, Yoshi. Was du getan hast, hast du für uns getan. Wir bitten dich zu leben! Vergiß das Gestern, sieh auf das Morgen, und geh mit dem Segen der Götter.« Die Stimmen wurden leiser und verklangen.

Stunden vergingen. Yoshi lag auf den Knien. Der Leichnam seines Vaters schirmte ihn zum Teil gegen den Wind ab. Noch immer hielt er das kurze Schwert in den Händen. Wieder und wieder schwanden ihm die Sinne; zusammenhanglose Bilder wie Nebelfetzen hinterließen schwache Spuren in seinem Bewußtsein. Die klare Vision der Geister der Vergangenheit hatte sich aufgelöst und in ein Flackern von Licht und Schatten verwandelt, aber der Rat, den die Geister ihm gegeben hatten, hallte in ihm wider: »Du mußt dich dem Leben stellen. Du mußt dich dem Leben stellen. Vergiß das Gestern. Vergiß ... Du mußt weiterleben ... weiterleben.« Jedesmal, wenn Dunkelheit Yoshi umfing, wurde er von der Ermahnung, er müsse weiterleben, zurückgeholt. Aber das

Leben war eine schwere Last! Es war so viel leichter, den Kräften der Finsternis nachzugeben..., vor der Schande und der Schmach zu fliehen.

Yoshis Geist war schwerer verwundet als sein Körper. Verwirrt versuchte er, das Richtige vom Falschen, das Gute vom Bösen zu trennen. Hatte Genkai ihn nicht gesegnet? Hatte Hanzo ihn nicht von allem Übel freigesprochen? Hatten Ichikawa und Ietaka ihm nicht versichert, er habe nichts Böses getan? Was war dann Ehrlosigkeit, was Ehre? Yoshi hatte geschworen, den Tod seiner Freunde zu rächen. Er hatte es geschworen, bevor er wußte, wer Chikara war. Er hatte seinen Schwur gehalten und die Ungerechtigkeit gerächt. Und sein Vater? Chikara hatte ein erfülltes Leben gehabt — er war ein rücksichtsloser, aber ehrenhafter Mann gewesen, der auf der Höhe seines Lebens gestorben war. Er wäre mit diesem Tod einverstanden gewesen: Ehre und Pflicht bis zuletzt. Ein Tod im offenen Kampf.

Als die Glocken zur Stunde des Tigers schlugen, kehrte Yoshi langsam in die Wirklichkeit zurück. Er wurde sich der Welt um ihn herum bewußt. Schneeflocken sanken zu Boden — während er in seine Vision versunken gewesen war, hatte es begonnen zu schneien. Er betrachtete den Leichnam seines Vaters, der schon teilweise vom Schnee zugedeckt war, und dachte an die Leiche des Kaufmanns, dessen Umhang ihm einst einen neuen Anfang ermöglicht hatte. Und er wußte, daß er nicht wie dieser Reisende sterben und steif und kalt in einer öden Eiswüste gefunden werden wollte.

Seltsame Kraft stieg in ihm auf. Sie kam aus seinem *chi*, jenem Punkt zwei Fingerbreit unter dem Bauchnabel, in dem sich die Lebenskraft sammelt. Sein Herz schlug schneller, und in seinen Armen und Beinen brannte es wie von feinen Nadelstichen. Er mußte weiterleben und tun, was die Geister ihm aufgetragen hatten. Er mußte die Sünden der Vergangenheit wiedergutmachen. Der Weg lag vor ihm. Es war ein schwieriger Weg: der Weg des Lebens!

Das Blut, das durch seine Adern pulsierte, machte Yoshi die Kälte wieder bewußt. Er schauderte und schlüpfte in seinen Kimono, band sich seinen *obi* um, schob das kurze Schwert in die Scheide und steckte es neben das Langschwert in den Gürtel. Er untersuchte die Wunde an seiner Hüfte; sie hatte aufgehört zu bluten. Wenn er sich vorsichtig bewegte, würde sie ihn nicht behindern. Er stand auf und sah sich langsam um. Die Geister waren verschwunden. Außer dem Seufzen des Windes und dem leisen Knirschen des Eises war nichts zu hören. Yoshi sah zum Himmel auf, öffnete den Mund und ließ Schneeflocken auf seiner Zunge und seinen Lippen schmelzen. Wie oft hatte er so dagestanden und bei den Göttern geschworen — Schwüre des Hasses und der Rache! Nun sah er klarer. Er war nicht mehr blind vor Rachsucht. Er hatte erkannt, daß sein Vater trotz aller Fehler ein ehrenhafter Mann gewesen war. Durch seine blinde Pflichterfüllung hatte Chikara Leid über seine Umgebung gebracht, aber er war einen ehrenvollen Tod gestorben und hatte ein ehrenvolles Begräbnis verdient. Yoshi als sein Sohn würde dafür sorgen, daß er es erhielt.

Er befreite den Leichnam von Schnee, drückte dem Toten die Augen zu und legte ein Tuch über sein Gesicht. Dann schob er Chikaras Schwerter in die Scheide und steckte sie in den *obi*, wie es einem Samurai gebührte.

Yoshis Geist war so klar und ruhig wie Quellwasser. Er hatte eine schwierige Wahl getroffen und würde den Tod nicht mehr herausfordern. Seine Schulden waren beglichen. Er rückte seine Schwerter zurecht, so daß er den Leichnam seines Vaters, der nicht schwerer war als eine Feder, aufheben konnte. Langsam stieg er den Berg hinab.

Der Horizont im Osten erglühte von den ersten Strahlen der aufgehenden Sonne. Ein neuer Tag hatte begonnen.

WORTERKLÄRUNGEN

biwa: Japanisches Lauteninstrument chinesischer Herkunft mit birnenförmigem Korpus.

bokken: Hölzernes Übungsschwert.

chi: Lebensenergie, die in einem Punkt ca. 5 cm unterhalb des Bauchnabels gespeichert wird.

cho: Flächenmaß; entspricht etwa einem Hektar.

dajo-daijin: Großkanzler, »Premierminister«.

daimyo: Fürst, Lehnsherr.

dojo: Wirkungsstätte eines Meisters der Kampfkünste.

eboshi: Schwarze, lackierte Kopfbedeckung.

esemono: Angehöriger des untersten Standes, der die niedrigsten Arbeiten verrichten mußte.

goho-doji: Dämon.

hakama: Weites, hosenartiges Beinkleid.

keiko: Übungsgefecht bei der Ausbildung im Schwertkampf, das unter realistischen Bedingungen stattfindet; die im Unterricht vorgeschriebenen Bewegungsabläufe müssen also nicht eingehalten werden.

koburi: Hohe, schwarz lackierte Kopfbedeckung.

koku: Hohlmaß und Handelseinheit (vor allem für Reis); entspricht etwa fünf Scheffeln.

moksa: Pulver aus zermahlenen Kräutern, das in der japanischen und chinesischen Medizin Verwendung findet; kleine *moksa*-Kegel werden auf be-

	stimmten Punkten des Körpers des Patienten verbrannt.
naginata:	Schwertlanze mit einem etwa 1,60 m langem Schaft aus Hartholz und einer gekrümmten Klinge aus gehärtetem Stahl.
nikki:	»Kopfkissenbuch«; intimes Tagebuch hochgestellter Damen.
obi:	Über dem Kimono getragene Schärpe aus schwerem Stoff.
ronin:	Herrenloser Samurai ohne Stellung oder Status.
sakura:	Weites Obergewand aus sehr dünnem Stoff, das über dem Kimono getragen wird.
sensei:	Meister.
seppuku:	Selbstmord durch Aufschlitzen des Bauches; im Westen unter der Bezeichnung »Harakiri« bekannt.
shinden:	Stadtpalais eines *daimyo*.
shoen:	Ländereien in Privatbesitz, in denen der Eigentümer die meisten Verwaltungsaufgaben sowie alle finanziellen Rechte der Zentralregierung übernimmt.
sutra:	Religiöser Text.
yorimashi:	Medium, mit dessen Hilfe Priester in Kontakt mit der Geisterwelt treten.

**Das Gesamtverzeichnis der Heyne-Taschenbücher
informiert Sie ausführlich über alle lieferbaren Titel.
Sie erhalten es von Ihrer Buchhandlung
oder direkt vom Verlag.

Wilhelm Heyne Verlag, Postfach 201204,
8000 München 2**

MOTTO: HOCHSPANNUNG

Meisterwerke der internationalen Thriller-Literatur

50/18 – DM 10,–

50/13 – DM 10,–

01/6733 – DM 6,80

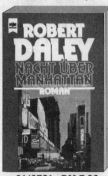

01/6721 – DM 7,80

01/6744 – DM 9,80

01/6773 – DM 7,80

01/6731 – DM 7,80

01/6762 – DM 7,80

Drei aufregende Fernost-Thriller

"Jeder, der Lustbaders Ninja verschlungen hat, wird von diesem orientalischen Rache-Epos hingerissen sein." James Patterson

Dai-Sho
Roman
512 Seiten
01/6864 - DM 9,80

Gai-Jin
Roman
442 Seiten
01/6957 - DM 8,80

Giri
Roman / 414 Seiten
01/6806 - DM 7,80

Wilhelm Heyne Verlag München

John le Carré
im Heyne-Taschenbuch

Perfekt konstruierte Thriller, spannend und mit äußerster Präzision erzählt.

Die Libelle
638 Seiten
01/6619 -
DM 9,80

Eine Art Held
608 Seiten
01/6565 - DM 9,80

Der wachsame Träumer
474 Seiten
01/6679 -
DM 9,80

Dame, König, As, Spion
400 Seiten
01/6785 - DM 7,80

Wilhelm Heyne Verlag München

ERIC VAN LUSTBADERs

unvergleichlich fesselnde, erotische Fernost-Thriller

Schwarzes Herz
Roman
479 Seiten
01/6527 -
DM 9,80

Teuflischer Engel
Roman
576 Seiten
01/6825 - DM 9,80

Der Ninja
Roman/474 Seiten
01/6381 - DM 9,80

Wilhelm Heyne Verlag München

DAVID MORRELL

DAVID MORRELL gehört zu den meistgelesenen Thriller-Autoren Amerikas. Er schreibt so brillant, spannend und fesselnd wie kaum ein anderer!

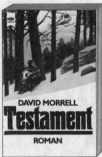

01/6682 - DM 7,80

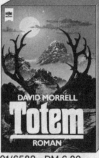

01/6582 - DM 6,80

01/6760 - DM 6,80

01/7605 - DM 7,80

01/6850 - DM 9,80

01/7652 - DM 9,80

WILHELM HEYNE VERLAG MÜNCHEN